突擊精選系列 ⓭

西線

盟軍進攻
與德軍反擊

序

　　在整個二戰德軍與盟軍戰場大致可分為東線、西線與北非戰場，知兵堂系列叢書已發行過的《閃擊西歐》敘述的主要是：1940年5月德軍靠閃擊戰，在三周內橫掃西歐的戰史實錄，而另一本《東線》則是精選曾在《突擊》月刊中刊登過的蘇德在東線的部分戰役，本書所記述的西線戰事，則是1944年6月6日諾曼第登陸後盟軍在西線的攻防戰。

　　眾所周知，德軍在二戰後期於西線發動一場絕地反擊——阿登反擊戰，又稱突出部之役，該戰役已由《戰場》雜誌連載，將另外發行單行本，本書的西線戰役則側重收錄了在《突擊》所刊登的幾場經典戰役，包括發生在法國卡昂的《112高地爭奪戰》，以及在突出部戰役發動之後在西線南面發動的一場戰役的詳情，並收錄一篇1944年的亞琛戰役。事實上，在西線戰場除了地面戰役以外，盟軍空軍的優勢亦是決定勝負的關鍵。

　　此前知兵堂曾單獨針對西線夜間空戰的部分發行一本《血色夜空》，詳細記述了當時夜間空戰的詳情。二戰西線的夜戰開創了電子戰的先河，《血色夜空》亦是華文戰史中第一本記述夜間空戰的書籍。而本書收入的空戰內容主要收錄了在《突擊》所刊登的《西歐空戰的轉捩點》以及《B-24轟炸柏林》兩篇文章，此外又有一篇《二戰盟軍空襲德勒斯登》，1945年2月14日-15日，盟軍出動了近1,500架次轟炸機對這個擁有近800年歷史的古城進行了無情的轟炸，本篇即記錄了當時轟炸的完整紀實。

目　錄

西線

陸軍反擊戰

為帝國流盡鮮血
——卡昂之112高地爭奪戰

　　1944年6月6日，盟軍登陸諾曼第，歷史上最大的登陸戰成功展開。部隊上岸後，美軍的目標是佔領卡朗唐（Carentan）、瑟堡（Cherbourg）及不列塔尼半島上各港口；而歸蒙哥馬利元帥指揮的英國第2集團軍的目標是佔領諾曼第地區的重要城市——卡昂（Caen）。卡昂是諾曼第地區的交通和鐵路中心，越過卡昂就是一望無際的卡昂-法萊斯（Caen-Falaise）平原，直通巴黎。

一旦攻佔卡昂，盟軍可以毫無阻擋的一路挺進巴黎，或直接進攻德國本土，因此卡昂成了登陸當天最重要的目標。

劍指卡昂

　　盟軍在情報戰上也取得了成功，使德軍誤以為盟軍登陸地點是離英國本土最近的加來（Calais），情報顯示德軍在諾曼第都是

些二線部隊，英軍登陸後亦未遇到非常強烈的抵抗，卡昂似乎唾手可得。但事實證明英軍打錯了算盤，蒙哥馬利必須要跟他的老對手繼續較量——德軍在西線負責諾曼第地區防務的是B集團軍群司令隆美爾元帥。隆美爾在同樣意識到卡昂的重要性後，迅速把防禦重點佈置在卡昂周圍。OKW（德軍最高統帥部，下文同）迅速把幾乎能調遣的裝甲部隊都調往諾曼第戰場，尤其是黨衛軍裝甲師，他們在卡昂防禦戰中發揮了至關重要的作用。

登陸後的英軍緩慢地向內陸推進，於當天下午1600時到達了離卡昂僅幾公里遠的比耶維爾（Bieville）。英軍的目標是先奪取位於卡昂西面的卡爾皮凱（Carpiquet）機場，然後直取卡昂。但是他們遭到離海灘最近的德第21裝甲師臨時組織的1個戰鬥群的反攻，德軍的反擊徹底打亂了英軍的作戰計劃，也為隨後趕來增援的SS第12「希特勒青年團」裝甲師（12.SS-Panzer Division Hitlerjugend，以下簡稱「青年」師）的先頭部隊贏得了時間。

■ SS第12「希特勒青年團」裝甲師最重要的3個人物，中間是師長弗里茨·維特，左邊是SS第25裝甲擲彈兵團團長庫爾特·邁爾，右邊是SS第12裝甲團指揮官馬克斯·溫舍。

■ 負責諾曼第地區防務的是B集團軍群司令隆美爾元帥和SS第1裝甲軍指揮官迪特里希。

6月7日，由黨衛軍著名軍官庫爾特‧邁爾（Kurt Meyer）指揮的「青年」師第25裝甲擲彈兵團在一次漂亮的伏擊戰中首先阻止了加拿大第3師奪取卡爾皮凱機場的行動，在接下來的幾天內，「青年」師的主力趕了上來。

6月9日，國防軍精銳的裝甲教導師（Panzer Lehr Division）也出現在該師的側翼。在接下來幾天不分勝負的戰鬥中，英軍意識到從正面奪取卡昂的行動變得不可能後，由蒙哥馬利在北非沙漠中的老部下第7裝甲師（北非戰役時著名的「沙漠之鼠」）

發動的試圖在德軍防線上打開一個缺口、迂迴包抄裝甲教導師和「青年」師脆弱的後方行動中，在卡昂西南部的波卡基村（Bocage）不幸遭到了剛剛趕到的SS第101重裝甲營第2連連長米歇爾‧魏特曼（Michael Wittmann）漂亮的單車突襲，擔任先頭部隊的英軍第22旅共損失27輛坦克和其它戰鬥車輛，被迫撤退。

英軍從此似乎患上了「虎式」坦克恐懼症，以至於有的英軍士兵見到德軍的任何坦克都會驚呼：「Tiger！」（「虎式」坦克）。而讓蒙哥馬利頭疼的不僅僅是這些，

意識到盟軍真正的意圖是登陸諾曼第後，6月12日，希特勒親自下令，由保羅‧豪塞爾（Paul Hausser）指揮的SS第2裝甲軍約3萬多人脫離北烏克蘭集團軍群序列，從東線開往諾曼第戰場。SS第2裝甲軍下轄SS第9「霍亨施陶芬」裝甲師（9.SS-Panzer Division Hohenstaufen，以下簡稱「霍亨施陶芬」師）、SS第10「弗倫茨伯格」裝甲師（10.SS-Panzer Division Frundsberg，以下簡稱「弗倫茨伯格」師）。而這些並不僅僅是6～7月初德軍所有能提供的增援部隊，SS第1「阿道夫‧希特勒警衛旗隊」裝甲師（1.SS-Panzer Division Leibstandarte Adolf Hitler，以下簡稱LAH師）和第16空軍野戰師從比利時，SS第2「帝國」裝甲師

■ 著名的「虎式」坦克指揮官魏特曼，這張照片攝於6月13日下午，於SS第1裝甲軍軍部，幾個小時前，魏特曼剛剛完成在波卡基村的漂亮單車突襲。

■ SS第101重裝甲營的裝甲兵們，他們正在法國的某處樹林中，表情看起來還比較輕鬆，因為此時盟軍還沒有登陸。

■ 正在匆忙趕往諾曼第戰場的SS第101重裝甲營的「虎式」坦克，圖中為最先到達的第2連第2排的坦克。

（2.SS-Panzer Division Das Reich，以下簡稱「帝國」師）從法國南部相繼開往諾曼第增援。

至6月17日，盟軍在諾曼第灘頭陣地一共登陸了557000人，81000輛的各種車輛，其中包括3200輛坦克。而此刻德軍在該地區的兵力不到盟軍人數的一半，裝甲車輛只有約859輛。即使這樣，隆美爾和西線德軍總司令倫德斯特元帥仍然希望發動反攻，把盟軍趕下大海！德軍的計劃是先切斷英軍和美軍的聯繫，然後把他們分別擊潰，不過由於缺乏足夠的兵力，德軍只得等待更多的援軍到來。盟軍在諾曼第地區取得了絕對空中優勢，盟軍的轟炸機幾乎炸毀了通往諾曼第地區所有的鐵路和交通系統，迫使德軍只能

利用夜晚運送軍隊和補給。即便如此，德軍各部隊的車輛和軍需品還是平均有5%～10%由於遭到空襲而損失。例如當LAH師抵達諾曼第地區時只有75%的裝甲車輛可以隨時投入戰鬥，此外法國游擊隊的襲擾也成功拖延了德軍增援諾曼第的腳步。

面對勢在必得的卡昂，蒙哥馬利不可能坐等德軍增援部隊到達並形成有效的防禦後再發動進攻，現在他就打算發動新的攻勢以拿下卡昂。6月18日，他在協調盟軍行動的會議上向美軍和英軍的指揮官同時發出了指示：「現在明確的是，盟軍必須拿下卡昂和瑟堡，我希望最遲在24日能夠完成對這兩個地方的佔領」。新的增援部隊從英國本土運了過來，使蒙哥馬利擁有足夠的兵力發動進

攻,不過這些師還沒有完全集結好,蒙哥馬利只得把發動進攻的時間定在6月22日。然而到了19日,英吉利海峽風暴突起,風力達8級,浪高4.8公尺,這給盟軍帶來很大損失。在英軍負責的「桑樹B」人工港,由於受到海底礁石的保護作用,損失較小,只有4個沉箱被毀。而在登陸灘頭,盟軍共有7艘坦克登陸艦、1艘大型人員登陸艦、1艘油船、3艘駁船、7艘拖網漁船、67艘登陸艇被大風刮沉,1艘巡洋艦和1艘渡船因相互碰撞而損壞,還有一些艦船因洶湧的風浪引爆了德軍佈設的水壓水雷而被炸傷。狂風暴雨將近800艘艦艇拋上陸地,迫使盟軍的卸載工作終止了整整5天,2萬輛車輛和10萬噸物資無法按計劃上陸。風暴造成的物質損失大大超過了之前13天作戰中的損失,並迫使盟軍的後勤補給出現嚴重困難,蒙哥馬利不得不把此次進攻又推遲到26日發動,並為這次進攻確定代號為「愛普索姆」行動(Epsom),又名「賽馬場」計劃。

卡昂西南面在奧東河(Odon)和奧恩河(Orne)之間的一個叫做112高地的小山,由於地理位置的特殊性(拿下它就等於拿到了進入奧恩河以及其後法萊斯平原入口的門票)成為雙方爭奪的焦點,這裏是諾曼第戰役期間戰鬥最激烈的幾個戰場之一,交戰雙方在這裏灑下了太多的鮮血!

蒙哥馬利為「賽馬場」計劃集結了約6萬人,700門火砲和600輛坦克,英第8軍司令理查德‧奧康納(Richard O'Connor)將軍負責主要的攻擊任務,目標是在德軍「青年」師的左翼和裝甲教導師的右翼防線接口處達成突破,主力穿越「青年」師的防線後奪取德軍背後奧東河上的幾座橋樑,並攻佔附近的高地,尤其是112高地。只要越過112高地就可以直抵奧恩河,進入卡昂背後的平原地區,完成對卡昂的包圍,迫使德軍撤退。擔任突破任務的是英軍第15蘇格蘭師及支援的數個獨立裝甲旅,突破德軍防線後他們將建立一條走廊,第11裝甲師將穿越這條走廊佔領奧東河上的橋樑,隨後突破至卡昂西南部的112高地,繞至卡昂背後。而英軍第43威塞克斯師(Wessex)的任務是跟隨第11裝甲師挺進,擴大進攻形成的突出部,保護第11裝甲師的後方不被德軍切斷,這是盟軍在諾曼第登陸至今發動的最大攻勢。

【註】參加「賽馬場」戰役的主要部隊為英第8軍,屬於英國本土軍,1940年7月組建,大戰期間在第2集團軍編成內在歐洲戰區作戰,歷任軍長為理查德‧奧康納和伊夫林‧巴克。該軍主要參加了北非戰役、諾曼第戰役和魯爾戰役等。1945年4月,該軍解散。

德軍在卡昂附近防禦的主力只有3個裝甲師,裝甲教導師和「青年」師編成SS第1裝甲軍由SS大將約瑟夫‧塞普‧迪特里希(Josef.「Sepp」.Dietrich)指揮。承受這次進攻主要壓力的是「青年」師,該師的左翼是裝甲教導師,右翼是第21裝甲師,只不過這2個師都無法抽調兵力增援「青年」師。

在前18天僵持不下的戰鬥中,已經讓加拿大第3師的官兵們認識到了武裝黨衛軍部隊的戰鬥力,他們原以為這個平均年齡不到18歲,被他們戲稱為「娃娃師」的孩子們的戰鬥力和戰鬥意志是不堪一擊的。其實,

■「賽馬場」行動中，英軍的3個核心人物，右為蒙哥馬利元帥，中間是第8軍軍長理查德·奧康納中將，左邊為英第2集團軍指揮官邁爾斯·鄧普西中將。

「青年」師在1943年組建時的成員大多是高中畢業的「希特勒青年團」團員，年齡多為18歲，還有少量17和19歲的成員，到1年後諾曼第戰役期間，這些人基本上都滿了18週歲，應該算是成年人了。而且「青年」師中的「希特勒青年團」團員都是從小就接受軍事訓練，基礎軍事素質較好，組成裝甲師後多次進行了實彈訓練，1944年的時候除了沒有實戰經驗外，基本上可以算精銳部隊了。為了彌補作戰經驗的不足，OKW特地從LAH師抽調了不少有經驗的軍官加入「青年」師，包括「青年」師的師長弗里茨·維特（Fritz Witt）、SS第25裝甲擲彈兵團團長庫爾特·邁爾、SS第12裝甲團團長馬克斯·溫舍（Max Wunsche）等，國防軍亦

支援了50名有經驗的士官給該師，剩下來的班、排一級領導則由「青年」師本身那些在准軍事訓練中展現出領導才能的成員擔任，也許他們的戰鬥經驗並不豐富，但「青年」師絕不是人們想像中的「娃娃師」。

6月14日，受「青年」師全體成員敬愛的師長弗里茨·維特被盟軍砲火擊中陣亡，這對他們的士氣造成了嚴重打擊，師長職務隨後由庫爾特·邁爾接任。目前該師仍然擁有44輛「豹式」坦克、58輛IV號坦克可以隨時投入戰鬥，2個裝甲擲彈兵團各擁有超編的3個營，雖然他們由於前段時間的戰鬥，都不同程度地受到損失。當德軍最終發現英軍的意圖後，邁爾、迪特里希和隆美爾都同時正確判斷出控制112高地的重要性，

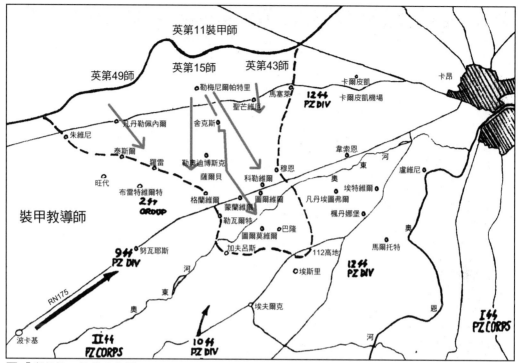

■ 「賽馬場」行動示意圖。

因此德軍絕不會輕易地把112高地讓給盟軍。

戰前奏曲

6月25日，也就是「賽馬場」行動的前一天，作為掩護性進攻，英第30軍所屬的第49西雷丁師（West Riding）首先發起了代號為「瑪爾雷特」（Martlet）的進攻。他們的目標是進抵羅雷（Rauray）、旺代（Vendes）和朱維尼（Juvigny）一線，最好能夠抵達努瓦耶斯-波卡基一線（Noyers-Bocage），這裏正是英第8軍司令奧康納將軍所擔心的西面側翼。因為羅雷山谷高地上的德軍火砲可以輕易地轟擊進攻開始後呈一條直線前進的英軍步兵和坦克，所以必須佔

領羅雷地區，而羅雷村正是SS第12裝甲團團部所在地。

英軍第49師師長巴克（Barker）少將計劃投入2個旅，第147旅和第146旅分別從東西兩路進攻羅雷山谷前的凡丹勒佩內爾（Fontenay-le-Pesnel），拿下小村後，第146旅將進攻小村後的泰斯爾-布雷特維爾特（Tessel-Brettevillette）地區西邊的泰斯爾樹林（Tessel Woods），並派出偵察部隊前往羅雷地區；第147旅將穿過第146旅佔領的地區，拿下羅雷。第8裝甲旅下屬的第24槍騎兵團（24 Lancer，裝甲營規模）和舍伍德義勇遊騎兵隊（Sherwood Yeo，裝甲營規模）的坦克將分別給2個旅提供支援，第49師剩下的1個旅——第70步兵旅和第4/7禁衛龍騎兵團（4/7th Royal Dragoon

英國陸軍編制簡要說明

英國的陸軍制度不像歐洲其他國家，歐洲的大部分國家在拿破崙戰爭後學習了很多法國軍事學術的成果，由17、18世紀軍事革創階段創造的連、營、團、旅的編制逐漸走向清晰。但是英國由於一貫不注重發展陸軍，對陸軍的戰爭學術進步不敏感，反應很遲鈍，當然這其中包括了多種原因，主要原因是由於英國屬於海洋國家，對陸軍的發展動力不像歐洲其他國家那麼迫切，所以造成了他們的陸軍部隊編制與歐洲大陸國家的差別，再加上英國特殊的歷史發展遭遇，使得英國陸軍的發展類似法律條文一貫小修小補緩慢發展的歷程。

因此，從部隊建制上說，英國的團、營不分是18世紀的遺留做法。二戰時期的英國陸軍建制是經過之前幾次重大變革後才建立起來的，影響最大的是卡德威爾的改革，原先英軍的基本單位為營，而且在改革前，英國是團營不分的，即使改革後，仍然存在著這樣的現象。

英國除了正規軍外還有民兵，英國人稱為本土軍，縮寫為TA，19世紀卡德威爾改革後才有了一定的規範。在英國，同一個地方除了招募人員組成正規軍外，還會招募人員組建本土軍，本土軍的番號一般按順序往下排，比如威爾特郡團（The Wiltshire Regiment）第4營、第5營等。本土軍的編制數量也是固定的，議會授權陸軍部組建，一般1個團有2個正規營，有2到3個本土軍營（這得看該地區經濟發達與否，對英國這種工業化國家來說，經濟發達的工業地區人口也多，比如曼徹斯特、倫敦，而西部和西北部的農業區人口就少得多）。本土軍與正規軍都是招募的志願人員，但是本土軍不需要像正規軍那樣去海外服役，而正規軍必須要全世界部署去海外保衛日不落帝國的利益，只有大規模戰爭爆發，議會通過戰爭法案並下令徵召本土軍，本土軍才會像正規軍一樣參戰，徹底地全職服役，也會到海外作戰。除了動員本土軍，英國還會在大戰時通過強制徵兵法案，建立臨時的營，比如某某團第9營，看這個營的番號數字

這麼靠後，就可以確定這是大戰時才建立的臨時營。一般一個團的第1、2營是正規軍，3、4營是本土軍，再以後的營級單位大多是大戰時期建立的臨時營。這種臨時營中如果人員全是志願參軍的話，會在番號後面用括號標明「志願」字樣，這些臨時營在大戰結束後會全部解散。

英國陸軍的各個單位基本上都是延續古代的傳統，因此番號也保留了古代的番號。當時代進步時，他們會變革部隊的實質，但不會更改番號。比如，在燧發槍兵被淘汰後，使用這種槍的團隊並沒有因使用來福槍而更改番號，因此英軍裡有一批帶燧發槍兵字樣番號的團隊。18世紀後期來福槍出現，但當時的米福槍不成熟，雖然射程遠、精度好，但裝彈太慢，不能取代前者，只能做偵察、前衛和後衛使用，因此又組建了一批來福槍團。還有一些團隊是因為某個國王、女王、王后時代組建的（或者由這些人擔任榮譽團長），因此番號裡保留國王、女王、王后的字樣，個別團隊還頂著親王的頭銜。19世紀後出現了輕步兵這個概念，於是英國陸軍又組建了一批輕步兵團。來福槍旅，縮寫為RB，即來福槍出現後組建的一個普通團隊，它並不是字面意義上的步兵旅，只是一個榮譽性的名稱而已，實質上就是一個團。義勇騎兵隊就是由民兵組成的騎兵（輕騎兵、龍騎兵、槍騎兵都有），歷史上他們被編入本土軍，到了大戰時期這些騎兵隊大部分都成了裝甲部隊，儘管裝備的是坦克和裝甲車輛，但番號仍然保留原來的騎兵隊字樣，因為裝甲部隊繼承的是騎兵的傳統。

令廣大軍事愛好者感到頭大的是，英國陸軍的「團」（Regiment）只是個稱謂而非嚴格意義上的軍隊建制單位，英軍中只有師、旅、營的編制。例如「7th Royal Tank Regiment」，即7RTR，稱為「第7皇家坦克團」，實際上它們只有1個坦克營的編制和實力。英國陸軍中大部分騎兵部隊在番號上號稱

「團」，實質上都是營級規模而已。此外，由於裁軍或某些部隊受創嚴重，當兩支部隊被合併起來後，其部隊番號同時也會疊加起來，比如第3和第4倫敦義勇騎兵隊（Country of London Yeomanry）在戰鬥中損失嚴重而必須合併時，其番號會變為「第3/4倫敦義勇騎兵隊」。這樣的稱謂與世界上大多數軍隊都不一樣，因此對英國陸軍不甚瞭解的人看到這樣的說法往往會覺得莫名其妙。

英國陸軍中還有邊民團這個概念，比如國王屬蘇格蘭邊民團第6營（6 th King's Own Scottish Border），其組建的地區是蘇格蘭低地，即蘇格蘭南部的幾個郡。由於當時英格蘭和蘇格蘭還沒有合併，對英格蘭國王來說，蘇格蘭南部的幾個郡是英王的邊境居民，因此被稱為邊民團。

從上述內容可以看出，在一般情況下，可以把英國陸軍編制中的旅理解為團級規模，團理解為營級規模。以第15蘇格蘭步兵師為例，該師下轄3個旅，就可以理解為該師擁有3個步兵團，每團3個步兵營。而英軍獨立的裝甲旅一般都下轄3個坦克團和1個摩托化營，而這3個坦克團其實就等於3個坦克營的規模，而團以下的編制為中隊，大致約等於坦克連的規模而已。

Guards，裝甲營規模，缺1個連，屬於第8裝甲旅）將作為預備隊，時刻準備對付德軍裝甲教導師從西面發起的反擊。整個戰場位於裝甲教導師和「青年」師防線的結合部，防禦方為第901裝甲教導擲彈兵團第1營和SS第26裝甲擲彈兵團第3營，在這2個營背後是SS第12裝甲團第2營4個連的IV號坦克，由西向東分別為第8、6、7和9連，第1營則作為師預備隊待在在努瓦耶斯-波卡基地區。

凌晨0415時，在500門火砲的砲火對準德軍陣地狂轟45分鐘後，英軍第49師於0500時正式發起了進攻，此時濃霧覆蓋了整個戰場，能見度只有4～5公尺。第146旅的哈勒姆郡營（Hallamshire）首先發起了進攻，當他們試圖佔領凡丹勒佩內爾西邊部分地區時，先頭連在大霧中迷失了方向。營長和他的參謀軍官趕到後氣得大發雷霆，不過當他們去尋找迷失方向的部隊時，同樣也迷了路。也就是說，當和他們一起進攻的第146旅林肯郡團（Lincolnshire）第4營抵達凡丹勒佩內爾前時，幾乎整個哈勒姆郡營都

不知道在什麼地方溜躂。他們的任務本該是與東面同時發起進攻的第147旅部隊取得聯繫，而此時第146旅的第3個營——國王屬約克郡第1/4營（King's Own Yorkshire Light Infantry）已經按原計劃開始包抄泰斯爾樹林地區，由於那裏沒有德軍防守，所以在中午前就被輕鬆拿下。

當第147旅皇家蘇格蘭團第11營（Royal Scots）準備從東面進攻凡丹勒佩內爾時，終於發現了重新在小村西北邊集結的哈勒姆郡營，他們已經與在這裏防守的德軍激戰起來。此地的守軍是威廉·蒙克（Wilhelm Mohnke）指揮的SS第26裝甲擲彈兵團下屬的第3營和支援他們的SS第12裝甲團第8連齊格爾（Siegel）上尉的數輛IV號坦克，此外還有第901裝甲教導擲彈兵團第1營的部隊。

準備幫助友軍一把的皇家蘇格蘭團第11營剛從東面進攻小村，就遭到德軍裝甲砲兵營、SS第26裝甲擲彈兵團第3營營屬步兵砲以及迫擊砲和機槍的猛烈轟擊，蘇格蘭步兵只能在郊外的泥地裏緩慢地挪動，在德軍恐

怖的火力網前，每前進一步都有人中彈倒下。上午0900時，英軍拿下了凡丹勒佩內爾東邊的一小部分，但德軍依然控制了小村的大部分有著堅固支撐點的地區以及小村南邊300公尺處的聖尼古拉（St. Nicholas）農場。第146旅在進攻裝甲教導師的防線時也遭到了第901裝甲教導擲彈兵團第1營的頑強抵抗，隨後SS少校埃里希‧奧爾伯特（Erich Olboeter）率領他的SS第26裝甲擲彈兵團第3營僅有的一點預備隊，在SS第12裝甲團第8連和部分第9、6連的坦克支援下發起反擊，擊毀了4輛英軍坦克和2門戰防砲，暫時穩住了「青年」師的左翼。

■SS第12裝甲師第26裝甲擲彈兵團第3營指揮官埃里希‧奧爾伯特少校，1944年9月2日在戰鬥中陣亡。

由於在凡丹勒佩內爾東面再也無法取得任何進展，第147旅又投入了威靈頓公爵屬第7營（Duke of Wellingtons）攻擊德軍裝甲偵察營的右翼。實力佔優的英軍很快切斷了第3營與師部的聯繫，德軍的壓力越來越大，到了中午英軍終於攻入了凡丹勒佩內爾。在「青年」師左翼更遠處的第901裝甲教導擲彈兵團受到了英軍的猛烈攻擊，英軍深入教導師防線3公里，並試圖繞到SS第26裝甲擲彈兵團第3營的背後，事實上英軍此時已經繞到凡丹勒佩內爾背後的泰斯爾樹林了。午後下起了小雨，凡丹勒佩內爾的激戰還在繼續，雙方都互有損失。第8裝甲連連長齊格爾上尉回憶了他看到的SS第26裝甲擲彈兵團第3營的擲彈兵：「在這場戰鬥中，我知道了這些年輕的擲彈兵的真正價值，當敵人砲擊時，他們躲在散兵坑裏，常常一蹲就是半個小時，甚至1個小時。他們還要防備炸斷的樹枝和被炸毀房屋上掉下的碎磚頭，但每個人都毫無怨言。當敵人開始進攻時，他們拿著武器跳出散兵坑與敵人逐街逐屋地戰鬥……，我看不到他們的表情……從我的坦克上我親眼看到很多感人的一幕，在沒有任何命令的情況下，有的擲彈兵自動跑到受傷的同志那，救助他或接替他戰鬥……」

而損失了7名軍官、194名士官和士兵的英軍皇家蘇格蘭團第11營的戰史裏，卻只有寥寥幾句話：「在這場激烈的戰鬥中，敵人的頑強抵抗以及敵我雙方猛烈的砲火，將永遠留在參加戰鬥的士兵記憶中。」

很快，SS第1裝甲軍命令「青年」師立刻反擊，以填補防線上的缺口。下午的晚些

「賽馬場」行動前夕雙方的實力對比

在羅雷（Rauray）地區：

英軍：9個步兵營、4個裝甲單位（連級）

德軍：2個半裝甲擲彈兵營（SS第26裝甲擲彈兵團第3營和團屬的第15、16連以及第901裝甲教導擲彈兵團第1營），第8裝甲連（屬SS第12裝甲團第2營，全部為IV號坦克）

在聖芒維厄（St. Manvieu）-凡丹地區（Fontenay）：

英軍：22個步兵營、11個裝甲單位（連級）

德軍：2個裝甲擲彈兵營（SS第26裝甲擲彈兵團第1營和第2營），4個裝甲連（SS第12裝甲團第2營第5、6、7、9連），師預備隊為1個偵察營和1個裝甲偵察營（裝備有「豹式」坦克）

總兵力為：

英軍：31個步兵營、15個裝甲單位（連級）、900門左右的火砲（實際投入使用的是700門左右）以及3艘巡洋艦和1艘砲艦的艦砲支援

德軍：4個半裝甲擲彈兵營、1個裝甲營（SS第12裝甲團第2營）、2個裝甲偵察營、26個砲兵連，可能還有裝甲教導師的2個裝甲連以及裝甲教導師的1個砲兵連

英、德雙方實力對比是：步兵6：1，坦克7.5：1，火砲21：1，另外還得算上盟軍壓倒性的空中優勢。

時候，SS第12裝甲團的團長馬克斯‧溫舍用第1營的3個裝甲連（全部裝備「豹式」坦克），SS第12裝甲偵察營的第3、4、5連（重武器連）以及SS第26裝甲擲彈兵團第3營部分部隊組成的戰鬥群從泰斯爾-布雷特維爾特發起反擊，準備把滲入小村的英軍第49師部隊擊退。SS中尉格德（Gaede）率領的第2裝甲連率先發起反擊，先頭排排長SS少尉施羅德（Schroder）的坦克衝在了最前面，在穿越樹林時遭遇到英軍反坦克砲的伏擊，施羅德的坦克被擊毀，他在跳車時被擊斃。

25日2230時，溫舍戰鬥群終於趕到離凡丹勒佩內爾只有500公尺的地方，並與在凡丹勒佩內爾防守

■ 在法國小村中，準備和英軍戰鬥的SS第12裝甲團第3連的「豹式」坦克和伴隨他們的擲彈兵。

■ 這輛戰術編號為219的「豹式」坦克，屬於SS第12裝甲團第2連，該連是組成溫舍戰鬥群的主力之一。

的SS第26裝甲擲彈兵團第3營左翼取得聯繫，但是他們沒能聯繫上裝甲教導師的部隊。就在溫舍戰鬥群在黑暗的掩護下向小村進發的同時，英軍支援第49師的第24槍騎兵團和第4/7禁衛龍騎兵團的「雪曼」坦克也準備在小村東邊發動攻擊，雙方在小村南邊迎頭相撞，一場激烈的坦克戰爆發，其結果是雙方各自認為自己阻止了對方的推進。

同一時刻，「青年」師師長邁爾和他的上司SS第1裝甲軍指揮官迪特里希發生了激烈的爭吵，迪特里希命令邁爾撤回所有的裝甲力量，即SS第12裝甲團第1營的「豹式」坦克和第2營5個連中的4個連的IV號坦克，於夜晚集中起來，準備從裝甲教導師的戰線上發動一次反攻。邁爾立刻在電話裏回覆說，自己的防線比任何一個時刻都脆弱，而且已經沒有任何預備隊了，怎麼能把僅有的裝甲部隊調走？如果這樣做防線上將會出現一個危險的缺口，英軍隨時能從這個缺口發

動進攻。迪特里希表示理解他的苦衷，並承諾會把直屬軍部指揮的SS第101重裝甲營派往邁爾處增援，邁爾立刻回答道，「虎式」坦克根本無法及時趕到戰場，最終雙方在電話裏達成妥協。

深夜，溫舍撤回了自己的裝甲部隊，第5和第7裝甲連被派往已經沒有任何預備隊的裝甲教導師處，第6連依然留在凡丹勒佩內爾，剩下的2個連留給邁爾用作防守之用。在夜晚毛毛細雨的掩護下，「青年」師的擲彈兵們撤出了凡丹勒佩內爾，退往了小村南邊的聖尼古拉農場，泰斯爾樹林也落入英軍手中，同時2個裝甲連也在夜色中開往羅雷。這一天的激戰使「青年」師總共損失了188人，其中45人陣亡、120人受傷、23人失蹤。

英軍第49師在當天沒能拿下羅雷的山谷，但是卻迫使德軍抽調裝甲部隊至裝甲教導師的防線，為第二天英軍的主攻減輕了一

■ 在凡丹勒佩內爾被擊毀的德軍PAK40反坦克砲，旁邊是德軍士兵的尸體，遠處還有一輛被擊毀的「豹式」坦克，他們都屬於SS第12「希特勒青年團」裝甲師。

定的壓力。但這次進攻也引起了德軍的警覺，德軍認為英軍將發動一次較大規模的進攻，只是無法摸清英軍的進攻方向和意圖罷了。而且這一天隆美爾電令所有能運輸的車輛全部動員，加快運送第276、277步兵師和第16空軍野戰師，盡快增援諾曼第地區。當溫舍還在整夜組織他的戰鬥群準備第二天早上從羅雷發起的反攻時，英軍的「賽馬場」計劃也已經準備就緒了。

6月26日

6月26日，「賽馬場」行動正式開始了。此刻戰場被薄霧覆蓋，而諾曼第鄉村的道路被昨日的細雨

■ 這輛被溫舍戰鬥群的「豹式」坦克擊毀在教堂前的「雪曼」坦克，屬於第4/7禁衛龍騎兵團，在幾次遭遇戰中，雙方都沒撈到便宜。

弄得泥濘不堪，但這並不能阻礙英軍拿下卡昂的決心。現在輪到第15蘇格蘭師進攻了，該師擁有3個步兵旅，分別為第44低地旅、第46高地旅和第227高地旅。每個旅下轄3個營，由此可以看出，英軍1個旅的實力約等於德軍SS裝甲師的1個擲彈兵團。英軍計劃用第15蘇格蘭師的第44旅和第46旅分兩路從卡昂-巴耶（Caen-Bayeux）鐵路線一帶同時發起進攻，首先攻佔舍克斯（Cheux）村以及小村南面的高地，隨後攻佔勒奧迪博斯克村（Le Haut Du Bosq）至聖芒維厄（St. Manvieu）一線。

在步兵旅打開局面後，得到裝甲部隊加強的師屬第15偵察團（營級規模）將前進至舍克斯東南3公里處的穆恩（Mouen）地區，緊隨其後的第227高地旅則越過第46高地旅挺進奧東河，奪取並堅守住圖爾維爾（Tourville）和加夫呂斯（Gavrus）地區跨越奧東河的橋樑，使第11裝甲師和支援該師的第4裝甲旅可以迅速越過奧東河，挺進至埃斯里（Esquay），並佔領112高地，在奧恩河上建立橋頭堡。如果計劃成功，英軍大部隊就可以越過奧恩河進入法萊斯平原地區，並從後面包抄整個卡昂，然後直撲巴黎。

從西面（右路）發起攻擊的是第46高地旅格拉斯哥高地團第2營（2nd Glasgow Highlanders）和卡麥隆蘇格蘭來福槍團第9營（9th Cameronians），支援他們的是第7皇家坦克團（裝甲營規模，隸屬第31坦克

■ 6月26日，在即將開始的「賽馬場」作戰中，準備進攻德軍的第15蘇格蘭師的士兵。

旅）以及米德爾塞克斯第1團（Middlesex Regiment）的2個機槍連。預備隊為瑟福斯高地團第7營（Seaforth Highlanders）。

從東面（左路）發起攻擊的是第44低地旅皇家蘇格蘭團第8營（Royal Scots）和皇家蘇格蘭燧發槍兵團第6營（Royal Scots Fusiliers），支援他們的是第9皇家坦克團（裝甲營規模，隸屬第31坦克旅）以及米德爾塞克斯第1團的2個機槍連。預備隊為國王屬蘇格蘭邊民團第6營（6th King's Own Scottish）

第11裝甲師除了師直屬部隊外，各有1個裝甲旅和1個步兵旅，分別為第29裝甲旅（擁有3個裝甲營和1個摩托化營）和第159步兵旅（擁有3個步兵營）。同時，每個旅都得到了1個砲兵團的火力支援。

早上0730時，700門火砲同時開火，10分鐘暴風驟雨般的砲火轟擊之後，英軍砲兵又開始了徐進彈幕射擊，平均每3分鐘向前推進約90～100公尺，跟隨在彈幕之後發起衝鋒的是700名蘇格蘭官兵，步槍上的刺刀反射出一片片耀眼的白光。左路的英軍皇家蘇格蘭燧發槍兵團第6營在第9皇家坦克團B中隊坦克的伴隨下直撲聖芒維厄，同時皇家蘇格蘭團第8營則在第9皇家坦克團A中隊的坦克支援下攻擊聖芒維厄村後的勒戈勒（Le Gaule），完成對在聖芒維厄的德軍的包抄。燧發槍兵團第6營的開局並不順利，己方砲兵的徐進彈幕能炸死多少德國佬還不得而知，但起碼已經將道路炸得面目全非。更可怕的是，由於英軍砲兵觀察員沒有及時跟進，薄霧中己方的砲彈不時落在徒步前行的步兵群中，在製造可怕傷亡的同時還打亂了步兵的進攻隊形，迫使他們到處尋找隱蔽。

■ 英軍第11裝甲師的坦克縱隊，他們是準備在第15師突破德軍防線後，跟隨而上擴大戰果的，照片攝於6月25日。

擔任支援任務的坦克也好不到哪裏去，剛越出己方戰線就有2輛坦克被反坦克地雷炸壞了履帶，而這些地雷很可能是原來在此佈防的加拿大部隊佈下的。在整個諾曼第戰役中，類似這樣的友軍火力的「特殊關照」，對盟軍士兵來說屢見不鮮。

此時「青年」師師長邁爾正打算前往羅雷去觀察自己的裝甲部隊發起的旨在幫助裝

■6月26日，「賽馬場」行動開始後，向聖芒維厄村發起攻擊的皇家蘇格蘭燧發槍兵團第6營的士兵，遠處是支援他們的是第9皇家坦克團B中隊的「邱吉爾式」坦克。

■緩慢前進中的英軍第15蘇格蘭師的部隊。

■ 準備進攻的英軍第11裝甲師的坦克縱隊。

甲教導師的反攻（看來英第49師頭一天的攻擊還是起了作用的），當英軍暴風驟雨般的砲火落在德軍防線上時，邁爾知道自己擔心的事終於發生了。由於剛剛抽調走2個裝甲連去裝甲教導師防區，「青年」師已經變得脆弱的防線根本經不住英軍的進攻。邁爾立刻命令裝甲團團長溫舍：「原定的反攻立刻取消！羅雷是防守的關鍵地區，必須不惜一切代價守住，立刻調回裝甲部隊，返回他們原本在舍克斯西北和西南的防禦陣地。」

英軍的砲火還未停歇，很快反應過來的SS第12裝甲砲兵團在卡爾皮凱附近的火砲立刻開始還擊。由於盟軍砲擊產生的大量煙霧，導致雙方視線都受到了嚴重影響，根本看不見目標的德軍砲兵乾脆按照預定坐標進行面積射擊，第9皇家坦克團B中隊1輛坦克的無線電機電員回憶道：「我們剛剛越過出發線不久，就遭到了猛烈的砲擊，我們幾乎就夾在恐怖的彈幕中間，實在搞不清楚砲擊我們的是敵人，還是自己人……」

當灰頭土臉的英軍終於穿過彈幕來到聖芒維厄時，遭到了埋伏在村外果園和灌木叢裏的「青年」師第26裝甲擲彈兵團第1營的猛烈抵抗而損失慘重，2個連包括連長在內短時間內戰死多人，而第9皇家坦克團B中隊的「邱吉爾式」坦克還沒攻進小村就損失了3輛。德軍在村內外構築了堅固的工事，讓英軍撞得頭破血流的僅僅是外圍防線，第1營營長克勞斯上尉（Krause，後成為第26團的團長）還命令部下在聖芒維厄村中利用建築群構築了堅固的支撐點，可以和外圍防線互相呼應。儘管英軍在外圍防線上損失不小，但英國人強攻不退，最終攻進了村內，隨後爆發的激戰讓雙方都損失慘重。

SS上等兵卡爾克回憶了當時的情況：「敵人的砲擊變得越來越猛烈，不久後開始集中轟擊小村中心地帶，砲彈就在我們營部的院子前爆炸，整個房子因為爆炸而猛烈地搖晃。砲擊的間隙，我可以聽到槍聲和坦克刺耳的開砲聲。到處都是砲彈爆炸後產生的

■ 在法國小村中準備跟英軍作戰的SS第12「希特勒青年團」裝甲師年輕的擲彈兵。

煙塵，營部的參謀們大都躲進了地下室，只有個別人仍然留在上面，我們與各連的通訊都中斷了……第2連的通信兵跑進了營部，他受傷了，從他口中我們得知第2連和敵人發生了激烈的肉搏戰，但是人數佔優的敵人和坦克還是突破了防線，現在正和第1連激戰，敵人的坦克很快就要到營部了。克勞斯營長命令副官和在小村南面2公里不到的SS第12裝甲團的1個裝甲連取得聯繫，要求他們立刻發起反擊，挽救第1營的防線。當英軍的砲擊開始減弱時，我跟隨我們營的副官利用灌木叢的掩護找到了SS第12裝甲團第9連，但連長拒絕在沒有步兵的支援下發起反擊，因為坦克不適合在街道上作戰。赫爾策爾少尉只得用一些士兵組成新的支撐點。」

此時在聖芒維厄村裏激戰已經到達了白熱化，「青年」師的戰史是這樣記載的：

「戰鬥越來越激烈，敵軍坦克的砲擊如同鐵錘般擊打著脆弱的房屋，許多房屋被炸得房樑開裂、磚頭四處飛濺，大地在劇烈顫抖。雖然激戰了3個小時，我們仍把大部分英軍阻擋在了村外，我們英勇的戰鬥仍在繼續……敵人愈來愈多，如同一群惡狼圍住了我們。防守營部的士兵粗略數了下，至少有15輛『雪曼』坦克圍了上來，現在凡是手上有武器的人都投入了戰鬥……很快就有不少堅持不住的官兵退守到了營部所在的房子，這裏便成了英軍圍攻的目標，堅守在營部的士兵沒有任何重武器，只有機槍和步槍，加上一些『鐵拳』（反坦克火箭筒）和磁性反坦克雷。而在村裏我們也只剩下2門迫擊砲和24發砲彈，我們用這些砲彈對準敵人坦克和步兵中間猛轟，製造混亂。狙擊手乘機躲在隱蔽處瞄準從砲塔上露出腦袋的敵方坦克

■ 激戰中的SS第12「希特勒青年團」裝甲師的擲彈兵,圖中為2人機槍組。

車長開火。有一些坦克被嚇跑了,但沒過多久他們又捲土重來,對我們猛烈開火……突然,防守營部院子的士兵發出警報,有1輛英軍的噴火坦克正向營部開來,排長下令必須把這輛坦克幹掉。SS下士迪爾聽到排長的話後,想都沒想拎起『鐵拳』就說:『我去』。為了接近坦克,迪爾找到機會翻過院牆,直接衝向坦克並迅速發射了『鐵拳』,但匆忙中他沒能瞄準,坦克並沒有被摧毀。迪爾對沒能摧毀坦克很懊惱,他邊往回跑邊嚷道:『我是瞄準坦克中間打的,絕對擊中了!』他一把抄起另一支『鐵拳』再次跑向了坦克,這次他瞄準了坦克的履帶並成功打癱了坦克,此時英國人也發現了他並用機槍對他進行掃射。迪爾成功跑回來後,想想還

不放心,他又拿起1顆磁性反坦克雷跑向坦克,徹底炸毀了它,不過他同時也被敵人的子彈擊中了。迪爾掙扎著回到了營部,英軍暫時撤了回去,儘管4個小時後迪爾傷重不治,但他是『青年』師中第一個獲得騎士鐵十字勳章的士官。」

很快,攻擊受挫的英軍果斷投入了預備隊,他們對聖芒維厄村勢在必得。村內的第1營在激戰後終於不敵英軍壓倒性的優勢,營部最終失守,但是小村內其他地方的戰鬥一直持續到了當天晚上。

而負責攻佔勒戈勒村的皇家蘇格蘭團第8營的運氣則好得多。位於聖芒維厄村後不遠的勒戈勒村是德軍防線上的一個薄弱點,那裏並沒有太多的守軍,SS第26裝甲擲彈

■ 短暫戰鬥過後，正在查看一輛被擊毀的M4「雪曼」坦克的「青年」師士兵。

兵團第1營大部兵力都在聖芒維厄和英軍激戰，而SS第12裝甲工兵營還在西面，這是個真空地帶。英軍在進攻開始後緊跟著彈幕前進，每3分鐘前進幾百公尺。雖然遭到了在砲擊中倖存的黨衛軍擲彈兵的抵抗以及SS第12裝甲砲兵團的砲擊，但是他們在2個小時後還是順利攻佔了勒戈勒村，完成了既定任務。

而戰線的另一端，在右路擔任前鋒的是第46高地旅格拉斯哥高地團第2營，他們的目標是小村舍克斯。當他們在第7皇家坦克團A中隊15輛坦克的伴隨下從勒梅尼爾帕特里（Le Mesnil Patry）東面出發後不久，就一頭撞進了SS第12裝甲工兵營的陣地，高地營的吉米‧布萊爾中士描述了當時的情況：「進攻後不久，我們就撞入了德軍的機槍陣地，敵人的陣地偽裝得非常好，我的朋友沃克爾被打死了……其他人遭到了狙擊手的射擊……大部分人被打懵了，不是就地臥倒，而是把頭探出玉米地四處尋找狙擊手的位置。當我們躲到一片灌木叢後時，我發現受傷的連長躺在那，旁邊是我的排長，附近是一名已經陣亡的軍官。我努力地朝大家大喊：『趴下，趴下！』隨後士兵們一個接一個地由空曠地衝向灌木叢隱蔽，雖然狙擊手還在朝我們射擊，甚至可以聽到子彈擊中灌木叢的聲音，但是我們的速度非常快，一個也沒被擊中。找到掩護後大家立刻朝任何我們覺得可能藏有狙擊手的地方開火，有2個德軍舉手出來投降了，雖然我們很恨他們殺死了我們的戰友，可是我們還是把他們遣送後方去了。」

當然，也有倒霉的黨衛軍士兵投降後被憤怒的英國人當場打死，被俘的SS第12裝甲工兵營的恩斯特‧貝倫斯上士回憶了當時的情景：「離我不遠處的是佩爾茨曼，他躲在一個隱蔽得非常好的狙擊點上，在他的面前已經有許多英國人的屍體了，而英國人依然沒有發現他。突然他從隱蔽處爬了出來，把槍扔在了樹邊上，大喊道：『我沒子彈了，我已經殺夠你們了，現在你們可以殺了我！』上帝啊，我看見一個紅頭髮的英國人走上前去，抓住他的衣領，掏出左輪手槍對著他的太陽穴開了一槍……」

德軍的迫擊砲在戰壕裏不停地轟擊蘇格蘭人，不過等砲手探出頭去準備再次確認蘇格蘭人的位置時，才發現憤怒的蘇格蘭人已經包圍了他們，很快手雷就被直接丟進了戰壕……直到中午1130時左右，清除了德軍

■ 向德軍防線發起攻擊的英軍士兵。

抵抗的格拉斯哥高地團第2營才首先踏上了前往舍克斯的道路。

當邁爾剛回到他在韋索恩（Verson）的師部，就收到了防守舍克斯地區的工兵營的報告：「所有的反坦克砲都被擊毀，英軍的裝甲部隊突破了我們營的防線，他們還在試圖摧毀我們在舍克斯附近建立的防禦陣地，但是目前部分外圍陣地還在我們手上，從羅雷發動的反攻還有沒有消息了？……」話還沒說完，與工兵營的通訊就中斷了。獲悉英軍已經突破了「青年」師的防線，邁爾立刻給迪特里希打電話：「我的防線已經被突破，情況緊急萬分，需要立刻增援」。但他得到的回答是：「堅守戰線直至最後一發子彈，SS第2裝甲軍正在趕來的路上。」可是對邁爾來說，這話與空頭支票無異，天知道援軍到達的時候仗會打成什麼樣子，哭笑不得的他只得命令所有能調集的坦克和部隊趕去填補防線上的缺口。

工兵營防線被英軍突破之後，舍克斯村立刻成為德軍防線上的一個主要支撐點，不過這裏的守軍實力薄弱，只有SS第12裝甲砲兵團第2營的1個105mm砲連（牽引式）和SS第12裝甲工兵營的1個補給排。儘管寡不敵眾，但德軍寸步不讓，砲兵把榴彈砲當作步兵砲用，壓低砲管拼命開火，少量的工兵則用自動武器封鎖住所有的路口，堪堪擋住了猛撲過來的蘇格蘭高地兵。儘管英軍兵力佔優，但戰鬥了1天卻毫無進展，由於村內的德軍彈藥充足，英軍只要一動便會招來砲彈。與苦不堪言的英軍相比，德軍卻越打越勇，他們還得到了撤退下來的工兵們的支援，反而越打人越多。「賽馬場」作戰的第一天，格拉斯哥高地團第2營就付出了傷亡12名軍官、200名士兵的代價，而當面德軍的損失與其大致相同。

格拉斯哥高地團第2營碰了釘子，卡麥隆蘇格蘭來福槍團第9營的日子也不好過。他們的目標是包抄舍克斯村後面的勒奧迪博斯克村，擋在他們面前的是SS第26裝甲擲

■ 在諾曼第郊外進攻中的英軍第7皇家坦克團的「邱吉爾式」坦克。

彈兵團第2營。第9營的士兵剛從勒梅尼爾帕特里村出發就遇上了麻煩，從村兩邊開出的第7皇家坦克團B中隊的坦克直接衝進了黨衛軍工兵們佈置的雷區，一些坦克履帶被炸斷，總共有9輛坦克失去了行動能力，其餘的坦克不得不停止了前進。英軍步兵只得在沒有坦克伴隨的情況下獨自進攻，更加不幸的是，由於地圖標註的錯誤，這些蘇格蘭步兵走進了己方的砲火覆蓋區，其中一個連遭受重大傷亡，所有的軍官除了一個存活外其他的全部被炸死。好不容易整頓好攻擊隊形，繼續前進的第9營官兵在穿越德軍的防線時又落入對方圈套，被德軍的倒打火力點放倒了不少人，嚇得不知所措的蘇格蘭人大叫有狙擊手。此時英軍坦克終於爬了上來，但立刻就遭到了德軍砲火的攻擊。SS第12裝甲砲兵團第2營第5連的重砲就佈置在勒奧

迪博斯克和舍克斯村之間，連長哈特曼回憶了當時他用105mm榴彈砲對付英軍坦克的情景：「早上，營長命令我們從陣地上後撤，那時我的手下正在陣地上待命，而我則坐在村前足球場的球門橫樑上朝勒梅尼爾帕特里村南面觀察。很快我就發現大約在4公里外英軍集結了20多輛坦克和裝甲車，我命令我連4門砲同時開火，出其不意的砲擊使敵人的車輛根本來不及閃避。根據爆炸的情況，我判斷至少有1輛坦克是被砲彈直接命中的。隨後敵人所有的車輛開始後撤，他們後退時產生的煙塵讓我們無法再瞄準任何目標。」

此後，哈特曼命令手下的4門砲轟擊英軍步兵，持續的砲擊騷擾使卡麥隆蘇格蘭來福槍團第9營直到中午1100時才推進到勒奧迪博斯克村附近。而這裏同樣是德軍的一個

堅固堡壘，由SS第26裝甲擲彈兵團團部連的1個排負責防守，這個排全部是由戰鬥經驗豐富的老兵組成，他們還得到了SS第12裝甲砲兵團第1營2個連的火砲支援。雙方的戰史上對此戰的過程都沒有太多詳細的記載，只知道大約1130時來福槍團第9營才在坦克的支援下推進到村外的灌木叢邊，只是這點距離就付出了6名軍官和120名士兵的代價，或者說整整一個連沒有了。為了完成「賽馬場」行動的第一階段目標，英軍隨即在右路投入了預備隊瑟福斯高地團第7營來增援來福槍團第9營，面對佔據絕對優勢的英軍，德軍不得不撤退。

當英軍攻至舍克斯村後，英國第2集團軍指揮官邁爾斯‧鄧普西將軍匆匆趕到第8軍軍部，他想知道面對著比預期中要薄弱許多的德軍防線，行進速度卻遠慢於預定時間表的第8軍到底在幹什麼？！由於部隊在舍克斯被阻，投入攻擊的步兵和坦克都損失慘重，第8軍軍長奧康納正為此躊躇不決。鄧普西立刻指出如果第11裝甲師再不投入戰鬥，那麼天黑前抵達112高地的計劃將難以實現，既然現在突破口已經打開，那麼裝甲部隊必須沿諾曼第現有的公路系統擴大突破口，根據原定計劃讓第11裝甲師立刻投入進攻，拿下奧東河上的橋樑及112高地。

第29裝甲旅的北安普敦第2義勇騎兵隊（裝甲營規模）作為第11裝甲師的偵察部隊終於接到出擊命令，下屬的A中隊的任務是越過奧東河，攻佔圖爾莫維爾（Tourmauville）和加夫呂斯地區的橋樑。跟以往不同的是，伴隨步兵沒有搭乘裝甲車前進，而是用「克倫威爾」坦克直接搭載步兵前進，這是因為第11裝甲師師長羅伯茨（Roberts）將軍認為，坦克更容易突破德軍防線。當他們進入戰場後，發現戰場上一片混亂，到處都有被擊毀的坦克和各種車輛，零星的戰鬥還在繼續，到處都有德軍在頑強抵抗。爆炸產生的濃煙遮天蔽日，擔任前導車的幾輛坦克的車長不得不把頭探出砲塔觀察，只有這樣才能找到一條穿越遍地狼藉的舍克斯村的道路，很快他們就發現這樣做的另一個好處是可以立刻掏出左輪手槍，對付那些拿著磁性反坦克雷試圖衝向坦克的擲彈兵。

當A中隊肅清了前路上德軍的抵抗後，已經是下午1400時左右了，半小時後主力

■ 英軍第11裝甲師師長羅伯茨少將。

■「賽馬場」戰役初期,隸屬英軍第11裝甲師第29裝甲旅第23輕騎兵團的裝甲部隊,他們的任務是穿過奧東河,攻佔112高地。

部隊才抵達舍克斯村南的高地。還沒整理好隊形的英軍坦克部隊在這裏與SS第12裝甲團從羅雷返回的第5連的IV號坦克群迎頭相撞,第5連原本和第7連是去教導師防線準備參加反攻的,接到撤回命令後剛好趕到此地。雙方立刻發生激戰,第5連第3排排長維利·肯德勒(Willi Kandler)少尉在後來的戰鬥報告中描述了當時的情景:「當我們接到命令在灌木叢的掩護下從羅雷返回舍克斯時,就在我們左邊的勒梅尼爾帕特里通往舍

克斯的公路上發現了許多敵人的各種型號的坦克和裝甲車,他們正試圖拐向我們在灌木叢中間的老陣地。很快我們的坦克就投入戰鬥,雙方都有損失,就在我前面幾公尺的地方,把上半身露在砲塔外的布赫霍爾茨車長頭部被一發直接命中的砲彈打得粉碎。我們同時發現一批英國人的坦克已經穿越舍克斯村,只得邊打邊利用灌木叢的掩護撤向南面努瓦耶斯至舍克斯的公路附近⋯⋯」

此時英第8軍軍長奧康納將軍命令第11

裝甲師第29裝甲旅將剩下的3個營全部投入戰鬥，盡可能撕開德軍的防線，增援先期抵達舍克斯的北安普敦第2義勇騎兵隊的A中隊。與此同時，在第7皇家坦克團的伴隨下，卡麥隆蘇格蘭來福槍團第9營也抵達了舍克斯村南。當第一輛坦克剛爬上被北安普敦第2義勇騎兵隊A中隊放棄的高地時，德軍的機槍子彈就貼著探出砲塔的車長頭部飛過，緊接著SS第12裝甲團第5連的IV號坦克開火了，瞬間便有2輛英軍坦克被擊毀，儘管英軍坦克馬上進行還擊，無奈射術欠佳的英軍在被擊毀了4輛坦克後一無所獲，只得後撤。在西面稍遠處，溫舍戰鬥群的「豹式」坦克仍然在泰斯爾地區的西面和英軍的第4/7禁衛龍騎兵團的坦克互相對射，試圖奪取羅雷的英軍又投入了1個裝甲營——舍伍德義勇遊騎兵隊，不過SS第12裝甲團第6連很快就擋住了他們的進攻。

此時第11裝甲師主力正按原計劃開往舍克斯，負責羅雷方向掩護的是第29裝甲旅法夫-福法爾第2義勇騎兵隊，他們的任務是通過舍克斯後向西南方進攻，穿過勒奧迪博斯克村前往格蘭維爾（Grainville），然後奪取加夫呂斯地區的奧東河橋樑。該部剛剛出發不久就報告說遭到了德軍「虎式」坦克的襲擊，損失一些車輛和人員，根據德軍戰史記錄，他們遇到的不是「虎式」坦克，而是從羅雷撤回的「青年」師的IV號坦克連。該部一直監視著舍克斯通往南邊的道路，及時填補了德軍防線上的缺口，不過面對英國人壓倒性的優勢，這些IV號坦克堅持不了多久。

中午時分，「青年」師師長邁爾總算從SS第1裝甲軍軍部收到了讓他感到稍微有點安慰的消息：「SS第101重裝甲營的1個「虎式」坦克連將前往格蘭維爾，另外從第21裝甲師抽調出的1個裝甲連和1個突擊砲連將歸你指揮。」同時，B集團軍群允諾的LAH師的2個裝甲擲彈兵營和第7火箭砲旅也將增援「青年」師，只不過他們還在路上，都無法立刻趕到戰場。英軍的裝甲部隊和步兵此時已經通過舍克斯，以壓倒性的優勢突破了SS第12裝甲砲兵團的陣地，邁爾不得不組織起師部裏所有能拿槍的人員、沒有砲的砲兵以及1個偵察連投入防線上的缺口。儘管邁爾把老底都拼上了，但還是由於兵力不夠，有一條通往奧東河上橋樑的道路沒有任何防守力量。

英軍再次加大了壓力，第11裝甲師第29裝甲旅第23輕騎兵團（營級）的任務是殺出一條通向圖爾莫維爾地區奧東河上橋樑的道路，他們繞過了還有德軍抵抗的聖芒維厄村，在泥濘的鄉間小路前進。下午晚些時候，先頭連抵達了舍克斯村南，跟隨他們一起進攻的是來福槍旅第8營的2個摩托化連。貝爾少校在帶領第8營的1個連通過舍克斯村時描述了這裏的景象：「村子裏面一片廢墟，我們的步兵仍然在逐屋清理敵軍，村的另一邊還不時傳來槍聲，路中間躺著被打死的奶牛，另外一邊是德國人的半履帶車，車後有2名德軍的屍體。」

擋在第23輕騎兵團面前守衛圖爾莫維爾地區奧東河橋樑的是SS第12裝甲偵察營的部分部隊，不過他們現在得到了SS第101重裝甲營的1輛「虎式」坦克的支援。當第一輛「雪曼」坦克被「虎式」坦克打成火球

時，驚慌失措的英軍還不知道他們面對的是什麼武器，等英國人終於看到那輛「老虎」後，已經損失數輛坦克的英軍立刻停止前進開始撤退。攻擊舍克斯南面的勒奧迪博斯克村的英軍第15師第227高地旅被趕來增援的第21裝甲師的1個突擊砲連擋住了去路，當第227旅戈登高地輕步兵團（The Gordon Highalnders）第2營在第9皇家坦克團部分坦克的伴隨下試圖再次前進時，SS第101重裝甲營第3連的2輛「虎式」坦克出現了，它們很快幹掉了3輛沒有步兵保護的英軍坦克，英國人只得撤退。

天黑前，舍克斯村南面的德軍僅僅得到了SS第12裝甲團第8連連長齊格爾上尉率領的僅存的4輛IV號坦克的增援，這支小部隊於下午四點到五點間補充燃料後，聯繫上了

■ SS第12裝甲團第8連指揮官齊格爾上尉。

他們的團長溫舍，溫舍告訴齊格爾說：「我們師防線的右翼已經崩潰了，你必須立刻趕到那兒，拖住敵人在舍克斯南面進攻的腳步，封鎖此地通向科勒維爾（Colleville）的道路，但是我沒有任何步兵可以派給你。」齊格爾立刻回答說，「我們的坦克引擎已經發動，艙蓋已經蓋上」，指揮官的最後幾句話已經被坦克的履帶聲所淹沒。

沒有浪費時間，齊格爾和他的4輛坦克立刻趕到了勒奧迪博斯克村南邊不遠處的薩爾貝（Salbey）地區，並幫助SS少校舒普斯（Schops）的SS第12裝甲砲兵團第2營撤往勒奧迪博斯克南面佈防，舒普斯本人則乘車和齊格爾上尉前往薩爾貝地區查看情況，如果明天英國人繼續向南發動進攻，那裏將是他們的必經之路。當晚，舒普斯在偵察時撞在了英軍巡邏隊的槍口上陣亡，當然，這支蘇格蘭人組成的巡邏隊並不知道他們為主力部隊在第二天的進攻作了怎樣的貢獻。在聖芒維厄堅守了一整天的SS第26裝甲擲彈兵團第1營於夜間帶著傷員和一些英軍俘虜退往了馬塞萊（Marcelet）。被英軍蹂躪了一整天的SS第12裝甲工兵營營部在夜晚留下2名重傷員，剩餘的7個人在黑夜和大雨的掩護下開始向南撤。同時，SS上尉齊格爾的4輛IV號坦克扼守在薩爾貝的山谷中，他們一整夜都在掩護SS第12裝甲砲兵團的部隊向後撤至安全區域，由於兵力缺乏，他們的坦克和科勒維爾地區之間還有一個不小的缺口。天亮前，當齊格爾向左翼的格蘭維爾尋找友軍時發現了一些擲彈兵，不過他們都在呼呼大睡。當齊格爾警告他們英國人快要發起進攻時，這些疲憊到極點的年

輕人卻認為己方的坦克就在他們身邊，這裏不會有任何問題而繼續倒頭睡覺。

英軍第11裝甲師在26日攻佔奧東河橋樑及後方高地的嘗試已經走到了盡頭，第23輕騎兵團在舍克斯南部無法再往前一步，法夫-福法爾第2義勇騎兵隊也在勒奧迪博斯克村損失了5輛坦克後停止了前進。當晚第15蘇格蘭師做了最後的努力，投入預備隊的3個營乘夜在暴雨掩護下試圖攻佔奧東河上的高地，這次攻勢很快就被SS第12裝甲砲兵團第5連的88砲轟散了，英軍損失慘重。「賽馬場」計劃的第一天，筋疲力盡的英國人沒能達成任何目標，但至少突破了德軍的防線，進抵舍克斯和聖芒維厄兩地。雖然這兩處的德軍還有零星抵抗，但總的來說防禦體系已經崩潰，英軍俘虜了包括2名軍官在內的162名德軍，其中大部分來自「青年」師的工兵營。英軍增援部隊第43師於午夜抵達了聖芒維厄，開始為明天的進攻做準備了。

■ SS第12裝甲團第8連的IV號坦克，該坦克在防守舍克斯的戰鬥中被擊毀。

■ 戰鬥中的SS第12裝甲砲兵團的部隊。

德軍在當天的激戰中共損失了730人（88人陣亡、230人受傷、412人失蹤），其中SS第12裝甲工兵營損失了325人，雖然B集團軍群在作戰日誌上把26日記載為「一次完全成功的防禦」，但「青年」師實際上已經是強弩之末了，正如當天用盡了所有預備隊的邁爾所說：「如果今晚還沒有援軍，明天我將再也無力阻止英國人的任何突破了。」告急的電報發到了第7集團軍司令弗里德里希·多爾曼將軍處，但是得到的回覆是「不會有任何增援部隊，LAH師由於沒有汽油，還在160公里外，這兩天都不會有援軍。」

儘管如此，晚上1000時多爾曼還是打電話給隆美爾，說明了「青年」師的危急情況：「英軍第11裝甲師已經向卡昂的RN175公路（波卡基-卡昂的

高速公路）推進，逼近奧東河，在『青年』師左翼地區打開一個缺口，敵人的戰略目標非常明顯——112高地！」

沒有任何援軍的隆美爾不得不開始拆了東牆補西牆，他從在裝甲教導師西面防守的第2裝甲師和第21裝甲師中各抽出1個裝甲連協助「青年」師防守卡昂，並把空軍部隊的大部分88砲佈置在反坦克陣地上，同時電令LAH師和「帝國」師必須抽調出部隊和第7、8火箭砲旅增援「青年」師，不過這2個黨衛軍裝甲師沒有一個能在第二天即27日及時抵達卡昂附近為「青年」師提供增援。設在巴隆（Baron）村的SS第1裝甲軍軍部由於盟軍砲火的襲擊，不得不向後撤退了3公里，同時通知「青年」師師長邁爾，他在韋索恩的師部也在盟軍砲火的射程範圍內，建議把師部後撤，邁爾認為後撤師部會嚴重影響部隊的士氣，拒絕了這一建議。

6月27日

英軍在當天的計劃是分兩路同時進擊，右路的攻擊目標是格蘭維爾，穿過此處就能抵達加夫呂斯地區的奧東河橋樑；左路的目標是穿越蒙蘭維爾（Mondrainville），然後佔領圖爾莫維爾地區的奧東河橋樑。27日凌晨，舍克斯地區的英軍部隊在調動時陷入了交通堵塞，一直折騰到天亮後才完成作戰準備。

右路的戰鬥首先打響，第227旅高地輕步兵團（The Highland Light Infantry）第10營發起了一次試探性進攻，很快就被埋伏在薩爾貝山谷裏的齊格爾的4輛IV號坦克所阻。德軍坦克發現當面的敵人只是英軍步兵後一砲未發，僅僅用機槍對步兵進行壓制。英軍的戰術永遠是「步兵在前，坦克在後」，這點早讓德國人摸得一清二楚。當英

■ 在凡丹勒佩內爾村外被擊毀的「雪曼」坦克，遠處是1輛被擊毀的「豹式」坦克，屬於溫舍戰鬥群，照片攝於6月27日，顯示了雙方在6月26日發生的戰鬥是何等的激烈。

軍坦克很快出現後，埋伏在樹林中的4輛IV號坦克同時開火，很快齊格爾就看見英軍坦克兵從被擊中的坦克裏爬出來，其中一些人渾身著火……對英軍官兵來說，這是一個令人不愉快的開端，此後該營的另2個連沿著剛才的路向前推進時，他們也受到了齊格爾相同的款待。

不久後，更大的災難降臨到這些英軍頭上，第10營營部遭到突然出現在農場房屋和果園間的數輛德軍「豹式」坦克的襲擊，營部的許多車輛被擊中起火，緊緊跟隨步兵前進的英軍砲兵不得不把反坦克砲掉轉180度向後射擊。這些「豹式」坦克來自德軍第2裝甲師，它們抓住戰機在沒有步兵的伴隨下直接從西南面衝進了舍克斯村（看來學習魏特曼的事蹟在諾曼第的德軍裝甲部隊中已經蔚然成風）。措手不及的英軍很快被擊毀2輛輕型坦克，隨後凡是出現在「豹式」坦克視界內的目標都成了它們的轟擊對象，正在村南的「雪曼」坦克裏等待進攻命令的布朗利中尉（屬於第11裝甲師）很快就聽到了身後激烈的爆炸聲和混亂的嘈雜聲，他跑進村裏查看情況，結果正好看到了非常恐怖的一幕：「4輛『豹式』坦克從舍克斯村的另外一邊衝了進來，擊潰了我們的步兵，離我們只有不到200公尺，（我們）有1輛坦克的砲塔被擊中後飛起了5、6公尺高又掉了下來，車長的身軀被打得粉碎。」

進攻的失敗和慘重的傷亡讓英軍步兵們開始痛恨第11裝甲師，很多人事後都抱怨

■ 在6月27日，在匆忙進攻舍克斯時，被英軍擊毀的國防軍第2裝甲師的「豹式」坦克，他們是調來增援SS第12師的，屬於第3裝甲團第1營。

說：「當我們最需要他們的時候，他們卻在村子南面無所事事！」在德軍坦克肆虐英軍後方時，第11裝甲師法夫-福法爾第2義勇騎兵隊A中隊的「雪曼」坦克沒有回援舍克斯，而是繼續往前推進。當它們爬上薩爾貝地區的山脊時，遭到了齊格爾指揮的坦克的側面襲擊，很快英軍裝甲兵就帶著傷員往舍克斯撤退了。參加這次進攻的布朗利中尉本打算回村後補充彈藥，順便安置下傷員的，但他很快就發現村中見不到一個友軍，小村似乎被遺棄了。當他轉過一個街角時，突然發垻1輛「豹式」坦克就停在路中間和他幾乎面對面，他所能做的就是立刻調頭逃跑同時招呼部下施放煙幕掩護部隊撤退。

德軍第2裝甲師的「豹式」坦克同時也進攻了舍克斯南面的勒奧迪博斯克村，不過在這裏他們似乎沒什麼好運氣。當時第43師第214旅康沃爾親王屬輕步兵團第5營正好路過勒奧迪博斯克村去會合友軍，當先頭連走到村西時，突然聽到了引擎的轟鳴和履帶震動地面的聲音。大驚失色的英軍緊接著看到了高大的黑色砲塔，然後4輛「豹式」坦克便碾過灌木叢衝了過來。走在最前面的4個尖兵飛快地跳往路兩邊尋找掩護，這時毫不知情的營屬反坦克砲部隊還在往這走。很快，1門6磅砲就被直接命中的砲彈撕得粉碎，接著德國人又轟掉了另一門砲，但此時走在「豹式」坦克邊上的2輛摩托車被英軍打翻，德軍坦克失去了前出的偵察兵。清醒過來的英軍迅速利用地形掩護組織起了4個PIAT火箭筒小組，前後敲掉了5輛「豹式」坦克，擊斃了9名德軍坦克兵，俘虜了4名。缺乏步兵保護而貿然闖入的德軍坦克在失掉突然性後，很容易被英軍步兵貼上來摧毀。

■ 這輛歪倒在路邊的「豹式」坦克，同樣屬於第2裝甲師，它們的匆忙出現，只是稍稍拖延了英軍前進的腳步，坦克在沒有步兵的保護下，難逃被擊毀的命運。

德軍裝甲部隊見勢不妙開始撤退，不過他們成功地拖延了英軍前進的步伐。

與此同時，齊格爾的4輛坦克擊退了英軍發動的幾次攻勢，薩爾貝山谷看起來似乎是無法攻破的。但是到了中午時，齊格爾的好運結束了，當他為了獲得更良好的視野，從偽裝良好的隱蔽點向右移動時被英軍發現了。齊格爾的坦克被擊中起火，齊格爾和另外兩名乘員嚴重燒傷，當其它的3輛IV號坦克後撤補給燃料時，英軍裝甲部隊再次向格蘭維爾發起了進攻。這次再也沒有什麼力量可以阻礙他們直撲格蘭維爾了，然而此時他們卻犯了一個不可原諒的錯誤。英軍裝甲部隊的主力停在勒奧迪博斯克村外等待卡麥隆蘇格蘭來福槍團第9營的步兵前來，與此同時還分出一部分兵力向西去保護自己的右翼，就這樣，迅速佔領加夫呂斯地區奧東河上橋樑的良機被英軍自己浪費掉了。

就在法夫-福法爾第2義勇騎兵隊的坦克停在那裏曬太陽的時候，SS第12裝甲砲兵營的哈特曼SS上士正在格蘭維爾村等待運輸車輛把他的4門砲轉移至安全地帶。當天上午的早些時候他試圖開車去韋索恩的師部求援，但是在路上差點撞進英軍的行軍隊列，只得中途返回。回到駐地後他發現年輕的砲兵們個個神情低落，才知道他們也看到了英國人。沒想到就在德軍砲兵感覺大難臨頭的時候，英軍停了下來，哈特曼日後回憶道：「我去附近的農舍巡查，發現英軍的坦克就停在不遠的果園處，坦克兵看起來相當

■ 在舍克斯村戰鬥中被擊毀的SS第12裝甲團第8連的IV號坦克，正在拖曳它的是英軍第11裝甲師的回收車輛。

輕鬆，根本不像準備戰鬥的樣子。沒有多想，我立刻朝他們開火，敵人也開始猛烈還擊。我躲過了敵人的射擊回到了陣地上，在命令3門砲轉移的同時讓1門砲守在路上，這時師偵察營的一些官兵出現了，1名軍官問我在這做什麼，接著他命令我炸毀所有的砲跟他們一起撤退。敵人的流彈不停地朝我們這打過來，我從望遠鏡裏看到守在路上的那門砲的1個砲手已經戰死，我們不得不開始撤退了。」

到了1800時，英軍裝甲部隊終於等來了卡麥隆蘇格蘭來福槍團第9營的士兵和支援他們的「邱吉爾式」坦克，但還沒等英軍做好戰鬥準備，德軍第2裝甲師大約1個連的「豹式」坦克也殺了過來。利用太陽落山前的那麼點時間，德軍坦克通過一場短促突擊幹掉了3輛「邱吉爾式」坦克後從容撤退，驚魂未定的英軍儘管實力強大，但在黑夜中始終不敢大踏步前進，看來「豹式」坦克的這次騷擾性攻擊在英國人心裏留下不小的陰影，直到午夜時分他們距離加夫呂斯的橋樑還是有3公里的路程。

在左路展開攻擊的英軍第227旅戈登高地輕步兵團第2營的2個連推進到了科勒維爾附近的鐵路線一帶，當天第15師再次投入了1個營的生力軍——第227旅阿蓋爾-薩瑟蘭高地團（The Argyll Sutherland Highlanders）第2營，他們的任務是通過戈登高地輕步兵團佔領的區域，攻佔圖爾莫維爾地區的奧東河橋樑。當他們剛剛走到科勒維爾北邊的鐵路交叉路口時，突然遭到德軍砲火的密集射擊，部隊傷亡嚴重。德軍砲火來自南邊不遠處的蒙蘭維爾，駐防此地的是

SS第12裝甲防空營營部、1個防空連和部分通信營的士兵。接著，德軍以1個由坦克和擲彈兵組成的小戰鬥群去重新奪回北邊的鐵路交叉口，支援他們進攻的還有Sd.Kfz.231八輪重裝甲車。雙方激戰一場後不分勝負，各自後撤一段距離又展開了砲戰。儘管得到了「青年」師裝甲砲兵營的火力支援，但德軍的實力還是不足以守住該村。

到了中午，附近驚慌失措的法國村民開始攜帶貴重物品逃難，結果不斷落下的英軍迫擊砲和重砲砲彈炸死了許多無辜村民。不久後德軍也開始撤退，攻上來的蘇格蘭士兵看到不少被炸死的德軍，還有1輛燃燒的「豹式」坦克，它的砲口正指向舍克斯。

1100時，英軍第23輕騎兵團的裝甲部隊在來福槍旅第8營1個連的伴隨下，繼續朝奧東河進發。乘坐著半履帶車的步兵在第23輕騎兵團左面的高地上保護它的左翼，不久後他們發現路邊的石牆旁停了1輛英軍的輕型偵察車。當英軍試圖弄清楚這輛車的情況時，躲在車內的德軍突然開火，最終英軍打死德軍1人，俘虜2人，這3個人看起來都最多只有17歲。當英軍裝甲部隊抵達卡昂RN175公路附近的鐵路時，突然遭到了德軍的襲擊，在損失了1輛坦克後擊退了德軍的攻擊。隨後4輛「雪曼」坦克被派往穆恩（Mouen）方向偵察敵情，最終只逃回來1輛，其餘的都被德軍擊毀了。

午後，第23輕騎兵團才抵達卡昂RN175公路，阿蓋爾-薩瑟蘭高地團第2營早已穿過該公路向奧東河推進了。由於缺乏步兵，此時德軍根本不足以沿奧東河谷和樹林建立起一道連綿的防線，原先駐守這個方向的3輛

「豹式」坦克在第15蘇格蘭師進攻韋索恩的「青年」師師部時被調走了，因此高地團第2營很快就衝過了只有3挺德軍機槍防守的小路，於1700時左右抵達了圖爾莫維爾地區的奧東河橋頭。半個小時後，12輛屬於第23輕騎兵團的「雪曼」坦克在步兵的伴隨下也到了這裏，英軍搜索中只在圖爾莫維爾發現了1名德軍，而且還讓他給跑了。穿過奧東河前行不久，英軍終於來到了他們期望已久的戰略要點——112高地前，從這裏開始地勢慢慢升高，但總的來說山勢平緩，而且山上遍佈幾乎一人高的粗草和灌木叢，山頂周圍是一片樹林，很快來福槍旅第8營的那個連也抵達了此地。

2000時左右，終於抵達舍克斯的第11裝甲師第159旅的幾位部隊主官正在開會，不可思議的是由於英軍在坦克和步兵部隊之間的協調和指揮上糟到了極點，因此第159步兵旅到現在都不知道2個小時前友軍已經佔領了奧東河上的橋樑。旅長和3個營長在會議上作出了如下佈置：蒙默思郡步兵團（The Monmouthshire）第3營留在舍克斯做預備隊，赫里福德郡步兵團（Herefordshire）第1營在右，國王屬什羅普郡輕步兵團（The King's Shropshire Light Infantry）第4營在左，部隊於2130時向奧東河發動進攻。2200時左右，左路英軍抵達卡昂RN175公路，但他們沒有發現與他們平行前進的右路友軍，只好獨自向前推進。對他們來說，最大的障礙不是德軍（此時道路上根本連德軍的影子都沒有），而是法國鄉間曲折難走的小路。國王屬什羅普郡輕步兵團第4營很快就和守在圖爾莫維

爾的高地團第2營會合。作為預備隊的蒙默思郡步兵團第3營這時也接到命令，向橋頭堡進發，深夜時他們抵達了穆恩。

27日的形勢對英國人來說還算不錯，兩路部隊中一路已經佔領並穿過奧東河上的橋樑，抵達112高地，另一路不久之後也將到達此地。只要越過112高地進入卡昂-法萊斯公路，那卡昂就能成為蒙哥馬利的囊中之物了。

對於德軍來說，雖然前一天作了還可算「成功的防禦」，可是現在的形勢已經非常嚴峻了。英軍完全楔入了德軍防線，控制住了奧東河上的3座橋樑，前鋒部隊已經越過了奧東河抵達112高地前，形成了一個約3公里寬、縱深約8公里的叫作「蘇格蘭走廊」的突出部。突出部的頂端就是112高地，同時英軍的增援部隊還在不斷地湧入。壞消息並不止一個，當晚瑟堡最終被美軍攻克，盟軍終於得到了他們補給物資急需的港口，不過由於德軍的破壞，瑟堡再次投入使用還得花上一段時間。

德軍現在希望能夠切斷這條走廊，在收到第7集團軍參謀長馬克斯·貝姆塞爾中將關於卡昂戰場形勢的報告後，隆美爾下令「青年」師保衛112高地。而「青年」師師長邁爾是在晚上2200時過後，從自己的無線電裏偵聽到興奮的英軍關於已經取得勝利的交談中才知道，對他和他的部隊來說生死攸關的112高地已經危在旦夕了。

整晚，邁爾都在用一切手段調集部隊保衛112高地，SS第12裝甲團第2營的大約20輛IV號坦克和SS第26裝甲擲彈兵團大約1個營的擲彈兵接到命令，立刻放棄羅雷和馬塞

萊的陣地前往112高地，防止高地落入英國人之手。另外1個裝甲連大約10輛IV號坦克在112高地的西面不遠處集結待命（不過等他們到達集結地時，由於機械故障等原因只有4輛坦克可以參加戰鬥），1個隸屬空軍的88mm高砲連也被佈置在112高地及附近地區。同樣被投入112高地一帶的還有第7火箭砲旅的54門6管火箭砲，不過這些笨重的火箭砲既不能放在高地上，也無法對被茂密樹林覆蓋的112高地進行精度較高的火力支援。

幾輛「豹式」坦克趕到了韋索恩附近，在那已經有數輛SS第101重裝甲營的「虎式」坦克，這些坦克將被用來支援夜裏抵達的LAH師先頭部隊在天亮後奪回穆恩的反擊。雖然這些趕往韋索恩的裝甲部隊實力都嚴重受損，但是看起來迪特里希還是很照顧他的老部下。當邁爾把師部向東後撤3公里至盧維尼（Louvigny）時，同時也接到了軍部下達的命令——不惜一切代價，死守112高地。

27日的戰鬥讓「青年」師損失了191人，其中44人陣亡、109人受傷，38人失蹤。今夜，唯一讓德軍感到欣慰的是「帝國」師的前鋒部隊——「維丁格」戰鬥群終於從西方的聖洛（St. Lo）趕到了，該戰鬥群由SS第4裝甲擲彈兵團（即著名的「元首」團）的部分團部、第1營、團屬第13步兵砲連、第14防空連、第15摩托化偵察連、第16戰鬥工兵連和SS第3裝甲擲彈兵團（即「德意志」團）第1營編成，由「元首」團團長奧托·維丁格（Otto Weidinger）SS中校指揮，整個戰鬥群約2500人。「維丁

■「元首」團的指揮官奧托·維丁格，他指揮的「維丁格」戰鬥群於28日趕到戰場，隨即加入到反擊英軍的戰鬥中。

格」戰鬥群於深夜抵達布雷特維爾特至格蘭維爾之間，及時填補了「青年」師在西面防線上的缺口。由於羅雷在白天時落入英軍第49師的手中，因此該戰鬥群的任務是天亮後從奧東河北岸向東攻擊「蘇格蘭走廊」的側翼及羅雷地區的英軍，緩解SS第26裝甲擲彈兵團在格蘭維爾至奧東河區域的巨大壓力，蒙克的部隊（SS第26裝甲擲彈兵團第3營）在少得可憐的「豹式」坦克的支援下，正堅守著搖搖欲墜的防線。

LAH師SS第1裝甲擲彈兵團團部和第1、2營在團長阿爾伯特·弗雷（Albert Frey）中校率領下沿波卡基至卡昂的公路經過一夜的行軍，終於也趕到了戰場，第3營由於種種原因還沒有趕到。這2個營將組成

「弗雷」戰鬥群投入戰鬥（這2個營的具體實力LAH師的官方戰史沒有詳細的敘述，但齊裝滿員），他們的任務是在第21裝甲師的坦克支援下從韋索恩發起攻擊，佔領穆恩，攻擊英軍另一面的側翼，重奪科勒維爾，與從格蘭維爾發動攻擊的「維丁格」戰鬥群在蒙蘭維爾會合，從兩翼切斷「蘇格蘭走廊」，孤立突出部頂端的英軍部隊，以便圍而殲之，第83火箭砲營和SS第12裝甲砲兵團的部分火砲將提供火力支援。

6月28日

6月28日，英第8軍的作戰計劃如下：繼續完成第一階段的任務，佔領加夫呂斯地區跨越奧東河的橋樑，然後開始進行「賽馬場」計劃的第二階段目標，佔領布雷特維爾特東北面的高地，徹底封鎖卡昂城南及東南方的道路，越過112高地包抄卡昂城。

一線的英軍則計劃從多個方向發起進攻，由步兵向西控制奧東河谷，裝甲部隊集中控制112高地。凌晨0330時，卡麥隆蘇格蘭來福槍團第9營從科勒維爾村出發，向西進攻並最終佔領了格蘭維爾，不過北邊不遠處的薩爾貝山谷直到29日依然在德軍手中。瑟福斯高地團第7營則在「邱吉爾式」坦克支援下從科勒維爾出發，向南進攻，準備佔領勒瓦爾特（Le Valtru）村。

27日至28日的夜裏，先期抵達圖爾莫維爾地區橋樑的阿蓋爾-薩瑟蘭高地團第2營，在和第159旅換防後繼續推進，有驚無險地拿下了基本無人防守的加夫呂斯以及奧東河上2座橋樑，完成了本該由另外一路英軍完成的任務。高地團第2營的下士坎普貝爾回憶道：「當我們抵達加夫呂斯村後，遭到了1輛裝甲車的襲擊，它在遠處朝我們開火，我們可以感覺到子彈擦過頭頂引起的風聲。大家都在朝這輛裝甲車射擊，它慢慢退了回去。半個小時後，我的左邊突然有人大喊『德國步兵！』我看見10名德軍從樹林裏衝向我們，當我們被MG42機槍壓制後，接到了後撤的命令。我們退到一處不錯的隱蔽點，守衛著這裏的橋樑和村裏的營部，德軍沒能成功突破……」

此時112高地前的戰鬥已經打響，沐浴在晨曦中的第23輕騎兵團的坦克在112高地西南方的埃斯里高地上擊毀SS第12裝甲團第5連的1輛IV號坦克、擊傷1輛，該連是連夜趕來準備保衛112高地的。隨後第23輕騎兵團的坦克在來福槍旅第8營H連的步兵伴隨下，準備越過112高地向奧恩河挺進，這正是「賽馬場」計劃第二階段的目標。112高地的山頂範圍很大，到處都覆蓋著茂密的樹林，有些地方很平坦，有些地方下凹，山上還有法國村民修築的引水溝渠和堤壩。英軍快到山頂時發現了1個德軍砲兵觀察哨，它是在112高地東北方的德軍火箭砲部隊佈置的。第23輕騎兵團B中隊的坦克繼續向前推進，C中隊負責掩護。B中隊在推進過程中遭到高地上少量德軍猛烈的抵抗，損失了1輛坦克，同時高地附近的德軍坦克也在對英軍開火。英軍認定那是「虎式」坦克，為此招來了皇家空軍進行對地攻擊，其實那不過是SS第12裝甲團的IV號坦克而已。由於德軍坦克都隱蔽在茂密的樹林裏，飛行員根本不能發現目標，只能胡亂開火嚇嚇德國

■ 6月28日，SS第12裝甲團第5連的IV號坦克，剛剛從反擊112高地上英軍的戰鬥中撤下，SS上士克雷奇馬爾正在檢查自己的坦克。

人。

中午1235時，C中隊和來福槍旅第8營H連也投入了戰鬥，在112高地西面山坡上的德軍很快招架不住了，告急的電報發到了後方：「英國人現在就在山頂，1輛「雪曼」坦克離我不到4公尺遠，看在上帝的份上，千萬別打電話過來，他們會聽見鈴聲的。我們會找機會撤回來，我不知道守在我們前面的SS中尉威內克和里希曼怎麼樣了，但是我想他們一定是被突破了。」

德軍為了確認高地上的戰況，派了1支偵察隊前往山頂查看情況，很快就被英國人的機槍趕了回來，並且損失了2個人。但是德軍觀察到山頂只有2輛坦克，剩下的只是機槍和反坦克砲。SS第12裝甲團團長溫舍決定利用自己的坦克發動一次快速反攻，他命令第1營的部分「豹式」坦克從高地的南面，第2營的部分IV號坦克從西南面的埃斯里方向發起反擊。當IV號坦克群在樹林的掩護下衝向山頂時，為了不被英軍伏擊，德軍坦克手用機槍和火砲轟擊任何可能藏有英軍的樹林和灌木叢。20歲的克雷奇馬爾SS上士是1輛IV號坦克的車長，他回憶了當時的情況：「在短暫的集結後，我們的坦克開始出發進攻112高地，我們小心翼翼地互相掩護著前進，當我的坦克快要走出樹林進入空曠地時，我停在了樹叢的邊緣，用望遠鏡觀察周圍的情況，尤其是左翼，那裏很有可

能埋伏著英軍的坦克和反坦克砲。然而任何值得懷疑的東西都沒發現，我命令坦克前進，當我們開出10～15公尺時，突然遭到來自右側的砲火攻擊！我大喊『倒車，倒車！』我的駕駛員SS下士施奈德的反應非常快，立刻全速倒車退回了樹林，英國人差一點就擊中我的坦克。」

此時佔領高地北面山坡的英軍得到了6輛「雪曼」坦克的增援，德軍用迫擊砲向山頂的英軍陣地轟擊，作為還擊，英國皇家空軍的「颱風」攻擊機也四處轟炸高地南坡和附近任何可疑的目標，整個高地都被轟炸造成的塵土和煙霧覆蓋。德軍奪回高地山頂的企圖失敗了，英軍利用這個機會建立了一道反坦克陣地，並把步兵佈置在山頂的樹林裏防止德軍滲透進來。到下午1445時，SS第12裝甲團第5連的IV號坦克又一次發起了反擊，但很快再次被英軍打退，因為此時第23輕騎兵團的裝甲部隊包括一些自行火砲全部抵達了112高地。

由於德軍的反覆騷擾，第23輕騎兵團很快就向師部報告彈藥已經不多了，而且彈藥

■ 剛剛抵達112高地的來福槍旅第8營的士兵，圖中士兵正在閱讀來自英國本土的報紙，後面是一輛M3半履帶裝甲車。

很難用卡車運送上山。到1500時左右，第29裝甲旅第3皇家坦克團（裝甲營規模）抵達了112高地並接替了他們，來福槍旅第8營的2個連也跟著撤下休整。已經戰鬥了3天3夜的第23輕騎兵團傷亡了72名坦克乘員，其中33人戰死、6人失蹤。不久之後，第3皇家坦克團就報告，他們在高地西南的埃斯里方向上發現了「豹式」坦克，同時「虎式」坦克和一些裝甲車輛出現在了高地東南面的馬爾托特（Maltot）。下午1630時，112高地南面的SS第12裝甲團的IV號坦克增加到了15輛，德軍再一次發起了攻擊，同樣被英軍猛烈的砲火打了回去。當晚團長馬克斯·溫舍親自來到這裏為部下們打氣，因為當天的戰鬥中德軍並非一無所獲，至少英軍在德軍的反擊下同樣無法控制住112高地

的山頂，他們退回了北面的山坡。

當「青年」師還在和英軍第11裝甲師在112高地上角力時，德軍試圖切斷「蘇格蘭走廊」的反攻也開始了。東面的「弗雷」戰鬥群將穿越韋索恩，切斷卡昂公路和鐵路線，然後攻擊圖爾維爾和科勒維爾，與從西面同時發起進攻的「帝國」師「維丁格」戰鬥群會合。由於時間緊迫，進攻部隊還沒來得及和支援的砲兵及裝甲部隊協調好，當SS第1裝甲擲彈兵團團長弗雷SS中校從「青年」師師長邁爾那接到於凌晨0600時發起進攻的命令時，弗雷提醒邁爾，在沒有重砲的支援下部隊無法發起進攻，請求等到LAH師砲兵部隊到來後再發動進攻。而邁爾則回答說SS第1裝甲擲彈兵團會得到「青年」師砲兵部隊的支援，必須在指定時間發動進

■ 圖中為LAH師SS第1裝甲擲彈兵團團長，SS中校阿爾伯特·弗雷，他用最先抵達諾曼第戰場的2個營組成的「弗雷」戰鬥群參加了28日的反擊戰。

攻，儘管弗雷極不情願但只得服從命令。他計劃讓第1營直接進攻穆恩，第2營攻佔韋索恩後負責支援第1營。正如弗雷所擔心的，當部隊出發時根本沒有「青年」師砲兵部隊的聯絡官隨行，而且「青年」師的砲兵部隊也沒有任何行動的跡象（好在這樣的情況很快得到了改變）。

此時英軍蒙默思郡步兵團第3營就在穆恩，前鋒部隊也在韋索恩附近，在卡昂鐵路和公路之間行進的SS第1裝甲擲彈兵團第1營在韋索恩以西遭遇了蒙默思郡步兵團第3營，隨即爆發了激烈的戰鬥，第2連的黨衛軍士兵雷費爾回憶道：「我們面前的英國人躲在堅固的戰壕後面，但是我們利用山谷中的小路繞到了他們背後發動了突然襲擊，攻擊非常成功，英國人全部投降，他們的制服上有野牛的標誌（第11裝甲師的師徽）。此後我們沿著鐵路路堤繼續進攻，並得到了火箭砲部隊的支援，不過猛烈的火力同樣也打到了我們頭上，我們找到了火箭砲部隊的砲兵觀察員，他立即致電部隊要求他們調整射程、避免誤傷。」

第3連的弗蘭茨則回憶說：「我們連在第2連右翼沿著鐵路前進，路上我們遇到了3輛第21裝甲師的IV號坦克，其中1輛在很遠的距離擊毀了3輛英軍坦克。現在這3輛坦克沿著鐵路的路堤排成縱隊緩慢推進，路堤另一邊的高高的灌木叢為坦克提供了良好的掩護。我們在連長齊格哈特的率領下走在坦克的前面，在經過一段沒有灌木叢的道路時英國人突然出現了，他們向走在最前面的齊格哈特連長開火，幸運的是他們只打壞了他的鋼盔。齊格哈特立刻躲進了灌木叢，英軍坦克的注意力都被他吸引了，結果被我們的坦克迅速擊毀。現在輪到英國兵跳進路邊的壕溝裏逃命了，我們俘虜了10名英軍並繳獲了2挺『布倫式』輕機槍，大部分英軍則沿著鐵軌逃跑了。由於燃燒的英軍坦克擋住了去路，我們不得不繞路前進，IV號坦克則佔領了英軍的陣地，並且徵用鐵道員的房子作為觀察所，不久後它們遭到了盟軍飛機的攻擊，好在損失不大。偵察兵不斷引導砲兵部隊為我們提供掩護，我們以10～12人一組跟隨坦克向北方前進，英國人很快就撤退了。」

得益於第1營在北翼的掩護，第2營沿著高速公路迅速推進，當馬克斯·漢森（Max Hansen）率領的第2營在穿越韋索恩時，與英軍發生了激烈的戰鬥。漢森第九次在戰鬥中負傷（他後來成了SS第1裝甲擲彈兵團團長），他的職務由赫福特臨時接任，隨後第2營攻下了韋索恩。當德軍突進至穆恩時，部分「弗雷」戰鬥群的士兵直撲下一個目標——科勒維爾。防守穆恩村的蒙默思郡步兵團第3營在德軍攻擊下幾乎沒有還手之力，只能倉皇撤退，該營的戰史記錄如下：「很快，我們營就從穆恩撤退了，C連遭到敵人強大的坦克和步兵的攻擊……戰鬥非常激烈，C連很快被敵人包圍，我們的士兵英勇地抵抗敵人的進攻，但是到最後局勢變得讓人絕望，C連連長里查茲少校決定突圍，最後只有他和14人突圍出去。這場戰鬥中已知的就有21人陣亡，剩下的估計不是戰死就是被俘了。」

前往科勒維爾的德軍進展順利，科騰豪斯日後回憶說：「我們沿著穆恩北邊的鐵路

線和通往舍克斯的道路之間的草地前進，不過在這樣非常暴露的地形上行軍是件很不舒服的事情。四周都是英國人丟棄的裝備和車輛，他們的收音機裏還在放著舞曲，途中我被3輛遭擊毀的英軍坦克邊的屍體弄髒了褲子……」

在東面的「弗雷」戰鬥群血戰的同時，「帝國」師「維丁格」戰鬥群也從走廊西側發起了攻擊，在1個「豹式」坦克連的支援下，「德意志」團第1營在左撲向了布雷特維爾特和羅雷。在布雷特維爾特的英軍是第49師第70旅蘇格蘭泰恩邊民團第1營和第4/7禁衛龍騎兵團B中隊，第1營的懷特海德上尉記錄了這場突如其來的戰鬥：「下午1430時，我營在布雷特維爾特遭到了敵人的猛攻，對方是SS第2裝甲師的步兵和坦克，雙方在村裏發生了激烈的混戰，我們根本就守不住村子，指揮官命令我們開始撤退。」當

■ 「弗雷」戰鬥群下屬的第2營指揮官馬克斯·漢森，他後來成了SS第1裝甲擲彈兵團的團長，並指揮該團參加了阿登反擊戰。

英軍撤出布雷特維爾特後，後方的支援砲火向德國人發射了數千發砲彈，猛烈的砲火令「德意志」團第1營在當天剩下的時間裏寸步難行。在這場短暫的戰鬥中，蘇格蘭泰恩邊民團第1營就傷亡了126人，由於受到了砲擊，「德意志」團第1營的人員損失也差不多。讓英國人驚訝不已的是，即使在英軍猛烈的砲火下，受傷的黨衛軍士兵仍然冒著砲火從容不迫地救護受傷的同伴，並設法將他們撤離戰場。

「維丁格」戰鬥群的右路是得到坦克加強的「元首」團第1營，他們的任務是從格蘭維爾和勒瓦爾特村之間穿過，佔領科勒維爾和蒙蘭維爾。當該營沿著卡昂公路出發剛剛抵達格蘭維爾時，就在公路北面發現了英軍卡麥隆蘇格蘭來福槍團第9營。而在公路南面不到1公里處，德軍又發現了打算去佔領勒瓦爾特村的瑟福斯高地團第7營和第9皇家坦克團A中隊和B中隊，這樣的局面並沒有難倒「維丁格」戰鬥群的擲彈兵，由於在東線不止一次經歷了類似的敵情，因此德軍迅速作出了反應——少量兵力牽制住次要方向上的敵軍，主力迅速向主要目標發起突擊。儘管看上去英軍兵力強大，但德軍卻掌握了發起攻擊的主動權，在火箭砲的支援下，德軍兵分兩路，利用鄉村中灌木叢和狹窄的鄉間小路迅速向英軍滲透過去，這讓措手不及的英軍損傷慘重。第9皇家坦克團的中尉皮特·貝爾回憶了當時的情況：「當我們連第8排和第10排的坦克開進格蘭維爾村後，先期抵達的泰迪·莫特的第9排接到命令，前往村南搜索敵人。但是在高高的灌木叢之後，有1輛隱蔽得非常好的德軍坦克，

它等到莫特的坦克離它只有100公尺不到的時候才開火。莫特的駕駛員和砲手當場陣亡，另外2個受傷，莫特的左腿漆蓋以下被打得粉碎，當他奮力爬出砲塔時，另外一條腿也斷了……」

公路南側的英軍逐漸收縮進了格蘭維爾與德軍激戰，身後的坦克殘骸和屍體留了一路，英軍並不知道德軍的目的就是把他們逼進村子去，這樣德軍就能從公路直撲科勒維爾。此時英軍甚至都沒弄明白到底是哪支德軍部隊在打他們，此前奧康納將軍的第8軍並沒有得到德軍發起反攻的預警和情報，更沒有意識到2個黨衛軍戰鬥群的目標是他們身後的蒙蘭維爾。很快，扼守在舍克斯南面的科勒維爾附近的格拉斯哥高地團第2營的士兵報告，他們遭到「帝國」師「元首」團第1營的猛烈攻擊。此時走廊地帶兩翼的南邊都陷入了混戰，戰鬥在格蘭維爾到穆恩的法國鄉村小路、果園、農場等地全面爆發。

「帝國」師的部隊在拼命向蒙蘭維爾突擊，此時格拉斯哥高地團第2營又發現穆恩村也發生了激烈的戰鬥，當他們向師部報告後不久，就與已經突破穆恩的LAH師「弗雷」戰鬥群的前鋒部隊交上了火。英國人這才發覺大事不妙，因為兩翼出現了越來越多的德軍部隊和坦克，尤其在穆恩的第11裝甲師部隊發現和他們交手的是LAH師時嚇了一跳，以為LAH師整個師都出現在了走廊的側翼，直到在巴隆村附近抓住1個德軍俘虜時英軍才弄清楚，當面的德軍只有2個營。

這時英軍第8軍軍長奧康納才知道走廊的南面已經亂成了一鍋粥，而已經渡過奧東

■ 正在從東線乘火車趕往諾曼第戰場的SS第9「霍亨施陶芬」裝甲師，該師是SS第2裝甲軍的主力，也是德軍最後一張王牌。

河在突出部頂端的部隊的所有補給都需要通過舍克斯經蒙蘭維爾的一條泥濘道路，這條路對英國人來說至關重要。奧康納不得不臨時停止了所有作戰計劃，等肅清了兩翼的敵軍後再繼續按原計劃進攻。

當晚，英軍在穆恩地區又投入了第227高地旅高地輕步兵團第10營阻擊德軍，戰鬥打了1個小時，在付出了慘重代價後終於阻止了LAH師2個營的突破。隨後第10營試圖重奪穆恩，他們在第4裝甲旅倫敦第3義勇騎兵隊的「雪曼」坦克支援下，以4個連的兵力分2路（A連在左，D連在右，C連和B連各自跟隨）沿鐵路線平行撲向穆恩。很快，左路的第一輛「雪曼」坦克被德軍反坦克砲擊毀，接著英軍步兵遭到德軍埋伏在房屋和

鐵路路堤邊的機槍的猛烈掃射，所有人都被壓制得頭都抬不起來，失去步兵掩護的坦克又接連被擊毀2輛，進攻只能終止。右路的英軍行進到穆恩以西的小樹叢前時，也受到了MG42機槍的「熱情款待」，1輛停在果園裏的偽裝良好的「豹式」坦克也在向他們開火。英軍先頭連連長負傷，2人陣亡，其他人見狀只能撤回了科勒維爾村。值得注意的是，在英軍第4裝甲旅的戰史裏只提到當天損失了3輛「斯圖亞特」輕型坦克，沒有「雪曼」坦克的戰損記錄，但在高地輕步兵團第10營的戰鬥記錄中卻提到了3輛「雪曼」坦克的損失。隨後，英軍開始猛轟穆恩村中的德軍，「弗雷」戰鬥群損失頗重，只能稍稍後撤。

西面，由於英軍第49師在羅雷方向的出現，使「維丁格」戰鬥群也沒能完成任務。英國人隨後提供的報告可以看出匆忙投入戰鬥的該戰鬥群沒能起什麼作用：「在布雷特維爾特地區艱苦的戰鬥之後，我們遇到敵人的猛攻，我們只能撤退至泰斯爾-布雷特維爾特地區重新集結……我們現在才知道那是德軍剛剛抵達的SS第2裝甲師，他們原本應該在聖洛附近……他們於前一天來到我們師前方和左翼，很快敵人在工兵領頭下發起了對我們的攻擊，『元首』團的擲彈兵在左，『德意志』團在右……儘管友軍部隊在加夫呂斯東北方俘虜了25名『德意志』團的士兵，但是敵人仍在不停的對蒙蘭維爾發起攻擊，但這顯然並不是一次協調一致的行動，因為德軍的行動顯得雜亂無章……」

儘管德軍的反擊沒能從兩邊切斷走廊，但英軍的注意力也由於完全被2個黨衛軍戰鬥群吸引而放棄了進一步的進攻計劃。第11裝甲師原先可以在這天越過112高地抵達奧恩河的，德軍在112高地之後根本無任何守軍，但是猶豫不決的英軍還是放棄了突破的計劃，轉而應付兩翼的危機。

入夜後，英軍第43師接到命令，計劃以1個旅的兵力從北邊攻擊穆恩，緩解守軍的壓力阻止德軍推進，當他們還在計劃何時進攻時，豪塞爾的SS第2裝甲軍終於從遙遠的加利西亞（Galicia，位於波蘭）經過23天的長途行軍趕到了卡昂戰場，其先頭部隊已經抵達波卡基村，實力陡增的德軍終於在局部地區取得了兵力優勢。

SS第2裝甲軍中實力較強的是「霍亨施陶芬」師，該師裝甲團除了團屬的8輛「豹式」坦克外，第1營擁有4個連共76輛「豹式」坦克，不過28日這天趕到的只有28輛；第2營除了營屬的8輛IV號坦克，有2個連裝備了44輛IV號坦克，另2個連裝備了44輛III號突擊砲。而「弗倫茨伯格」師實力相對較小，雖然理論上它也是裝甲師，可是其裝甲團只有1個裝備了突擊砲和IV號坦克的第2營，應該裝備「豹式」坦克的第1營還沒有組建完成。第2營除了營部的3輛III號指揮型坦克外，2個連裝備了39輛IV號坦克，另2個連裝備了38輛突擊砲。因此「弗倫茨伯格」師實際上只能算是裝甲擲彈兵師，儘管如此，這2個師的加入也使德軍實力大增。

趕往諾曼第戰場的旅程對這2個師來說並不愉快，由於天氣好轉，盟軍飛機又可以自由地翱翔在諾曼第上空。空襲令這2個師損失了約100輛運輸車輛，其中包括7輛珍貴的運油車。SS第2裝甲軍的1名老兵在一

■ SS第10「弗倫茨伯格」裝甲師師長SS大校海因茨‧哈梅爾。

■ 剛剛抵達戰場就升任SS第2裝甲軍軍長的威廉‧比特里希。

封沒能寄出的家信中寫道:「經過噩夢般的穿越法國之旅後,我們終於離前線只有30公里了,敵人的空中力量可以用恐怖來形容,最後2個星期的行軍中我們幾乎沒有一天能正常入睡的。已經記不清敵人的飛機是第幾次襲擊我們了,我們的人員和車輛都有不小的損失,而我們的空軍卻不敢露面,這跟東線完全不同,我們都清楚未來的戰鬥將非常艱苦……」

「霍亨施陶芬」師的裝甲縱隊在波卡基至卡昂的RN175公路上徹夜狂奔,他們的任務是在奧東河北岸的格蘭維爾和努瓦耶斯之間集結,於第二天分2路攻擊英軍「蘇格蘭走廊」裏所有部隊的補給中心舍克斯以及穆恩至卡爾皮凱一線,力圖與駐守卡爾皮凱

機場的「青年」師第25裝甲擲彈兵團會師。而已經劃給「霍亨施陶芬」師指揮的「維丁格」戰鬥群將負責掩護該師靠羅雷地區的側翼,並消滅在羅雷的英軍部隊。

LAH師的「弗雷」戰鬥群將在29日繼續從東南面攻擊「蘇格蘭走廊」,「弗倫茨伯格」師將在112高地西南面的埃斯里和埃夫爾克(Evrecy)之間集結,全力攻擊英軍「蘇格蘭走廊」的頂端,佔領英軍在加夫呂斯和巴隆的兩處橋頭堡,拿下112高地。不過比較遺憾的是,當2個師都抵達戰場時,直屬SS第2裝甲軍軍部的SS第102重裝甲營由於種種原因還在趕來的路上,這將使德軍的反擊缺少1支重要的裝甲力量。如果德軍反擊成功,整個突出部將被切斷,「走

廊」裏的英軍將孤立無援直至被德軍完全吃掉。

雖然28日這天對德國人來說形勢看起來開始有點好轉，但是不幸又一次降臨到德軍頭上。第7集團軍司令官多爾曼將軍當天自殺了，此時西線德軍總司令倫德斯特和B集團軍群司令隆美爾由於同時被希特勒召回德國述職，因此西線的德軍指揮系統出現了一個真空。希特勒不得不把第7集團軍的指揮權委任給SS第2裝甲軍軍長保羅·豪塞爾，豪塞爾隨後任命「霍亨施陶芬」師師長威廉·比特里希（Wilhelm Bittrich）為裝甲軍的軍長，而比特里希則把「霍亨施陶芬」師的指揮權臨時委任給了下屬的SS第20裝甲擲彈兵團團長湯瑪斯·繆勒上校（Thomas Muller）。

6月29日

SS第2裝甲軍原定於29日早晨0600時發動進攻，由於「霍亨施陶芬」師和「弗倫茨伯格」師遲遲沒有集結完畢，特別是負責為進攻提供支援的第7火箭砲旅的100門6管火箭砲直到0700時才剛剛抵達，攻擊時間被推遲了3個小時。到了0900時，反攻又被推遲到1300時。這主要是因為盟軍飛機對SS第2裝甲軍，尤其是「霍亨施陶芬」師的部隊進行了狂轟濫炸，100架「蘭開斯特」在該師的先頭部隊SS第9裝甲團第1營和SS第20裝甲擲彈兵團第3營頭上丟下了無數的炸彈，導致作為進攻主力的這2個營還沒開戰就有20人陣亡、40人受傷，80%的車輛受損。比特里希軍長只得報告說：「由

於敵人持續不斷的砲擊和轟炸，我們的反攻最快也得下午才能發動。」

整個早晨，英軍「蘇格蘭走廊」的西面倒是非常安靜，「帝國」師「維丁格」戰鬥群由於要掩護「霍亨施陶芬」師側翼而撤了回去。得益於此，第15師第46高地旅卡麥隆蘇格蘭來福槍團第9營輕鬆佔領了格蘭維爾村，瑟福斯高地團第7營佔領了勒瓦爾特村。第15師第44低地旅皇家蘇格蘭團第8營移動到了這2個營的北面，在格蘭維爾以北的樹林地區佈防，以保護這2個營的側後方。加上駐守在蒙蘭維爾的第46旅格拉斯哥高地團第2營，共有4個營擋在了「霍亨施陶芬」師進攻的道路上。此外，阿蓋爾-薩瑟蘭高地團第2營則防守著加夫呂斯地區奧東河上的2座橋樑。

英軍在29日的計劃是肅清兩翼的敵人，擴大奧東河橋頭堡，等後方穩定下來再挺進奧恩河。英第43師首先攻擊穆恩，為了減少進攻的阻力，早晨0700時英軍組織了3個砲兵營猛轟穆恩，很快海軍的艦砲也加入了砲擊。隨著天氣開始放晴，英國皇家空軍也對穆恩進行了空襲。在鋪天蓋地的爆炸聲中，駐守穆恩的「弗雷」戰鬥群的擲彈兵不得不放棄該村，第6連撤向韋索恩，第7連撤向凡丹埃圖弗爾（Fontaine-Etoupefour）。得益於盟軍的砲火優勢，第43師第214旅伍斯特郡步兵團（The Worcestershire）第1營在第7皇家坦克團的支援下於上午1100時，在付出了僅僅傷亡4人的代價後輕鬆拿下穆恩。緊跟著他們的是該師第129旅薩默塞特郡輕步兵團（The Somerset Light Infantry）第4營和威爾特郡步兵團（The

■ 剛剛抵達諾曼第戰場的SS第9「霍亨施陶芬」裝甲師的部隊，圖中乘坐在SdKfz251/10半履帶裝甲車上的擲彈兵正在緊張地注意空中，SS第2裝甲軍在前來的路上，沒少受盟軍飛機的關照。

Wiltshire）第4、5營，這3個營繼續向南推進，試圖與第11裝甲師在奧東河橋頭堡的部隊會合。雖然拿下穆恩並沒有什麼太大的實際意義，但是由於英軍的這些小動作，使SS第2裝甲軍的反攻不得不又推遲到1400時之後。

而在112高地上，已經奉命撤離的來福槍旅第8營的2個連於早上0800時左右又回到了高地，他們的任務是準備拿下還在德軍手中的高地南坡。此時112高地的山頂陣地已經再次被第29裝甲旅第3皇家坦克團佔領了，英軍的「雪曼」坦克隱蔽在視野良好的位置上，步兵也再次回到了他們前一天挖的戰壕裏。認為兩翼敵人已被基本肅清的英軍準備繼續執行「賽馬場」計劃剩下的部分，第4裝甲旅第44皇家坦克團和國王屬皇家來福槍隊（The King's Royal Rifle Corps）第2營準備向112高地西面的113高地和埃夫爾克發動進攻並朝奧恩河挺進，他們不知道這個地區就在「弗倫茨伯格」師的攻擊軸心上。而向埃斯里突進的第29裝甲旅法夫-福法爾第2義勇騎兵隊已經被SS第101重裝甲營的「虎式」坦克擋住了去路，損失了6輛坦克後停止了前進。

到了1000時，第8軍軍長奧康納召集了手下的各部隊高級指揮官們召開了作戰會議，並下達了一個簡潔明瞭的命令：「停止前進，準備應付敵人在西面的反擊！」本來用於支援第11裝甲師突破奧恩河的第4裝甲旅的行動立刻取消，已經在「走廊」西面的第4裝甲旅第44皇家坦克團原地防禦，另外2個裝甲營也立刻趕到「走廊」的西面支援

■ 抵達諾曼第戰場的SS第9「霍亨施陶芬」師第9裝甲團的「豹式」坦克。

守在那裏的蘇格蘭步兵。其實早在4天前，蒙哥馬利就從盟軍情報部門獲悉SS第2裝甲軍即將趕到諾曼第戰場，他通知了第2集團軍司令鄧普西，不過由於英軍死板的保密規定，沒能通知軍一級的指揮官，因此奧康納對當面敵情的變化一無所知。他只是從皇家空軍的偵察報告裏得知一個龐大的裝甲縱隊出現在「走廊」西面後，感受到了危險的臨近，會議結束後，整個第8軍轉入了防禦狀態。

下午1430時，終於集結完畢的「霍亨施陶芬」師開始發動反攻，兵鋒直指英軍的補給中心舍克斯。左翼的攻擊矛頭是「維丁格」戰鬥群，其任務是攻佔羅雷及保護「霍亨施陶芬」師的側翼，他們從布雷特維爾特出發，很快就和英軍發生激戰。同時德軍重砲和火箭砲開始集中轟擊格蘭維爾和勒瓦爾特兩個村子，短暫的砲擊後，「霍亨施陶芬」師兵分2路進擊，左路的SS第20裝甲擲彈兵團從努瓦耶斯南面出發，準備穿過格蘭維爾北邊的樹林直撲勒奧迪博斯克，舍克斯將是他們的最終目標，右路的SS第19裝甲擲彈兵團攻擊格蘭維爾和勒瓦爾特村，SS第9裝甲團將給2個裝甲擲彈兵團提供支援。

SS第9裝甲團第2營的1輛IV號坦克駕駛員埃斯爾回憶了SS第2裝甲軍在西線第一次反攻時的情況：「……我們把車輛開往預定的攻擊位置等待進攻的命令，一場偉大的戰鬥就要到來了。我看見許多濃煙在飄蕩，在我們的頭頂上，敵人的飛機持續不斷地攻擊我們的地面部隊。一些同志在四處忙碌準備進攻，很快我們接到了命令，進攻和粉碎英國人的突出部。我們的坦克在步兵的伴隨下穿過田野，立刻遭到了敵人的砲擊，這可怕

的力量幾乎可以毀滅一切。」

在右路首先向前推進的是SS第19裝甲擲彈兵團第3營，該營的擲彈兵乘坐著半履帶裝甲車緊緊跟隨在「豹式」坦克之後，沿著茂密的灌木叢衝向了英軍。他們首先吃掉了守在勒瓦爾特村西面外圍的瑟福斯高地團第7營的1個連，該連連長陣亡，大部分人員傷亡被俘。隨後德軍繼續攻打村內的英軍，迫擊砲砲彈雨點般地落在村裏，英軍進行了頑強抵抗，在用反坦克砲擊毀了4輛試圖進村的德軍坦克後，勉強擋住了德軍的進攻。儘管如此，英軍卻損失慘重，除了被德軍幾乎全殲了1個連外，整個營僅軍官就有6人陣亡、4人受傷，英軍的一線部隊終於知道德國人開始大規模反攻了。

此時格蘭維爾村和村北的樹林也打得如火如荼，SS第19裝甲擲彈兵團第1營和第2營在坦克的支援下，剛剛佔領了這片樹林就遭到了皇家蘇格蘭團第8營的反擊。英軍頑強抵抗，也同樣損失慘重，第8營的1個連已經打光，營部和旅部的通訊線路也被切斷了，營長威利爾斯中校在趕往一線時失蹤（後來有人發現中校由於踩中地雷而重傷昏迷）。在格蘭維爾村裏，卡麥隆蘇格蘭來福槍團第9營還在德軍猛烈進攻下苦苦支撐著，但此時迫不及待的「霍亨施陶芬」師前鋒部隊甚至已經給軍長比特里希拍去了戰報——格蘭維爾已經佔領，下一個目標就是舍克斯！

不過德軍並沒有如願，英軍並不想輕易放棄拼死戰鬥數天換來的果實，雙方進行了肉搏戰，在格蘭維爾的BBC隨軍記者威爾莫特記錄了當時的情況：「德國人於下午

1430時左右發起了進攻，1個小時後，他們的坦克和步兵與我們發生了混戰。戰鬥主要是圍繞格蘭維爾村展開的，我軍沿著村外的果園和花園建立了防線，德軍在戰鬥中使用了火焰噴射器來掩護步兵進攻。德軍步兵利用灌木叢的掩護接近我軍陣地，在坦克吸引了我軍注意力後，火焰噴射器會突然向我們開火。燃燒的火焰點燃了戰壕周圍的灌木叢和雜草，試圖逼退我們的步兵，但我軍卻利用德國人的注意力集中在步兵陣地時，用「邱吉爾式」坦克和反坦克砲消滅了4輛「豹式」坦克，德軍撤退了。」

激戰至1600時，皇家蘇格蘭團第8營在格蘭維爾村北俘虜了1名SS第19裝甲擲彈兵團的軍官，從他隨身攜帶的文件和筆記中獲悉了「霍亨施陶芬」師的作戰計劃。第8軍終於完全瞭解了德軍的作戰目標以及詳細兵力，首次獲悉德軍2個新的黨衛軍裝甲師來到了前線……

傍晚時分，損失慘重的卡麥隆蘇格蘭來福槍團第9營仍然控制著格蘭維爾村的部分建築，但是到了1830時左右，奧康納將軍上午做出的暫停進攻、全力回援西面「走廊」的正確決定，給戰況帶來了轉折。第15師第44旅皇家蘇格蘭燧發槍兵團第6營接替了筋疲力盡的皇家蘇格蘭團第8營，同時第4裝甲旅的坦克和第8軍軍屬砲兵部隊的第91反坦克團的自行火砲都趕到了格蘭維爾以北的樹林。志在必得的德軍由SS第9裝甲團的「豹式」坦克和IV號坦克在少量SS第19裝甲擲彈兵團擲彈兵的伴隨下，試圖再次滲透英軍防線時，正好撞進英軍伏擊圈。SS第9裝甲團第1營的1名「豹式」坦克乘員的回憶

■ 準備反擊英軍「蘇格蘭走廊」地帶的SS第9裝甲團的「豹式」坦克。

可以幫助我們瞭解一下當時的戰鬥：「我們駕駛著1輛『豹式』坦克跟隨SS第9裝甲團第2營的1個排出發，進攻格蘭維爾地區。沒過多久，我們就發現四周都是英國人的坦克，我們被包圍了。在激戰的過程中，我們的『豹式』坦克被1發直接命中的砲彈打成了火球，車長SS中士霍爾特大叫：『快跳車！』霍爾特和我，還有裝填手逃了出來，機電員戈特克和駕駛員阿佩爾由於受傷沒能逃出來，我們試圖打開艙口蓋把他們拉出來，但是沒有用，整個坦克都成了火球，燙得無法忍受，很快車內的彈藥開始殉爆。我們向後狂奔了30公尺跳進彈坑隱蔽，坦克仍在燃燒爆炸，我們什麼也做不了，坦克成了戈特克和阿佩爾的棺材。」

一輛IV號坦克的駕駛員也回憶了當然混亂的情況：「……由於前方太多的濃煙，我幾乎什麼都看不見。我想如果沒有擲彈兵的伴隨，我們是很危險的。此時車長突然大喊『前方敵人坦克！』我們立刻開火，砲擊產生的煙霧徹底遮蔽了我的視野，此時車長命令我停車，以便砲手可以射擊敵人的坦克和車輛。接著我們的前裝甲中了敵人1發砲彈，但是未能給坦克造成致命的損傷，只是震動一下，我立刻駕駛坦克轉移了位置。此時，我發現可以清楚地看見前方的英軍坦克，它們在向我們射擊。我們再次轉移位置，很快我就找到一處絕好的陣地，停在那可以射擊敵人的大多數目標，而他們卻無法發現我們。不多久，我聽見坦克周圍有猛烈的爆炸聲，我立刻認識到敵人開始砲擊了。我發動坦克準備撤退，但剛剛開出隱蔽位置就發現邊上的1輛坦克已經成了一團火球，有2個同志正在跳車逃生，這一切實在太可怕了。突然我們的砲手大喊砲塔不能轉動了，我只好轉動坦克讓他來射擊。突然，我

■ 諾曼第郊外，搭載擲彈兵前往反擊英軍的SS第9裝甲團的「豹式」坦克。

們坦克的側面被擊中了，坦克開始起火，車長命令我們立刻跳車，我想打開前艙蓋逃生，但是它卡住了。我急忙回頭從砲塔艙蓋那逃了出來，我剛剛跳下砲塔，坦克就開始劇烈燃燒，而我的衣服也開始冒煙。我一頭扎進了路邊的灌木叢，此時坦克發生了劇烈的殉爆……」

　　在南面不遠處，形勢也差不多，SS第19裝甲擲彈兵團的部隊在格蘭維爾和瓦爾特之間的英軍防線結合部發動的攻擊，也在回援的第7皇家坦克團和格拉斯哥高地團第2營以及盟軍絕對優勢砲火的重擊下，被迫後撤。

　　在左路，SS第20裝甲擲彈兵團的反擊也沒能取得成功，該團在「豹式」坦克的支援下原本打算直取舍克斯，但進攻還沒有開始就遭到了失敗。據德軍戰史記載，幾百架「蘭開斯特」轟炸機突然對他們的集結地進行了地毯式轟炸，SS第20裝甲擲彈兵團損失了60人，其中20人陣亡，人員損失主要來自準備擔任先頭部隊的第3連，全團20%的車輛損毀，包括師部都遭到重擊。但是英軍方面卻沒有任何資料提及此次轟炸，而德軍的進攻受挫和損失也不是虛構出來的，因此比較可信的說法是：來自羅雷地區的英軍重砲以及海軍砲火對德軍的轟擊「無意間」正好落在了集結中的SS第20裝甲擲彈兵團的頭頂上，在嚴重殺傷德軍的同時並大大挫傷了「霍亨施陶芬」師官兵的士氣，使得這次進攻連出發線都沒越過就失敗了。

【註】羅雷於6月27日被英第49師第70旅達勒姆輕步兵團第11營和第8裝甲旅從SS第12裝甲團第1營和SS第26裝甲擲彈兵團第3營手中奪取，而英軍布置在羅雷地區的火砲剛好可以轟擊到SS第20裝甲擲彈兵團的集結地，也許正是英軍的無意之舉，挫敗了德軍的這次反擊。當晚2030時，英軍倒是派出了256架重型轟炸機往波卡基村扔了1100噸的炸彈，因為他們相信那才是德軍的主要集結地。

負責反攻112高地、加夫呂斯和巴隆的「弗倫茨伯格」師原定和「霍亨施陶芬」師同時發動反擊，到下午1400時，該師只有SS第21裝甲擲彈兵團第1營按時趕到了集結地，整個師的反擊不得不再延遲1個半小時。師長哈梅爾SS大校決定把主要攻擊力量放在師左翼的加夫呂斯，首先解決該地區的英軍橋頭堡部隊。SS第22裝甲擲彈兵團在SS第10裝甲團第2營（裝備IV號坦克）支援下，準備奪取加夫呂斯南面離112高地不遠的113高地後，再直撲加夫呂斯村。第7裝甲連的長弗朗茨·里德爾（Franz Riedel）SS中尉回憶了這天的戰況：「6月29日，我接到命令『早上0700時進攻113高地，奪取高地後緊接著就進攻加夫呂斯。』我們的集結地是埃夫爾克。我的連擔任整個進攻部隊的前鋒，第5連和第6連則分別在我的兩翼。由於裝甲擲彈兵團還沒有趕到集結地，進攻推遲到了1000時，顯然除了我的連，進攻是無法準時發動了。事實上，當預定攻擊113高地的計劃開始時，一支英國人的裝甲部隊就出現在幾百公尺外，其中11輛坦克就快開上113高地了，很明顯英國人也

■ SS第10「弗倫茨伯格」裝甲師下屬裝甲團第2營第7連的指揮官弗朗茨·里德爾。

接到了同樣的命令，113高地成了雙方的目標。由於英軍坦克就在我們眼前，我下令開火，我的砲長埃瓦爾德·門策爾隨後擊毀了5輛『雪曼』坦克，我們連就損失了第1排排長希爾伯特SS少尉的坦克，希爾伯特受了重傷，他的駕駛員陣亡。對我們的突襲，英國人顯然沒有反應過來，他們居然掉頭逃跑。我下令立刻追擊，毫無疑問此後我們擊毀了更多的英軍坦克，英國人發射了大量的煙霧彈來掩護撤退……此時，我驚訝地發現我軍的1輛三輪摩托正瘋狂地朝我的坦克駛來，走近後才發現是營長里奧·F·萊因霍爾德SS少校（Leo F. Reinhold），他激動地朝我揮著手大喊道：『這些爆炸聲是怎麼回事？』隨後，當他發現不遠處那些燃燒的『雪曼』坦克時，盡量用平靜的口吻問我到底發生了什麼事，經過我詳細解釋後，他的

■SS第10「弗倫茨伯格」裝甲師下屬裝甲團第2營指揮官SS少校里奧‧F‧萊因霍爾德。

表情輕鬆起來……」

　　里德爾的第7連通過這次攻擊成功打破了英軍第44皇家坦克團奪取113高的企圖，而且SS第10裝甲團第2營在下午拿下了113高地，當天的戰鬥中德軍共擊毀英軍坦克28輛，這也是29日這天德國人取得的唯一成果。下午1430時，佔據絕對優勢的「弗倫茨伯格」師從阿蓋爾-薩瑟蘭高地團第2營手中拿下了加夫呂斯，沒等德國人有時間歡慶勝利，他們就被英軍的重砲轟出了村莊，加夫呂斯變成了雙方都不敢進入的無人地帶。

　　負責奪回112高地的迪森霍費爾（Deisenhfoer）SS上校指揮的SS第21裝甲擲彈兵團，在行進到靠近奧東河河谷附近的開闊地時，遭到了早有準備的英軍劈頭蓋臉的猛烈砲擊。被炸得頭昏腦脹的第2營直接跑進了第44皇家坦克團和國王屬皇家來福槍

隊第2營精心佈置的防禦陣地，損失慘重而被迫撤退，但凶悍的黨衛軍士兵還是讓第44皇家坦克團付出了6輛坦克的代價。儘管如此，激戰許久的英軍依靠砲火優勢終於勉強守住了防線，德軍奪取112高地的計劃失敗了。

　　晚上2030時，英第2集團軍司令鄧普西通知第8軍軍長奧康納，蒙哥馬利決定從112高地撤回第11裝甲師的部隊，因為他害怕自己的部隊被德軍切斷。蒙哥馬利和鄧普西都相信，第二天德軍會發起更猛烈的反擊，而且當天下午英軍也從繳獲的德軍作戰文件中知道德軍的反擊目標和實力，並及時作了相應的部署，這也是為什麼「弗倫茨伯格」師反攻受挫的原因之一。2100時，天空中又下起了持續近4個小時的暴雨，這使得戰區的道路變得濕滑泥濘，也使前線暫時平靜下來。2200時，112高地上的第23輕騎兵團和來福槍旅第8營接到了撤退的命令，在夜色的掩護下，通過圖爾莫維爾的橋樑，英軍退回了奧東河北岸。

　　2300時，第15蘇格蘭師向第8軍軍部報告說，他們成功阻止了「霍亨施陶芬」師的進攻。而阻止德軍繼續推進的不是英軍的步兵和坦克，而是第8軍所有的火砲，同時加上第30軍和第1軍的支援砲火。在猛烈的砲火下，德軍不得不放棄已經到手的羅雷、加夫呂斯、格蘭維爾，所以對於比特里希和他的SS第2裝甲軍來說，今天反攻失利的最大原因就是進攻部隊面對盟軍壓倒性的砲火優勢和空中優勢一籌莫展。不過，SS第2裝甲軍的反攻從實質上講，已經切斷了「蘇格蘭走廊」底部英軍和頂端112高地守軍的聯

繫，英軍在舍克斯的所有後勤補給都不敢往112高地上運送了，同時也迫使英軍放棄了112高地，「賽馬場」計劃實際上到了第四天就已經失敗了。

當晚，已經是第7集團軍司令的保羅·豪塞爾致電比特里希並提醒他：「時機稍縱即失，絕不能給英國人喘息之機，必須乘夜繼續進攻，拿下112高地和舍克斯！」

6月30日～7月1日

德軍並不知道，112高地上的英軍止在開始撤退，為了十拿九穩地拿下112高地，6月30日凌晨0120時，在大雨中編制有13552人的「弗倫茨伯格」師完全在奧東河南岸展開。德軍準備從三面進攻112高地，萊因霍爾德的SS第10裝甲團第2營和SS第21裝甲擲彈兵團第1、3營組成的戰鬥群首先擊退了在高地南邊幾個位置關鍵的村落裏防守的英軍部隊，隨即準備從正面攻擊112高地；在113高地上的SS第22裝甲擲彈兵團第3營將從西南方攻向112高地；在東南方準備進攻的是「青年」師SS第12裝甲團第1營第2連和SS第26裝甲擲彈兵團第3營組成的「溫舍戰鬥群」，第7和第8火箭砲旅將給他們提供火力支援。

黎明前，60門6管火箭砲發射出的砲彈帶著尖銳的呼嘯聲覆蓋了整個112高地，到

■ 在112高地戰鬥中，被SS第10「弗倫茨伯格」裝甲師俘虜的英軍坦克乘員。

了早晨0730時，德軍毫無懸念地抵達112高地的山頂，並於中午時攻下了被英軍佔領了幾天的高地北面的山坡，這扇通向奧恩河橋樑和卡昂背後平原的大門再次回到了德國人的手中。1名年輕的「青年」師軍官描述了當時進攻的場景：「黎明時分，我們的火箭砲彈呼嘯著飛向英國人的陣地，發射火箭彈時的白色煙霧彌漫了整個砲兵陣地。這是我們第四次攻擊112高地了，這次我們成功的抵達山頂，在高地上我們發現了一些被擊毀了的車輛和『雪曼』坦克。」

【註】6月30日上午0700時，第8軍軍長奧康納就已經下令停止「賽馬場」行動了，他同時下令必須保衛英軍已經到手的東西，「蘇格蘭走廊」的底部（勒奧迪博斯克至舍克斯地區）必須守住。

SS第12裝甲團第6連的1名坦克乘員隨後也記錄了這次戰鬥，值得一提的是，德軍的6管火箭砲是英軍最害怕的武器，據英軍記載有70％的損失是德軍的這種有150mm、甚至有210mm及300mm口徑的火箭彈造成的，頗具幽默感的英國人給這種武器起了一個暱稱——「尖叫的米妮（女士）」。有的英軍曾說，要不是德軍有「米妮女士」，早就滾出諾曼第了。同樣，德軍士兵在家信中也提到「要不是敵人的重砲，『湯米』們早就下海游泳了。」

下午1500時左右，在重砲和迫擊砲猛烈轟擊加夫呂斯村後，「弗倫茨伯格」師再次發動了攻擊。SS第22裝甲擲彈兵團的擲

■ 在諾曼第郊外準備砲擊的德軍「勒伯爾維夫爾」6管火箭砲，是德軍在諾曼第戰場最有威懾力的武器之一，同時也給盟軍帶來不少的傷亡，這種武器口徑主要為150、180和210mm，在本圖中的火箭砲為150mm口徑，射程為6900公尺。

彈兵在坦克的支援下試圖再佔該村，而在加夫呂斯村東北邊不遠處的圖爾莫維爾的英軍艾爾郡義勇砲兵隊（Ayrshire Yeomanry）的3個砲兵連一口氣往德國人頭上砸了幾千發砲彈。很顯然，德軍的進攻被擋住了，不過頑強的德軍很快從村南邊的花園和西面的房屋間重新滲透了進來。晚上2130時，已經被孤立的阿蓋爾-薩瑟蘭高地團第2營被迫撤出了加夫呂斯，退回到勒瓦爾特村以北地區。

「維丁格」戰鬥群於1330時再次對勒瓦爾特村發起了攻擊，面對英軍頑強的抵抗，激戰至1500時依然毫無進展。德軍改變戰術，試圖從英軍2個營防守的格蘭維爾村和瓦爾特村防線結合部進行突破，但此次進攻沒有持續多久就失敗了。指揮戰鬥的SS第19裝甲擲彈兵團團長沃伊特（Woith）SS中校不幸把車開進了英軍的砲火覆蓋區而受傷，措爾赫費爾（Zollhofer）SS少校接替了他的指揮。在「霍亨施陶芬」師的左翼，穿過羅雷和勒奧迪博斯克通往舍克斯的道路，分別被英軍第49師第70旅和第15師第44低地旅牢牢控制在手中，英軍得到了大量反坦克砲的支援，德軍再次無功而返。

30日白天剩下的時間裏，交戰雙方都開始向對方防線進行毀滅性的砲擊，重砲和迫擊砲的砲彈雨點般落在雙方的防線上，兩邊都損失慘重。在過去24小時內的戰鬥中，英第8軍有154人陣亡，242人失蹤。而在盟軍優勢的火力面前，德軍損失更為慘重，原本實力強大的「霍亨施陶芬」師報告說，目前他們只有27輛「豹式」坦克、9輛IV號坦克和22輛突擊砲堪用，其它坦克和突擊砲大部

分都需要修理。德軍在30日的人員傷亡中，有一個特別人物值得一提，就是「帝國」師「維丁格」戰鬥群「元首」團第1營營長迪克曼SS少校。該部作為「帝國」師的先頭部隊，在急赴諾曼第增援途中屢屢遭到法國游擊隊的阻撓，6月10日，惱羞成怒的迪克曼為了報復，率領第1營第1連以尋找1個被綁架的戰友為由，把法國奧拉多魯村團團圍住。槍殺了180名村中的男人，並把440名婦女和兒童燒死在當地的教堂裏，只有少數幾人倖存。這次殺害手無寸鐵的平民的殘暴舉動成為在西線作戰的「帝國」師最大的污點，也許是天意，參與此次屠殺的主要人物迪克曼和他的手下基本都在30日的作戰中陣亡。第1連連長卡恩作為這次屠殺的主要執行人之一並沒有死，他在當天的盟軍砲擊中被炸飛了一條胳膊，雙眼被炸瞎，永遠退出了戰場……

第7集團軍司令豪塞爾在當晚給B集團軍群發電時說道：「SS第1裝甲軍和SS第2裝甲軍的反攻由於敵軍空前猛烈的砲火和海軍艦砲的轟擊而暫時停止，敵人在預定目標區域的頑強抵抗也使我們的反攻毫無成果。」

也就是在30日，也是6月份的最後一天，盟軍在諾曼第地區已經成功登陸850279人、148803輛各種車輛和570505噸補給，實力已經大大超過了防守的德軍。

7月1日，SS第2裝甲軍指揮官比特里希並不知道英軍在奧東河南岸的橋頭堡實際上已經不存在了，蒙哥馬利發動的「賽馬場」計劃已經徹底終止，他仍然命令SS第2裝甲軍再次發動反擊。凌晨0330時，德軍集中

■ 6月29日，諾曼第郊外，進攻中的SS第9裝甲團的「豹式」坦克。

了所有火力轟擊奧東河南岸實際上幾乎已經是空無一人的橋頭堡，1個半小時後，「弗倫茨伯格」師開始對112高地北面的巴隆村發動突擊，這裏是第11裝甲師第159旅國王屬什羅普郡輕步兵團第4營的防區。還沒等德軍從112高地北面的山坡衝下來，就被在圖爾莫維爾的英軍艾爾郡義勇砲兵隊的榴彈砲和第4營佈置在巴隆教堂後面的迫擊砲壓制得不得動彈。儘管德軍在隨後的戰鬥中滲透進了巴隆村，但攻勢還是在1700時後徹底失敗，被砲火切斷了後援的德軍不得不撤出戰鬥。英軍戰史記錄，在戰鬥中擊斃了24名德軍，俘虜了10人，光德軍機槍就繳獲了23挺。英軍巡邏隊還報告說在112高地北坡上發現了大約300～400具德軍屍體，這個數字來源於英第8軍的作戰日誌，而德軍資料卻沒有如此大的陣亡數字的記載，甚至沒提及此事，估計「弗倫茨伯格」師儘管在砲

■ SS第9「霍亨施陶芬」師下屬裝甲團指揮官SS中校奧托・邁爾。

擊中受到了一定的損失，但是遠沒有英軍巡邏隊報告的那麼誇張。

當日「霍亨施陶芬」師再次發動了對久攻不下的勒奧迪博斯克村的攻擊，在此之前，SS第9裝甲團得到了19輛「豹式」坦克、10輛IV號坦克以及19輛突擊砲的補充，實力稍稍恢復。進攻剛開始時，德軍的進展還頗為順利，在猛烈的砲火轟擊後，奧托‧邁爾（Otto Meyer）SS中校指揮的SS第9裝甲團在2個裝甲擲彈兵團和「維丁格」戰鬥群的伴隨下，於0600時過後滲透進了英軍的部分防線，佔領了格蘭維爾村的一部分。不久之後，德軍攻擊部隊就停在了羅雷的山谷前，因為他們遭到了英軍第49師和第55/97皇家反坦克團的17磅反坦克砲的阻擊，同時英軍組織了272門火砲猛烈轟擊德軍的前進道路。

年僅18歲的士兵赫爾伯特‧菲爾布林格（Herbert Fubringer）是SS第19裝甲擲彈兵團4人重機槍組裏的1名成員，（菲爾布林格後來為「霍亨施陶芬」師撰寫了圖文戰史），他當時就在格蘭維爾北部的樹林地區作戰，事後他回憶了當時的情況：「同伴們讓我返回在格蘭維爾的教堂去拿更多的彈藥，我們所有的備份彈藥都放在石頭砌的小教堂裏，只有那裏才能夠頂得住敵軍的砲擊。當我拿著彈藥往回趕時，突然間敵人開始砲擊了，我拼命地奔跑四處尋找隱蔽點。此時我發現了1輛被炸碎的摩托車，躺在一旁的是我們連的通信兵魯迪克林格，他也是來拿彈藥的。他把彈藥放在摩托車的挎斗上開往前線，1發砲彈直接擊中了他的摩托車，他的頭部和身體幾乎已經分離了，只有

一點點皮膚連在中間……當我奔回我們的機槍陣地時，我的3個戰友也都陣亡了。」

當菲爾布林格跑回格蘭維爾村時，那裏的連部已經撤退了。英軍戰史記錄：「德軍1天內發動了4次猛烈的進攻，大部分都被我軍的砲火壓制所阻止，最後一次德軍甚至還沒出發就遭到了我軍的打擊而終止。」不過，戰鬥中英軍同樣也損失慘重，1個營就損失了132人。當晚，英軍在「雪曼」坦克和噴火坦克的支援下發動了一次反擊，把滲透進來的德軍部隊逐了出去。SS第20裝甲擲彈兵團第1營營長萊德雷爾（Lederer）在英軍的反擊中受傷，整個SS第20裝甲擲彈兵團當天共損失了328人，其中51人陣亡。而負責保護「霍亨施陶芬」師在羅雷側翼的「維丁格」戰鬥群損失更為嚴重，在英軍第8裝甲旅第24槍騎兵團的坦克反擊下，丟下受傷的人員匆忙撤退，德軍的士氣受到嚴重打擊，「霍亨施陶芬」師和「維丁格」戰鬥群都反映「敵軍的砲火簡直讓人無法忍受」。

當日剩下的時間裏，德軍不得不放棄反擊，轉而鞏固現有防線。現在德軍的防線大致分佈在沿韋索恩至埃特維爾（Eterville），從112高地至圖爾莫維爾東南200公尺處，加夫呂斯村西北一線和勒瓦爾特村以西至泰斯爾-布雷特維爾特地區。英軍巡邏隊在當天報告說，德軍在奧東河南岸建立了牢固的防線。

入夜後，剛剛從英國本土抵達的第53威爾士師接替了力戰數日的蘇格蘭人，「賽馬場」行動毫無疑問地失敗了。在SS第2裝甲軍的反擊下，英軍沒能控制住至關重要的

112高地，穿越奧恩河進入卡昂-法萊斯平原的計劃更無從談起，但是客觀上英軍吸引了德軍裝甲部隊的主力，並把他們牢牢拖住，迫使德軍老老實實進行防禦戰。「蘇格蘭走廊」這個突出部目前並沒有被完全吃掉，依然深入德軍防線，並在客觀上讓德軍防守的卡昂也成了突出部。只是這一「成果」是第8軍以損失了4078人和62輛坦克的慘重代價換來（戰役發起前，第8軍擁有22735人），其中2720人來自擔任主攻的第15蘇格蘭師，佔了全師總人數的18%，而且這些損失不是平均到各部隊的，一些戰鬥部隊的人員損失超過50%甚至更多，許多連、排單位都不復存在了。沒有砲火和空中優勢的德軍損失同樣慘重，「維丁格」戰鬥群從6月29日～7月1日共損失了642人，其中108人陣亡；「霍亨施陶芬」師損失了1145人。裝甲部隊的永久損失為：6輛「豹式」坦克、16輛IV號坦克和10輛突擊砲，並損失了7門反坦克砲和7門步兵砲，迫擊砲和機槍以及通信設備的損失更是難以計數。壓力相對較小的「弗倫茨伯格」師的損失沒能找到更詳細的數字，德軍官方文件裏說是571人，相信實際數字遠不止這些。而「青年」師在5天的血腥戰鬥中也損失了1240人，其中209人陣亡、557人受傷、474人失蹤，這對師長邁爾來說簡直是難以承受的打擊。第7集團軍司令豪塞爾把反攻的失敗歸咎於元首要求立即進攻的命令，導致沒有做好準備的SS第2裝甲軍倉促投入戰鬥，沒能完成預定任務。

雖然遭到重大挫折，可是蒙哥馬利並沒有放棄拿下112高地進入法萊斯平原的打算，只不過他的第8軍急需休整，無力進攻

的蒙哥馬利把眼光暫時轉往了別處。

7月2日～7月9日

此後數天的時間裏，對防守112高地附近地區的德軍部隊來說，基本上可算是一個「和平」時期，英軍在這裏沒有任何大的動作。不過，德軍西線的高層卻發生了一系列的人事變動。30日，隆美爾和倫德斯特返回前線，2人都認為放棄卡昂，撤退到塞納河再建立新防線是比較明智的舉動，並為此致電OKW。7月1日1730時，希特勒親自下令，不同意任何撤退計劃，必須死守卡昂。由於倫德斯特元帥曾多次提出與西方國家議和，結束西線戰事，結果凱特爾把他的「失敗主義思潮」報告了希特勒。7月2日，希特勒通過OKW下令解除倫德斯特元帥西線德軍總司令的職務，改由馮·克盧格元帥接任。同時發生人事調動的還有，西線德軍裝甲集群司令施韋朋堡的職務由埃本巴赫接任。

這段日子裏蒙哥馬利可沒閒著，7月3日，他命令加拿大第3師再次發動了對卡昂外西北角的卡爾皮凱村和機場的進攻。6月7日加拿大人曾發動過進攻，結果在「青年」師手上吃了大虧。這次他們同樣遭到了「青年」師SS第25裝甲擲彈兵團的頑強抵抗，被死死擋在了機場外。行動最終不得不在第二天取消，因為在強大的火力和空中優勢下，依然付出了慘重損失的加拿大人雖然蕩平了整個卡爾皮凱村，但還是無法打通由德軍控制的通向卡昂的關鍵道路，小村附近的高地依然在德軍手上。

■ 7月份，已經升任第7集團軍指揮官的保羅·豪塞爾（右）和隆美爾元帥。

　　眼看德軍是如此頑強的蒙哥馬利，再次使用了他在北非時戰勝非洲軍團的「老戰術」，就是集結起絕對優勢的兵力和火力壓倒對手，他集中了加拿大第1軍和英第1軍共115000人在重砲和海軍砲火的支援下，準備從北邊攻進卡昂。在進攻前，蒙哥馬利決定利用盟軍的空中優勢來摧毀德軍的防線。7月7日晚，467架「蘭開斯特」和「哈利法克斯」轟炸機一共向卡昂城內外投擲了2540噸炸彈，卡昂幾乎被炸成廢墟。不得不說的是，轟炸對德軍造成的損失倒不是很大，但是盟軍的轟炸卻給卡昂的法國居民造成嚴重的傷害，成百上千的居民在這天的轟炸中傷亡。縱觀整個西線戰役，從諾曼第到阿登的戰鬥中，盟軍轟炸和砲擊給法國和比利時平民造成的傷害比德軍有過之而無不及。

　　7月8日早晨0800時，從北面進攻卡昂的戰鬥正式開始，首先投入進攻的是英軍第176旅，任務是佔領卡昂正北的外圍地區，加拿大第9旅的任務是攻佔卡昂的西北角。「青年」師薄弱的防線很快就被盟軍壓倒性的優勢兵力淹沒了，儘管德軍防線瀕臨崩潰的邊緣，但他們依然寸土不讓，雙方展開了持續一整天的逐屋逐村的近戰肉搏，邁爾本人甚至都拎著「鐵拳」參加了戰鬥，苦戰使得「青年」師在當天的戰鬥中傷亡了500人。此時盟軍再次投入了1個旅的兵力，承受不住壓力的邁爾向迪特里希請求撤退，結果被斷然拒絕。當晚，意識到嚴峻形勢的迪特里希開始允許邁爾將部隊撤至卡昂邊的奧恩河建立新的防線。這樣，在加拿大第1軍和英第1軍付出重大的人員傷亡代價後，也是登陸後的整整1個月，蒙哥馬利終於得到了夢寐以求的卡昂城的一半，卡昂的南部依

■ 盟軍空襲下的卡昂城，已成一片廢墟，諾曼第戰役中盟軍對法國平民造成的傷亡並不比德軍少，即使到了阿登戰役仍然如此。

然在德軍手上。

　　這段時間裏，德軍也在調整部署。7月2日，從加來海岸姍姍來遲的第277步兵師接替了「維丁格」戰鬥群，該戰鬥群將歸建「帝國」師。同一時刻，「霍亨施陶芬」師的裝甲工兵營接替了在加夫呂斯地區的「弗倫茨伯格」師SS第22裝甲擲彈兵團，使其可以退出戰場休整。「霍亨施陶芬」師的2

個裝甲擲彈兵團控制著旺代至布雷特維爾特，以及格蘭維爾外圍地區，完全摩托化的SS第20裝甲擲彈兵團第3營和2個裝甲營將被抽出用作預備隊。在該師左翼是剛剛抵達的第276步兵師。到了8日，「弗倫茨伯格」師再次接過了加夫呂斯地區的防務。

　　7月7日，德軍把整個「霍亨施陶芬」師抽出作為預備隊，隨時防備英第2集團軍或

■ 接替湯瑪斯·繆勒指揮SS第9「霍亨施陶芬」師的SS上校西爾維斯特·施塔德勒。

美第1集團軍的突破。此時，從「帝國」師抽調過來的33歲的SS上校西爾維斯特·施塔德勒（Sylvester Stadler）接替了湯瑪斯·繆勒，成為「霍亨施陶芬」師的師長。施塔德勒在東線時先後獲得過二級、一級鐵十字勳章以及橡葉騎士十字勳章，能力不容置疑。有趣的是，現在SS第2裝甲軍的3個高級軍官，比特里希、施塔德勒和哈梅爾都出身於「帝國」師。

經過商討，「弗倫茨伯格」師仍然留下防禦112高地，因為大多數德軍將領在見識到武裝黨衛軍部隊的頑強戰鬥力後，都認為應由1個黨衛軍裝甲師來保衛對德軍來說不容有失的112高地，而不是其他部隊。

很快，意識到無法全部拿下卡昂的蒙哥馬利又把目光轉向了卡昂西南角的112高地，他命令第8軍在24小時內做好戰鬥準備，預備再次佔領奧東河和奧恩河之間的112高地，打開通向法萊斯平原的道路，並把這個新的進攻計劃命名為「朱比特」行動（Operation Jupiter），又叫「木星計劃」，進攻時間定在了7月10日凌晨0500時。

「朱比特」行動

蒙哥馬利的「朱比特」計劃的主要目標是佔領奧東河和奧恩河之間的德軍陣地，主要還是112高地和馬爾托特地區，這2個地方是進入奧恩河和法萊斯平原的大門。

計劃的第1階段是佔領112高地和馬爾托特前的楓丹娜堡（Chateau de Fontaine）；第2階段是佔領埃特維爾；第3階段佔領馬爾托特；第4階段也是最後一個階段，英軍將把陣地擴展至奧恩河。實際上，「朱比特」計劃就是「賽馬場」計劃的延續，也是「賽馬場」計劃中沒能完成的部分。

「朱比特」計劃的主要進攻任務將由綽號「屠夫」的艾弗·湯瑪斯（Ivor Thomas）將軍的第43威塞克斯師來完成。第43師在前一階段的戰鬥中由於大部分時間作為第8軍的預備隊，所以實力受損較小。即使這樣，第43師除了下轄的第129、130、214三個步兵旅外，還得到了第4裝甲

旅、第31裝甲旅以及第46高地旅的加強，在攻擊開始前，該師還得到了部分噴火坦克的支援。現在，湯瑪斯將軍的進攻力量達到了5個裝甲營和13個步兵營。在砲火方面，該師的力量也非常強大，除了師屬的3個砲兵營外，第43師還得到了第21集團軍群直屬的第3和第8皇家砲兵部隊以及第11裝甲師和第15師的砲兵營，總共300門以上的重砲支援，皇家空軍也將隨時提供空中支援。

　　沒有感受過德軍頑強的戰鬥精神和實力的湯瑪斯將軍，樂觀地制訂了自己的進攻計劃：首先，第130旅和第9皇家坦克團負責奪取楓丹娜堡，右路的第129旅和第7皇家坦克團則攻佔112高地。然後第129旅在112高地西南方建立防線，防止德軍反攻，第130旅在第9皇家坦克團和部分噴火坦克的支援下進攻埃特維爾和馬爾托特。如果順利，部隊將繼續推進盡可能攻佔112高地南方通往聖馬丁方向的高地。同時，第46旅和第7皇家坦克團B中隊則向東突擊，掩護第130旅的左翼，並接替埃特維爾的防務。奪取112高地和馬爾托特村的任務必須在進攻開始後的1小時15分鐘內完成。此後，第129旅繼續堅守112高地，第130旅在埃特維爾和馬爾托特之間建立防線，此時作為預備隊的第4裝甲旅和第214旅在第129旅和第130旅之間發動進攻，直撲奧恩河，奪取奧恩河谷和奧恩河上的橋樑，打開通向法萊斯平原的道路。

　　第4裝甲旅的旅長邁克·卡弗（Michael Carver）在戰後回憶道：「進攻前，我唯一強調的是在我領頭的團越過112高地山頂前，高地另一面山坡上的一塊樹林必須確定

■ SS第12裝甲團第5連連長SS上尉維利·肯德勒。

在我們的（步兵）手上。否則，當我的坦克向前推進時，背後必然遭到（德軍）襲擊，在和（第43師）步兵進行了激烈的討論後，他們同意了。」

　　此時德軍在112高地附近的防禦佈置如下：從埃特維爾至馬爾托特的東南面，靠近盧維尼方向的是SS第12裝甲團的30輛坦克，其中20輛IV號坦克由第5連的維利·肯德勒SS上尉指揮（原第5連連長於6月27日作戰時中流彈陣亡）。另外還有10輛是「豹式」坦克，支援他們的部隊則是LAH師SS第1裝甲擲彈兵團的部分擲彈兵，這部分混合部隊統一歸庫爾特·邁爾的「青年」師指揮。防線的西側，SS上尉漢斯·洛夫勒（Hans Loffler）的SS第22裝甲擲彈兵團第

■ SS第22裝甲擲彈兵團第2營營長SS上尉漢斯·洛夫勒。

2營在楓丹娜堡駐防，弗里德里希·里希特SS上尉的第1營負責防守埃特維爾，第3營稍稍靠後作為機動部隊，隨時填補缺口。防禦112高地的是SS第21裝甲擲彈兵團的3個營，3個營呈倒品字型在112高地三面駐防。「弗倫茨伯格」師第2裝甲營的IV號坦克和突擊砲在奧恩河山谷中機動防禦，其中第5連的1個排的IV號坦克就埋伏在剛剛第4裝甲旅旅長卡弗提到的小樹林裏。SS第10裝甲偵察營作為師預備隊後撤至法萊斯西北12公里處。在9日的夜裏，魏斯SS中校的SS第102重裝甲營的先頭部隊終於趕到了離馬爾托特不遠的聖馬丁村（St. Martin），雖然營屬的45輛「虎式」坦克中只有28輛及時趕到，但對德軍或者說對2個黨衛軍裝甲軍

來說，又多了一支強大的裝甲力量。

為了加大防禦縱深，德軍並沒有把主力放在112高地上，在高地南坡上只放了1個觀察哨和第5裝甲連的1個排的IV號坦克。第一線防守的擲彈兵只佔防禦112高地總兵力的1/3，SS第21裝甲擲彈兵團團屬的卡爾·黑克SS上尉的第16工兵連佔領了離山頂約300公尺的小樹林，這片小樹林方圓約1.6平方公里，雙方在此前的戰鬥中為了佔領這片小樹林曾連番惡鬥，德國人管它叫做「卡騰瓦爾德」，意思是方型樹林。

7月10日

7月10日凌晨0455時，英軍的新攻勢拉開了序幕。在300門火砲和迫擊砲轟擊德軍陣地後，英軍步兵開始在「邱吉爾式」坦克（包括部分「邱吉爾-鱷魚式」噴火坦克）的伴隨下緩慢地向前推進。值得一提的是，由於英軍怕遭到德國的砲擊，發射了不少煙幕彈，然而這些煙幕彈不但沒起到任何作用，反倒妨礙了己方部隊的前進。

雖然沒有「賽馬場」行動開始時擁有近700門火砲轟擊的威力，但這次英軍集中轟擊的目標是「弗倫茨伯格」師在112高地附近的陣地，對防禦方來說這顯然是可怕的經歷。SS第21裝甲擲彈兵團的擲彈兵巴爾科描述了英軍砲擊時的情景：「跟在東線的俄國人的重砲轟擊不一樣，諾曼第地區敵人的砲擊從未停止過，一天接著一天，英國人是想把我們（「弗倫茨伯格」）師全部炸光……敵人的砲彈像打鼓一樣不停地敲擊著地面……我們遭到了可怕的損失，我看見戰

友們緊緊貼在地面上，動也不能動……敵人的砲擊是我在諾曼第最糟的回憶。」

「弗倫茨伯格」師的參謀長克拉普多戰後回憶道：「電話突然響起，一個聲音喊道『敵人開始砲擊我們了』。很快這個消息就被證實了，前線傳來了隆隆的砲聲，大地都在顫動。我們的無線電通訊員突然驚醒，試圖和前線的各部隊取得聯繫，忙碌了一陣後他不安地說『我們與前方的聯繫都斷了』，看來我們被孤立了，英國佬終於開始再次進攻了。敵人在轟擊已知的我們師防守的區域，成百上千的砲彈撕破了夜空……」

0500時，砲擊達到了頂點，英軍4個步兵營從隱蔽處起身，跟隨著彈幕衝向預定攻擊目標。

在東面，第130旅多塞特郡團（The Dorsetshire）第5營率先撲向了楓丹娜堡，德軍的火箭砲彈很快在英軍的進攻隊形中爆炸，

■「朱比特」行動開始前，多塞特郡團第4營的1個排士兵，看起來已經做好了進攻前的準備。

■「朱比特」行動初期，正行進在奧東河山谷中的「布倫」運兵車，隸屬於第43師的米德爾塞克斯團。

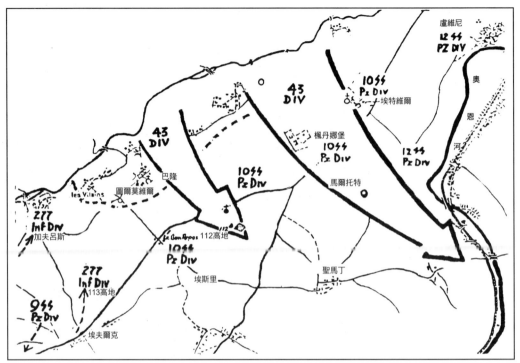

地圖標註：
盧維尼
12 SS PZ DIV
43 DIV
10 SS PZ DIV
埃特維爾
奧恩河
43 DIV
楓丹娜堡
10 SS PZ DIV
12 SS PZ DIV
巴隆
圖爾莫維爾
les Vilains
10 SS PZ DIV
馬爾托特
277 InF DIV
加夫呂斯
Le Bon Repos 112高地
10 SS PZ DIV
聖馬丁
埃斯里
277 InF DIV
113高地
9 SS PZ DIV
埃夫爾克

■「朱比特」行動示意圖。

給該營造成了當天首例人員傷亡。SS第22裝甲擲彈兵團第2營第7連駐防在楓丹娜堡右前方的萊迪阿內斯農場裏，農場的建築多由石頭砌成，非常堅固。由於農場離英軍的攻擊出發線不到400公尺，因此這裏成了英軍砲火優先照顧的對象。在農場的左前方是一片小樹林，由於從空中看很像馬蹄鐵形狀，因此英國人把它叫作「馬蹄鐵」樹林，這裏同樣是德軍一個堅固的外圍陣地，由第2營第5連防守。

等多塞特郡團第5營C連在第9皇家坦克團B中隊的「邱吉爾式」坦克伴隨下推進到農場時，發現那裏的德軍已經被炸得暈頭轉向，英軍輕易攻佔農場，並把俘虜送往後方。這一切在10分鐘內就完成了，好像作戰從此會變得異常輕鬆……很快，第5營A連

也抵達了農場，他們的任務是仔細打掃戰場，搜查房屋、穀倉等地，防止殘餘德軍的騷擾。

攻擊「馬蹄鐵」樹林的第5營D連和伴隨的「邱吉爾式」坦克在林子外面遭到德軍的頑強抵抗，到處都是槍砲開火和子彈穿過樹林的聲音。也就是10分鐘左右，D連連長受傷、先頭排被德軍火力點巧妙地切斷了與後續部隊的聯繫。D連支持不住拼命呼叫支援，等援兵趕到後，英軍才發現先頭排已經全軍覆沒，人員要麼陣亡要麼被俘，沒有一個人能逃回來。

在萊迪阿內斯農場，騰出手來的C連繼續向已經被炸成廢墟的楓丹娜堡推進，洛夫勒SS上尉把他的第2營營部就放在了村口，守衛營部的是第6連和擁有重裝備的第8連。

槍、手榴彈和敵人作戰。混亂中有顆手榴彈就在附近爆炸，我又一次受了傷⋯⋯」

到了0615時，儘管多塞特郡團第5營費了九牛二虎之力終於攻進了楓丹娜堡，而且英軍猛烈的砲火已經將村內外的德軍工事炸得稀爛，但是他們很快發現武裝黨衛軍官兵並不打算放棄此地。英軍又投入了第130旅漢普郡團第7營，對村內仍在頑抗的德軍進行清剿。同時，第130旅的第3個營——多塞特郡團第4營開始出發攻擊埃特維爾村，在那裏防禦的是SS上尉里希特的SS第22裝甲擲彈兵團第1營和1個工兵連。

此前里希特整晚都在視察防務，直到天快亮時他才和通訊員準備回營部，此時英國人的砲彈突然砸了下來，日後里希特回憶說：「由於英國人的砲擊，返回營部的這段600多公尺的路程讓我們幾乎花了1個小時。剛剛回到營部，我便得到第2營防線已經被突破的消息，我立刻讓通訊員去楓丹娜堡，要求第2營撤回埃特維爾，同時讓施溫格勒到埃特維爾村前的幾個連隊那看一下情況。敵軍的彈幕依然轟擊著楓丹娜堡，不一會，擲彈兵們抬回了受傷頗重的第2營營長洛夫勒，『里希特！里希特！』幾乎神智不清的他不斷地喊著我，『救救我的營，救救我的營！』越來越多的傷員送了過來，第2營全部撤了過來，楓丹娜堡落入英國人的手中了。」

多塞特郡團第4營B連在左，A連在右，各自在第9皇家坦克團C中隊和1組噴火坦克的支援下並行衝向埃特維爾村。A連和B連首先遇到了埃特維爾村外1個排的德軍，這個排在工事中被砲彈震得七葷八素，沒開一

■ SS第22裝甲擲彈兵團第1營營長SS上尉里希特。

雙方剛一接觸便爆發了激戰，德軍在兵力和步兵火力上都佔據了一定優勢，因此儘管得到了砲火掩護，但處於攻方地位的C連還是感到不支，不得不向A連請求支援。但是同樣陷入困境的不止他們，洛夫勒SS上尉後來回憶道：「通訊都被切斷了，而且在敵人的砲火轟擊下根本無法修理⋯⋯我決定率領營部的所有人員參加戰鬥，阻止敵人推進。我穿上迷彩服，皮帶上插上了手榴彈，拿起了我的衝鋒槍，然而我和部下剛走出營部沒多久，1顆砲彈便落在我的面前，我的腿斷了。我的手下試圖把我抬到第1營的救護站，路上我們遇到了英軍，我們只能靠手

■ 在埃特維爾附近被擊毀的IV號坦克。

槍就當了俘虜了。此時皇家空軍的「颱風」攻擊機和英軍火砲以及坦克開始向埃特維爾村內傾瀉彈藥，2個英軍步兵連緊緊貼在己方彈幕之後向前推進，這樣一來受到德軍砲火還擊的幾率要小得多。果然，德軍本已微弱的還擊幾乎沒有給英軍造成任何傷害，令英軍步兵慶幸不已。等砲火轟擊剛一延伸，英軍步兵開始向村莊發起突擊，沒想到悲慘的一幕立刻上演，此時4架英軍飛機從進攻隊形上空掠過，扔下的2枚炸彈正好掉在B連中間，造成許多英軍士兵傷亡。

混亂過後，第4營繼續往前推進，實力強大的英軍很快突破了德軍在埃特維爾村的外圍防線。儘管德軍用反坦克砲進行抵抗，並擊毀了數輛英軍坦克，但這並不能阻止英軍的推進。此時，在馬爾托特至盧維尼公路上巡邏的肯德勒SS上尉發現了在埃特維爾村上空飄蕩的濃煙，他決定帶領一部分坦克前去查看戰況。當這隊坦克路過己方戰壕時，肯德勒發現協防的LAH師的擲彈兵一個個臉色煞白緊張不安，這群年輕人也不知道前方到底發生了什麼事。肯德勒決定繼續向前偵察，突然間他發現1輛英軍的運兵車正在自己眼前的公路上飛奔，肯德勒幾乎條件反射地下令開火，眨眼間就把這輛運兵車送上了天。隨後肯德勒發現英軍已經攻進了楓丹娜堡，甚至西面更遠處的112高地上的英軍坦克和步兵都能從望遠鏡裏看到，肯德勒隨即給團部發去電報，報告了他看到的情況。此後肯德勒並沒有繼續前進，而是返回

在112高地附近埋伏的德軍反坦克砲，屬於SS第10「弗倫茨伯格」師的部隊。

了離埃特維爾不遠的奧恩河堤岸邊的樹林裏。當然在回去前，他還是下令擊毀了一些觀察到的英軍坦克。

通過肯德勒的報告，SS第1和第2裝甲軍都已確認「弗倫茨伯格」師受到了英軍的猛烈攻擊。

上午0700時，施溫格勒狼狽不堪地奔回在埃特維爾的第1營營部向里希特報告最新戰況，此時他的腳上只有1隻靴子，而另一隻在他手上，施溫格勒氣喘噓噓地說：「最前面的連隊已經全完了，現在英國人的裝甲車和步兵離我們不到200公尺了。」看來突破德軍外圍防線的英軍即將衝進埃特維爾，而德軍手上唯一能用的反坦克武器就是「鐵拳」。在里希特的指揮下，很多擲彈兵都拎著「鐵拳」在村內的各條道路上和英軍展開巷戰，面對擁有絕對火力優勢的英軍，

眼看情況不妙的里希特果斷地下令撤退，隨後奪取村莊的英軍發現村內還有1個救護站，裏面有60名德軍傷員。

里希特回憶道：「我命令救護站的醫生留下來照看傷員，因為英國人是絕對不會照顧我們的傷員的……第1營的大部分人員已經撤出埃特維爾和預備隊會合，我帶領一部分人殿後。我們首先撤到村後的溝渠裏，此時我們手上還有3挺輕機槍和一些步槍，當英國人離我們不到30公尺的時候我下令開槍。毫無意外，追擊的英軍全部被打倒在地，我們乘機脫離戰場，朝奧恩河行進了1公里，與在那的LAH師『弗雷』戰鬥群會合。」

多塞特郡團第4營拿下埃特維爾村的時間大約是上午0800時，此時支援給第43師的卡麥隆蘇格蘭來福槍團第9營（屬於第15師第46高地旅）已經出發了，他們將接手埃特維爾村，這樣多塞特郡團第4營可以繼續向奧恩河上的橋樑挺進。第46高地旅的另一個營——瑟福斯高地團第7營則在第7皇家坦克團B中隊的支援下進攻盧維尼地區，掩護進攻埃特維爾的友軍部隊，很快他們就與LAH師「弗雷」戰鬥群交上了火。

穿過楓丹娜堡，攻佔埃特維爾和馬爾托特並奪取奧恩河上的橋樑，只是英軍計劃中的一部分，奪取112高地才是「朱比特」行動最重要的目標之一。

志在奪取112高地的第129旅以3個營的兵力同時發起了攻擊，威爾特郡團（The Wiltshire）第4營和第7皇家坦克團A中隊在左路，負責奪取112高地東面的埃特維爾至埃斯里的公路；薩默塞特郡輕步兵團（The

Somerset Light Infantry）第4營在第7皇家坦克團C中隊支援下居中，目標是112高地的山頂；威爾特郡團第5營在右路直撲112高地西南面的埃斯里村。

威爾特郡團第4營一開始就運氣不佳，部隊剛剛出發，先頭排就被己方砲火滅掉了。B連的羅賓斯連長眼睜睜看著砲彈落在了先頭排的行軍隊列中，瞬間整個排給炸得東倒西歪，再也沒人能站起來。傷心、鬱悶、憤怒到要吐血的羅賓斯連長向上級抗議道：「我們這個樣子怎麼能去跟黨衛軍作戰？！」不滿歸不滿，牢騷歸牢騷，0500時，第4營還是準時出發了。

如果說，英國人曾經炸死「青年」師師長，而讓那些年輕的孩子們對英國人寸土不讓的話，「弗倫茨伯格」師的士兵也由於英國人的連番砲擊，同樣心懷仇恨地去戰鬥的，威爾特郡團第4營很快就發覺自己陷入了惡戰之中。該營的作戰日誌是這樣記載的：「這是一場混亂的戰鬥，幾乎每個士兵都在廝殺，必須把德軍逐出戰壕……那些佩帶紅十字袖章的黨衛軍士兵也在向我們瘋狂射擊，中尉威廉斯被1個已經舉起雙手投降的黨衛軍士兵開槍打傷，弗蘭克下士試圖救助他時被2個已經受傷的黨衛軍士兵圍攻，他不得不開槍打死他們，不過威廉斯中尉隨後也傷重不治。一些黨衛軍士兵躲在不易發現的地方，有的甚至躲在只能容下1個人的洞裏，等我們過去後從背後向我們射擊，有時候甚至還向我們抬擔架的士兵開槍。」

■ 7月初，剛剛抵達諾曼第戰場的SS第102重裝甲營的「虎式」坦克，圖中的戰術編號為211的坦克來自第2連，注意前面的車輛為繳獲的英軍偵察車。

薩默塞特輕步兵團第4營剛剛出發便遭到德軍手榴彈和機槍的襲擊，原來SS第21裝甲擲彈兵團第3營把前哨陣地緊貼在英軍的出發線上，這樣可以有效地減少英軍砲擊造成的傷害。出其不意的襲擊讓英軍手忙腳亂了一陣，英軍的進攻步伐被拖延，這使得德軍有時間重新部署防禦。在費了一翻工夫後，薩默塞特輕步兵團第4營才和第7皇家坦克團C中隊的坦克推進到了112高地山腳下。

在把SS第16工兵連逐出「卡騰瓦爾德」樹林後，英軍又擊毀了SS第10裝甲團第5連的3輛IV號坦克。當英軍乘勢向山頂衝擊時，他們遭到了伯雷科特SS准尉指揮的數輛IV號坦克的反擊。儘管這次反擊失敗，伯雷科特本人陣亡，但英軍也傷亡慘重。先頭連只剩下30～40人，有的排只剩下4、5個人，第7皇家坦克團C中隊的「邱吉爾式」坦克也被德軍的「鐵拳」和反坦克砲擊毀不少。第4營B連的士兵牛頓在戰後的一段回憶可以幫助我們瞭解當時「弗倫茨伯格」師的士兵是如何頑強抵抗的：「在我們連左邊的散兵坑裏突然出現了1名年輕的德國士兵，他試圖朝我們投擲手榴彈，我和戰友都紛紛朝他射擊，他扔出手榴彈後就中槍了。當時我們都以為他被打死了，沒想到他又奮力從坑裏爬出來，朝我們繼續扔手榴彈，我看到他又中槍了。過了一會，他竟然再次爬起來朝我們扔了一顆手榴彈……如此這般一直到他完全斷氣。他真是一個非常勇敢的人……」

到了上午0900時，薩默塞特輕步兵團第4營離他們的第一個目標——112高地山頂仍然有400公尺遠。「弗倫茨伯格」師的

■在諾曼第郊外的SS第102重裝甲營的「虎式」坦克，應該是在離馬爾托特不遠的聖馬丁村所攝，該重裝甲營直屬於SS第2裝甲軍。

砲兵團和第8火箭砲旅開始瘋狂轟擊112高地上的英軍，因為德國人知道如果山頂再次失守，就很難再把英國人趕下去了。與此同時英國皇家空軍也在轟炸山上的德國守軍，爆炸引起的煙霧和灰塵彌漫了整個112高地，山頂很快就從人們的視線中消失了。當英軍飛機飛走了，山頂上的德軍工事基本上被抹掉了，人員也大多失去了抵抗能力，英軍逐步逼近山頂，失守只是個時間問題了。

英軍第94皇家砲兵團的觀察員杜克少校的任務是在薩默塞特輕步兵團第4營佔領112高地山頂後，在那裏建立一個觀察哨，隨後為盟軍的火砲壓制奧恩河一線的德軍提供準確引導。在雙方砲擊引起的煙霧散去後，乘坐著半履帶車的杜克少校跟隨部隊穿過滿是死屍的戰場，逐漸靠近了山頂。正當他準備下車尋找視野良好的觀察點時，突然發現不遠處有3輛「虎式」坦克從煙塵之中咆哮而出，沒等英國人反應過來，其中1輛坦克已經把杜克少校的半履帶車打成火球，僥倖未死的杜克少校左臂被炸飛，右手的1個手指被彈片切掉，聽力也嚴重受損……這3輛「虎式」坦克屬於剛剛抵達戰場的SS第102重裝甲營第2連的先頭部隊，第2連連長SS上尉恩德曼率領連主力和第3連的約20輛「虎式」坦克從離112高地只有2公里左右的聖馬丁陸續趕來。恩德曼帶著最先到達高地的7輛坦克決定立刻從高地東南方發動反擊，他命令拉特扎克SS少尉的3輛坦克在左，施羅伊夫SS中尉的3輛「虎式」坦克在右，一起撲向山頂。

由於恩德曼所在的坦克的無線電壞了，因此他是用手語來指揮部隊進攻的。當這隊坦克試圖爬上112高地山頂時，皮勒SS下士的坦克首先被英軍坦克擊中後撤，緊跟著他的拉特扎克開火擊毀了1輛英軍坦克，施羅伊夫的「虎式」坦克則擊毀了2輛以上的英軍坦克和反坦克砲。對德國人來說最大的不幸是恩德曼的坦克衝入煙霧和灰塵之中後很快與其他人失去了聯繫，再也沒有回來。

沒過多久，第3連的「虎式」坦克也從東面攻上了高地，漢斯‧里希特是第3連的1名坦克車長，他回憶了當時的情景：「一枚穿甲彈從砲塔橫穿而過，削飛了砲長漢斯‧克魯納的腦袋。我的左臂被切掉，右臂也被炸得粉碎，胸口佈滿金屬碎片，一塊碎片插在我的右眼中。我們完了，我確信自己會流血致死，『倒車！』我嘶聲大喊。裝填手一把扯斷我的話筒，用電線綁住我斷掉的左臂傷口上止住血流。我感覺我的生命正在一點一點流逝，但仍掙扎著逃出砲塔。堅持住，我一邊默念，一邊頂著猛烈的砲火跌跌蹌蹌地穿過一片野地。1輛路過的『虎式』停了下來，『我們會救護你』，幾雙有力的胳臂把我抬了起來。一開始我被安置在坦克後面，當交火變得激烈起來時，我被轉移到砲塔裏，我就這麼半暈半醒地躺在裏面。最後我只記得1輛後門打開的救護車，停在1個村子的入口，有個人說道：『主動脈，快點搶救！』」

「虎式」坦克群的凶猛反擊令第7皇家坦克團遭受了慘重損失，數十輛坦克被擊毀，餘部倉皇撤退，而薩默塞特輕步兵團第4營在高地上的16名營連級指揮官只有4人倖存，有1個連已經是由中士來指揮了。英軍狼狽地撤出了山頂，第4裝甲旅的1名軍官

■ SS第102重裝甲營營長SS中校漢斯‧魏斯，正在和第1連連長卡爾斯交談。

描述了他當時看到的景象：「地平線上的『邱吉爾式』坦克群看起來很壯觀，但幾分鐘後情況就完全變了，他們衝得太遠了，結果1輛接1輛的被佔據有利位置的敵軍擊中起火……山上的草叢中到處都是死傷的士兵，有的人手上還握著自己的步槍，真是可怕的景象……坦克乘員們紛紛逃出被擊中起火的車輛，不少人的衣服都在燃燒，他們肯定都被嚴重燒傷了，山上到處是爆炸引起的濃煙，太慘了。」

在後方待命出擊的第4裝甲旅旅長卡弗耳聞目睹了前方的戰鬥，他永遠也忘不了112高地激戰的慘狀：「前方的戰況非常不利，我再次致電第43師師部，向師參謀長重

申，如果112高地山頂周邊樹林中的敵人不徹底清除，我決不會讓我的部隊出發。參謀長同意了我的看法，隨後湯瑪斯師長親自來電說，他的步兵旅已經拿下了預定目標，要求我的旅立刻出發。我立刻回覆說我的裝甲部隊早就準備好了，但是你的步兵卻沒有完成清除敵軍目標的任務，他們被德軍趕了回來，如果你不相信我的話，你可以自己來看。最後，他接受了我的看法。」

此時的戰況有點像上一次的112高地爭奪戰，英軍被德軍從山頂趕了回去，但他們依然控制著高地北坡。儘管德軍隨後發動了數次反擊，在損失了70名擲彈兵、包括3輛「虎式」坦克在內的不少裝甲車輛後，德國人始終沒能拿下北坡。

現在只要有點常識的指揮官都意識到英軍發動的是全面進攻，SS第10裝甲團第2營的IV號坦克和突擊砲在SS第21裝甲擲彈兵團第1營的伴隨下，沿著公路撲向埃斯里村，那裏剛剛被威爾特郡團第5營攻佔。很快，第5營英軍士兵就發現了德軍坦克揚起的塵埃，雖然英軍反坦克手用PIAT火箭筒擊毀了打頭的IV號坦克，但他們立刻被隨後而來的德軍壓制得動彈不得。

儘管112高地的戰況還不明朗，但英軍仍舊在按部就班地執行預定計劃。第130旅漢普郡團第7營徹底清除了楓丹娜堡的德軍後，在第9皇家坦克團A中隊的支援下直奔馬爾托特，留守楓丹娜堡的多塞特郡團第5營也派出了2個連在漢普郡團第7營的右翼伴隨前進。當這股實力不俗的英軍剛進入被果園圍繞的馬爾托特村時，立刻就陷入麻煩之中，他們遭到了SS第102重裝甲營第1連的

■ SS第102重裝甲營第1連的戰術編號為134的「虎式」坦克，車長是SS中士費伊（圖左1）。

「虎式」坦克、肯德勒指揮的IV號坦克群及SS第1裝甲擲彈兵團反坦克砲交叉火力的襲擊。到此時漢普郡團第7營才發現友軍壓根沒拿下112高地，因為德軍的部分火力就是從高地上直接打過來的。緊接著，SS第102重裝甲營第1連出動了4輛「虎式」坦克，在沒有擲彈兵伴隨的情況下撲向了馬爾托特。

參與進攻的134號「虎式」坦克車長費伊SS中士描述了當時的情況：「我們的4輛坦克奉命進攻在馬爾托特的英國人，保證在112高地上作戰的我營的側翼安全。我們高速推進到了馬爾托特村邊，沒有更多的時間等待，我們直接衝過灌木叢準備進村。此時

4輛『雪曼』坦克（實際應為M10坦克殲擊車）出現在前方，我的坦克2砲解決了1輛，緊接著又幹掉了第二輛，排長幹掉了第三輛，第四輛跑了。我們排的4輛坦克配合一向默契無比……這是一次漂亮的進攻。」

儘管「虎式」坦克取得了一定戰果，但是馬爾托特村本身沒有駐防多少德軍，缺乏步兵掩護的「老虎」們只得且戰且退。早上0915時，漢普郡團第7營通過無線電告知第130旅旅部，左路最重要的目標——馬爾托特村已經佔領。不過「虎式」坦克令盟軍官兵「談虎色變」不是沒有原因的，儘管4輛坦克退出了馬爾托特村，但它們在村西果園南邊的開闊地上狠狠咬了多塞特郡團第5營

■ 在馬爾托特附近指揮車上的SS第10「弗倫茨伯格」師指揮官SS大校哈梅爾。

B連一口。英軍步兵根本沒有還手之力，B連的殘兵丟下遍地的死傷者後逃進了果園，直到這4輛老虎揚長而去後才敢露頭救治傷員。

聞聽英軍攻佔了馬爾托特，「弗倫茨伯格」師師長哈梅爾立刻下令奪回該村，反攻由SS第22裝甲擲彈兵團第3營和師裝甲偵察營負責，「虎式」坦克將給他們提供支援。此時，漢普郡團第7營派出2個連和部分坦克正打算佔領馬爾托特南邊可以俯瞰奧恩河的高地，當B連和第9皇家坦克團的坦克推進到奧恩河堤岸邊的樹林時，行進中的英國人成了一直待在樹林裏的肯德勒SS上尉指揮的坦克的靶子，結果12輛被擊毀的英軍坦克冒著黑煙停在了谷地裏，只有2輛逃了回去，隨後埋伏多時的「弗雷」戰鬥群向著被

己方坦克拋棄的英軍步兵撲了過去⋯⋯

實際上英國人的災難才剛剛開始，德軍反擊部隊很快就從東南和西南兩個方向直撲馬爾托特。雙方立刻展開激戰，0955時漢普郡團第7營向旅部報告，他們遭到了德軍從兩個方向發起的有力反擊，德軍使用了恐怖的「虎式」坦克。這還沒完，殲滅了漢普郡團第7營B連的LAH師「弗雷」戰鬥群在肯德勒的坦克支援下直接殺向馬爾托特村。也許是忍受了長時間轟炸和砲擊的德軍好不容易逮著了發洩怒氣的機會，德軍發瘋般的從三面圍攻馬爾托特村裏的英軍，小村很快就成了一個殺戮場。

1015時，漢普郡團第7營營部被毀，營長負傷，堅持了20分鐘的英軍已經擋不住「虎式」坦克和擲彈兵的反擊了，損失慘重

■ 屬於SS第12裝甲團第5連的IV號坦克。

■ 正在趕往前線，指揮馬爾托特反擊的「弗倫茨伯格」師哈梅爾師長。

的第7營撤到了馬爾托特村北的高地上，此時人們才發現B連已經失去了聯絡。1035時，第7營向旅部報告德軍正穿過村莊攻擊他們在村北剛剛建立的陣地，這道陣地也即將失守……經歷了1個多小時的戰鬥後，漢普郡團第7營已經倒下了276人，第9皇家坦克團A中隊也損失了80%的坦克。當天第7營的日誌中這樣記載：「由於敵人的反擊，我們戰前計劃和期望的一切，現在都歸零了。」

多塞特郡團第5營A連和B連曾打算從馬爾托特村西向進攻的德軍發起攻擊，協助漢普郡團第7營守住陣地，然而當他們發現4輛剛剛對第5營B連進行過屠殺的「虎式」坦克在大量擲彈兵的伴隨下又殺回來後，心有餘悸的英軍仔細掂量了一下雙方的實力對比，明智地選擇了撤退。

中午時分，隆美爾趕到西線裝甲集群的司令部，詢問112高地上到底發生了什麼事情。因為這裏是德軍整個諾曼第防線的軸心，如果112高地丟了，德軍就得全線撤退了。西線裝甲集群新任指揮官埃本巴赫向隆美爾保證，黃昏前將發動有力的反攻擊退英國人。7月10日這天，西線裝甲集群的日誌上也是這樣記載的：「敵人在上午發動攻擊，攻佔了埃特維爾和馬爾托特，但是112高地絕不允許落入敵人之手……」

當天下午1500時，第43師師長湯瑪斯和手下的2個旅長在第214旅旅部所在的凡丹埃圖弗爾村的教堂裏召開了戰時會議，湯瑪斯認為儘管在馬爾托特的第7營遭到了重創，但是112高地必須不惜一切代價拿下，只有拿下112高地，才能調頭對付馬爾托特的德軍，他的2個旅長都同意這個方案。湯瑪斯手上的預備隊現在只剩下康沃爾親王屬輕步兵團（Duke of Cornwall's Light

■ 在盧維尼地區,哈梅爾在自己的指揮車上,正跟LAH師第1裝甲擲彈兵團的軍官交談,首先趕到諾曼第戰場的LAH師第1裝甲擲彈兵團組成了「弗雷」戰鬥群。

Infantry)第5營,但湯瑪斯仍準備投入該營拿下112高地,同時允許在馬爾托特的第7營撤至安全區域。

在卡麥隆蘇格蘭來福槍團第9營接手了埃特維爾村的防務後,多塞特郡團第4營花了2個小時重整損失頗重的部隊和補充彈藥。大約1600時,該營在第9皇家坦克團C中隊的支援下準備去馬爾托特救援受到德軍攻擊的第7營,不過此時沒有任何人通知他們損失慘重的第7營已經撤退了。45分鐘後,抵達馬爾托特的多塞特郡團第4營沒有找到友軍,他們只看到了德軍坦克和成群的擲彈兵,很顯然多塞特郡團第4營營長遠不如多塞特郡團第5營的同行那麼機靈,他們

沒有立刻後撤而是繼續前進。於是一場悲劇上演了,察覺到英軍援兵抵達的德軍猶如嗜血的猛獸般撲了過來。第4營先頭連的波特威下士描述了他的被俘經歷:「我們走到1輛被丟棄的英軍坦克邊上,隨後我看到的是一片狼藉,猶如哈米吉多頓戰場(聖經中描述世界末日的戰爭:預言將在世界末日出現的善惡力量最後決戰的情景)。我們一片沉默,但沉默很快就被一陣德語打破了,德國人?他們是路過的嗎?突然我看見一灘血濺在了自己的夾克上,接著發現我身邊的戰友倒地而亡。當我高聲驚呼時,3個德國兵舉著槍站在了我們的前面,我們立刻舉手投降了。」

■ 英軍的5.5英吋口徑的火砲，英軍的大部分進攻的火力支援都是由它來提供的。

陷入德軍火網中的多塞特郡團第4營就地展開了防禦，在坦克的支援下他們還能抵擋一陣子，然而原本應該給他們提供有力支援的皇家空軍卻讓一切都改變了。如同戰場上經常發生的誤擊事件一樣，誰也不知道哪個環節出了毛病，飛臨馬爾托特上空的皇家空軍「颱風」戰鬥機在盤旋了一會後，把炸彈全部丟到了多塞特郡團第4營頭上。剛才還在對著自己的飛機歡呼的英軍官兵連四散奔逃的時間幾乎都沒有，硝煙散盡後，目睹了悲劇全部過程的德軍裝甲部隊和擲彈兵又一次發起了攻擊，第4營的倖存者開始撤退，因為戰鬥已經變成了一面倒的屠殺。

在英軍第43師的左翼，卡麥隆蘇格蘭來福槍團第9營正在抓緊時間佈置埃特維爾村的防務，儘管戰況似乎對英軍有利，但第9營的官兵出於軍人的本能依舊在盡可能完善該村的防禦。A連和B連分別在該村的左右兩翼建立了防禦陣地，C連在村內駐防，D連作為預備隊與瑟福斯高地團第7營的防線保持著聯繫。黃昏時，他們看到了從馬爾托特撤下來的多塞特郡團第4營的殘部，緊隨其後的是德軍的迫擊砲和重砲砲彈。

在把漢普郡團第7營和多塞特郡團第4營逐出馬爾托特後，英軍在奧恩河北面戰線上造成的突出部已經被德軍徹底抹平。取得這一戰果後，「弗倫茨伯格」師和LAH師的部隊在黑夜的掩護下繼續向埃特維爾村發起進攻。凶猛的德軍根本不理會在該村兩翼佈防的2個連，而是中心突破直接殺進了村中。大驚失色的第9營營長立刻命令營部轉移，大部分人剛離開屋子德國人的手榴彈就扔進了營部，C連在村內拼命抵抗，兩翼的部隊和擔任預備隊的D連也開始攻向村內，交戰中第9營有3個連的連長不同程度負傷。第46高地旅旅長獲悉德軍即將取得突破後果斷命令格拉斯哥高地團第2營C連緊急增援第9營，決不能讓德軍形成突破。

雙方在埃特維爾村內外廝殺了一夜，卡麥隆蘇格蘭來福槍團第9營在友軍的支援下終於擋住了德軍的攻擊。據增援的格拉斯哥高地團第2營C連記載，當德軍撤退後丟下

了超過100具屍體。英軍自身的損失也不小，第9營光軍官和士官就陣亡了13人，另有39名官兵被俘。

7月10日下午，當交戰雙方在112高地兩翼殺得難分難解時，高地本身的戰鬥也進入了白熱化。1700時，第43師預備隊裏最後的1個營——第214旅康沃爾親王屬輕步兵團第5營，在第7皇家坦克團14輛「邱吉爾式」坦克、第59反坦克團4門17磅反坦克砲以及米德爾塞克斯團第8營部分部隊的伴隨下，受命前去接替在112高地山頂附近的薩默塞特郡輕步兵團第4營。英軍打算等這支新銳部隊抵達高地後再一次發起佔領112高地的進攻，實際上這也是整個「朱比特」行動中，英軍發動的最後一次進攻了。

2030時，康沃爾親王屬輕步兵團第5營抵達了112高地，隨後以B連和C連為先鋒在左右兩翼向前推進，D連和A連緊跟其後。他們的目標首先是「卡騰瓦爾德」樹林，然後是112高地山頂，在樹林裏的是「弗倫茨伯格」師SS第21裝甲擲彈兵團第3營的部分部隊。B連首先與德軍交火，1輛躲在壕溝裏只露出砲塔的德軍坦克不斷轟擊B連的士兵，暫時擋住了英軍的進攻。很快，被步兵召喚來的砲彈不斷在坦克周邊爆炸，德軍坦克支持不住開始轉移陣地。第5營隨即憑藉優勢火力逼退了守軍，佔領了「卡騰瓦爾德」樹林的北半部，而德軍繼續控制著南半部，雙方現在相距僅僅100公尺。稍做調整之後，英軍的4個連在坦克的支援下輪番發起了攻擊，德軍再也支持不住，不得不撤出樹林。理論上來說，控制了「卡騰瓦爾德」樹林就等於控制了112高地

山頂，現在英軍離勝利只有一步之遙了。

2100時過後，SS第21裝甲擲彈兵團向師部報告了失利的消息，英國人的坦克就要爬上112高地山頂了。被英軍擊退的SS第21裝甲擲彈兵團第3營的傳令兵齊姆利茨回憶道：「當『湯米』們進入『卡騰瓦爾德』樹林後，我們退向了最後的防線，這是一堵邊上長滿矮樹叢的石牆，離112高地的南坡坡底只有100公尺。這是一個很好的陣地，除了這堵牆外附近再也沒有任何可以用來掩護的東西了。所以我們常說必須守住這堵牆，直到全部戰死，實際上『湯米』們從未越過這條最後的防線。」

此時，攻上山頂的英軍正忙著佈置防禦陣地，並把17磅反坦克砲拖到了自己的側翼，防止德軍反擊。「弗倫茨伯格」師可不想等山上的英軍掘好反坦克陣地後再發起進攻，天黑前被英軍的猛烈砲火趕下高地的SS第102重裝甲營第2連的「虎式」坦克在SS第21裝甲擲彈兵團2個連的擲彈兵支援下發起了反擊。現在指揮重裝甲營第2連的是SS中尉施羅伊夫，他接替了在戰鬥中失蹤的SS上尉恩德曼，施羅伊夫日後回憶說：「我看見我們的擲彈兵從山坡上退了下來，我知道英國人又來了，而我們也將受命去擊退他們。天已經完全黑下來了，我們接到了反攻的命令……在我的右面，我能看見第1連的『虎式』坦克已經開上了112高地的山坡。我們的目標就是『卡騰瓦爾德』樹林，當我們推進到離那片樹林300公尺左右的位置時，我命令全連停止前進開火射擊。我們不能靠近樹林100公尺的範圍內，不能給對方的火箭筒手任何接近我們的機會，我們對樹

林進行機槍掃射，並對樹稍發射高爆彈，我們能看見反坦克砲開火時發出的火光（除了4門17磅反坦克砲，這裏還有6門6磅反坦克砲）……」

由於英軍持續不斷的砲擊打散了試圖接近英軍防線的擲彈兵，德軍「虎式」坦克和步兵被分隔開來，失去擲彈兵保護的坦克很容易受到英軍PIAT火箭筒的攻擊而受損失，德軍不得不開始撤退。午夜時分，德軍發動了第二次反擊，這次他們成功地接近了「卡騰瓦爾德」樹林，坦克突破了樹林邊上的英軍第一道防線，然而在英軍反坦克砲和步兵的頑強抵抗下，德軍再一次撤了下來。

連番激戰後，康沃爾親王屬輕步兵團第5營的實力受到了相當大的削弱，傷者被送往後方，而戰死士兵的尸體則躺得到處都是，沒時間清理。疲憊不堪的雙方都需要時間休整和投入新的增援部隊，不過，雙方持續不斷的砲擊並沒有停止。總的來說，英軍在7月10日的進攻並沒有取得預期中的勝利，相反付出了高昂的代價，43輛坦克成了廢鐵，同時傷亡了1000多人。

7月11日

單獨承受了英軍一天壓力的「弗倫茨伯格」師已經筋疲力盡，現在該輪到「霍亨施陶芬」師登場了。他們的仟務是把113高地和112高地北坡上的英軍徹底清除出去，之後奪回楓丹娜堡和埃特維爾村。西線裝甲集群司令埃本巴赫將軍再次致電SS第2裝甲軍軍長比特里希：「根據戰局，如果迫不得

■ 正在準備奪回112高地的SS第9「霍亨施陶芬」師的擲彈兵，遠處煙霧就是來自112高地。

已，你可以放棄一些陣地……我們可以忍受放棄埃特維爾，但絕不是112高地。」

其實早在10日凌晨0300時，「霍亨施陶芬」師就已經把英軍突出部西面的防務轉交給了第276步兵師，及時返回了戰場。在作為預備隊休整期間，維修人員的辛勤工作使得SS第9裝甲團可投入戰鬥的坦克和突擊砲恢復到75輛，其中有43輛是SS第9裝甲團第1營的「豹式」坦克。到了10日早晨，全師有55%的裝甲車輛被修復，而且被修復的車輛還在不斷地駛離戰地維修站。

到了10日晚上2200時，「霍亨施陶芬」師的所有車輛全部在預定位置集結完畢，2345時，SS第9裝甲砲兵團第2營報告可隨時投入戰鬥。11日凌晨0140時，SS第9裝甲砲兵團第1營也報告說2個連共16輛105mm口徑的「蜜蜂式」自行火砲集結完畢，隨時可投入戰鬥。而第3營的150mm牽引式重砲還在鄉村小路裏緩慢爬行，直到天亮時也沒能投入戰鬥。

深夜，「霍亨施陶芬」師師長施塔德勒對戰場進行了一次偵察，在翻閱了從哈梅爾那發來的戰場形勢簡報後，致電自己的參謀部，命令第SS第9裝甲團和SS第19裝甲擲彈兵團做好進攻112高地的準備。同時，他還命令參與進攻的SS第19裝甲擲彈兵團把所有的運輸車輛全部留在後方，因為戰區的法國鄉村小路根本無法通行車輛，擲彈兵們將徒步走完剩下的7公里路程。古爾伯SS少校的SS第20裝甲擲彈兵團的任務是奪回埃特維爾和楓丹娜堡，反攻部隊將得到師屬裝甲砲兵團2個砲兵營的支援。

11日凌晨，雙方都在為天亮後的戰鬥摩

■ 112高地戰鬥間隙，正在休息的德軍擲彈兵。

拳擦掌，一邊各自鞏固在山坡上的陣地，一邊不忘用各種砲彈轟擊對方。0120時，SS第19裝甲擲彈兵團第5連和SS第16工兵連率先抵達112高地南坡，0300時，SS第19裝甲擲彈兵團第2營在112高地南坡集結完畢，由於伯勒特SS上尉的SS第9裝甲團第1營遲遲無法到位，所以臨時決定由SS第102重裝甲營第2連支援SS第19裝甲擲彈兵團的反攻。

英軍方面，凌晨0200時第214旅伍斯特郡步兵團第1營換下了損失慘重的威爾特郡團第4營。天剛剛亮，第4裝甲旅皇家蘇格蘭灰衣龍騎兵團（裝甲營規模）A中隊的55輛「雪曼」坦克趕到了112高地，與山頂上殘留的康沃爾親王屬輕步兵團第5營的步兵會

合，準備對付德軍的反擊。

「霍亨施陶芬」師果然沒讓英國人失望，沒等英軍坦克完全部署到位，0615時，反擊開始了。

SS第19裝甲擲彈兵團第3營在SS第102重裝甲營第2連的「虎式」坦克掩護下從112高地東南方發動了進攻，冒著英軍的砲火，「虎式」坦克從南坡衝向了山頂，走在最前面的就是代理連長施羅伊夫的坦克。接受了此前英軍輕易把坦克和擲彈兵分開的教訓，第3營的擲彈兵都乘座著各種裝甲車輛緊緊跟隨坦克前進。施羅伊夫的坦克開到離「卡騰瓦爾德」樹林約300公尺的地方停了下來，透過煙霧他發現了2輛「雪曼」坦克的身影。沒有任何猶豫，施羅伊夫迅速下令開砲，2輛英軍坦克很快就成了火炬。施羅伊夫看了看手錶，時間是0640時，此時德軍砲兵正在轟擊英軍陣地，這片小樹林也挨了不少砲彈。短暫的轟擊過後，施羅伊夫把他的「虎式」坦克開到了「卡騰瓦爾德」樹林的邊緣，在那裏他又擊毀了1輛「雪曼」坦克和2門反坦克砲。由於英軍的6磅反坦克砲難以對「虎式」坦克造成傷害，既使是裝備了75mm砲的「雪曼」坦克也難以匹敵，因此激戰了半天，英軍只是擊傷了溫特SS中士的232號「老虎」。唯一能對「虎式」坦克產生威脅的只有17磅反坦克砲，同時數量稀少的「螢火蟲」坦克也有機會和「老虎」較量一下。

此時SS第19裝甲擲彈兵團第1營在SS第102重裝甲營第3連的「虎式」坦克掩護下從西南方攻上了山頂，措手不及的皇家蘇格蘭灰衣龍騎兵團瞬間就有4輛「雪曼」坦

克被擊毀。面對德軍強大的壓力，英軍迅速退回了北坡相對安全的樹林裏，隨後用猛烈的砲火阻擊德軍的追擊。早上0720時，施塔德勒錯誤地認為部隊已經拿下了112高地，因此下令鞏固現有陣地。由於要減少英軍砲火造成的損失，德軍反而從山頂向南坡後退了一段距離，在很多參加過東線血戰的黨衛軍老兵眼裏，盟軍的砲火是他們在東線從未經歷過的，現在112高地山頂再一次變成了無人地帶。

此刻向埃特維爾村的反擊也打響了，主攻部隊是SS少校古爾伯的SS第20裝甲擲彈兵團，該部在天亮前就抵達了馬爾托特，隨後繼續向埃特維爾方向運動。埃特維爾的守軍依然是卡麥隆蘇格蘭來福槍團第9營，早晨0720左右，等英軍哨兵發現德軍逼近時，德軍主力已經運動到了離該村不到500公尺的距離了。雙方在村內外發生了肉搏近戰，雖然德軍突入了村莊，但在英軍坦克和步兵的拼死反擊下又給打了出來，鋪天蓋地的砲火阻斷了德軍的後續部隊，德軍付出了慘重代價，雙方在拉距了大半天後，埃特維爾村依然在蘇格蘭人的手上。

到了下午的早些時候，康沃爾親王屬輕步兵團第5營再次回到了112高地山頂附近的樹林裏。但是沒待多久，大約1500時，卡爾斯SS上尉率領的SS第102重裝甲營第1連的7輛「虎式」坦克和SS第9裝甲團第2營的突擊砲從馬爾托特附近的樹林中衝出，向高地攻來，伴隨的擲彈兵屬於古爾伯SS少校的SS第20裝甲擲彈兵團。進攻的道路上，到處都是令人難以想像的場面，德軍和英軍的屍體交錯在一起，空氣中彌漫著屍體

腐爛後的難聞氣味。被擊毀後燒焦的坦克和裝甲車輛並不少見，僅僅在馬爾托特方向，就有6門德軍的各類火砲被擊毀後丟棄在路邊，其中有3門砲被直接命中的火力還原成了零件狀態，邊上躺著倒斃的砲兵。

進攻部隊逐漸逼近了山頂，黨衛軍士兵策姆林茨搭乘「虎式」坦克上了山，他說：「當『虎式』坦克到達我們的陣地前沿時，我跳下坦克，跟我一起跳下的是我們的二級突擊隊中隊長（中尉）布拉默斯道夫，『策

■ 7月11日，在112高地附近被擊毀的SS第102重裝甲營的「虎式」坦克。

■ 在112高地上被擊毀的英軍「雪曼」坦克，圖中可見112高地茂密的樹林和草叢幾乎被雙方的砲火炸成平地。

姆林茨，準備戰鬥！』他對我喊道。我們必須重新拿下『卡騰瓦爾德』樹林，沿著山上的溝渠我們衝向樹林的一角，我緊跟在布拉默斯道夫身後，還有4個以上的同志跟在我後面。布拉默斯道夫第一個跳出溝渠衝向了樹林，我們立刻開槍掩護他，當我們跟隨坦克來到樹林時，卻找不到他了……他肯定直接衝進英軍陣地裏去了。」

儘管德軍損失了3輛突擊砲，但這次凶猛的反擊還是把英軍徹底趕出了「卡騰瓦爾德」樹林，康沃爾親王屬輕步兵團第5營丟下了93具屍體，已經無力再戰。面對咄咄逼人的德軍，英軍只能祭出非常靈驗的老辦法——鋪天蓋地的砲火再次擋住了德軍乘勝追擊的腳步，德國人至終無法把英軍殘部從高地北坡上趕下去。

11日晚上，得到了兵力補充的薩默塞特輕步兵團第4營向山頂的德軍發起攻擊，但沒能成功，黨衛軍士兵漢斯·格賴辛格回憶道：「我們在『卡騰瓦爾德』樹林的左邊，『湯米』們晚上發起了2次攻擊，都被我們擊退了。其中一次，有一個手拿火焰噴射器的英軍被擊中了，他還沒來得及脫下背上的油罐就被活活燒死了。後來當我們試圖跟樹林另外一邊的友軍聯繫時，發現那裏已經空無一人了，他們居然都沒通知我們就撤退了……」現在112高地的山頂依然是無人地帶。

德軍反攻埃特維爾失敗後，只能對卡麥隆蘇格蘭來福槍團第9營進行砲擊，儘管相比英軍的砲擊，德國人的砲火實在是不夠瞧的，但依然給英軍造成了一定損失，1個連的連部被砲彈直接命中，屋裏的大部分人包括3名皇家反坦克團的砲兵都陣亡了。此後「弗倫茨伯格」師再一次對該村發起了攻擊，依然被英軍猛烈的砲火逼退，並丟下了3輛坦克，許多擲彈兵永遠地倒在了埃特維爾村前。

7月11日的戰鬥宣告第43威塞克斯師的進攻，也就是「朱比特」行動徹底失敗了，第43師在這2天的戰鬥中損失了近2000人，每個投入一線作戰的營平均損失高達200～250人，幾乎大部分預定目標都沒有完成。德軍再一次守住了112高地，在7月份剩下的日子，它也依然在德軍的控制之下。為此2個黨衛軍裝甲軍付出了高昂的代價，西線裝甲集群司令埃本巴赫在7月11日

■冒著英軍砲火，準備奪取112高地的SS第9「霍亨施陶芬」師的擲彈兵，最後他們取得了成功，112高地回到了德軍手中。

中午憂心忡忡地打電話給隆美爾元帥，他報告說，所有的裝甲部隊都遭受了嚴重損失，而這些損失根本無力補充。在10多天的戰鬥中，LAH師損失了1441人，「霍亨施陶芬」師損失了1891人，「弗倫茨伯格」師損失了2289人，而「青年」師損失達到了2988人，累積損失達5000多人的「青年」師現在僅僅在名義上可以叫做一個師了。對於蒙哥馬利的英軍來說，主要參與進攻的英第1軍和第8軍損失近10000人，坦克數百輛。

儘管蒙哥馬利的英軍損失慘重，且依然沒有在卡昂戰場上取得任何決定性的成果，但他仍打算利用盟軍無窮無盡的資源發動新的進攻，徹底摧毀在卡昂附近防禦的德軍裝甲師——那就是「古德伍德」計劃。事實上，這場攻勢還是沒有取得實質性的進展，直到美軍投入戰鬥後，盟軍才真正在諾曼第戰場上取得了突破。隨著希特勒發動的愚蠢的莫爾坦攻勢和德軍在法萊斯被圍，這才宣布諾曼第戰場上德軍末日的到來，盟軍終於取得了決定性的勝利，並很快光復了法國首都巴黎。值得一提的是，「賽馬場」和「朱比特」這兩次針對112高地的行動過後，盟軍，甚至英軍再也沒有專門為奪取112高地發動過任何大的進攻了。112高地之戰基本落下了帷幕，雖然圍繞112高地的戰鬥比不上東線波瀾壯闊的大兵團作戰，但它卻是德軍在法國最後的出色表現，同時也標誌著德軍在西線大潰敗的開始。

■ 德軍以最令英軍膽寒的「虎式」坦克掩護步兵向112高地發動凶猛的反擊，儘管英軍的火力支援連在東線轉戰多時的德軍都感覺驚詫，但依然沒能阻擋住德軍的反擊，還是和112高地失之交臂。

千年古城的解放
——1944年9到10月的亞琛戰役

　　1944年夏末，盟軍在艾森豪威爾的「寬大正面」（broad front）戰略的指導下，在西歐戰場的各條戰線上展開攻勢。儘管，英國方面一再呼籲集中兵力鑿穿德軍防線上的一點，隨後長驅直入，直搗柏林，但艾森豪卻始終不為所動。因為他堅信自己的戰略是迫使納粹德國無條件投降的最佳選擇，這一戰略的實施將徹底摧毀第三帝國的戰爭能力。為此，艾森豪力圖奪取德國最重要的兩大工業區——魯爾區和薩爾區，從而剝奪納粹繼續戰爭不可或缺的資源和基礎設施。根據艾森豪的計畫，盟軍各集團軍將沿著幾條主要進軍路線向德國的腹心地區挺進。按照查理斯·B·麥克唐納（Charles B MacDonald）所著《齊格菲防線戰役》（The Siegfried Line Campaign）的說法，盟軍計畫中的主要進軍路線共有四條：其中在蒙哥馬利第21集團軍群的方向上有兩條，一條是穿過地勢相對平緩的佛蘭德斯平原，但是沿途河網密佈，不利於大兵團快速行進。另一條則取道阿登山脈以北的莫伯日（Maubeuge）——列日（Liege）——亞琛

亞琛戰役的背景

雖然艾森豪威爾一直想讓盟軍各部在寬大正面上齊頭並進攻入德國，但嚴重的後勤問題迫使他不得不把重心放在北邊蒙哥馬利的第21集團軍群上。盟軍的補給線延伸得太長了，但截至8月下旬，盟軍可以使用的深水港卻只有瑟堡一處。安特衛普雖已光復，但進出港口的水道卻仍控制在德國第15集團軍的手中，盟軍因而無法使用該港。在這種情況下，艾森豪遂於8月23日命令第1集團軍進攻亞琛，把蒙哥馬利南邊的部隊從亞琛地段解救出來，好讓他集中全力消滅盤據在佛蘭德斯平原上的德軍集團，從而徹底解決安特衛普港的問題。

■ 艾森豪威爾（右圖）

（Aachen）軸線。這是進攻魯爾的捷徑，然而沿途德軍層層設防，其中尤以亞琛築壘地域的防禦最為堅固。霍奇斯中將指揮的美國第1集團軍奉命沿這條路線進軍，渡過萊茵河並佔領魯爾區。

德軍一邊，儘管在1944年的整個夏季裡，西線德軍總司令部（OB WEST）竭盡全力試圖遏制盟軍向法國腹地的進軍攻勢，但自法萊斯一役後，西線德軍就一直處在崩潰的邊緣上。希特勒「不惜一切代價頂住」的死命令絲毫幫不了B集團軍群司令莫德爾元帥。莫德爾一次又一次地向國防軍最高統帥部（OKW）打報告、討救兵。但希特勒對莫德爾再三求救的回應僅僅是讓倫德斯特元帥官復原職，卻不給他調撥一兵一卒。倫德斯特剛一上任，就和莫德爾一樣收到了那道「不惜一切代價頂住」的命令。倫德斯特非常清楚，他不能指望最高當局會給什麼實質性的幫助，於是立即著手進行穩定戰線的工作。倫德斯特命令他的部隊退守西牆防線，如此可以縮短戰線並加大防禦縱深。讓倫德斯特意想不到的是，這一次，他居然和元首想到一塊去了。希特勒交給西線總司令

部的任務就是要他們盡可能長時間的拖住盟軍，從而為他爭取到組織阿登反擊戰所需要的時間。在莫伯日—列日—亞琛軸線的南北兩側均是難以通行的地區。北面荷蘭境內的河網湖泊阻礙了機械化部隊的運動，而南面的艾弗爾高原和阿登山脈同樣限制了大兵團的行動。德軍封鎖了烏爾姆河（Wurm River），這條河在亞琛城前大致上從西南流向東北，是西牆防線一道天然的戰防屏障。不過，它最多也就比一條小溪大一丁點，而且在許多河段都可以涉水過河。渡過烏爾姆河，前方是一片開闊的原野，上面星羅棋佈的分佈著德軍的小型工事群。這裡的天然屏障是羅爾河（Roer River）和埃爾夫特河（Erft River），人工障礙則是德軍多年前苦心修築的西牆防線，美國人常稱其為「齊格菲防線」（The Siegfried Line）。

西牆修建於1936~1939年間，原本是希特勒用來對抗馬奇諾防線的。為了修築這條防線，德國人投入了大量的人力和物力，但法國被征服後，儘管沒有全部竣工，工程還是停了下來。在防線的已完工部分中，亞琛築壘地域是防禦能力最強的幾段中的一段。

■ 西牆防線上的「龍齒鏈」

除此以外，亞琛也是整條西牆防線的中點，防線在這裡被分為了東段和西段。西牆防線在修築時儘量利用了河流、湖泊、鐵路、險隘和樹林等天然障礙物，並在無險可守的地方佈置了令人生畏的「龍齒鏈」——成排的鋼筋混凝土角椎——其高度從第一排的0.76公尺逐漸增加到最後一排的1.52公尺。而在那些穿過「龍齒鏈」的道路上，則安放了用工字鋼梁焊接而成的路障。不僅如此，每條路的兩邊都構築了碉堡，這些碉堡有12~15公尺長、6~9公尺寬、6~7.5公尺高，幾乎有一半埋在地裡，其四壁和頂蓋的鋼筋混凝土厚度為0.9~2.4公尺。所有的碉堡均按統一規格建造，內部分為戰鬥區和生活區，在每座碉堡的後面還建有1個掩蔽所，它既可以被用來儲存糧彈、兵員，也可以充當戰地指揮所。總之，由於是戰前的設計，這些碉堡的生活區要遠大於戰鬥區。雖然這些長期處於半廢棄狀態下的工事境況不佳，且在現代機械化部隊的速度和機動性面前顯得有些陳舊，但盟軍不久後就會意識到，即便是過時的防禦工事，其在防禦戰中的作用仍然是不可小覷的。

在這重重工事的中心便是有著1800多年歷史的德國古城亞琛。美軍認為這座城市在軍事上很重要，因為它控制著這一地區所有的鐵路幹線。霍奇斯將軍深知，為了保證進一步向魯爾進軍的交通線，他一定得拿下亞琛。不過，除了戰略價值之外，亞琛真正的重要性更體現在政治和文化方面。這座城市是神聖羅馬帝國輝煌歷史的發源地，西元742年4月2日，神聖羅馬帝國的第一位皇帝——大名鼎鼎的查理曼就是在這裡降生的。登基後，查理曼在亞琛大興土木，把這座本以溫泉聞名的小城變成了加洛林王朝最重要的行宮。在美國人看來，既然希特勒宣稱納粹德國是第三帝國，並將其與查理曼開創的神聖羅馬帝國聯繫在一起，那麼拿下亞琛必然會沉重打擊納粹的信念。不過，美國人對這個問題的認識顯然存在著偏差，亞琛之所以為納粹所看重，是因為前後有30多位德王在此登基。而在納粹的歷史觀中，查理曼是「純粹的」日爾曼薩克森人的壓迫者，是一個被醜化的歷史人物。撇開歷史意義不談，從維持士氣、民心的角度考慮，亞琛也是淪陷不得的。對此，約德爾在戰後坦承，儘管亞琛對作戰而言並非特別重要，但它畢竟是首座遭到攻擊的德國城市。

為了完成奪取亞琛的任務，霍奇斯命令查理斯·考萊特（Charles Corlett）少將的第19軍從亞琛以北的蓋倫基（Girlenkirchen）地段突破西牆。作為這場攻勢的一個組成部分，考萊特麾下最南面的1個師——霍布斯的第30步兵師要向南渡過烏爾姆河去佔領烏爾塞倫（Wurselen）。30師的攻勢構成了對亞琛北面的包圍，而對亞琛南面的包圍則由柯林斯少將的第7軍下屬

亞琛（Aachen）

亞琛的象徵——亞琛大教堂內景，早期的德國國王就是在這裡登基的亞琛位於德國西部的北萊茵－威斯特法倫州，是德國的西陲重鎮，市中心距德國、荷蘭、比利時3國交界處僅5公里，因此有「歐洲的心臟」之稱，歐洲的政治家也常說：亞琛是德國最國際化的城市之一。

亞琛的溫泉歷來就享有盛譽，自西元前3世紀起，羅馬人就在這裡建起了溫泉設施，因此亞琛又有著「溫泉之都」的美譽。西元768年，統治大半個歐洲的查理大帝就出生在亞琛，對亞琛有著特殊的感情。西元800年羅馬教皇就在亞琛為他加冕，查理大帝隨即定都在此，並建造了行宮。同時查理還興建了亞琛人大教堂（Aachener Dom），此後共有三十位德意志國王或皇帝在這個教堂加冕，如今大教堂成為德國第一個被選為聯合國世界文化遺產的歷史古跡，為遊人來亞琛的必到之所。

歷史悠久的亞琛除了大教堂外，還有大教堂珍寶館、哥德式的亞琛市政廳以及眾多的帝王將相行宮、博物館、美術館等名勝古跡。

亞琛也是個交通重鎮，因為毗鄰荷蘭、比利時，距離科隆僅70公里，在方圓100公里範圍中有4個機場，每天有185趟列車與70多個城市聯運。

亞琛的文化教育極其發達，是西歐重要的文化教育中心，有著「大學城市」的別稱。目前亞琛總人口約25萬中，近6萬是大學生。亞琛現在設有三所大專院校，亞琛工業大學、亞琛大學和亞琛應用技術大學，其中建於1870年的亞琛工業大學是德國規模最大的理工科學府之一，也是世界上頂尖的理工大學，聲譽僅次於美國的麻省理工大學。亞琛工業大學醫院，是歐洲知名的醫療機構，擁有許多世界級的著名醫生。眼科、泌尿科、心臟治療等領域的研究達到了相當高的水準。

除了文教之外，亞琛的工業也相當發達，全市有中小企業2,000多家，有電子、紡織、製革、食品加工、機械、造紙等行業，主要多為中小企業。

■ 亞琛的象徵——亞琛大教堂內景，早期的德國國王就是在這裡登基的。

的第1步兵師來實施，大紅1師這時的師長是克拉倫斯‧胡布內爾（Clarence Huebner）少將。他們要向北進攻，先奪取費爾勞騰海德（Verlautenheide）再拿下拉菲爾斯山（Ravels Hill，即231高地）。完成對亞琛的包圍之後，盟軍將先進行猛烈的空襲與砲擊，然後再開始展開早已計畫好的攻城戰。第7軍和第19軍當面的對手是隸屬於德國第7集團軍的第81步兵軍，軍長是新任命的弗里德里希‧ 奎施林（Friedrich Koechling）。由於前任軍長弗里德里希‧奧古斯特‧沙克中將無法有效地駕馭部下，第7集團軍司令艾裡希‧ 布蘭登貝格爾（Erich Brandenberger）在他的頂頭上司莫德爾元帥的督促不得不臨陣換將。

原來，當時有跡象顯示沙克的部下，負責防守亞琛的第116裝甲師（即獵犬師）中將師長，格哈特‧馮‧施韋林（Gerhard

Von Schwerin）伯爵打算向盟軍獻城投降。沙克聞訊大驚，立即撤銷了施韋林的職務，卻沒有及時將其逮捕。奎施林到任後，立即將施韋林遣送回了德國，為了以防萬一，他當即將116師調離亞琛進行整頓並代之以格哈特・韋爾克（Gerhard Wilck）上校的第246國民擲彈兵師。奎施林又調第49步兵師去防守亞琛以北地區，第12步兵師去防守亞琛以南地區。這2個師在不久前都遭到了重創，尤其是第12師本來是第7集團軍派來增援的生力軍，但由於沙克指揮不當，將其分散投入戰鬥，致使這個師被美軍第3裝甲師

逐出了亞琛南面的施托爾堡（Stolberg）。而在北面，第49步兵師的陣地也被美30師奪去了。與此同時，德軍也花費了巨大的時間和精力來疏散亞琛城內的平民百姓。事實上，即使經過了黨衛軍的強制疏散，留在圍城之中的亞琛居民仍有40,000人之多。這是因為亞琛人大多是天主教徒，並為此受到了納粹的迫害，所以，他們把步步逼近的美軍當成了解放者。許多亞琛人蜷縮在自家的地窖和閣樓裡躲避黨衛軍的強制疏散，等待美軍的到來。

可是，美軍的進攻勢頭卻在這個節骨

格哈特・馮・施韋林

格哈特・馮・施韋林伯爵，1899年6月23日出生在漢諾威一個具有悠久軍事傳統的貴族家庭。一戰爆發時他是德國陸軍的1名普通准尉，他在戰爭期間獲得過1枚一級鐵十字勳章（des Eisernen Kreuzes 1.Klasse）。二戰爆發後，他先後轉戰西線、北非和東線，可謂戰功赫赫。1942年10月，43歲的施韋林晉升少將並出任第16摩托化步兵師師長，這個師就是後來第116裝甲師的前身。施韋林和他的部隊在北高加索和諾曼第進行了一系列激烈而傷亡慘重的血戰，然而流血犧牲換來的卻是節節敗退。終於當他率部殺出法萊斯口袋之時，施韋林對這場戰爭已經完全不抱希望了。他從來就不是納粹黨徒，隨著戰場形勢的日益惡化，施韋林覺得自己不能再為希特勒賣命了。當他從希特勒那裡收到「不惜任何代價保衛亞琛」的命令後，施韋林下定決心，要在美軍開始進攻的時候交出這座城市以免生靈塗炭。於是，他將自己的計畫寫成一封密信，打算在美軍的進攻開始之後給他們送去。豈料，這封信在黨衛軍強制疏散居民的時候被發現了，導致整個計畫功虧一簣。回國後，施韋林被1個軍事法庭控以叛國罪，但這個案子很快就沒了下文。施韋林在1944年12月改任第90裝甲擲彈兵師師長，旋即

在次年元旦達到了他軍事生涯的頂峰，他在這一天被任命為駐北義大利的第26裝甲集團軍司令，4個月後，施韋林率部向英軍投降。戰後，亞琛人民向這位竭力想從戰火中拯救他們的將軍表達了自己最高的敬意。

■ 在亞琛城裡艱難推進的美第1師26團。

眼上減緩了，後勤供應的不足和空中支援的匱乏拖住了美軍的後腿。造成供應不足的原因是蒙哥馬利即將發動「市場─花園」行動，後勤部門要優先滿足該戰役的需要，而空中支援匱乏則是惡劣的天氣所致。在這種情況下，霍奇斯於9月中旬命令各部原地整補。經過這次整補，第1集團軍補充了彈藥和燃料，並且為接下來的作戰行動重組了部隊。在北線，30師的霍伯斯師長計畫投入全部3個團從3個方向發起進攻。他命令詹森上校的第117步兵團搶占瑪利亞多夫（Mariadorf）附近的高地以掩護師的左翼；普爾度上校的第120步兵團奪取烏爾塞倫東北面的高地並切斷亞琛──於利希公路；薩

瑟蘭上校的第119團拿下烏爾塞倫北面的高地，與大紅1師的部隊會合，最終完成對亞琛的合圍。在南線，胡布內爾的第1步兵師也在準備著他們的攻勢。由於戰線拉得太長，胡布內爾能夠用於進攻的只有史密斯上校的第18步兵團。在進行戰鬥準備的時候，史密斯團長在團裡組織了打碉堡的特別戰鬥組，為他們配備了火焰噴射器、爆破筒、集束手雷和炸藥包等裝備，又花了幾天時間讓他們把打碉堡的各種戰術練熟。史密斯還組織了由M10驅逐戰車和M12型155公釐自走榴彈砲車組成的直射火力支援組，用來壓制德軍要塞的砲火。此外，象型噴火戰車和戰車推土機這樣的特殊裝備也被投入了攻堅

戰。前者是絕大多數掩體的剋星，實在解決不了的釘子掩體則由後者掩埋了事。

在德軍那邊，儘管奎施林想方設法組織了一些兵力來加強西牆的防禦，但這些部隊均由後方非戰鬥人員、散兵游勇和老百姓臨時拼湊而成，其戰鬥力之低下，可想而知。以9月12日趕來增援的2個空軍要塞營為例，這些不久以前還隸屬於空軍各個部門的官兵沒有接受過1天的步兵訓練，這樣的部隊居然被派上了一線，實在是太離譜了。不僅如此，原本就在亞琛駐防的部隊也好不到哪裡去。比方說，第453訓練營的每個連只有2挺機槍，而第34要塞機槍營的缺編情況更為嚴重，最後不得不併入第453訓練營。由此可見，亞琛築壘地域實際上是一個空殼，根本無法抵擋美軍的重擊。這種危急的情況一直持續到10月7日，倫德斯特在這一天終於將他的總預備隊SS第1裝甲軍調給奎施林去加強亞琛的防禦。不巧的是，由於美軍在同一天開始了進攻，奎施林不得不將SS第1裝甲軍各部以它們達到亞琛的順序先後投入戰鬥，而不能集中使用這支強大的援軍。

也是在10月7日，美軍第30步兵師的進攻以大規模的空襲和猛烈的砲擊拉開了帷幕。火力準備剛一結束，30師就立即發起了地面進攻。美軍通過連日來的縝密偵察已經掌握了這一地區大部分德軍工事的位置，所以，美軍地面進攻的中心環節就是要將這些工事全部摧毀。30師從阿爾斯多夫（Alsdorf）出發向南進攻烏埃巴赫（Uebach）和烏爾塞倫，最終目標是烏爾塞倫南面的194高地。他們遭到了德軍第108裝甲旅和剛剛趕來的SS第1裝甲軍下屬的

馮·弗里茨施恩（Von Fritzschen）機動團強有力的抵抗。在東路，弗里茨施恩的機動團成功地在瑪利亞多夫擋住了美117團。次日，機動團向東北進攻紹芬堡（Schaufenberg）和阿爾斯多夫，企圖包抄美軍的側翼。117團在這一天的情況一度十分危險，幾乎陷入德軍的包圍之中。幸運的是，第743戰車營的1個分隊搶在弗里茨施恩之前趕到了阿爾斯多夫，封鎖了所有進城的路口。德軍機動團剛一進城，美軍戰車和驅逐戰車就開了火，不一會兒就敲掉了德軍3輛IV號戰車，把德軍趕出了城。這支戰車分隊有效地遏制了德軍的反擊，接著，117團在10月9日的反攻中奪回了30師左翼被德軍佔據所有陣地。西路的美軍120團在進攻的頭一天便迅速拿下了位於烏爾塞倫北面的目標，這個地方距離他們與友鄰部隊的結合部拉菲爾斯山僅有1,829公尺。然而，這次快攻把120團的戰線拉得過長，10月9日，德軍第108裝甲旅抓住美軍的這個破綻進行反擊，突入了巴登堡（Bardenberg），威脅到了120團的後方。為了消滅從巴登堡來的這股德軍，120團和119團在這個方向苦戰了整整3天。直到10月11日天氣轉晴，美軍航空兵對這股德軍進行了幾輪空襲之後，他們才勉強擊退巴登堡方向的德軍。

在北線戰局呈現出反覆拉鋸之勢的同時，美軍在南線的戰鬥也在10月8日打響了。為了彌補數量上的劣勢，第18步兵團決定趁著拂曉前的黑暗發動奇襲。結果，他們成功佔領了所有的預定目標，卻只受到了最低程度的抵抗。至10月9日晚，18團已經抵達與19軍部隊會合的指定地點——拉菲爾斯山。次

日，該團又佔領了位於亞琛郊外的小鎮哈仁（Harren），這座小鎮橫跨兩條從亞琛通往東方的主要公路，美軍就這樣切斷了亞琛通往城外的一條重要交通線。眼看美軍輕易切斷了至關重要的生命線，城內外的德軍立即集中力量對哈仁發動了瘋狂的反擊，18團的官兵在這裡遭遇到了嚴峻的考驗。德軍的反擊十分典型，每次都是在一陣猛烈的砲火之後，由戰車和突擊砲伴隨著步兵進攻。為了尋找掩護，美軍官兵不得不躲進那些不久前剛被自己踹掉的碉堡中去。哈仁之戰進行得異常慘烈，每個碉堡、每個散兵坑都要幾易其手，雙方多次爆發白刃戰。德軍最後雖然未能奪回小鎮，卻佔領了小鎮郊外的陣地。

由於德軍不斷地進行反擊，30師和第1師始終無法會合。儘管還沒有形成包圍，胡布內爾師長在10月10日還是給城內守軍送去了一份最後通牒，規勸他們放下武器。胡布內爾在通牒中寫道：「亞琛城如今已經被美國武裝部隊完全包圍了這座城市如果不立即、徹底、無條件地投降，美國陸軍及航空兵將無情地用砲擊和空襲來讓它屈服一句話，其他的出路是沒有的。你們要麼獻城投降，要麼面對徹底的毀滅。機會由你們自己把握，後果也由你們自己承擔。你們的答覆必須在24小時內以書面形式送到指定的地點」。與此同時，攻城的任務落在了第1師第26團的肩上。26團的團長是約翰·塞茨（John Seitz）上校，塞茨手此時還有2個營可用，分別是戴瑞爾·丹尼爾（Derrill

■ 轉移陣地中的美軍砲兵。

■ 美軍正在對德國俘虜搜身。

Daniel）中校指揮的2營和約翰・考爾利（JohnCorley）中校指揮的3營。丹尼爾的2營奉命穿過亞琛—科隆的鐵路線，直插市中心，而考爾利的3營要先向亞琛以北進攻，奪回哈仁郊區，然後再向西南進攻，奪取亞琛北面的制高點。制高點是由3個山丘組成的，其中最高的是羅斯堡（Lousberg）山丘，美國人因其頂上的氣象觀測站而稱之為氣象臺山。稍低一些的是薩爾法特爾堡（Salvatorberg）山丘，山丘上坐落著一座大教堂。最低的那個山丘叫做法維克公園，它位於亞琛城東。在它們中間，法維克公園要更重要一些，因為德軍第246國民擲彈兵師的師部就設在公園裡的奎侖霍夫飯店之內。就在美軍準備攻入市區之時，亞琛城內的德軍仍然堅信自己可以粉碎美軍的圍攻。他們的自信源於週邊德軍的努力增援，10月11日和12日，德軍第3裝甲師一部和已經整頓完畢的第116裝甲師冒著美軍砲兵和航空兵恐怖的火力（兩天內美軍在這一地區傾瀉了300多噸彈藥）趕來支援81軍。奎施林更將SS第1裝甲營直接投入亞琛市內去支援246師。

10月12日，考爾利中校的3營拔掉了哈倫郊區的德軍據點，為接下來對市區的進攻掃清了障礙。第二天，3營攻入亞琛市內，目標直指法維克公園，與此同時，丹尼爾中校的2營也開始了對市中心的突擊。丹尼爾預計德軍一定會做困獸之鬥，因此讓自己的部下進行了充分的戰鬥準備。根據作戰計

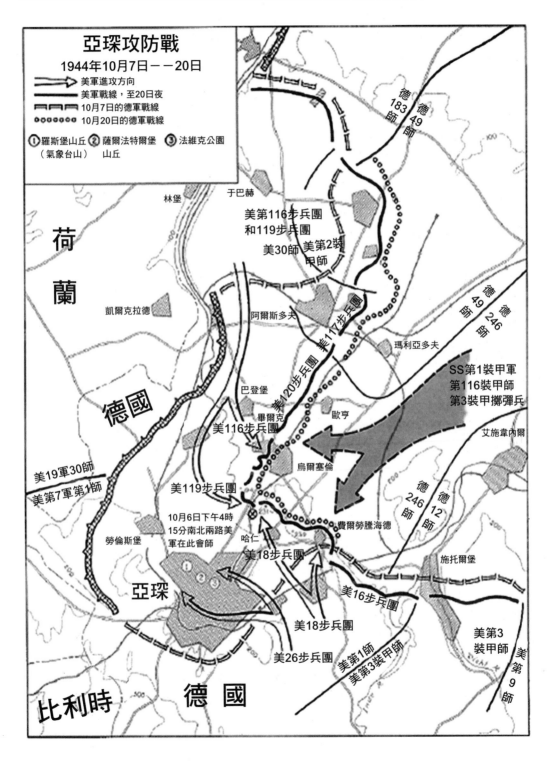

亞琛攻防戰

1944年10月7日－－20日

美軍進攻方向
美軍戰線，至20日夜
10月7日的德軍戰線
10月20日的德軍戰線

① 羅斯堡山丘　② 薩爾法特爾堡　③ 法維克公園
　（氣象台山）　　 山丘

荷蘭

德國

比利時

德國

亞琛

林堡

于巴赫

凱爾克拉德

阿爾斯多夫

巴登堡

畢爾克

勞倫斯堡

哈仁

瑪利亞多夫

歐亨

烏爾塞倫

費爾勞騰海德

艾施韋內爾

施托爾堡

美第116步兵團
和119步兵團

美30師　美第2裝甲師

美117步兵團

美120步兵團

美116步兵團

美119步兵團

美19軍30師

美第7軍第1師

10月6日下午4時
15分南北兩路美
軍在此會師

美18步兵團

美18步兵團

美26步兵團

美16步兵團

美第1師
美第3裝甲師

SS第1裝甲軍
第116裝甲師
第3裝甲擲彈兵

德183師

德49師

德49師

德246師

德246師

德12師

美第3
裝甲師

美第9師

099

畫，榴彈砲和迫擊砲將為進攻的步兵炸開道路，它們的曲射火力以單個街區為目標，逐個覆蓋，步兵的攻擊進行到街區，砲火就會延伸至下一個目標。每個步兵班都配屬了1輛戰車或1輛驅逐戰車，它們將提供直射火力支援。進攻時，先讓戰車和驅逐戰車壓制隱藏在民房和公共建築中的德軍火力點。然後再由步兵和戰鬥工兵用他們手中的火焰噴射器、手榴彈和炸藥包把躲在裡面德軍「打發回老家」。丹尼爾還規定，進攻時每佔領1個路口都要就地設立檢查站，任何部隊在與友鄰協調好下一步行動前，都不許跨過檢查站半步。這樣的規定雖然會讓進攻變得緩慢而又瑣碎，但卻可以保證既不將殘敵遺漏在戰線後方，又可以避免誤傷自己人。

內外德軍的拼死抵抗仍舊讓他們舉步為艱。德軍在巷戰中有效地利用了市內的下水道系統，在剛開始的時候，把美軍打了個措手不及。不過，美軍很快就找到了對策，他們每經過1條街道就把上面的陰井蓋統統焊死在了陰井上。德軍對閣樓和地下室的活用更讓美軍頭疼，他們在鱗次櫛比的建築群中穿牆破洞、往來穿梭，由此可以機動靈活地打擊美軍。德國人還發現，亞琛市內現代化建築的鋼筋混凝土牆壁甚至經得起戰車和驅逐戰車主砲的直射火力。於是，他們把一幢幢樓房變成了一個個上下相通、戶戶相連的強固支撐點。美軍很快便發現，只有155公釐榴彈砲的直射火力才能穿透這些工事。另一方面，城外德軍一直在拼命往城裡打，試圖與城內友軍裡應外合，粉碎美軍的包圍。

■美軍的155公釐自行榴彈砲是他們在亞琛之戰中最具威力的武器，只有155公釐砲才能擊穿鋼筋混凝土的堅固工事。

■ (上)由於亞琛是第一座遭到盟軍進攻的德國城市,在該城的德國守軍進行了非常頑強的抵抗,圖為在亞琛街頭與美軍激戰的德國士兵。(右)經過苦戰之後,進入亞琛一處街區的美軍部隊,雖然此處戰鬥已經平息,但德軍的頑抗還是讓美軍心有餘悸,因此仍然保持著警惕的戰鬥隊形。(下)一輛美軍的驅逐戰車正在向德軍據點開火,在亞琛的巷戰中,美軍通常給步兵配屬戰車或驅逐戰車以提供直接的火力支援。

■ 美軍在戰車掩護下終於艱難地頂住了德軍的反撲

12日，第116裝甲師出動2個團（第60裝甲擲彈兵團和迪芬塔爾戰鬥群）進攻畢爾克（Birk）和北烏爾塞倫（南烏爾塞倫還在德軍手裡），試圖從這裡突破美30師的陣地，以解除美軍對亞琛北面的包圍。然而，30師在這兩個地方的機動防禦讓德軍筋疲力盡，美軍在一線陣地上只部署了少量部隊，而將大部兵力集中起來，隨時準備堵截突破防線的德軍。德軍無論從哪個地段突破，美軍都會視其力量的強弱迅速出動整營、整團，甚至是大半個師的兵力前去堵截。就這樣，美軍30師與德軍116師這場面對面的較量一直持續到了10月15日。美軍的防禦機制沒有給德國人任何可乘之機。

10月14日，考爾利中校的3營攻上了法維克公園。同一天，第18步兵團位於費爾勞騰海德附近的前沿陣地報告說，在他們陣地的對面集結了大批的德軍。事實上，這股德軍包括第8裝甲擲彈兵團、第29裝甲擲彈兵團、第3裝甲師的先頭部隊和更多來自SS第1裝甲軍的部隊。10月15日，考爾利的3營攻

破了法維克公園的德軍防禦，並讓1門155公釐自走榴彈砲車駛上山丘開始擊攻第246國民擲彈兵師的師部奎侖霍夫飯店。為了擊退3營，救援奎侖霍夫飯店，儘管完全沒有協調好，SS第1裝甲營還是向法維克公園進行了1次局部反擊。同日，德軍第3裝甲師在費爾勞騰海德附近大舉進攻美軍第1步兵師的陣地。胡布內爾師長在權衡了戰場形勢之後，確信當前的主要威脅來自德軍第3裝甲師。於是，胡布內爾命令考爾利中校停止進攻，直到主力將德軍第3裝甲師打退為止。接著，他將道森中校指揮的第116步兵團派上了陣地，從南面來支援實力有所削弱的第18團。儘管美軍增派了援軍並且砲兵也提供了密集的火力掩護，但德軍第3裝甲師還是在消滅了16團的2個連和18團的1個連之後，在這2個團陣地的結合部實現了突破。就在此時，美軍的轟炸機和戰鬥機及時趕來援救，大紅1師在它們的幫助下總算是把德軍給擊退了。德軍第3裝甲師的攻勢持續到了10月16日，面對德國戰車的近距離砲火，

■ 美軍的半履帶車碾過納粹的「卍」字旗幟，這正如亞琛之戰的生動寫照。

大紅1師的官兵們依然苦守不退。這一天，他們在驅逐戰車和大砲的掩護下，徹底打敗了第3裝甲師攻勢，保住了拉菲爾斯山和費爾勞騰海德。

正當大紅1師與德軍酣戰之時，30師那邊的進展也遇到了極大的阻力。儘管第19軍在10月13日給霍伯斯派來了援兵，包括第2裝甲師的1個營和第29步兵師的1個團，南烏爾塞倫這塊硬骨頭還是讓30師又多花了3天。10月16日，30師在將烏爾塞倫全鎮的德軍肅清之後，馬不停蹄，即刻兵分兩路南下將當面德軍第116裝甲師的部隊全部逐離了戰場。在這天下午的16點15分，30師的1支巡邏隊在拉菲爾斯山腳下與大紅1師的部隊勝利會師。至此，美軍總算完成了對亞琛

的包圍。第7軍的柯林斯軍長對於攻城的進展逐漸失去了耐心，為了儘快解決城內的殘敵，他調了2個戰車營和1個裝甲步兵營去增援第26步兵團，同時命令胡布內爾必須在10月18日之前發起總攻。不過，包圍圈中的德軍此時也到了山窮水盡的地步，雖然倫德斯特給246師下達了「即使被埋進廢墟」也要守住亞琛的死命令，但師長韋爾克十分清楚他現在已經無能為力了。為了保存珍貴的裝甲部隊，他讓還留在城內的SS第1裝甲軍的部隊突出重圍，撤離了亞琛。接著，他將自己的師部轉移到了氣象臺山上的磨沙機路。一到那裡，韋爾克就鑽進了防空洞，坐等最後時刻的到來。10月18日，胡布內爾如期發動了奪取亞琛的最後總攻。26

■ 押出戰場的德軍戰俘，雖然美軍最終攻佔了亞琛，但德軍還是為阿登之戰贏得了寶貴的準備時間。

團3營很快就拿下了奎侖霍夫飯店，卻發現246師的師部已經轉移。接下來的2天中，26團一邊肅清城內殘餘德軍的抵抗，一邊尋找韋爾克的下落。終於在10月20日，美軍鎖定了246師師部的位置並縮緊了包圍圈。考爾利再次用上了那門155公釐自走榴彈砲車，猛烈轟擊韋爾克藏身的防空洞。在經受了一整夜的砲轟之後，格哈特·韋爾克在10月21日中午12點05分打著白旗走出了防空洞。就這樣，美德兩軍圍繞亞琛及其周邊地區的激烈攻防終於落下了帷幕。為了獲得這場攻防戰的勝利，美軍付出了不斐的代價。第30步兵師在亞琛北面的戰鬥當中損失了3,000多人，而作為攻城主力的26步兵團，他們在激烈的巷戰中付出了傷亡498人的慘重

那邊，他們引以為傲的SS第1裝甲軍喪失了50%的戰力，在亞琛之戰中，這支部隊可以說是被徹底擊敗了，而對81軍來說，除了各部所遭受的嚴重損失之外，第246國民擲彈兵師更是落了個全軍覆沒的結局。不過，損害最嚴重的畢竟是亞琛和它的人民，在6個星期的圍城期間，尤其是在10天的巷戰中，這座千年古城有8成以上的建築物變成了瓦礫。從雙方的勝敗得失來看，霍奇斯拿下亞琛之後，為他下一步渡過萊茵河，進軍魯爾區打下了第一個堅實的基礎。而布萊德利也可以放心地將預備隊威廉·辛普森（William Simpson）中將的第9集團軍投入作戰，從而進一步加強了第12集團軍群的攻擊力。另一方面，對納粹來說，儘管亞琛

■ 亞琛是盟軍佔領的第一個德國城市，這輛雪曼正搭載著美軍大紅一師所屬的第26步兵團的士兵衝向市中心。

的陷落沉重打擊了德國的民心、士氣，並讓希特勒暴跳如雷。但若考慮到美軍在亞琛之戰中所消耗的時間和資源的話，不難看出，德軍在戰略上還是有所收穫的。特別是，這場戰役給希特勒提供了準備實施阿登反擊戰所必不可少的寶貴時間，對第246國民擲彈兵師的將士們來說，他們死守亞琛的真正意義正在於此！

最後的危機

——德軍西線最後的反擊行動概述

「力量在於進攻而不是退守。所以我決不後退，永遠進攻，再進攻！」

—— 阿道夫·希特勒

　　這是盟軍在歐洲戰場上進展最慢，戰鬥最艱苦的戰役之一，但也是一場幾乎被世人所遺忘的戰役。

　　1945年1月，希特勒的第三帝國已面臨絕境。德軍在阿登地區（Ardenne）展開的大規模反攻在盟軍凌厲的還擊下開始漸漸瓦解，投入反擊的德軍部隊幾乎陷入了四面楚歌的境地，此時希特勒考慮的不是如何把即將陷入絕境的部隊拯救出來，而是

將又一次把進攻行動推上了日程表——在法國阿爾薩斯地區（Alsace）發起「北風行動」(Operation Nordwind)！由於之前英美盟軍正將注意力全數集中在阿登方向，垂死掙扎的希特勒將做最後的賭博，把希望全數寄託在自巴頓北上後阿爾薩斯地區內單薄的美軍防線上。他一廂情願的認為盟軍無法連續承受兩個方向上的進攻，以扳回在阿登戰役中失去的一票，重奪1944年9～11月期

間失去的阿爾薩斯-洛林地區（Lorraine）。

半斤對八兩的部隊

1944年冬，負責阿爾薩斯地區方向作戰的是由美國陸軍中將雅各布·L·德弗斯指揮的美第6集團軍群，集團軍群的主要防線則由陸軍中將亞歷山大·M·帕奇指揮的美第7集團軍負責。早在德軍的阿登反擊戰打響之前，盟軍最高統帥艾森豪威爾就擬訂了未來他手下3個集團軍群的戰略目標：布萊德雷的第12集團軍群與蒙哥馬利的第21集團軍群將負責對德國的主攻任務，而雅各布·L·德弗斯的第6集團軍群則是在前兩個集團軍群進攻之時防衛它們的南翼。由於不擔任主攻任務，因此德弗斯的部隊獲得的補給和人員補充都較前兩個集團軍群來得少。1944年9月～11月間，美軍在歐洲受到

德軍越來越激烈的抵抗，各個部隊缺編現象十分嚴重，尤其是十分缺乏步兵。艾森豪為此曾在他的日記中寫道：「目前在阿爾薩斯展開的冬季攻勢使得我軍各個步兵部隊尤其是步兵排減員嚴重。一方面，步兵承受了作戰中主要的傷亡與損失；另一方面由於現在冬季的嚴寒——這是數十年來最寒冷的一個冬季，凍傷以及戰壕腳等各種疾病十分普遍，嚴重傷害了前線的士兵和部隊的士氣。」因此，美軍開始在法國各地從航空兵部隊和後勤聯絡等單位抽調人員以補充前線的步兵部隊。

11月間，第6集團軍群不顧惡劣的天氣以及糟糕的地形，繼續在法國阿爾薩斯的孚日山區（Vosges）與斯特拉斯堡（Strasbourg）一帶展開冬季進攻，並一路追擊退卻的德軍第1集團軍。由於此地已臨近德國本土，所以德軍的抵抗日趨激烈，美

第6集團軍群司令雅各布·L·德弗斯中將簡介

■圖為美國陸軍第6集團軍群司令雅各布·L·德弗斯中將（1887～1979）正視察部隊的情景。

1909年以砲兵少尉的軍銜從軍校畢業後，德弗斯一直在砲兵單位任職。1941年升任少將，在諾克斯堡（Fort Knox，位於肯塔基州，1940年美國陸軍裝甲兵司令部遷移至此）接任查菲少將擔任美國陸軍裝甲部隊司令。根據馬歇爾將軍的要求，他提出了「裝甲部隊應具備高度的機動性和靈活的火力打擊」的理論，並為此開始在砲兵部隊中配備偵察飛機，以加強其在裝甲部隊中的機動應變能力。除此之外，德弗斯還以「天才的頭腦和出色的組織能力」，使得原本僅有2個師的美國裝甲部隊迅速擴大到16個師以及63個獨立坦克營的巨大規模。諾克斯堡的經歷使得德弗斯為美陸軍裝甲部隊的建設作出了巨大貢獻，由此被稱為「美國裝甲部隊之父」。

二戰時期，德弗斯先後擔任了盟軍最高統帥部參謀長，地中海戰區盟軍最高指揮官等職務，也曾擔任過第12以及第6集團軍群指揮官之職並在戰後成為美國陸軍地面部隊總司令。

1949年德弗斯退役，回到他在華盛頓特區的老家，於1979年10月15日去世，遺體被安葬於阿靈頓國家公墓中。

軍的進展也隨之放緩。為了打破僵局，第7集團軍司令帕奇中將命令海斯利普少將的第15軍派出一支裝甲部隊，協同第6軍向斯特拉斯堡發動進攻。於是第15軍下屬的法第2裝甲師立即向這個阿爾薩斯地區最大的城市發起衝擊，並在11月23日攻下了該市。同時，法第1集團軍開始了對科爾馬（Colmar）附近的德軍第19集團軍的攻勢，以減輕德軍對整個第6集團軍群萊茵河側翼的威脅。

由於冬季的嚴寒和德軍的頑強抵抗以及布萊德雷的第12集團軍群不斷前來索取「補充和替換人員」，第6集團軍群在整個11月裏不得不啟動了早先擬訂的「部隊訓練計劃」。帕奇中將在他的日記裏寫道：「由於目前集團軍缺乏足夠的步兵，我們就必須自給自足，對所有的可參戰人員進行訓練。這裏面包括野戰砲兵、防空砲兵、還有那些後勤部隊到了必要的時候，我們就得依靠他們作為步兵部隊投入戰鬥。」——就在這個時候，來自第42、63和70步兵師共計9個團的新編人員開到了馬塞雷斯（Marseilles）向第7集團軍報到——這對於正為兵力不足犯愁的帕奇中將而言實在是一個驚喜，但是他很快就失望了。根據第7集團軍的記錄「這些新來的步兵團裏的傢伙甚至在國內都沒有來得及完成他們的訓練計劃」。但是為了應急，帕奇還是把這些新到的部隊快速編成了3個師級戰鬥群：林登（來自第42師，指揮官為布里格‧詹斯‧林登，下轄第222、232、242團），哈里斯（來自第63師，指揮官為弗里德里希‧M‧哈里斯，下轄第253、254、255團）和赫倫（來自第70師，

指揮官為湯瑪斯‧W‧赫倫，下轄第274、275、276團），並為每個戰鬥群補充了有經驗的軍官。然後把這3支隊伍都配屬到集團軍的預備隊之中，邊訓練邊開始擔任集團軍的後部防衛任務。帕奇在他的日記裏描述道：「我很擔心，如果德國人選擇在這個時候攻擊我們，那麼他們真是選對了時機。因此我們必須抓緊目前的時機對這些新編部隊進行強化性訓練，如果拖太久的話，等敵人發動真正的進攻時那就太晚了！所以一個多月來，我一直嚴格執行著我的訓練計劃，從來沒有停頓過。」

12月16日，德軍在阿登地區展開了他們的大規模反撲。雖然第8軍的部隊展開了

■ 時為擔任盟軍最高統帥的艾森豪威爾。在「北風行動」期間，他所統帥下的美軍與同盟中戴高樂將軍的自由法國，曾為斯特拉斯堡的保衛問題而產生了尖銳的矛盾，所幸的是這次政治事件在短期內得以解決。

■ 美軍第12集團軍群指揮官布萊德雷。此時的他正為德軍在阿登的反撲以及美軍的兵力補充問題而煩惱，並時時從德弗斯的第6集團軍群中抽調人員，引起了後者的不快。

頑強抵抗，但是隨著106師被擊潰大量美軍投降，德軍的反擊行動還是震驚了整個盟軍高層，因為他們原本以為「德國人在冬季已經無力再發動任何可能的反攻」。18日，艾森豪威爾緊急召集部下在凡爾登（Verdun）開會商議形勢。在會上，巴頓提出留下其第12軍，而讓第3集團軍其他部隊立即出發向德軍的南翼發起反擊——艾森豪同意了這個計劃。為了填補巴頓的部隊開走後留下的空隙，德弗斯的第6集團軍群放棄了進攻德軍科爾馬口袋陣地的計劃並向西北方向移動。於是帕奇的第7集團軍接管巴頓的第3集團軍原來的防區，其第15軍位於薩爾布呂肯（Saarbrucken）與畢曲（Bitche）之間的

薩爾河谷一帶，而第6軍則被部署在勞特堡（Lauterbourg）附近的德法邊境線上。在斯特拉斯堡以南，德軍的科爾馬口袋突出部迫使法第1集團軍將它的部隊緊緊地圍繞德軍陣地佈防——位於口袋北部的是法第11軍，在南部的貝爾福特（Belfort）隘口設防的是法第1軍。為了應付未來德軍可能從科爾馬實施突破的危險，帕奇指示新來的3個師級戰鬥群加緊他們在後方的訓練。此外據來自最高統帥部的情報顯示，德軍在發動阿登攻勢之後，很有可能會對阿爾薩斯地區的薄弱環節發起襲擊。所以第7集團軍受命「將所有一切能用於戰鬥的部隊都立即開上第一線，以應付德軍可能的進攻」。在這種

■ 美第3集團軍司令巴頓將軍。由於12月間他的第3集團軍已經開始執行前往阿登解救巴斯托尼的任務，所以其離開後所留下的部分防區由德弗斯的第6集團軍群所接管。

■ 圖為美陸軍第6軍指揮官愛德華·H·布魯克斯（1893～1978）。1942～1944年曾任第11，第2裝甲師長；1944年起任第5軍軍長，後調任第6軍軍長。1949～1951年時出任陸軍參謀長，1951～1953年任第2集團軍指揮官，1953年退役。

思想的指導下，這3個戰鬥群的訓練任務被取消，派往了萊茵河西岸的防禦位置——可是這還沒有完，帕奇中將隨後又接到了另一項命令：「由於德軍在阿登的反撲，所以必須立即抽調出1800人去支援阿登方向上的作戰！」

帕奇儘管十分生氣，但也只能無奈地執行命令。在12月中旬這段時期內，第6集團軍群雖然總共擁有18個師的兵力（其中第12、14兩個裝甲師以及第36、44、45、79、100、103等步兵師歸美第7集團軍，法第1、2、5裝甲師以及第1、11、16、第3阿爾及利亞、第2摩洛哥、第4摩洛哥山地以及第9殖民地等步兵師屬於法第1集團軍），但

實際上其中的大多數師都在先前11月間的阿爾薩斯冬季戰役中遭到削弱，而剩下的師卻又是新編或沒有多少經驗的隊伍（例如新開到的美第12裝甲師）。要說當時第6集團軍群中真正稱得上「夠分量」的部隊，那就只有法第1、2裝甲師了。

德軍方面的情況也並沒好到那裏去，大多數裝備精良，人員充足的部隊此刻正在參加阿登反擊戰，部署在孚日-阿爾薩斯戰區內的德軍補給物資、裝備以及人員也一點一點地抽走去支援阿登方向的作戰。為此，於12月10日開始的「上萊茵河」集團軍群的組建工作也受到了妨礙（包括第19集團軍、SS第14軍在內的部隊都屬於該集團軍群，而且這個新集團軍群的司令部完全獨立於倫德斯特的西線德軍總部的管轄之外，直接聽命於希特勒本人調遣）。為解決人員不足的難題，該集團軍群的新任指揮官——黨衛隊全國領袖海因里希·希姆萊使出渾身解數，利用其政治影響力說服了最高統帥部（OKW）以及元首，總算避免了集團軍群組建的中途夭折。就這樣，包括由奧伯斯特菲爾德中將指揮的第1集團軍在內，德軍最終在孚日-阿爾薩斯地區努力拼湊起了20個左右的師(其中大多數都未能滿員，一些部隊甚至僅擁有一半編制或三分之一編制的戰鬥人員)。

「北風行動」出爐

12月末，德軍的阿登反擊陷入了僵局，各條戰線上的部隊都無法取得更大的突破。12月21日，馮·倫德斯特的西線德軍

■ 1944年底的盟軍一度看到了年內結束戰爭的希望，他們一邊為各種各樣的困難困擾，比如說「戰壕足」等等，一邊向著孚日山脈挺進。到了當年的12月下旬，第79和100步兵師已經兵臨當年的馬奇諾防線之下。

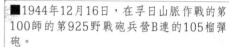

■1944年12月16日，在孚日山脈作戰的第100師的第925野戰砲兵營B連的105榴彈砲。

■正在做禮拜的美第100師第397步兵團的士兵。

■1944年12月15日，負責守衛馬奇諾防線的第103步兵師於克林姆巴赫(Climbach)附近拍攝的照片。該師剛在此地擊退了德軍第21裝甲師的一次進攻。

■1944年12月晚間的霍恩巴赫鎮，在得到第44師71團的解圍之後，第100師第398團2營的士兵和軍官正與一戶法國家庭同樂。

總部計劃了一次由G集團軍群發起一次針對梅斯（Metz）的攻擊行動，以達到威脅巴頓第3集團軍或帕奇第7集團軍的目的。然而他與希特勒（此時已經將他的指揮部從柏林遷往阿德勒霍斯特(Adlerhorst)做他的老本行——前線督戰）很快就意識到進行這樣一次大規模突擊所需兵力的不足。於是，希特勒將戰役目標改為突擊薩爾布呂肯並奪取薩文關，割裂這一地區內的美第7集團軍，從而肅清阿爾薩斯的北半部分。如果這個計劃成功，OKW就計劃從佔領的薩爾-薩文地區發動一系列的後續攻勢，直搗梅斯以及巴頓第3集團軍的後部。12月22日，布拉斯科維茲接替巴爾克擔任G集團軍群司令之職（1944年9月由於在洛林的一系列失敗，布拉斯科維茲被解職，這是他第2次指揮G集團軍群），倫德斯特授命他開始擬訂在這一地區的進攻計劃。他還告訴布拉斯科維茲，元首本人已經將主攻方向定在薩爾布呂肯方向的薩爾河谷——因為德軍裝甲部隊「可以充分利用該地的便利鐵路與公路優勢，更方便快速的將部隊投入戰鬥」，而倫德斯特和布拉斯科維茲卻擔心本方空軍不足，薩爾河谷地帶地形開闊，裝甲部隊在這裏更容易遭到盟國空中力量的打擊，無法順利推進。他們極力爭辯，位於更東面的孚日山脈的畢曲地區因為有繁茂的森林與高地做掩護，可以避開盟軍空中打擊的威脅，從而使德軍的第一輪進攻有更大的獲勝希望。而且，由於有大約一半以上的馬奇諾防線以及畢曲附近的法軍堡壘還在德軍手中，戰役前期的準備以及部署工作就能夠有條不紊地展開。有人提出畢曲地區公路較少、交通困難，不利於裝甲部隊突破敵軍防線，但倫德斯特與布拉斯科維茲都相信由於這一山脈部分是美第7集團軍防線上的薄弱地帶，德軍完全可以通過步兵突擊來實施突破——並非一定要靠裝甲部隊打頭陣。一旦德軍的步兵師在這個方向上獲得成功，他們就將投入預備的裝甲部隊到任何可能需要它們的方向上以擴大戰果。

從戰後的觀點來看，其實無論是希特勒的薩爾河谷方案還是倫、布兩人的畢曲方案都存在著嚴重的缺陷。如果採用薩爾計劃，會使進攻的德軍部隊在白天完全暴露在盟軍的空軍優勢之下，而採用從畢曲出發穿越孚日山脈的計劃，則又會使薩爾方向的美第15軍及其麾下的裝甲力量不受阻礙地從西面趕來反擊德軍的進攻。另外更關鍵的一點是，這兩個方案都必須得到上萊茵河集團軍群的協助，才有可能打亂美軍的增援行動。所以從總體上說，德軍的2個計劃都沒有太大的的成功概率。

12月27日，希特勒與倫德斯特以及布拉斯科維茲一起重審了計劃的樣本。倫布兩人最終決定同時使用薩爾和畢曲這兩個方案：第1集團軍將使用1個裝甲擲彈兵師以及1個步兵師進攻薩爾河谷的美軍防線，同時另外4個國民擲彈兵師將突擊畢曲並穿越孚日山脈直撲薩文關。由於希特勒認定德軍將在薩爾河谷取得重大突破，布拉斯科維茲的兩支裝甲預備隊都被部署在了薩爾布呂肯地區待命，以隨時發動後續的進攻。

另一方面，布拉斯科維茲的有關准許上萊茵河集團軍群納入G集團軍群指揮下的請求被元首駁回，理由是前者的組建工作還沒完成，它必須等更多的部隊和裝備到達後才

可以發起支援行動。然而希特勒後來又改變了主意——他向布拉斯科維茲做出口頭保證：上萊茵河集團軍群到時肯定會援助他，但那必須是在薩爾主攻獲得成功才行。布拉斯科維茲也無法再多說什麼，只能表示接受這個提議。既然進攻方案已經大體確定，希特勒於是將此次反擊命名為「北風行動」，而進攻時間就定在了1945年新年元旦這一天。此時已經有點變得瘋狂而又自負的希特勒並沒有料到，這個計劃及其後德軍所發動的一系列大規模攻勢，將是德軍在西線戰場最後一次在握有戰役主動權的情況下所發起的進攻行動。

保衛斯特拉斯堡

為了抵禦未來德軍可能的威脅，美第7集團軍於12月20～21日間開始在薩爾地區建立新的防線，其第15軍已駐紮在畢曲一帶，而第6軍則繼續進逼齊格菲防線並正將第45師部署到它的左翼，盟軍最高統帥部發現該軍正向北逐漸開入德國境內，這個行動立刻被叫停。於是，正在突擊希斯西克堡（Schiesseek）的第100師受命後撤；第45師的第180團從勞特河以南撤退，其他的師則就地開始挖壕建立防線。接著在12月22日，幾支新編戰鬥群接受了在薩文的第7集團軍司令部所指派的任務，開往萊茵河西岸第6軍的防區，並在26日完成了佈防。25日，由於盟軍情報部門報告德軍在阿登戰役之外可能再次發起進攻，艾森豪威爾命令第6集團軍群將它的主防線撤回孚日山脈，同時還要第7集團軍屬下第6軍儘快地全數退出

勞特堡地區。同日從美國開來的第21軍在法蘭克·W·威爾本的指揮下，將它的第36步兵師和第12裝甲師部署到第7集團軍的防區右翼。除此之外，第12軍與第15軍也達成了協議，將第35、80步兵師北移讓出通道，第87步兵師暫時轉屬到第15軍麾下以增強該軍的兵力。艾森豪在26日還電告德弗斯「可以在必要時採取一些措施，比如收縮防線後撤或暫時放棄斯特拉斯堡」。在接下來的巴黎會面期間，德弗斯又被艾森豪告知，「德軍將會從薩爾河谷方向發動對第15軍的進攻，所以可以不用擔心第6軍的後撤問題」。作為整個第6集團軍群的指揮官，德弗斯敏銳地意識到無論德軍從哪個方向上發動進攻，保衛北阿爾薩斯地區的任何一座城市與村莊都是必要的，尤其是第6軍防區內法國人所一直關注的斯特拉斯堡。

12月27日，為了加強第7集團軍的正面防禦，3個在西岸的戰鬥群又被調到萊茵河的南面設防。發給它們的命令是這麼寫的：「進行防禦作戰，除非出現危急情況，否則就不要進攻」。另一方面，德弗斯在12月28日返回自己的司令部後，立即指示帕奇準備3條後撤線給第6軍以應付德軍未來的「猛烈攻勢」。第1條，美軍控制的馬奇諾防線；第2條，畢曲-莫代河沿岸；第3條，畢曲-因格維勒（Ingweiler）一線。而最後一條就是在最壞情況下將第6軍整個撤出孚日山脈並放棄斯特拉斯堡——儘管那是法國人最不願看到的事情。29日，盟軍最高統帥部發出指令，將第36師和第12裝甲師劃為總預備隊用以抵禦德軍可能的攻勢。

艾森豪有些高估了布魯克斯的第6軍在

勞特堡地區應付德軍進攻的能力。第7集團軍當時所處的地形對防守方來說是很困難的，孚日山脈的存在使其第15軍和第6軍都更加依賴那些關鍵的山間要道。如果德軍向西南方向發起行動後無論是向左或向右推進都勢必將威脅這兩個軍的側翼。而薩文關一旦失守，整個第7集團軍就將在勞特堡地區內陷入重圍。除此之外，就像對德軍阿登攻勢做了錯誤的估計那樣，盟軍最高統帥部不認為在科爾馬口袋附近德軍集團能夠對盟軍構成嚴重的威脅，也許盟軍最高統帥部太依賴和相信「超級機密」等情報來源，所以他們也懶得再去細細地估計德軍新攻勢的方向和規模了。無論如何，艾森豪威爾繼續命令德弗斯將他的集團軍群後撤，因為艾森豪認為「這樣做將會使美軍更方便地在薩爾河谷地區集結，而且也會在需要時容易地向阿登戰場輸送援兵」。

德弗斯對此做法深感不滿，他再次質疑了艾森豪威爾作為盟軍最高統帥在戰場上的指揮判斷力。帕奇也表示了與德弗斯相類似的看法：「執行撤離一個在你覺得能守住的陣地的命令是很困難的」。於是他們兩個人都故意延緩後撤行動，這大大激怒了艾森豪威爾的參謀長——比特爾·史密斯將軍。在新年前夜，史密斯給德弗斯直接發去消息說艾森豪對於第6集團軍群未能迅速地完成後撤行動而「很不高興」，並要求德弗斯立即恢復行動。然而史密斯並不知道，德弗斯之所以延遲後撤還有另一個重要理由，帕奇先前曾對德弗斯指出，艾森豪威爾執意的撤退將會使包括斯特拉斯堡在內的整個北阿爾薩斯平原失去保護，這將再次引發盟國內部尤其是和法國人之間的極大政治矛盾。

對於戴高樂的自由法國而言，未經一戰就放棄斯特拉斯堡或是北阿爾薩斯都是「決不能容忍的」。12月28日，在獲悉了美軍的後撤計劃後，戴高樂將軍於2天後讓他的參謀長阿爾方斯·朱安將軍向艾森豪提出強烈抗議，並聲明法國在必要時將提供3個新組建的FFI師（原法國地下抵抗組織）來「誓死保衛斯特拉斯堡」。戴高樂在1945年1月1日還以個人名義再次強調了法國的立場，「即使是整個北阿爾薩斯地區失守，法國也要不惜任何代價死守斯特拉斯堡」。同日他還給法第1集團軍司令德·拉特發出指示：「即使所有其他盟軍都退出北部，你也要給我守住斯特拉斯堡。」自由法國的領袖準備挑戰盟軍最高統帥部的意志以避免德軍在重新奪取斯特拉斯堡時採取報復行動。1月2～3日晚間，朱安與艾森豪威爾的參謀長史密斯進行了一次長時間磋商，並威脅如果美軍放棄斯特拉斯堡，法國第1集團軍就立即退出盟軍指揮系統的管轄（而此刻，德·拉特的第3阿爾及利亞步兵師已經開始從孚日高原上開出準備前往斯特拉斯堡以保衛該城）。隨後，戴高樂還要求邱吉爾與羅斯福出面進行干預。於是1月3日，邱吉爾與戴高樂、艾森豪威爾、史密斯、朱安在盟軍最高統帥部會議上作出了決定：同意「暫緩撤退行動」（在此之前艾森豪威爾已經悄悄收回了自己發給布魯克斯第6軍的撤退命令）。美法之間的這場政治矛盾終於得到了圓滿的解決。

德軍的進攻準備

27日到30日間，正當盟軍指揮官還在商討有關斯特拉斯堡未來命運的時候，德國G集團軍群已經開始將準備投入進攻的各師部隊、砲兵部隊、各類補給以及裝備陸續運往預定出發區域。德軍最高統帥部在負責防衛薩爾河谷地區的美第15軍對面部署了其第一進攻集團——由SS中將馬克斯‧西蒙指揮的SS第13軍（下轄SS第17「伯利欣根」裝甲擲彈兵師，第19、36國民擲彈兵師，第404、410國民砲兵軍，第20國民火箭砲旅，2個噴火坦克連，2個砲兵營，以及1個砲兵觀測營）。而在畢曲地區的德軍第二進攻集團則包括了陸軍中將弗利格‧埃里希‧彼得森的第90軍（下轄第257、559國民擲彈兵師）以及古斯塔夫‧赫內的第89軍（下轄第256、361國民擲彈兵師），其中每個國民擲彈兵師都擁有自行火砲以及突擊砲，2個軍還擁有2個砲兵營以及1個工兵營做支援（開戰之後不久，SS第6」北方」山地步兵師也將作為援軍投入畢曲地區的作戰）。在裝甲預備隊方面，G集團軍群部署了由陸軍中將卡爾‧德克爾指揮的第39裝甲軍，下

■ 左起第一行：G集團軍群總司令布拉斯科維茲、第1集團軍司令奧伯斯特菲爾德、SS第13軍軍長馬克斯‧西蒙、第89軍軍長古斯塔夫‧赫內、第90軍軍長弗利格‧埃里希‧彼得森、第39裝甲軍軍長卡爾‧德克爾、SS第10裝甲師師長海因茲‧哈默。

轄第21裝甲師以及第25裝甲擲彈兵師——前者擁有18輛IV坦克以及31輛豹式坦克，後者則擁有9輛IV坦克以及20輛豹式（由於盟軍空軍對德軍鐵路運輸線的不斷襲擊，兩師編制中另外的20輛豹式以及更多的突擊砲及自行火砲還在行軍途中不能馬上到達前線）。除此之外，在第一進攻集團後方還部署了更多的增援力量，這裏面包括了將於1945年1月末執行「牙醫行動」的SS第10「福隆德斯伯格」裝甲師，第7傘兵師以及其他一些部隊和單位。

攻勢展開之前，布拉斯科維茲還同意從第21裝甲師調給SS第17裝甲擲彈兵師1個豹式連（10輛坦克），以加強希特勒所堅持的薩爾河谷地區的主攻力量，而同時他還得到了第653重坦克殲擊營1個連的獵虎——這些以虎王坦克為底盤的、重達70噸的鋼鐵怪物擁有令人生畏的128mm主砲！這樣一來，布拉斯科維茲在薩爾地區就擁有了大約80輛的坦克（由於在「北風行動」中，德軍調動及變換部隊部署的行動十分頻繁和混亂，而其裝甲部隊又是分批逐次投入作戰的，所以很難估計每支德軍部隊確切的坦克數量以及型號，本文中列出的數字都是經過長時間推敲和估計而得來的大致數目）。

德軍的準備情況也不是一帆風順的，孚

德軍方面參戰的幾個主力裝甲部隊的作戰實力

第21裝甲師：兵員12131人(滿編14607人)。第22裝甲團（人員100%），擁有38輛豹式，34輛IV，10輛旋風；第125裝甲擲彈兵團（人員70%）；第192裝甲擲彈兵團（人員56%），擁有裝甲車輛142輛；第200坦克殲擊營擁有4輛IV/48；其他輸送車輛（包括徵用的民間車輛）2349輛。以上為12月30日的情況，當該師於1月8日正式加入第39裝甲軍的序列中參加進攻時的可用兵力為士兵9755人，36輛豹式，30輛IV，13輛SPAA，6輛IV/48，17輛IV/70，102輛裝甲車輛。

第25裝甲擲彈兵師：12月8日，兵員3632人（因11月間在阿爾薩斯冬季戰役中的不斷作戰而遭到嚴重消耗）；12月28日，部隊完全恢復到滿編狀態（第35和119兩個裝甲擲彈兵團，各兩個滿編營）。第5裝甲營擁有36輛豹式；第25坦克殲擊營擁有41輛IV/70，3輛SPAA，裝甲車179輛。

SS第17裝甲擲彈兵師：12月21日，該師第37、38裝甲擲彈兵團擁有兵員10148人（滿編15890人）；12月29日，SS第17裝甲營與SS第17坦克殲擊營共擁有40輛三突，36輛四突，3輛III號，2輛IV/48，1輛貂鼠III，14輛SPAA，裝甲車39輛，2594輛其他輸送車輛。該師得到了第353噴火坦克連（裝備追獵者噴火型）和第653重坦克殲擊營（裝備獵虎）的加強。

SS第10裝甲師：12月1日，兵員15542人（滿編17425人）；整個12月裏該師共接收了3707名補充人員；SS第10裝甲團12月30日時擁有37輛豹式，43輛IV；SS第10坦克殲擊營擁有12輛IV/48，10輛IV/70；211輛裝甲車輛；2404輛其他輸送車輛。整個12月該師共接收了22輛豹式，33輛IV，553輛其他輸送車輛。第665坦克殲擊營的31輛IV/70於12月30日加強給該師。1945年1月17日在戰鬥中繳獲12輛M4坦克，1945年1月下旬，又獲得14輛獵豹，8輛SPAA的加強。

Götz von Berlichingen

■ 第25裝甲擲彈兵師師徽（左）和SS第17裝甲擲彈兵師師徽（右）。

日山脈地形崎嶇不平，道路蜿蜒，德軍的「箭閃」物資補給輸送車隊（相當於美國「紅球特快」——1944年8月25日～11月16日盟軍歐洲戰區物資補給輸送隊的代號，總共擁有6000輛/列卡車與列車，能一次運送412000噸物資）由於錯綜複雜的前線以及斷橋的原因而在通過時都不得不限制速度，這影響了前線部隊的物資補充。布拉斯科維茲原本打算給這些部隊更多的時間進行補充與訓練，然而他也明白，日期的延緩也將使寶貴的進攻時機轉瞬而逝。

12月28日早上，布拉斯科維茲將他手下的各軍軍長以及各師師長都被召集到位於奇根伯格（Ziegenberg）的西線司令部，然後他們一起乘20分鐘左右的汽車前往阿德勒霍斯特去與希特勒會面——說來有些不可思議，這還是這段時期內布拉斯科維茲頭一次與元首面對面的接觸。儘管希特勒身體狀況不佳，但是他仍然進行了一次持續15分鐘的演講，也顯示了他對於那些手下的將領而言仍然沒有失去個人的魅力。希特勒說：「儘管做出了巨大的犧牲，阿登反擊仍然失敗了（這一點恐怕在場的將領們中無人能否認）……由於俄國人在東方的巨大威脅，所以要立即在短期內擊敗他們是不可想像的……雖然在比利時的反擊受挫，但我軍仍然需要全力阻止西方盟國的繼續挺進。一旦他們的進攻勢頭被我們粉碎，未來幾個月內我們就能把大部分部隊開往東線去對付俄軍……為了達到這個目標，我軍必須在戰鬥中尋找盟軍的薄弱環節並以速度戰勝他們巨大的物質優勢。」希特勒接下來與布拉斯科維茲等每一位在場的德軍將領討論了進攻計劃的細節問題。最後他告訴與會將領，「北風行動」關係到德國的土地以及德軍的榮譽，是一定得執行並一定會成功的。

然而希特勒所沒有考慮到的是現代戰爭不是騎士遊戲，行動能否成功取決於「德軍是否擁有進攻方面的兵力優勢」，以及「能否殲滅盟軍」這兩個關鍵。

盟軍的防禦準備

隨著新年的逐漸臨近，對於美第7集團軍的士兵來說，無論德軍在何時何地發起攻擊，12月裏的最後兩週都將是非常忙碌的日子。19日～26日，帕奇的部隊陸續到達了第3集團軍的原防區，這樣就使巴頓能夠將更多的部隊調往阿登方向。由於兵力不足，第7集團軍的整個防線顯得十分單薄——全長126英哩長的防線上僅有6個步兵師和2個裝甲師的預備隊。每個步兵師要負責防守32

■ 第15軍軍長海斯利普。

117

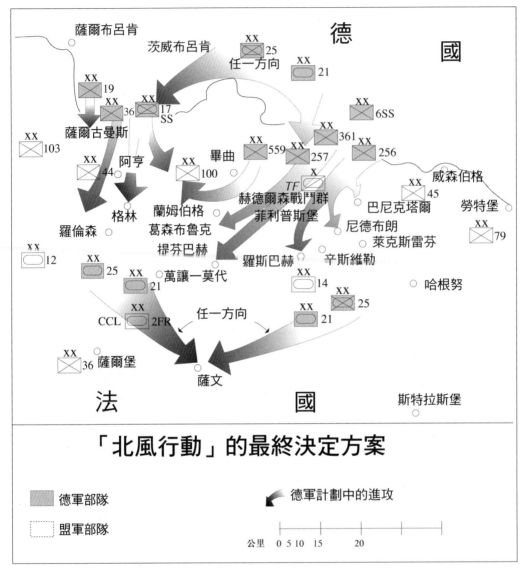

「北風行動」的最終決定方案

德軍部隊

盟軍部隊

德軍計劃中的進攻

公里 0 5 10 15 20

公里長的戰線，而每個團是9.6公里，每個營則是3.2公里。這樣部署風險顯然太大，帕奇別無選擇，他的2個軍只能依託孚日山脈地區建立防線，以縮短戰線，為了便於指揮，帕奇將指揮部設在了薩文關。考慮到德軍將從薩爾河谷地帶發起的進攻，他命令海斯利普少將的第15軍收縮孚日以西的防線並集中兵力設防。然而，這一情況在新開到的

3個師級戰鬥群以及法軍裝甲部隊的到達後有了不小的改善，美軍防線上原本存在的許多「缺口」都得以彌補。部隊部署完畢後，戰線部署情況如下：防線總長134公里，左翼海斯利普的第15軍由西向東部署了3個師：第103、第44和第100師（其中第44和第100師各以新編哈里斯戰鬥群的一個團作為增援）。在它們的西面是第106騎兵營，

由法第2裝甲師做預備隊；集團軍右翼布魯克斯的第6軍部署了2個師：東面的第79師和西面的第45師，第6軍所屬另兩個新編戰鬥群（赫倫與林登）也同時被配屬給了這兩個師；第14裝甲師所屬赫德爾森戰鬥群（由D‧H‧赫德爾森上校指揮，轄第62裝甲步兵營、第645坦克營B連以及第94、117騎兵營以及其他一些支援部隊）被部署在第15軍和第6軍的中間，而該裝甲師的其他單位則被作為整個第7集團軍的總預備隊待在孚日山脈的後方。由於沒有考慮到德軍還會在畢曲地區發動攻勢，第6集團軍群司令德弗斯將自己的司令部從薩文關地區內的法爾斯堡（Phalsbourg）遷往離前線後方64公里遠的盧內維爾（Luneville）。他同時還允許科爾馬附近的法第1集團軍司令官德‧拉

特繼續保留對手中的美第3步兵師的控制權，並增派哈里斯戰鬥群的1個團兵力給第3師做支援。德弗斯和他的其他將領當時都堅信，由於在過去5個月裏德軍在西線各處已遭到了沉重的打擊，德國人進攻能力有限，所以第7集團軍的防線應該是牢不可破的。

為了抵禦德軍的進攻，美軍士兵們也加快了戰前準備工作的速度。他們在凍得發硬的土地上挖掘散兵坑以及塹壕；他們規劃與確認每支部隊的具體防區；雷場與反坦克路障都建起來了；重型火砲與迫擊砲紛紛部署完成；大規模鋪設的電話線替代了原先在進攻中使用，在防禦中卻不怎麼可靠的無線電聯絡方式；在防線後方，各個後勤支援單位正在不斷地將彈藥，汽油以及食物等補給品

■ 法第2裝甲師師長勒克萊爾。

119

■ 第7集團軍司令帕奇為對抗德軍可能的大規模進攻而進行了積極的備戰。圖為他於1月視察部隊時給一個年輕士兵遞煙的情景。

送往第一線；為彌補新編部隊經驗的不足，他們經常受命執行一些諸如進攻性巡邏、搜集德軍情報等任務，以獲得寶貴的戰鬥經驗。

12月29日，就在希特勒即將發動他的「北風行動」攻勢的前3天，美軍仍然不完全清楚德軍的戰略意圖。之前盟軍曾仔細研究了德軍鐵路以及公路頻繁活動的情況，加強了對德軍電臺進行監聽以及對戰俘的審訊，並不斷分析戰地空中偵察的照片——最終斷定在薩爾布呂肯地區、萊茵河上游以及科爾馬口袋內有德軍主力在頻繁活動。此時德軍在美第15軍的防線上發動的小規模偵察活動正變得「越來越富攻擊性」。而在第6軍的防區上，德軍偵察隊甚至渡過了萊茵河，深入到了甘舒恩（Gambsheim）一帶。

早在25日，情報部就已數次在第7集團軍的防線附近發現並確認出第11裝甲師、第21裝甲師以及SS第17裝甲擲彈兵師的番號。但盟軍認為那很可能是為了支援阿登前線而正向北面開去的後備裝甲力量，他們甚至以為第7集團軍當面的德第1集團軍「已經完全失去了可用的機動部隊」。但是在29日情報又發現，德軍第25裝甲擲彈兵師正在茨威布呂肯（Zweibrueeken）地區進行重組；而第21裝甲師和SS第17裝擲師也並沒有」開往阿登，而是同樣在這個地區內休整補充。至於德軍第1集團軍的單位——第19、36、245、256、257、347、361國民擲彈兵師以及另外3個正在後方進行調動部署的機動師已與第7集團軍發生接觸。美第7集團軍G-2處的奎因上校確信這些德軍部隊的總

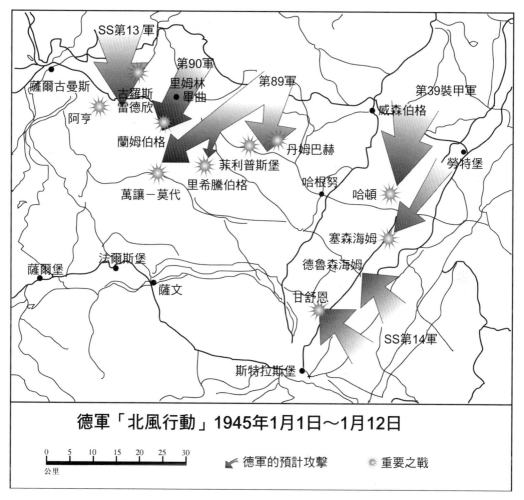

SS第13軍

第90軍

第89軍

第39裝甲軍

薩爾古曼斯

里姆林
畢曲

威森伯格

古羅斯
雷德欣

阿亨

勞特堡

蘭姆伯格

丹姆巴赫

菲利普斯堡

哈根努

哈頓

里希騰伯格

萬讓－莫代

塞森海姆

法爾斯堡

德魯森海姆

薩爾堡

薩文

甘舒恩

SS第14軍

斯特拉斯堡

德軍「北風行動」1945年1月1日～1月12日

| 0 | 5 | 10 | 15 | 20 | 25 | 30 |

公里

德軍的預計攻擊　　　重要之戰

兵力大約相當於24～25個完整的美國步兵營，而德軍裝甲部隊的規模則是個未知數。他還估計德軍將用3個機動師「發動一次針對薩爾河谷地區的主攻或者發動一系列目標有限的小規模的進攻」——而這些就是他相信的「可能發生的最壞的情況」。然而，來自第7集團軍唐納德‧S‧布西少校卻不同意這種觀點，他認為當前獲得的德軍作戰序列的情報以及德國空軍偵察行動的報告都清晰的顯示，薩爾河谷地區正是德軍即將發動進攻的主攻點。然而，「超級機密」卻對此

持保留的看法。

由於情報部門的意見不一，帕奇中將於是乾脆直接從戰略角度來判斷德軍的動向。帕奇中將認為，薩爾河谷方向對於第7集團軍而言是最致命的地區——如果德軍在這裏達成突破的話，就會將第15軍與第6軍完全割裂開來。事實上，德軍早在11月間的阿爾薩斯冬季戰役中，裝甲教導師就曾在這裏發動過猛烈的反擊，而他們一定已經意識到了這個地區的重要性：任何從這裏發起的進攻都會得到薩爾布呂肯地區公路網的有利支

121

持。基於以上的理由，帕奇獲得了德弗斯的認可，繼續將他的第15軍部署在孚日以西的地區，同時也應戴高樂的請求而將第6軍配置在畢曲-斯特拉斯堡一線。

隨著新年的臨近，德弗斯與帕奇更加確信薩爾河谷是一個「危險的地段」。12月30日德弗斯甚至指示帕奇開始動用第7集團軍的後備力量——第12裝甲師與第36師，在第15軍後面再建立一道防線。隨後，帕奇也指令第14裝甲師這個第6軍防區內惟一的後備師前往法爾斯堡以便能給第15軍更多的支持。在12月的最後10天中，法第2裝甲師回到了第15軍陣營下開始擔負著同樣的防備德軍反撲的防禦性任務。另外在科爾馬口袋一線，法第1集團軍也進入了戰備狀態——所有最後的戰鬥預備工作終於12月30日前全部完成了。

新年前夜，一個普通星期天的晚間，帕奇與他手下的各軍指揮官在第15軍的指揮部中會面，警告他們「立即進入高度戰備狀態，準備反擊敵軍即將在新年元旦的凌晨展開的進攻」。不久之後，空中偵察也發現了向河谷地帶挺進中的德軍部隊，於是第15軍所有的新年慶祝活動都被立即取消。在指揮部外面，一場新年大雪將森林和山脈變成了一片寧靜平和的白色，一點都沒有跡象顯示出這裏即將爆發一場惡戰！

左翼：薩爾河谷之戰

就像盟軍所預料的那樣，德軍第1集團軍於1945年新年的第1天，按照「北風行動」的預定計劃躍出下孚日地區的陣地，向

阿爾薩斯地區的美軍第7集團軍發動了猛烈的突然襲擊。在戰後保存下來的美第7集團軍戰鬥日誌中記錄下了最初為期4天的戰鬥情況：「1月1日，德軍終於發動了他們預謀以久的大規模進攻……第15軍防區：第100師遭到德軍2個師的夾擊，被迫放棄了右翼陣地……作為聯繫第15軍和第6軍的'屏障'——第14裝甲師赫德爾森戰鬥群部分單位也被迫後退，在後方的哈里斯戰鬥群前驅接敵……第36師的141團趕來增援，以堵住被德軍突破的防線口。第6軍防區：德軍對畢曲鎮發動了攻擊，赫德爾森特遣隊在那裏的薄弱防線被突破。第45師接敵……赫倫戰鬥群前往增援，第79師開始向45師方向移動。」

「1月2日，第15軍防區：德軍持續對第44師施加壓力並迫使它的右翼後退，第100師也被迫後退。第6軍防區：第45師的左翼受襲，赫德爾森戰鬥群不支……赫倫特遣隊的第276團進攻萬讓（Wingen）……林登戰鬥群開始向赫倫特遣隊靠攏，第79師接管了林登戰鬥群在萊茵河的防區。」

「1月3日，第15軍依靠哈里斯戰鬥群的頑強阻擊終於擋住了德軍的前進步伐。第6軍的第45師在赫倫戰鬥群的支援下，也守住了它在馬奇諾防線（艾森豪所允許的第1條撤退線）的右翼陣地。」

「1月4日～5日，第6軍的第45師全力阻止德軍在畢曲所形成的突破。赫倫戰鬥群支援第45師第180團進攻萬讓東北方向的德軍，以減輕對該鎮的壓力……林登戰鬥群已經與赫倫特遣隊勝利會合。」

可以看出，德軍能否在位於戰線西側的

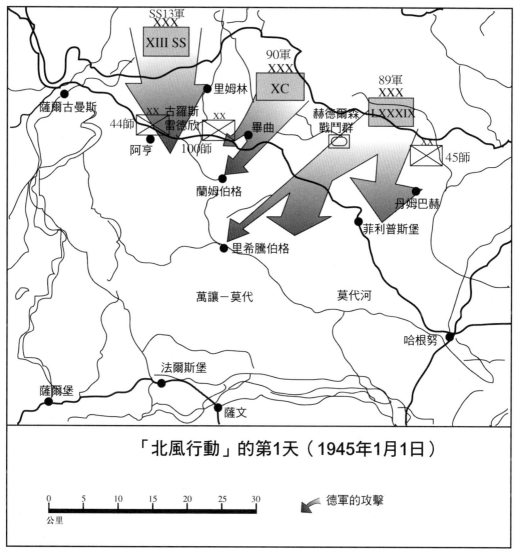

SS13軍
XXX
XIII SS

里姆林

薩爾古曼斯

90軍
XXX
XC

89軍
XXX
LXXXIX

XX 古羅斯
44師 雷德欣   XX

100師   畢曲

赫德爾森
戰鬥群

阿亨

蘭姆伯格

45師

丹姆巴赫

菲利普斯堡

里希騰伯格

萬讓－莫代

莫代河

哈根努

法爾斯堡

薩爾堡

薩文

「北風行動」的第1天（1945年1月1日）

0   5   10   15   20   25   30   德軍的攻擊
公里

薩爾地區的河谷一帶與畢曲附近形成突破關係到德軍計劃的成敗。德軍如能在這兩個地點獲得突破，就能實現其計劃的預定目標。——可是他們很快就發現，實際的情況卻遠沒有紙面上所預測的那麼簡單。

1月1日，德軍SS第13軍屬下的SS第17「馮·伯利欣根」裝甲擲彈兵師與第36國民擲彈兵師一起衝擊第15軍位於孚日山脈以西的防區——而這恰恰是帕奇所估計的「德軍主攻方向」。進攻的德軍2個師將很快面對3個擁有預設防禦陣地的美步兵師的抗擊（負責增援的是哈里斯戰鬥群的2個團，另外還有3個裝甲師以及1個步兵師的增援部隊正在趕來）。在最初的數小時內，於薩爾古曼斯（Sarreguemines）與里姆林之間部署的美第15軍44師承受了德軍對其發動的猛攻，該師的整條防線隨即陷入了激烈交戰：在左翼負責防守薩爾古曼斯與波佩爾斯

（Polpers）村的美第114團迅速集中砲兵部隊，對已經成功渡河並在薩爾古曼斯機場北面布列斯（Blies）河建立起橋頭堡的德軍發動砲擊，迫其放棄了該據點退回對岸。而在中央，面對第324團在布列斯河的頑強防守，德軍的3次進攻都沒有成功。在這種情況下，惱羞成怒的德軍又以5個連的兵力，對從布列斯布魯克（Bliesbruck）到里姆林之間防守的第71團發起襲擊，迫使其第2營後退了1000公尺。該團第3營隨後試圖幫助2營恢復已被撕開的防線，但是此時德軍的另外3個連卻衝破了位於左翼的1營地段，並深入到布列斯布魯肯（Bliesbrucken）森林後方2000公尺的防線尾部。於是3營不得不分散自己的兵力，在森林裏四處「補漏」。儘管後來從第324團開來1個預備營的增援，但是第71團最終還是沒能阻止住德軍在森林地帶的突破。該團只得放棄森林並後撤，在森林南部邊緣重新建立新的防線。

06：00左右，得到1個坦克排支援的71團2營剛在新陣地上站穩腳跟，德軍就尾隨而來，07：30，2營陣地再次被德軍衝跨。

到了晚上，2營右翼位於馬隆維勒（Maronviller）農舍的部隊遭到夜襲，並被迫向里姆林鎮的西北方向後退了1.6公里。在這裏2營終於擊退了滲透進來的德軍，並開始重組以建立一條3公里長的東西走向的防線。剛剛緊急趕來增援的哈里斯戰鬥群第253團3營已開始在這條陣線的右面佈防，而第71團的1營和3營則分別在中間與左面設防。

1月1日與2日夜間，第15軍命令第12裝甲師開始在薩爾河與馬奇諾防線南面進行一次「反偵察行動」，以消滅任何可能突破過來的德軍裝甲部隊。而位於薩爾河東面的第14裝甲師A戰鬥群也獲得了類似的指令，其陣地將由法軍第2裝甲師接手。這個任務非常順利地完成了，2日法軍按計劃接管防區並重新佈防，法軍裝甲部隊阻斷了孚日山脈以西從梅森塔爾（Meisenthal）南方開始一直到法爾斯堡的走廊地帶，並開始準備一旦德軍裝甲部隊在這一地段獲得突破後能立即發起的反擊行動。

1月3日，第71團再次遭到SS第17師坦克與擲彈兵的聯合進攻。德國黨衛軍以少有的「自殺式」進攻隊型，在開闊的雪地上吶喊著一波又一波地連續衝擊美軍的防禦陣地（至於為什麼會採用這種方式進攻？之後在戰役總結分析裏會再提到）。美第253團3營由於戰鬥經驗不足，被德軍衝跨了防線並後退了數公里，直到第114團2營開到奮力援救，終於穩定了混亂的局面。此時第71團為抵擋SS第17師已經將自己全部的力量都投入到了戰鬥中，狡猾的德軍第36擲彈兵師通過側翼迂迴，突然出現在了防線的後方，重鎮阿亨（Achen）立即失守！

危急時刻，美軍指揮部指令預備中的哈里斯戰鬥群第255團1營和2營以及法第2裝甲師裝甲L戰鬥群全部投入戰鬥，「無論如何也得堵住防線上的缺口，並重新奪回已經失守的阿亨鎮！」——德軍的突破在盟軍投入了這支關鍵的後備力量後被阻止了。接下來，戰術空軍也飛臨戰場上空，配合坦克群猛攻後退中的德軍部隊。根據德軍最高統帥部日誌中的記錄：「由於進攻突破地段地形的狹窄，法第2裝甲師與美第44師的反擊行

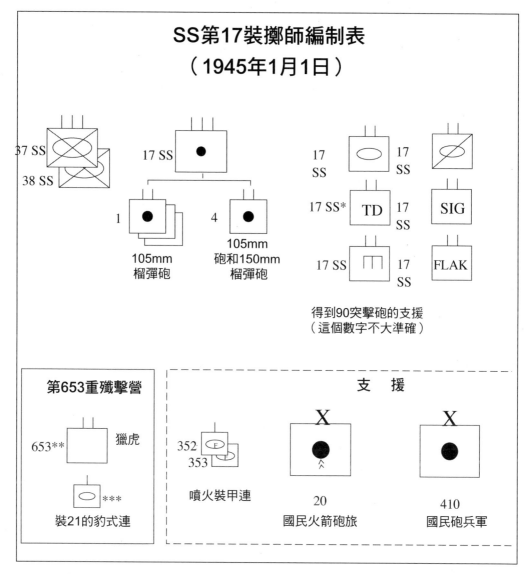

SS第17裝擲師編制表
（1945年1月1日）

動使我軍遭受了很大的傷亡」。這次進攻的失利很可能動搖了德軍繼續實施薩爾攻勢的決心與信心，迫使他們縮小了隨後進攻的規模。

1月4日，薩爾地區德軍攻勢的失敗命運已經註定了。雖然防守古羅斯-雷德欣（Gros Rederching）的德軍第36國民擲彈兵師的擲彈兵一度靠數量優勢擊退了法軍L裝甲戰鬥群的坦克，但卻沒能擋住隨後開到增援的第71團2營步兵的進攻。美軍突入鎮內與德軍激烈交戰，並最終拿下了整個古羅斯-雷德欣。同一時刻，第255團開始了肅清阿亨鎮內德軍的行動，而第71團2營在完成作戰任務後也全速向阿亨趕來。於是，阿亨鎮內的德國守軍陷入了孤立無援的境地，在兩支美軍的夾擊下被全數殲滅。至此，德軍

在薩爾地區的主攻任務宣告完全失敗，德軍統帥部被迫指令SS第13軍暫時停止了進攻行動。該軍的指揮官馬克斯·西蒙中將清楚地意識到，在薩爾地區的進攻僅僅顯示了「德國士兵仍然沒有忘記如何作戰，以及如何為國捨身成仁，僅此而已」——由於遭到希特勒和倫德斯特的強烈反對，布拉斯科維茲也就沒有像計劃的那樣隨後在該地投入德軍裝甲預備隊。

右翼：突向畢曲！

在孚日山脈這個主攻方向，德軍的進展似乎要比薩爾地區成功得多。弗利格·埃里希·彼得森中將的第90軍和古斯塔夫·赫內中將的第89軍投入了4個國民擲彈兵師對畢曲鎮發動進攻。由於盟軍情報部只考慮到了德軍會從薩爾發動的進攻，而並沒有意識到德軍同時也會在像勞特堡地區這樣地形崎嶇不平、道路狹窄同時又被冰雪所覆蓋的難行山區方向上的進攻。所以當4個師從德軍控制下的馬奇諾防線的地段上悄悄出擊並對

■ 美第100師查爾斯·F·加里技術軍士。1945年1月初於里姆林鎮時頑強抵抗並陣亡，獲得榮譽勳章。

美軍發起了出奇不意的進攻時（為了隱蔽，德軍沒有發動任何砲擊），所有盟軍指揮官都吃了一驚。而德軍也同樣驚訝，他們根本沒有料到自己原本計劃的輔助攻擊卻搖身一變成了以後階段中主要的突擊方向！

■ 被第776坦克營的M36殲擊車所摧毀的III號突擊砲，從炸飛的車體上部來看可能是發生了殉爆。

■作戰中的第776坦克殲擊營的M36。

第一天，德軍從左右兩翼夾擊防守里姆林與畢曲之間防線的美第100師，似乎是要截斷其退路並吃掉該師。第100師397團此時正在左翼全力對抗SS第13軍的部隊並堅守里姆林鎮，而赫德爾森戰鬥群的第117騎兵營則在德軍的打擊下被迫後撤到蘭姆伯格（Lemberg）-莫特豪斯（Mouterhouse）

■在塹壕裏堅守陣地的第100師的官兵。

一線。第399團也從畢曲以南的高地換防到東面抵擋德軍的進攻。

鑒於防線的拉長，第255團3營被調往該地加強防禦。1月1日晚間，第36師141團開來替換了第399團，第255團3營則移到了薩林斯伯格（Sarreinsberg）-葛森布魯克（Goetzenbruck）-蘭姆伯格一線。此時赫德爾森戰鬥群正駐紮在畢曲以東一條長達16公里的戰線上，從左到右依次為：第117騎兵營，第94騎兵營與第62裝甲步兵營。

與阿登反擊開始時砲火連天的情況相反，由於有濃霧和茂密的森林的掩護，德軍第256與第361國民擲彈兵師在沒有任何砲火支援的情況下於1月1日悄悄地突破了畢曲鎮一帶。儘管路況很糟，德軍對赫德爾森戰鬥群仍然造成了很大的壓力。位於防線中央的第94騎兵偵察營雖在午夜時被襲擊了一次，但是鑒於敵軍似乎一直到05：30為止「都沒有更大的動靜」。於是偵察部隊的士兵試圖在莫特豪斯-貝倫塔爾（Baerenthal）大道一線設防，然而他們很快

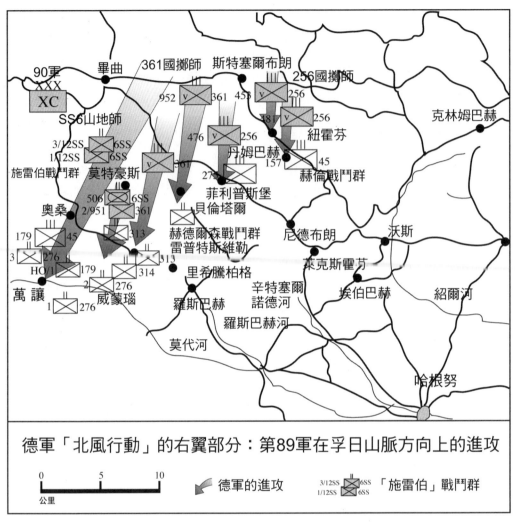

德軍「北風行動」的右翼部分：第89軍在孚日山脈方向上的進攻

德軍的進攻 「施雷伯」戰鬥群

就發現大道已經被德軍所佔領——原來美軍的防線早已被突破，這個地方已經到處都是德國人！偵察兵們趕緊撤退，在撤退中又有許多車輛與吉普陷在在積雪山路上動彈不得——這批美軍只好將隊伍分成數個小組各自突圍。

在東面，赫德爾森戰鬥群第62裝甲步兵營的先頭部隊後退到了班斯坦因（Bannstein）-菲利普斯堡（Philippsbourg）公路一線。德軍進攻

了這條防線，可能是突擊砲的德軍裝甲戰鬥車輛也隨後開始從西北方向進入。一輛輛滿載第19裝甲步兵營的半履帶車加入了第117以及第94騎兵偵察部隊的車隊，正全速向菲利普斯堡開去以實施增援，而第62裝甲步兵營的其他單位，則在德軍的進攻下後撤到了班斯坦因，並一直抵抗到1月2日11：30左右。隨後他們再次後退到貝倫塔爾。至此德軍已經部分佔領了菲利普斯堡-班斯坦因公路，並直接威脅到了

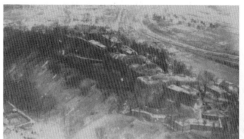

■ 修築於畢曲附近的馬奇諾防線上雄偉的堡壘。

■ 為了對付給美軍坦克造成極大威脅的德軍「鐵拳」反坦克火箭筒，美軍做了很多試驗來研究對策。這是美軍對一輛於1945年1月2日在薩爾堡附近繳獲的德軍IV坦克所進行的試驗：由於看到德軍坦克普遍使用金屬防護網來給坦克加強防護，於是美軍試圖用「鐵拳」來驗證防護網的功效，但很可惜的是，從試驗的結果來看，防護網這類東西對「鐵拳」起不了多少防禦作用。

■ 位於孚日山脈埃古爾斯沙德特（Eguelshardt）附近森林中的德軍陣地。

■ 孚日山脈森林中的美軍陣地。

■ 美第100師398團2營的士兵在蘭姆伯格之戰結束後正將俘獲的德軍第559國民擲彈兵師（由科特‧馮‧穆倫少將指揮）的士兵帶去營部進行審訊。

■ 美軍第12裝甲師駐防馬奇諾防線時，遭德軍砲火打擊時的情景。

菲利普斯堡與貝倫塔爾鎮。

　　與此同時，赫德爾森戰鬥群的左翼——位於莫特豪斯的第117騎兵偵察營此時正被德軍猛烈攻擊，很快就要被包圍。這個情況立即被特遣隊與第6軍指揮部所獲悉，他們都十分清楚當前的形勢：德軍的先鋒部隊正在逐漸佔領莫特豪斯以北的前沿陣地。於是

指揮部命令該部後撤到第2道防線，同時戰鬥群也將指揮所從莫特豪斯移往萬讓鎮；危機並沒有過去，1日晚上，第117騎兵偵察營在德軍的強大壓力下一直後退到了最終防禦線。1月2日凌晨，他們終於得到了第179團的增援並守住了陣地。

赫德爾森戰鬥群同時還調動它的預備力量投入到其右翼抗擊德軍的進攻：第62裝甲步兵營堅守菲利普斯堡，擊退了德軍第361國民擲彈兵師一次又一次猛烈的進攻一直到增援的第70師（赫倫戰鬥群）275團趕到該地為止；在班斯坦因，德軍幾乎就要突破防線，但是第19裝甲步兵營與第25坦克營1個連的坦克及時趕到戰場擊退進攻的德軍擲彈兵，加強了在貝倫塔爾一帶的防禦力量；另

外，戰鬥群的指揮部也在下午轉移到了雷普特斯維勒（Reipertswiller）。在黃昏降臨時，位於貝倫塔爾以西2英哩處的德軍一支500餘人的擲彈兵部隊被美軍發現。於是第79師第313步兵團派遣了1個營的兵力，到雷普特斯維勒一帶去探察情況，第275團（第45師的加強部隊）的1個營也被派往貝倫塔爾東南，去阻擋那股德軍。

由於對德軍在畢曲鎮進攻的判斷出現疏漏，美第6軍指揮官布魯克斯少將只得指揮其有限的部隊進行了快速的重新部署：首先，他將赫倫戰鬥群的3個缺乏經驗的步兵團（274、275、276團）從萊茵河一線上撤出，將其調往孚日山脈的東面協助第45師以堵住各個出口要道，另外他還將第45師的

■1月間的阿爾薩斯戰區，1輛來自第749坦克營的M5A1，正在經過第44步兵師一個機槍陣地時的情景。

■ 1月時斯特拉斯堡附近，一輛美軍M5A1坦克正駛過一輛滿載德軍戰俘的卡車。

3個團（157、179、180團）以及第79師313團調到中部封鎖通往薩文的各主要道路，並指定這些部隊都歸第45師統一調遣。對於布魯克斯的做法，第45師師長弗里德里克也許當時真的很沒底，因為他要同時控制8個分屬不同單位的團，而且其中的一半還是沒什麼實戰經驗的部隊。

在紐霍芬（Neunhoffen），由第45步兵師部分兵力支援的赫德爾森戰鬥群與德軍第256國民擲彈兵師發生交戰——45師第157團將德軍的攻擊阻止在該鎮以西。傷亡慘重的德軍在菲利普斯堡與奧伯斯坦巴赫（Obersteinbach）之間暫時停止了攻擊，並在美軍戰線上形成了一個突出部。

利用這個短暫的間隙，弗里德里克的第45步兵師將其所屬單位和布魯克斯撥給他的增援力量都分別投入到孚日山脈間的地區中，用以支援任何可能需要後備力量的單位，消除進攻德軍的威脅——可是從交戰情況來看，美軍仍然顯得兵力不足，而德軍雖然被阻止卻仍可能再次發動兇猛的進攻。為防止孚日山脈防線有可能出現崩潰的情況，第14裝甲師的B裝甲戰鬥群，受命沿紐維勒（Neuwiller）-因格維勒-羅斯巴赫（Rothbach）-辛斯維勒（Zinswiller）-尼德布朗（Niederbronn）一線建立防線。

當經過加強的美軍與進攻德軍再次迎頭相撞之時，這場戰鬥很快就演變成對交通要道及路口的激烈爭奪戰。在蘭姆伯格、薩林斯伯格、瓦爾登古斯（Wildenguth）、萬讓、威蒙瑙（Wimmenau）、雷普特斯維勒（Reipertswiller）、莫特豪斯、貝倫塔爾、菲利普斯堡、丹姆巴赫（Dambach）等阿爾薩斯地區山間的其他小鎮與村落中的

■ 圖為黨衛隊全國領袖海因里希‧希姆萊正在對SS第6「北方」山地師的官兵演講時的情景。

戰鬥無一不是為了這樣一個目的。在孚日山脈嚴寒的雪山環境下，這種戰鬥是極端殘酷的。令德軍感到驚訝的是，在經過了血腥的惡戰，付出巨大傷亡後，他們竟然沒有取得什麼明顯的進展，而他們的對手，本來在這一地區間處於劣勢的美軍卻越戰越勇，守衛住了自己的陣地。

1月2日，美軍第45師179團搭乘半履帶輸送車，前往第6軍左翼的重鎮萬讓並在該鎮北面3公里處佈防。德軍不等美軍行動完畢便發起突然襲擊，成功地將179團在梅森塔爾-威蒙瑙大道附近的2個營割裂開來。同時德軍還用2個連的兵力由北沿道路向雷普特斯維勒發動進攻，但是卻被79師313團所阻止。當晚，第314團的1個營抵達了瓦爾登古斯-雷普特斯維勒一線。

同日，在貝倫塔爾-辛斯維勒以及班斯坦恩-尼德布朗道路上駐防的赫倫戰鬥群第275步兵團，擊退了由裝甲部隊支援的德軍大約300人的2次進攻。在道路以北，德軍也發動了數次小規模進攻，迫使第275團又分兵在菲利普堡以北設防。1月2日間在薩林斯伯格、雷普特斯維勒以及貝倫塔爾-菲利普斯堡等地的收尾戰鬥中，美軍發現德軍SS第6「北方」山地師各單位番號出現在戰場上。這說明了德軍正在逐步加強在孚日山脈的進攻力量，而他們的對手——美第6軍此刻卻沒有更多的預備隊了。

1月3日，德軍開始了旨在進一步擴大畢曲突出部的攻擊行動：左翼美第179團的反擊與進攻的德軍迎頭相撞。在激烈的交戰中，美軍又發現並確認了德軍第21裝甲師的番號；在突出部的前沿，德軍第361

國民擲彈兵師分別從北、西北以及西面，兵分3路攻打雷普特斯維勒，其中一小股德軍部隊還試圖滲透到該鎮的南部城區；在右翼，德軍第256國民擲彈兵師屬下第476裝甲擲彈兵團擊潰了當面試圖阻擋它前進的美第275團的部分單位並進抵菲利普斯堡。在德軍的強大攻勢下，美軍第180與第276團遭受了嚴重傷亡，被迫撤離了突出部地帶。而此時由於第179團仍然在左翼的薩林斯伯格堅守，第276團於是撤退到了該鎮以南建立新的防線，同時該團的部分兵力還投入到了在萬讓鎮內的肅清行動中（在3日與4日間，大約有200德軍滲透到了萬讓鎮內）。這些執行肅清行動的部隊在4日21：30左右前進到了萬讓外圍。

為應付雷普特斯維勒的危機，休整中的第180團又從東面的馬奇諾防線上被調出，用以反擊滲透到鎮內西面以及西南的德軍擲彈兵。德軍於1月5日立即做出反應，他們從雷普特斯維勒南面1.6公里處發動了數次猛攻試圖摧毀美軍在這裏建立的新陣地。180團頑強地抗擊了德軍一次又一次的衝鋒，用血的代價確保了防線的穩固。在這次戰鬥之後，雷普特斯維勒方向的壓力得以減輕，第313團也與先前被困在瓦爾登古斯鎮內的部隊恢復了聯繫。經過了一天的戰鬥以後，突出部東面的第275團也於1月4日肅清了菲利普斯堡東南一帶的德軍。該團試圖進一步向西北擴大戰果，但是卻在鎮子的邊緣地帶被德軍所阻擋；另外在貝倫塔爾附近，275團其他部隊的戰鬥還遠沒有結束。

突出部的形成

由於美軍的激烈抵抗，德軍第1集團軍指揮官奧伯斯特菲爾德將軍於5日將早在畢曲攻勢發動前就準備好的老牌勁旅——曾在蘇聯北部極凍地區長期作戰的SS第6「北方」山地師派上戰場，並命其對薩文關發起攻擊。不久之後，第36國民擲彈兵師也被從薩爾方向調往畢曲以加強SS6與第256國民擲彈兵師的攻擊力量。作為對此的回應，帕奇將第103師從第15軍中抽出調往孚日山脈東南，同時赫倫戰鬥群也被派往此地阻擋德軍的攻勢。

1945年1月5日，SS第6「北方」山地師的一個戰鬥群在一次出色的山地戰中突破美第45師的防線，並攻佔了孚日山麓的莫代河-萬讓地區，並建立起一個橫跨莫代河的橋頭堡，雖然他們在這裏並沒能堅持多久，但從當時來看的確是完成了他們的任務。這個突擊戰鬥群主要由「北方」師SS第12山地步兵團的1營以及3營、SS第506裝甲擲彈兵營、師屬砲兵團3營、1個裝甲殲擊連、1個通訊連、1個戰鬥工兵排以及1個醫護排所組成。由於該戰鬥群的最高指揮者是SS第12山地步兵團的團級指揮官施雷伯上校，所以也被稱為「施雷伯戰鬥群」。戰鬥群於1月1日上午開始向目標推進，一路穿越阿爾薩斯山間的通道，並於4日傍晚到達萬讓鎮外圍，5日攻佔全鎮並俘獲一批美軍。

SS第6山地師的瓦爾特·貝克爾於1991年時撰寫道：「……1945年1月4日那天，我們的部隊（指SS第12山地步兵團1營）從克切伯格出發開始了向萬讓的征程，士兵們

在已經開始降臨的夜幕的掩護下向萬讓外圍道路一側的樹林推進。然而不幸的是,樹林邊緣駐紮著一支美軍巡邏隊,他們'及時'發現了我們並向我們猛烈射擊。我快速地掏出自己的魯格手槍向美國人還擊,並把其中一個人打得向後逃跑。可是正當我試圖換彈夾時突然腦袋一震:我被美軍的自動步槍打中了。那時候我腦海裏所閃現的第一個反應就是:完了。但是接下來我又對自己說,當你仍然能思考的時候,那就說明還不算太晚。排長蘇默軍士長(我是他的副手)立即飛速奔過來將我從雪地上扶起並為我包紮受傷的額頭。經過檢查,他發現我只是在右耳上面受了一點輕傷——由於先前已經繫緊了鋼盔上下巴處的扣帶,所以子彈並沒有擊穿鋼盔,只有些碎片留在了皮膚下……等到天亮後由於缺乏足夠的藥品,於是我隨同另外兩名醫護兵(他們還抬著一名腹部受傷的同志),搖著紅十字旗翻過鐵路路基,來到了萬讓鎮的一處教堂內(美軍在我們到達安全地點前一直沒有開火)。我們在教堂內發現了一個美軍醫療站,於是就在那裏接受了美軍軍醫整整兩天的護理與治療(德軍後來於5日攻佔了萬讓)。

當教堂的食物都用盡後,出於人道精神的考慮,一名美軍軍醫要求所有的非重傷傷員把能吃的東西都放到各人的鋼盔裏,然後拿過去分給那些

需要優先照料的傷員。我自己於1月6日在一處臨近的房屋地下室內(這裏也有居民)被美軍俘虜(那時候美軍已經從各地抽調兵力圍攻萬讓,正試圖重新奪回該鎮),當我們向美軍舉起自己的雙手時,一個美國人說道:'受傷的士兵可以不用舉手。'然後他們一邊警告我們要小心別走散了,一邊就把我們引出了房屋,穿過冰封的路面街道,最後來到了另一個醫療站(這次換成了一所學校)。在那裏我親眼目睹了我們自己的軍醫——勞特施拉格醫生是如何醫治受傷的德軍與美軍士兵的,直到現在我還能清楚地回想起他的白大褂下不時顯露出的SS領章。在學校短暫地停留時,有一個美軍醫療兵塞給我一個醫療包。然後我們又被轉移到了一個農場,幸運地享用了一些美味的美軍巧克力與蛋糕。

在轉移到薩爾堡的路上,我們的救護車由於陷在積雪裏無法前進,眾人只好繞道輾

■戰鬥結束前仍在燃燒的萬讓鎮,美軍第276步兵團(來自赫倫戰鬥群)已經漸次突入鎮中。

■萬讓鎮內兩名第70師（赫倫戰鬥群）的美軍於房屋窗口架設的機槍。1945年1月7日美軍部隊攻入萬讓，與德軍SS第6山地師的「萬讓」戰鬥群展開激烈戰鬥。鎮內的戰鬥一度非常激烈，以至於美軍士兵必須挨家搜查，以找尋德軍躲藏的狙擊手。

轉前往目的地（等到達那裏時有個美國人拿走了我的錶）。隨後我被安置在一個位於巴多維里的野戰醫院內——又是一所學校，並在那兒待了3、4天。直到拆除頭部繃帶的手術前，我在衣服裏都藏著一把芬蘭刀，可是現在卻由於要脫衣服而被美國人發現了，他們隨即為了誰能得到這把軍刀而爭吵起來。『這些個美國佬』我當時心裏那麼想。

那會兒我與許多受傷的美國人共用一間教室，他們還帶來了一支牙刷，一把刮鬍刀和一些從他們商店裏弄來的蛋糕。可是沒過多久（1945年2月20日），我就被送往了在埃皮瑙的POW-451戰俘營，並在3月28日被分給了一個戰俘連。1946年5月25日，我最終在馬爾伯格被美軍釋放，重新獲得了自由。」

德軍的這一勝利威脅到了第6軍的西翼

並在帕奇的2個軍中形成了突出部。消息傳來，對已經沒有預備隊的美軍而言無疑是雪上加霜。德軍只需要再加一把力，就能將第6軍和第15軍徹底地割裂開來，可是實際情況並沒有他們想像的那麼簡單。在接下來的幾天裏，該戰鬥群一直在與美軍步兵以及坦克激烈交戰，對雙方均造成了慘重的傷亡。當德軍方面後來意識到「北風行動」已經不可能取勝之後，他們隨即下令「施雷伯戰鬥群」從莫代河-萬讓地區撤退。而此時東南方向的第276團已經開始著手展開肅清萬讓的行動了（由於鎮內的德軍手中還有不少先前被俘的美軍戰俘，所以原本的砲兵支援被迫取消）。兩軍激戰一天後，德軍的防禦陣地被美軍突破，到1月7日下午，加強後的赫倫戰鬥群以第276團及第274團的1個營的兵力，終於將部分SS第6山地師的部隊圍困在該鎮之中（「施雷伯戰鬥群」主力當時已經從莫代河-萬讓附近撤退，鎮內僅留下了大約700餘人的「萬讓」戰鬥群）。1月8日，這股德軍部隊試圖突圍，但是在經過激烈交戰後僅有200餘人逃脫。在之後的幾天裏，雖然德美雙方互相展開了一些小規模的交火，但都沒有取得任何進展。直到1月14日，當美軍開始進攻420高地後，形勢才有了轉變。雖然作了種種努力，德軍在總體上仍然無法衝

■萬讓-莫代地區內，得到坦克支援的美軍正向德軍陣地射擊。

里』——2天之前已經成為我們的3營營部所在地。由於旅店上層的大多數窗戶都已經在激戰中破損，而美軍坦克從克切伯格（位於萬讓之南的小村莫代的邊緣）方向打來的砲彈也使得它的圍牆遭到嚴重的破壞。在這種情況下，作為營長副官的我與營長克魯辛格，幾個

出乎日山脈，所有的主要道路出口都還在美軍的控制之下——莫代河-萬讓地區也成為德軍在整個畢曲攻勢中最遠的突破點。

SS第6山地師的沃爾夫·策普夫在戰後撰寫了關於萬讓爭奪戰的著作《1月中的7天》，下文為此書中的節選：「……人生裏的有些事情是你所永遠都無法忘卻的，即使是在經歷了漫長的45年後也依然記憶猶新……在1月6日那一天的夜晚以及隨後悄悄臨近的黎明，我與我的同伴以及其他在那時看來行將死去的一群人，依然在試圖據守萬讓。當時，美軍正從鎮子的四面八方圍攻我們這支不到700人的隊伍，鎮裏位於鐵路線邊上的一座3層樓高的旅店『德·拉·加

■第70師的中尉愛德溫·庫克，在德軍SS第6山地師進攻萬讓時被迫在屍體堆之中躺了18個小時之久。其間曾有一名黨衛軍士兵過來翻動他的身體並取走了他的懷錶，但並沒有留意到他其實還活著。這張照片是之後中尉「實地演示」他是如何逃脫時拍攝的——在躺在地上擺樣子的中尉身後是2名陣亡士兵。

負責保持各連間聯絡的傳令兵，以及1名來自我們信號排的無線電操作員在極度的疲勞狀態下進入地下室躲避，並試圖在那裏休息片刻。為了呼叫任何位於我們後方戰線的其他SS第6師的單位前來支援，這名無線電操作員已經努力嘗試了整整3天3夜，但是仍然沒有任何友軍單位回應過他。當時在地下室裏還有另外3名萬讓鎮的居民：2名婦女以及1名自昨天起就與我們同處一室的男子，他們的房子由於遭到美軍砲火的嚴重毀壞，而不得不成了我們地下室裏的'難民'。

雖然此時我仍然能聽到來自南面的美軍砲擊聲，但萬讓鎮內卻顯得異常地安靜。我於是抓緊這個機會想打一下盹。我們的食物就快用完了，最後一點補給品是3天前在全營向萬讓推進時配發的：每人半個麵包，其言外之意就是：『你下一頓的食物將必須從美國佬那裏弄到！』結果，

我們在進入萬讓之後從被俘的美國兵那裏弄到了一些美軍的K級口糧（由於我們是頭一次看到美軍的食物，所以有些人說這些蠟黃色的食品盒子看上去就像是炸藥一般）。這些K級口糧對於當時正在餓肚子的我們而言無疑是豐盛的，但似乎依然不夠填飽我們的肚子，它們在2天內就被吃得所剩無幾，於是所有人員只好開始進行統一的食物分配：一些甜蜜餞以及美國香煙……而前者是從鎮內的倉庫裏找到的。接下來是另一個難題：武器的彈藥也面臨嚴重不足。回想一下，當部隊幾天前還在丹麥做短暫停留的時候，上頭的某些白癡曾下令把我們通常所使用的MG34換成射速更快的MG42機槍。結果可好，如今我們每次向敵人射擊時都會打出比MG34多2倍的彈藥，我們於是不得不命令機槍射手『只有在完全確認目標的情況下才能開火！』之所以這麼做是因為

■ 已經成為歷史的馬奇諾防線遺跡一角。

每個人都清楚部隊將得不到更多的補給，除非有援助從鎮外進來。所以我們更期待會有德軍部隊從外圍突破美軍對萬讓的包圍，並在鎮子的北面建立一個據點，這樣就能恢復對正在鎮內困守的2個營的補給供應，或是將我們的傷員撤出萬讓。幾天前當我們剛接到向萬讓進攻的命令時，高層曾許諾說一旦拿下萬讓他們就將派一個突擊砲營儘快前來支援，並協助我軍一直向薩文關推進……可是到現在已經過了3天了，這些援軍卻還沒有到。

由於頭腦裏思緒紛繁，我連盹也沒有打成：在地下室的入口處正站著一名來自奧爾登堡的團部通訊官——如今成了我們的衛兵。他是在美軍開始包圍萬讓時第一個發現美軍防線上有缺口並成功進入的人（有另2人伴隨），此外他還攜帶著從更高層的指揮部所下達的口信。可是現在我最想知道的是我們的援軍在那裏，那些突擊砲又在那裏？相反，這個人所傳來的消息卻是第361國民擲彈兵師師長菲利比將軍的命令，要我們2個營從萬讓撤退，向北移動並佔領羅特巴赫村……這個命令無疑對我們而言是當頭一棒！這麼說我們先前所做出的犧牲都是白費了麼？我們的傷員又該怎麼辦？

在第1營的指揮所（原來是我們3營的營部所在地），營長伯格斯塔勒以及他的副官卡勞正在焦急地思考著該如何進行下一步行動。現在是上午06：00，天很快就要亮了，所以任何計劃中的撤退行動都被排除了執行的可能。我們必須守住萬讓，以拖延美軍的行動，我們將浴血奮戰以挽救更多友軍部隊的生命，我們會等待黑夜的降臨，這樣就能使一些傷員在不驚動美軍的情況下撤離萬讓……出於以上的考慮，伯格斯塔勒和卡勞把他們的小指揮部轉移到了我們所在的旅店，以避免在2個營間的聯繫由於美軍可能的突破而被切斷。

上午07：00，美軍果然恢復了大規模進攻，重砲以及迫擊砲的砲彈雨點般地再次降臨萬讓，如今他們把砲擊目標集中在了聖·菲利克斯教堂以及它的周邊地帶。很快我們就聽到了密集的機槍以及自動武器的射擊聲，那是美國人，然後就聽到了我軍的猛烈還擊。可是身處地下室的我們卻無能為力，只能不斷地聽取從被進攻的各個連部所傳來的消息。隨著時間的流逝，交戰的嘈雜之聲也越來越清晰，我們聽到美軍坦克正在道路上開來的隆隆履帶聲——它們正在逐屋對建築進行射擊以削弱我們的防禦。

下午13：00過後，美軍開始逐漸加強了進攻的力度，他們已經離我們很近了。如果不想被美國人用煙燻出來的話，當務之急是立即離開旅店的地下室！卡勞和我於是開始集合旅店裏其他沒有受傷的人員，結果卻發現只有11個人（也可能是12個人）。我們小心翼翼地出了旅店來到街道的一處轉角上，然後飛速向火車站的方向跑去。這時候天空又開始變暗，只有周圍正在燃燒的房屋所映出的亮光而已。隨著槍聲的逐漸遠去，我們發現自己正身處德·拉·加里大街上的房屋之間。如果我們這批人在這附近不能打退美軍的進攻，那麼1營的各排就會被切斷，同時聖·菲利克斯教堂也危險了（我們在那裏還留有3天前被我們捕獲的美軍俘虜）。不久，我們便到達了車站。

由於暴露在美軍火力之下，正當第15連從火車站以北的樹林高地上後撤時，有些人員來到了我們這裏。於是在獲得了意外的援軍後，我們便組織人員向美國佬發動了一次反擊：一大群人從火車站那裏高喊著衝了出來，並用手中的武器猛

射當面的敵人——我們已經完全忘了我們彈藥短缺的問題，腦子裏只有一個念頭——向前衝，不斷地向前衝！我們跳過籬笆，穿過街道，絲毫不顧前方美軍正在怒吼的機槍，好像我們完全打了美軍一個措手不及，至少對方可能沒有料到我們還會從這個方向發動進攻！看來美軍的推進被我們的這次衝鋒給擋住了（後來我們才知道當時面對美軍第70師274團的是由卡西指揮的英勇的G連）。衝鋒結束之後，每個人都打得筋疲力盡，美國人應該也是那樣吧。天已經開始變黑，而街道上的槍聲也隨著戰鬥的結束而逐漸稀落下來，我只記得大街上燃燒房屋所發出的火光——看來今天的戰鬥已經終結了。我與卡勞返回了我們在加里旅店的地下指揮所，現在是可以利用黑夜的降臨開始逐步撤退部隊的時候了。其間營部沒有收到任何消息，也沒有從1營3連來的口信（該連應該在『藍房子』一帶的街道附近駐守）；我們都猜測他們很可能已經被美軍今天上午的進攻給擊潰了。至於其他連，至少還能與它們保持著聯繫。但此刻更大的問題是我們的傷員：不僅必須把重傷員留在萬讓交給美國人去處理，而且還必須留下所有那些受輕傷的人員，因為這些人在撤退時根本無法走或爬山。所幸的是所有傷員都會由勞特施拉格醫生來照料（1營的軍醫）。此外，還有很多在萬讓的醫療站內工作的我軍以及美軍醫護人員，也都紛紛自願地留在崗位上繼續救助雙方的傷員。我們還決定不帶走滯留在教堂的那256名美軍戰俘——沒有足夠的看守人員，他們只會拖累我們悄悄進行的撤退行動。但我們將帶著8名美軍軍官與我們隨行（他們在次日早上當我們與美第45師180團遭遇時被釋放）。

當撤退開始時，美軍尚未發現我們的行動，那些暴露在外的連必須安靜地先從防線上撤下來，然後穿過後方的街道，悄悄地潛行到萬讓東面的鐵路下的地道口，我們將利用它到達鎮子的東北方向，並在那裏集合。我現在有時彷彿還會看到自己站在地道口，正催促同伴向集合點前進的身影。而在外面，天上又開始下雪了。於是我又想到了鎮內的人：我們在這裏所遭受的慘重損失難道真的是毫無意義的麼？我們又獲得了什麼？時間一秒秒過去，5到6人一組疲憊不堪、臉色蒼白的士兵正在我的面前一言不發地快速穿過地道湧向集合點，而美軍的砲火正在對我身後的樹林高地進行砲擊。接下來又是下一組人，我對他們喊：『你們是不是最後一批人？還有人落在後面由卡西指揮嗎？』『我們不清楚』長官這些可憐的人吃力地回應。真是令人吃驚，我們的這次撤退居然就在美軍的眼皮底下地成功了。可是接下去又會遇上什麼情況？美軍會對我們進行追擊嗎？我不知道。到半夜時，當一名軍士排長與他手下的人確信他們之後已經沒有任何其他人留下時，我也隨著隊伍離去。12個小時後我們在萬讓的苦戰終於結束了——至少對我而言是那樣。」

1月6日，第276團2營在雷普特斯維勒東南方向協同美第179，第180以及第313團進攻了里希騰伯格（Lichtenberg）。隨後該營又伴隨313團以及274團進行了在戰線東北茂密林地的進攻，包圍並殲滅該地德軍的1個營的兵力。1月7日，美軍的進攻在德軍的抵抗下減緩，當天在瓦爾登古斯-雷普特斯維勒大道以北方向僅僅向前推進了不到2公里。

位於右翼的美軍第275團以及第274團1

營此刻仍守衛著丹姆巴赫地區的一條南北斜向的防線。德軍於5日將在薩爾地區的SS第13軍第36國民擲彈兵師調給在孚日山脈的第89軍，試圖向菲利普斯堡做最後一次努力，但是盟軍的轟炸迫使他們放棄了這個計劃。在接下來的數天內，德軍又以2～3個連的兵力連續發起了3次進攻，但都未能成功：第1次被美軍砲兵所阻；第2次被美軍的反擊逐退；最後一次雙方發生了激烈戰鬥，戰鬥持續了幾小時，傷亡慘重的德軍依然沒有突破美軍防線。

1月7日，筋疲力盡的德軍停止了進一步的進攻行動。

註定的失敗

從有關「北風行動」中德軍投入作戰的兵力規模的估計與分析來看，計劃是周密的，行動開始前保密工作良好，行動開始後，基本達到了戰役的突然性。然而，德軍對面的美軍兵力不足、防線單薄，在佔有優勢的情況下，進攻行動怎麼在開始一週後就草草收場呢？要回答這個問題必須瞭解當時德軍參戰部隊的真實情況。在「北風行動」中，德軍一共使用了2個進攻集團：第1集團由SS第13軍擔當（下轄SS第17裝甲擲彈兵師，第19、36國民擲彈兵師）；第2集團由第89軍（下轄第256、361國民擲彈兵師以及SS第6山地師），90軍（下轄第257、559國民擲彈兵師）組成；此外還有作為預備裝甲部隊的第21裝甲師和第25裝甲擲彈兵師。

從紙面上看，參加行動的德軍部隊實力不俗，尤其是SS第17裝甲擲彈兵師。但是實際情況並非如此。關於「北風行動」的著作《WHEN THE ODDS WERE EVEN》一書認為SS第17師是以滿編狀態投入作戰的，所以它的SS第37和SS第38裝甲擲彈兵團應該各擁有超過4000人的兵員（他們中絕大多數都是非德籍的德裔士兵）。書中還稱該師曾接收了70輛左右的突擊砲和來自第21裝甲師1個連的豹式坦克。但是這些說法很令人懷疑，在1944年11月22日的梅斯攻防戰中，SS第38裝甲擲彈兵團被消耗殆盡，不得不退往後方重建。雖然SS17師的補充重建被列為優先工作，SS38裝甲擲彈兵團很快得到了來自預備SS裝甲擲彈兵團3個營的補充兵（同時SS17師還接收了1個重坦克殲擊連，1個高砲連及1個工兵連），但該團重組工作是在1945年1月1日以後完成的，從時間上看參加行動的可能性不大，即使參加了，部隊的戰鬥力也令人懷疑。此外，雖然師的編制表上有70輛突擊砲，但並不意味著它們都能全數投入作戰，實際上在「北風行動」開始後，該師僅有不超過34輛的突擊砲和10輛自行高砲投入了作戰；至於來自第21裝甲師22裝甲團的1個連的豹式，數量也應該不會超過19輛。

德軍投入「北風行動」的國民擲彈兵師，情況就更糟了，絕大多數都處於非滿編狀態。《WHEN THE ODDS WERE EVEN》裏的部分記述可以反映德軍當時的窘迫與狼狽：例如第19國民擲彈兵師，該書的作者邦恩甚至認為該師僅有1800餘人的兵力，第19師就是薩爾地區德軍最弱的一支單位，幾乎可以忽略不計；第559國民擲彈兵師由於在先前2個月的洛林戰役（對

抗美第3集團軍）以及西牆防禦作戰中損失慘重，部隊僅剩2600多人，不得不退往後方接受補充，而補充進來的部隊訓練嚴重不足，只受了1個月的訓練而已，尤其是它的工兵單位，排雷水平很差；第257國民擲彈兵師於1944年10月才由東線開來（此前在與蘇軍交戰中被打得失去戰鬥力）。到達西線後，該師不斷得到從其他單位抽調而來的補充人員，包括騎兵部隊的老兵（佔總數的40%）以及一批前空軍及海軍的人員，但部隊訓練不足，在投入作戰前只接受了4個星期的訓練；第361國民擲彈兵師在12月的前2個星期內損失了大批士兵，作為一個戰鬥師而言，它新補充的2000名官兵實在是缺乏訓練，經驗更是無從談起；邦恩還說，第256國民擲彈兵師的情況甚至比361師還要糟糕——該師的一線作戰部隊在12月的戰鬥中損失殆盡，在行動開始前總共才接收了1655名補充兵，絕大多數還都是海空軍的人員，僅能執行一些防禦性任務，但它在「北風行動」中卻要勉強地執行重要的進攻突擊行動。

要說「北風行動」中德軍裏真正有戰鬥力的一支部隊，只有SS第6「北方」山地師。邦恩這樣評價該師：「它可能是德軍在1945年1月的西線作戰序列中戰鬥力最強的一個師，它的兩個滿編團——SS第11『萊因哈特·海德里希』山地步兵團以及SS第12『米歇爾·蓋斯邁爾』山地步兵團一共擁有至少5700人的高度機械化、訓練有素、裝備精良的山地步兵（邦恩對SS6的規模估計來自戰後該師師長卡爾·布列納的回憶）」。然而，如果從全體黨衛軍作戰師的總體水平以及SS6在東線「巴巴羅沙」早期的表現來看的話，它並不能算是一支「精銳之師」。SS6也許真是當時參加「北風行動」的德軍單位中戰鬥力較高的一支部隊，但如要把它稱做德軍中的「中流砥柱」的話，那還真是言過其實。

在戰後對「北風行動」的研究中，美軍粗略地估計雙方的總參戰人數對比大約是29102名美軍對抗29930名德軍。然而邦恩卻在他的著作裏堅持德軍相對於美軍應是有1.21比1的優勢（他認為實際人數是25430名德軍對21002名美軍）。另外，他還認為在SS第6山地師投入作戰後，在畢曲突出部的關鍵地帶——萬讓-莫代區中的雙方兵力對比比例甚至一度擴大到4.25比1。可是邦恩似乎忘了，由於德軍各參戰部隊人員的不足以及低下的訓練水平，他這些粗略的數字對比又有什麼實際意義呢？而且更主要的是，根據他自己的說法，「美第7集團軍在裝甲部隊尤其是坦克的數量上遠遠地超過了他們的進攻對手」——這些裝甲部隊所擁有的180輛坦克和坦克殲擊車，能夠在戰鬥中不斷給第44師（由第749以及第776坦克殲擊營支援）以及第100師（由第781以及第824坦克殲擊營支援）以任何可能的援助，而且如果再加上戰線後方的第12、第14以及法第2裝甲師的另外250輛裝甲車輛的話，盟軍在薩爾河谷地帶的裝甲力量將擁有恐怖的壓倒性優勢（除此之外，盟軍還有當天氣轉好後的巨大空中優勢），所以無論怎麼看，由於在「北風行動」時德軍所投入的作戰力量實在是捉襟見肘，它的任何進攻都是毫無取勝希望的。

戰鬥與決策方面的教訓

幾乎所有德國以及美國的戰史學家在戰後對「北風行動」深入研究後作出的分析中，都對德軍薩爾河谷方向上的攻勢進行了強烈的批評。SS第13軍原本的兵力就不足，在進攻時又顯得太過倉促，就連美軍指揮官都對它「糟糕的表現」大感驚訝，尤其是其中的SS第17師，美軍早在諾曼第戰役時期就與之打過交道，並一路與之交戰到阿爾薩斯地區，美軍一直認為該師是一塊難啃的骨頭，沒想到這個曾令美國人頭疼不已的部隊在「北風行動」中的表現如此不堪，令美國人跌破眼鏡。戰後的研究者們認為，這是因為SS第17師在戰鬥指揮以及參謀作業方面犯了嚴重的問題，主要有以下幾條：一是由於缺乏工兵以及冰凍道路等諸多因素，直到進攻開始後的第3天該師都沒能將它所有的裝甲車輛都投入戰鬥；二是12月初在撤離該地區時德軍的爆破工作似乎做得「過於徹底」；三是德軍砲兵部隊的協調配合也不好——這3條批評SS17的」罪狀」雖然有些道理，但關鍵的原因卻是該師在北阿爾薩斯作戰時先後調換了5名師級指揮官（1月3日的集體撤職對它影響最大）而它的校級軍官又缺乏實際作戰經驗，以至對它的作戰造成了極大的妨害。但災難還沒有真正完結：僅僅數天之後，29歲的SS第17師師長漢斯·林格納上校被美第44師的部隊俘虜（要說軍官被集體撤職倒也罷了，可是怎麼這麼快連師長都給丟了？！SS第17師這段日子裏真是霉運不斷啊！）在接下去的一週內，該師由於未能在薩爾地區的里姆林圍攻戰中獲得太大進展，從而被第1集團軍指揮官奧伯斯特菲爾德中將下令從該地區撤走。就整體而言，由於布拉斯科維茲一開始在薩爾方向上僅配置了2個師用以進攻（儘管第19國民擲彈兵師後來也投入了戰鬥），這與盟軍當面的部署差距過大（6個師，其中還有3個是裝甲

■ 左起第一行「上萊茵河」集團軍群司令海因里希·希姆萊、第19集團軍司令拉斯普、曾參與簽署華沙起義投降書的SS第14軍軍長馮登巴赫；第二行曾參加華沙起義鎮壓行動的SS第18軍軍長海因茲·賴因法斯、第63軍軍長埃里希·亞伯拉罕、第64軍軍長圖姆。

師），所以希特勒所堅持的主攻方向的失利也就不可避免了。

至於德軍是否能夠在孚日山脈的出口間獲得突破則又完全是另一回事。在這個地區，德軍分散的指揮結構（而非其所動用的兵力大小）註定了它也不會取得太大的勝利。如果希姆萊的上萊茵河集團軍群能夠在最初的數天內就跨過萊茵河並發起積極的配合進攻的話，布魯克斯就不可能將赫倫戰鬥群的3個團從萊茵河調往畢曲方向進行增援，那麼至少孚日山脈東面的一些重要山口及重鎮就會在國民擲彈兵師的進攻下陷落（但現實情況是德軍就連這些關鍵的樞紐都沒能拿下，德軍的裝甲部隊也就無法通過孚日地區）。當然這是最理想的情況，上萊茵河集團軍群與執行「北風行動」的部隊緊密協調，統一行動，但是以後階段的戰鬥將會顯示，希姆萊有著他自己的計劃與目標。他的上萊茵河集團軍群與布拉斯科維茲的G集團軍群之間缺乏密切的配合，即使希姆萊部隊能更早的投入戰鬥，能否足以影響戰役的進程，這些都是未知數。

盟軍方面同樣存在著嚴重的指揮與配合問題。比如眾所周知的，勒克萊爾堅決不同意讓其法第2裝甲師接受法第1集團軍指揮官德·拉特的指揮，只因為後者曾是前維琪法國的軍官。他也同樣對法第1集團軍內其他的法國資深軍官有著強烈的反感——因為那些人都「順著美國的意志行事」。然而，德軍的「阿登」以及「北風」攻勢一定程度上緩解了勒克萊爾的煩惱，因為他的第2裝甲師將被配置在帕奇的第7集團軍建制內，更多地投入到北部作戰中，這樣就可以遠

離他所討厭的法第1集團軍。

斯特拉斯堡的保衛風波是盟軍內部發生的又一場政治矛盾。在艾森豪威爾的授意下，德弗斯的撤退及放棄斯特拉斯堡的計劃曾一度引起了自由法國最高領導者的強烈不滿。不僅如此，它還有著軍事上的危險，因為一旦放棄整個萊茵河防線的話，就會暴露在科爾馬口袋北面的法第2軍的側翼，同時還會使薩文關暴露在德軍砲火的射擊範圍下。也許在經過了阿登戰役後，艾森豪威爾的神經有些過分緊張，「德軍只要一有動靜，他就會下令後撤」，幸好後來德弗斯和帕奇都沒有完全贊同並執行他的計劃。相反地美軍積極地進行備戰，最終在「北風行動」中擋住了德軍的猛攻。

在為期7天的畢曲攻勢中，德軍一開始便佔據了上風，但布魯克斯的反應以及調兵之迅速超乎了任何一名德軍指揮官的想像。在嚴酷的戰鬥中，美軍依靠頑強的作戰意志，一點一點地消耗德軍的進攻力量，並最終阻止了德軍的挺進。德軍最高統帥部的記錄是這麼描述畢曲突出部戰役的：「1月6日以及7日，畢曲附近複雜而糟糕的地形給我軍處於連續不斷進攻作戰、尤其是在開闊地帶戰鬥的士兵造成了極大的體力消耗及精神壓力。」另一方面，第6軍從最初的打擊中及時恢復，並組織了卓有成效的抵禦及反擊行動——「使用有豐富戰鬥經驗的突擊部隊突破德軍的防線，並直接威脅其補給線」——這樣的做法被實戰證明是完全正確的。另外，一份德軍方面的報告中指出，如果要想在畢曲突出部獲得進展，就需要更多的增援力量。可是，糟糕的地形同樣妨礙了

德軍後續部隊尤其是其計劃中要投入的裝甲部隊的展開與進攻，這無形之中也給美軍在突出部的防線增加了一道天然的屏障。

至於帕奇所擔心的3支新編戰鬥群，在真正的考驗來臨時發揮出重要作用，同時也證明了當初帕奇對它們所進行的緊急訓練的正確性。戰後的一份分析報告裏，對其中表現最出色的赫倫戰鬥群有以下評價：整體上，這支部隊缺乏足夠的訓練和人員，尤其缺乏足夠的通訊能力和火力支援，因而在戰鬥中遭受了嚴重的傷亡。但是在與德軍的作戰中，它卻能通過實戰不斷發掘有能力的人，去替換掉那些被證明「不夠資格」的軍官，以彌補部隊本身素質的不足。挽救了赫倫戰鬥群的不是它本來的帶隊軍官，而是那些最基層士兵及士官的勇氣和智慧。正是這些英雄使得它在1月5日對抗萬讓附近的德軍時表現出色，不僅擋住了SS第6山地師，還給第361國民擲彈兵師以沉重打擊，迫使它撤出了戰鬥退居到二線。「北風行動「期間，第7集團軍中第45和第79兩個師由於承受了德軍4個師的主攻，部隊傷亡最大，赫倫戰鬥群的傷亡數目則名列第三。高昂的代價使得有不少人質疑這3個新編戰鬥群當時是否值得被投入這場戰役？單從傷亡數字來看我們也許可以說「不」，但是實際上如果沒有這3個特遣隊共9個團人馬的參戰，「北風行動」很可能就會成功，德軍就能穿過孚日山脈，與希姆萊以及在科爾馬的部隊會合，徹底包圍這一地區的所有美軍部隊並將第7集團軍切成兩半。戰後，西線盟軍最高統帥艾森豪威爾在回憶錄裏也高度稱讚了新編戰鬥群在戰場上的表現，肯定了它們在戰場上的作用，這是三支新編戰鬥群應得的榮譽。

當德軍進攻被美軍遏制，德軍在預計的薩爾河谷以及畢曲兩個方向上均未能達成突破時，能不能通過投入裝甲預備隊來打破僵局呢？回答是否定的，對德軍而言，當時各個重要的道路出口都未能被順利打通，美軍可以充分利用控制在手中的交通樞紐，從而比德軍更快地投入作戰部隊。鑒於這些理由，希特勒拒絕了OKW繼續派遣第21裝甲師及第25裝甲擲彈兵師投入作戰的請求。無路可走的「北風行動」於是就此宣告失敗。

對盟軍而言，美軍原本還曾計劃要在最壞情況下放棄斯特拉斯堡，並退出孚日山脈一帶，但現在看來他們似乎沒有必要擔心這一點了。帕奇中將的第7集團軍在嚴寒的氣候條件下，在冰雪山區進行了一場漂亮防禦戰，牢牢地守住了自己的陣地，穩定了戰線，盟軍上下一片歡喜鼓舞。沉浸在喜悅中的盟軍忽略了一個重要情況，那就是希特勒手中的預備裝甲部隊和希姆萊的「上萊茵河」集團軍群到這個時候還沒有被投入戰場，而他們將很快行動起來。盟軍部隊馬上又要面臨德軍新的，也是更猛烈的進攻了！

希姆萊的「冬至」攻勢

儘管「北風行動」受到了挫折，希特勒卻並不甘心失敗。他在分析了戰況後得出結論：由於德軍在孚日山脈發起的主要攻勢已被美軍所遲滯，而這一地區的地形與狹窄通道又十分不利於裝甲部隊的進攻，所以進一步的攻勢要另選地點發動。於是元首於1月

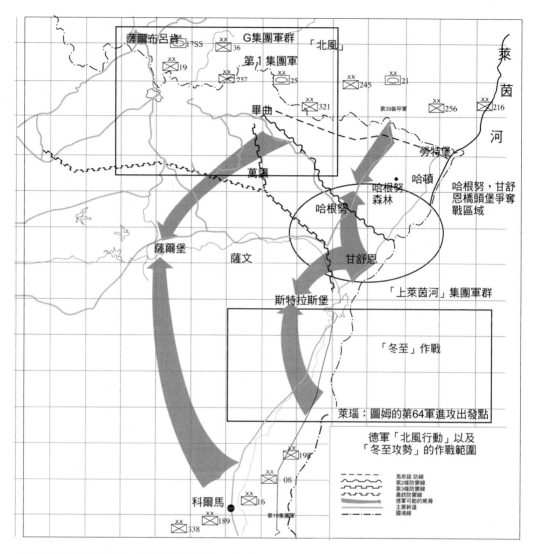

薩爾布呂肯　17SS　　36　　G集團軍群　「北風」

19　　第1集團軍

257　　25　　245　　21

畢曲　　321　　第39裝甲軍　256　　216

萬讓　　勞特堡

哈頓

哈根努森林　哈根努，甘舒恩橋頭堡爭奪戰區域

哈根努

薩爾堡　薩文　　甘舒恩

斯特拉斯堡　「上萊茵河」集團軍群

「冬至」作戰

萊瑙：圖姆的第64軍進攻出發點

德軍「北風行動」以及「冬至攻勢」的作戰範圍

198

08

科爾馬　16　　第19集團軍

189

338

馬奇諾 防線
第2條防禦線
第3條防禦線
最終防禦線
德軍可能的威脅
主要幹道
國境線

4日催促「上萊茵河」集團軍群的指揮官希姆萊，在「北風行動」還未完全失敗前迅速展開新的進攻。當時該集團軍群內下轄4個軍——第19集團軍的第63軍（指揮官為埃里希‧亞伯拉罕，下轄第159、269、338國民擲彈兵師）和第64軍（指揮官為圖姆，下轄708、716、198、189、16國民擲彈兵師以及第106裝甲旅），以及SS第14軍（埃里希‧馮‧登巴赫）與SS第18軍（海因茲‧

賴因法斯）——正沿萊茵河靠德國邊境的一線佈防。

1月5日，當帕奇正將美第103師部署到孚日山脈的東面時，位於斯特拉斯堡東北的德軍SS第14軍在馮‧登巴赫上將的指揮下，以經過加強的第553國民擲彈兵師為主力，向美第7集團軍側翼發動了襲擊；同時作為對「北風行動」的延續，部署在科爾馬袋型陣地以北的拉斯普中將的德軍第19集團

軍沿萊茵河岸一線發起了「冬至行動」（Operation Sonnenwende）：包括圖姆的第64軍第198國民擲彈兵師、第106裝甲旅等部隊，在40～50輛左右的坦克和突擊砲的掩護下，從萊瑙（Rhinau）出擊，殺入斯特拉斯堡南面的法第1集團軍的防線，使之無法對第7集團軍實施任何可能的援助行動。在德軍兩個方向的進攻下，美第7集團軍防線的側翼和尾部都受到了嚴重威脅，而其戰線則由於先前的受創而越發變得猶如薄紙一般。當時美軍總共200公里長的防線上的情況如下——左翼第15軍建立了一條東西走向的面對萊茵的防線，而右翼第6軍則防衛著從畢曲到勞特堡的陣地，該陣地正好位於德法邊境交接處。第6軍的戰線由於部分折向萊茵河西岸且正對斯特拉斯堡之北，其形狀看起來有點像個「L」字型。

「冬至行動」也不順利。到1月6日以後，位於斯特拉斯堡南面的德軍「冬至行動」作戰部隊也因為當面法軍的激烈抵抗而陷入了僵局。德方認為，第19集團軍的行動僅達到了有限的成果：1944年12月時由法第2裝甲師所收復的部分地區重新回到德軍之手而已。為此，該集團軍指揮官拉斯普和第64軍軍長圖姆將軍在經過商議後都意識到：如果要在這裏繼續突破，第19集團軍就必須立即獲得必要的增援，而且在甘舒恩方向的德軍也應立即對斯特拉斯堡施加更大的壓力以協助德軍在此地的進攻。希姆萊也同意了他們的觀點，並熱情地鼓勵兩位將軍立即著手準備第2輪攻勢。

1月7日，圖姆的第64軍派遣由裝甲部隊協同的第198國民擲彈兵師，對厄爾斯坦因（Erstein）鎮發起猛攻。原本他以為該鎮的法軍會立即撤走，沒有想到這些法國人並沒有後退的打算。圖姆在作戰日誌裏寫道：「他們頑強地抵抗我們，直到被完全包圍」。到了10日，法國守軍不支試圖在夜間突圍，但是圖姆新派來的第269國民擲彈兵師的1個團趕在他們之前切斷了其退路，並在那裏擊潰了他們。11日，第64軍已經完全肅清了厄爾斯坦因地區的盟軍，深入斯特拉斯堡以南方向20公里並抵達了萊茵河的對岸。13日，儘管希特勒曾指令希姆萊讓第269國民擲彈兵師繼續進攻，但後來還是由於東線吃緊而取消了這一命令。1月18日，第269師被調往東線，第2山地師接手了它的陣地。就這樣，原本已經瀕臨崩潰的南線法軍部隊終於獲得了難得的喘息機會。圖姆後來對此頗有微詞，因為以他當時所擁有的力量來看，德軍完全可以繼續北進，與希姆萊從甘舒恩出擊的部隊相呼應。如果這樣的話，威脅甚至攻陷斯特拉斯堡的目標就能實現了。無奈之下，圖姆只能下令第64軍停止進攻而轉入防禦，至此德軍在斯特拉斯堡以南的「冬至攻勢」全線終止，雙方暫時進入了相持階段。由於失去了南部的這隻「鐵拳」，德國人目前只能期望希姆萊在甘舒恩橋頭堡方向上有所斬獲了。

甘舒恩橋頭堡

在馮·登巴赫指揮下，德軍SS第14軍在1月5日攻入第6軍東翼的甘舒恩鎮後，其下屬第553國民擲彈兵師（有裝甲單位加強，還擁有「黨衛隊全國領袖護衛營」等大

量補充兵力）和第405步兵師成功地在此建立了橋頭堡。同日，美第79師發動反擊佔領了比施維勒（Bischwiller）和羅爾維勒（Rohrwiller）並試圖奪回甘舒恩。除此之外，第79師還派出部隊對甘舒恩北面斯坦因瓦爾德地區發動進攻，旨在清除樹林中滲透而來的德軍，但是收效甚微。

6日，希姆萊對目前的戰局進行了匯總評估。在他看來雖然德軍的北線行動受阻，但憑自己在甘舒恩方向和在斯特拉斯堡以南所獲得的成功，德軍的攻勢還是很有希望的。所以當後來拉斯普和圖姆提議繼續進攻時，他立即表示同意，並許諾自己會在甘舒恩方向「積極配合」第19集團軍的行動。為此，他下令登巴赫上將的SS第14軍恢復在甘舒恩的進攻，並繼續向前推進。「如果德軍在阿登的攻勢已不能為元首奪取安特衛普的話，那麼我就會在這裏把斯特拉斯堡作為對元首的獻禮！」——這說明了在那時的希姆萊還是十分樂觀的。

面對德軍的猛烈攻勢，在斯特拉斯堡北面設防的美軍雖然僅有林登戰鬥群不足3個團的兵力，但還是跨過萊茵河去反擊馮‧登巴赫的這次突破（原本計劃趕來增援的法第2軍由於5日德軍在萊瑙方向的突破只好暫時先待在南面）。可惜的是，由於沒有足夠的裝甲部隊，砲兵部隊（僅有幾個排的79師的坦克支援）和良好的協調組織，戰鬥群遭到經過加強的SS第14軍第553國民擲彈兵師的重創後一敗塗地，士氣低落的士兵和部隊只能混亂地撤回了萊茵河西岸。德國人得以繼續擴大他們在甘舒恩的橋頭堡。

在第6軍的右翼，德軍的橋頭堡如今已擴大到了12公里寬、5公里縱深的規模。在其北面，德軍佔據著德魯森海姆（Drusenheim）鎮，在南面是離萊茵河大約1公里甘舒恩；赫利謝姆（Herrlisheim）位於離河大約4公里的西面，並正處橋頭堡的中心。此外德軍還控制著離萊茵河1公里，位於赫利謝姆以南，甘舒恩東北的奧芬多夫鎮。美軍則掌握著從赫利謝姆北面跨過佐恩河1公里左右的羅爾維勒鎮。由數鎮相連而組成的甘舒恩橋頭堡，就像是美軍防線上的一顆毒瘤，註定會在以後成為一個雙方激烈拼殺的血腥戰場。

局勢如此危險，美軍也積極的調兵遣將。第36和第103師受德弗斯之命，正開往孚日方向以防止德軍在這裏任何可能的突破企圖；第14裝甲師的部分部隊已被配屬到第6軍麾下，而作為預備隊新到達的第12裝甲師開始在第6軍的防區內佈防。除此之外，隨著德軍「冬至行動」的暫停以及法第5裝甲師和第1步兵師被調至斯特拉斯堡以南換防，法第2軍立即火速向北開往斯特拉斯堡以保衛他們的這座重要的城市，並開始將第3阿爾及利亞師派到甘舒恩橋頭堡附近以協助那裏的美軍部隊。

美國陸軍第12裝甲師，綽號「地獄貓」，由陸軍少將羅德里克‧R‧亞倫指揮，部隊缺乏足夠的實戰經驗。它於11月中旬到達法國，其A戰鬥群在12月7日到12日參加了辛格林（Singling）戰役（德軍幾個獨立裝甲旅被消滅後，德軍第11裝甲師奉命在此阻擊美第4裝甲師）。隨後該師又參加了羅爾巴赫（Rohrbach），古斯林（Guisling）、貝特維勒（Bettwiller）的

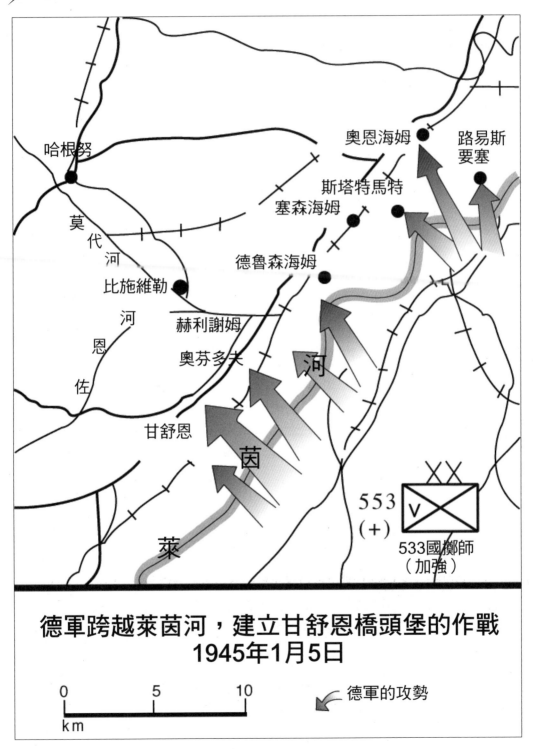

哈根努

莫
代
河

比施維勒

河

恩

佐

奧恩海姆

路易斯
要塞

斯塔特馬特

塞森海姆

德魯森海姆

赫利謝姆

奧芬多夫

河

甘舒恩

茵

萊

553
(+)

XX
V ⊠

533國擲師
（加強）

德軍跨越萊茵河，建立甘舒恩橋頭堡的作戰
1945年1月5日

0   5   10

km

德軍的攻勢

幾場戰鬥。12月15日，第12裝甲師被配屬給美軍第7集團軍，並在整個阿登戰役時一直作為預備隊待在戰線的後方待命。

1945年1月初，第12裝甲師被指派給第6軍以增援在阿爾薩斯苦戰的美軍部隊。1月7日以後，由於德軍的甘舒恩橋頭堡給第6軍造成了巨大的壓力，美軍於是計劃用第12裝甲師發起一次裝甲突擊來拔掉這個橋頭堡，並攻佔其中心地帶的赫利謝姆鎮。

地形和天氣成了決定赫利謝姆周圍戰鬥成敗的關鍵因素。1945年1月間，大雪和厚重的霧氣遮蔽了該地區，這就讓盟軍的空中優勢無法發揮作用。萊茵河西面的地形對於坦克來說十分糟糕：那裏水網交錯而且還覆蓋著冰雪，很多關鍵的橋樑都遭到德軍的破壞。而那些還完好的橋樑都被德軍牢牢地掌控在手中。

河流情況：甘舒恩橋頭堡的北面的莫代河沿羅爾維勒鎮的南邊流過，然後徑直向東經過德魯森海姆鎮；佐恩河則從赫利謝姆的西邊經過，與莫代河在東北方向的拉布雷姆（La Breymuehl，一座水廠）附近交匯；克雷恩巴赫（Kleinbach）河道草草地與佐恩河交匯後，從赫利謝姆中心穿過；而蘭德格拉本（Landgraben）河道則在斯坦因瓦爾德樹林北方與佐恩河匯合後，一直向東穿

美軍第12裝甲師「地獄貓」簡介

第12裝甲師於1942年9月在坎貝爾訓練營成立。在此地第43坦克營被編入該師並成為了其第43團2營。就像所有那些新成立的年輕部隊一樣，第12裝甲師的士兵也經歷過了從城市生活轉變到軍營生活時出現的「不適應期」。在經過1年的訓練營時光之後，該裝甲師於1943年9月開往田納西的訓練場進行實兵演練。在這裏的1年中，它歸屬於第2集團軍，並最終於1944年11月間投入到法國戰場，開始了他們真正的作戰歷程。

編制：

第43、23、714、44（太平洋戰場）坦克營

第17、56、66裝甲步兵營、「D」連（黑人部隊）

第493、494、495砲兵營
第119工兵營
第92偵察營
第572高砲營

第134訓令營
第152信號營
第82衛生營
師部營

■ 第17裝步營營徽

■ 第23坦克營營徽

■ 第43坦克營營徽

■ 第44坦克營營徽

■ 第56裝步營營徽

■ 第66裝步營營徽

■ 第714坦克營營徽

■ 第12裝甲師師徽

■ 第119工兵營營徽

■ 亞倫少將（左）與帕奇中將。

過了奧芬多夫鎮。

道路情況：1945年時，D468號水泥路沿東北走向穿過該地區，聯繫著甘舒恩、赫利謝姆和德魯森海姆三鎮。另一條相對路況較好的穿過比施維勒，羅爾維勒與拉布雷姆水廠，在赫利謝姆以北與D468交會。聯繫著奧芬多夫和赫利謝姆的一條小路蛇行向南跨過萊茵河直抵甘舒恩。1條鐵路則經過赫利謝姆的東邊與D468和佐恩河相交。

那條鐵路線的路基為德軍在甘舒恩以北的斯坦因瓦爾德森林西部署的反坦克砲提供了良好的射擊位置（它遮擋了東面來的任何敵軍視線，可以說是一條「堤壩」）。這些反坦克砲封鎖了赫利謝姆以南的田野。就這樣，在北面與赫利謝姆結合的田野，奧芬多夫和東面鐵路路基，再加上南面的斯坦因瓦爾德森林，形成了一個教科書上所說的「完美無缺的坦克屠殺區」。

1月8日，法軍第3阿爾及利亞步兵師為了配合美軍在赫利謝姆的作戰，首先從南面進攻甘舒恩鎮。雖然法國步兵在坦克掩護下突破了德軍的第一道防線，但是防守甘舒恩的德軍第553國民擲彈兵師在師屬SS第95坦克殲

■ 亞倫少將的M8指揮車。

■ 裝甲戰鬥群指揮官查爾斯·V·布朗利上校。

擊連的豹式坦克，以及第654重坦克殲擊營的獵豹支援下發起了反衝擊。法軍在損失了8輛坦克後被迫撤退。就在法軍發動進攻的同一時刻，布魯克斯下令第12裝甲師立即執行對赫利謝姆的攻擊行動。於是該師的B戰鬥群和第56裝甲步兵營，在第714坦克營配合下開始了進攻。

由查爾斯·V·布朗利上校指揮的這支部隊原本是受命從南面發起進攻的。但是為了避開那裏水網密佈的難行地帶，上校臨時決定從西北面用2個特遣隊，由比施維勒經羅爾維勒發動攻擊。然而美軍顯然忘記了，這樣一來其進攻的左翼就暴露給了德魯森海姆鎮方面的德軍部隊。

戰鬥打響之後，美軍拉默特遣隊，在1月8日大約下午14：00左右到達羅爾維勒。同時，保爾特遣隊則由羅爾維勒向東南進發去偵察佐恩河上拉布雷姆水廠附近的橋樑的情況。不久之後偵察部隊發現橋完好無損——於是回電示意讓坦克部隊前進，但是偵察兵們忘記了，過了這座橋後還要經過第2座橋才能到達目標，他們沒有料到在100公尺之外的第二座橋已經被德軍爆破了。而通往赫利謝姆鎮內的軍用便橋還在後面很遠的地方。結果美軍車輛立刻在水廠附近發生了大塞車，同時其左翼也暴露給了德魯森海

■ 在法國戰場聽取手下建議的的布朗利上校。他即將在1月8日擔負起指揮進攻甘舒恩橋頭堡的重任。

1月8日夜晚有至少4個連的美軍步兵防衛著水廠，到了1月9日凌晨大約03：00左右，德軍的迫擊砲開始轟擊水廠南面第56營B連的防區，隨後德軍步兵和坦克開始了進攻。戰鬥激烈，美軍傷亡很大，為了將大批傷員撤回羅爾維勒，美軍的輕型坦克改行作了救護車，這條道路由此被美軍稱為「紫心勳章之路」。在美軍的頑強抵抗下，德軍才於天明時停止了進攻並撤退，第56營B連立即對其進行了追擊並俘虜了一些德軍。隨後第714坦克營B連

姆方面的德軍———支德軍突擊砲部隊向第714坦克營發起了猛攻。由於進攻受阻，布朗利上校不得不臨時改變進攻計劃。他下令將第714坦克營A連的坦克沿佐恩河的西岸佈防提供火力掩護，而第56裝甲步兵營A、B連則在714坦克營B、C連的支援下，跨過河流向在赫利謝姆鎮內的克雷恩巴赫河道方向前進。儘管遭到美軍坦克的攻擊，但是大多數德軍擲彈兵都迅速及時地後撤並建立起他們在赫利謝姆鐵路線附近的的防線。不久，進攻的美國大兵們就遭到了德軍猛烈的迫擊砲和大量機槍的射擊。第56裝甲步兵營B連雖然在傍晚時分不顧傷亡到達了赫利謝姆鎮內的克雷恩巴赫河道附近，但他們還是在晚些時候受命撤回了拉布雷姆水廠。

的中型坦克開到赫利謝姆外圍的河道邊排成隊形，對進攻赫利謝姆的步兵進行火力支援。由於無法通過軍用便橋跟隨步兵進入赫利謝姆，該連只能臨時派工兵修復橋樑並於11：00過河，但是對岸的德軍已經調來了2門88砲阻擊美軍坦克，「就好像是一場射擊表演」，很快4輛坦克在過河後被德軍逐個擊毀，B連只好暫時撤回了西岸固守。

10日，B戰鬥群原打算在早上恢復進攻，但是部隊卻得先處理抓捕到的德軍戰俘，由此耽誤了時間。在大約175名德軍俘虜被聚集到一處安全地點後，進攻終於10：30左右開始。然而美國人沒有料到，等待他們的又將是一場噩夢：雖然領頭的第56裝甲步兵營的3個連在11：30到達了赫利謝姆外

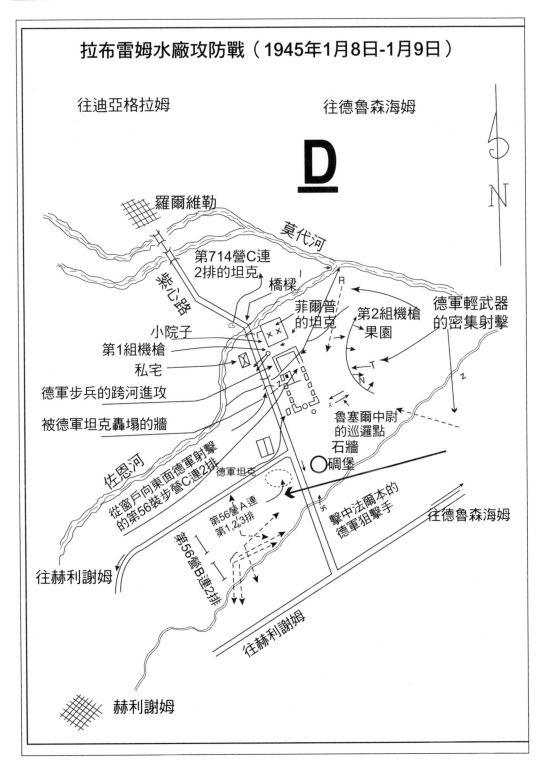

拉布雷姆水廠攻防戰（1945年1月8日-1月9日）

往迪亞格拉姆　　　　　往德魯森海姆

D

羅爾維勒

莫代河

第714營C連
2排的坦克

橋樑

菲爾普
的坦克

第2組機槍

果園

德軍輕武器
的密集射擊

小院子

第1組機槍

私宅

德軍步兵的跨河進攻

被德軍坦克轟塌的牆

魯塞爾中尉
的巡邏點

石牆

碉堡

佐恩河

從窗戶向東面德軍射擊
的第56裝步營C連2排

德軍坦克

擊中法爾本的
德軍狙擊手

往德魯森海姆

第56營A連
第1,2,3排

第56營B連2排

往赫利謝姆

往赫利謝姆

往赫利謝姆

赫利謝姆

圍，但是其B連在開闊凍結的田野裏遭到了德軍的密集火力殺傷，付出了50%的慘重傷亡代價後被迫撤退；之後用來替換B連的第56營C連雖然突入鎮內，但是陷入德軍突擊砲和機槍的火網之中；只有A連僅遇到微弱的抵抗並順利進入了鎮子，可是卻由於無線電失靈所以無法與C連取得任何聯繫，與指揮部的聯繫也告中斷。由於通訊不暢，指揮部也不清楚A連和C連的確切位置，但還是決定派一個M8型75mm自行火砲排給他們提供火力支援。自行火砲排嘗試了數條不同的路線以接近赫利謝姆鎮，但它們在經過佐恩河西岸一條冰凍的河道時，由於壓跨了冰面而陷入了水塘，直到夜間才被救援車輛拖了上來。

11日凌晨01：00，經過重新組織的714坦克營B連的坦克跨過軍用便橋進入了赫利謝姆的西面，與先前「失蹤」的第56營A、C連取得了聯繫並建立了防線。由於擔心德軍隨時可能發起的反擊，B戰鬥群於10：00左右又派遣了714坦克營的C連進入鎮子以先行發動進攻——沒想到德軍卻搶先於13：40左右發動了大規模砲擊和步兵突擊。激戰中C連連長負傷後撤，2輛坦克被德軍「鐵拳」火箭筒擊毀，而那些輕型坦克則「都被作為彈藥以及傷員運送車來使用了」。在這種糟糕的處境下，第714營B連指揮官只好電告作戰指揮部：「在鎮內作戰的第56裝甲步兵營能夠繼續作戰的人員已經打得只剩下150人，部隊沒有足夠的人手用來保護坦克」，並請求派遣更多的增援。下午16：00，師長亞倫少將命令B戰鬥群恢復進攻。

■ 穿越赫利謝姆繼續推進的盟軍坦克部隊。

■ 第12裝甲師714坦克營的M4A3坦克。

布朗利上校回絕說部隊已無力進攻，並極力爭辯說：「如果就這樣讓德軍先控制著橋頭堡，我們只要想辦法讓他們留在原地就行，這比去主動進攻他們更有效。」亞倫由此解除了布朗利的指揮權。儘管後來美軍曾增派了一個連的工兵部隊作為步兵加入戰鬥，但是亞倫終於認識到了如果再繼續打下去無疑是自殺行為。於是作戰指揮部於11日夜間20：00左右下令停止作戰，並命令所有在赫利謝姆鎮附近的部隊後撤到羅爾維勒一帶設防，從而結束了首次攻打赫利謝姆的行動。

小鎮坦克戰

當美國人對甘舒恩橋頭堡發動首輪進攻時，德軍也在積極準備新的攻擊計劃。鑒於前一階段「北風行動」與「冬至」攻勢的收效不大，早在1月7日以前布拉斯科維茲就請示希特勒，希望能動用裝甲預備隊以迅速打破僵局。希特勒最終同意動用裝甲預備隊投入勞特堡方向作戰，於是由卡爾‧德克爾指揮的德軍第39裝甲軍從阿登方向撤出，陸續開赴此地準備發動一場裝甲突擊（此時的第39裝甲軍下轄第21裝甲師、第25裝甲擲彈兵師以及第245國民擲彈兵師）。德軍G集團軍群根據情報判斷在勞特河地區的美軍由於被大規模抽調而兵力薄弱，如果對這裏發動一次強有力的進攻就能再次對薩文構成威脅。據德軍得到的情報，此時布魯克斯的美第6軍已經將防線後撤到了馬奇諾防線一線，而負責該地段防衛的僅有第45和第79師的一些步兵團和支援單位，另外就是林登戰鬥群。美軍在該地區的具體佈防情況如下，從東向西依次是：第222團（屬林登戰鬥群）、第315團、第313團以及第232團（屬林登戰鬥群）；而在萊茵河以及甘舒恩橋頭堡一帶，由北向南依次是：第314團、第14裝甲師的部分單位（屬B戰鬥群），第232團以及法第3阿爾及利亞師的部分單位（擁有坦克、坦克殲擊車、工兵以及偵察部隊等）。

　　1月7日，第21裝甲師和第25裝甲擲彈兵師受軍長德克爾之命，從防線北段向當面的美軍第6軍發起了大規模進攻，美軍的防線又一次面臨了危機！在臨近的馬奇諾防線

上，美第79師充分運用雷場和砲兵，並在林登戰鬥群的支援下頑強抵抗，一度阻止了德軍坦克的進攻。同一天，對於進展緩慢而深感不滿的布拉斯科維茲親臨前線視察，想弄明白究竟是什麼阻擋住了他的坦克突擊。當他瞭解了實際情況後，破口大罵那些作戰不力的裝甲部隊指揮官，並威脅要將他們全部撤職。1月9日，受到上級壓力的第39裝甲軍終於突破了第6軍的中央地帶，並將美軍驅趕到了哈根努（Haguenau）森林附近（德軍裝甲部隊此時正處於1870年普法戰爭時普軍實現勝利突破的同一路線上）。布魯克斯於是不得不動用了他最後的預備隊：位於哈頓（Hatten）和里特斯霍芬（Rittershoffen）附近的第14裝甲師，於是一場激烈的坦克決戰在這一帶的城鎮、田野、道路之間爆發了。第6軍同時開始了在甘舒恩、哈根努以及孚日三個方向上的生死之戰。

從1月10日到20日，美軍第14裝甲師使用了其所有可用的作戰部隊，在第79師的砲兵以及林登戰鬥群第242團，師屬第315團的支持下，全力對抗德克爾在哈根努森林地段的坦克突擊。在作戰期間，最激烈的戰鬥發生在位於哈根努森林北面不到2公里的里特斯霍芬和哈頓這兩座阿爾薩斯小鎮一帶（9日駐紮其間的為林登戰鬥群的第242團1營和2營，但很快就由79師315團替換）。德軍於10～11日間對兩鎮發動了進攻，美軍部署在哈頓鎮的第315團2營（由第813以及第827坦克殲擊營的M10支援），以及部署在里特斯霍芬鎮的第315團3營進行了頑強抵抗。為了解救被包圍的兩鎮守軍，美第

14裝甲師於12日使用其A、B兩個裝甲戰鬥群對德軍發動了反擊，但是B戰鬥群首先在兩鎮以北被德第21裝甲師的戰鬥群阻擋並被打退；而A戰鬥群則在里特斯霍芬鎮內與德軍第25裝甲擲彈兵師進行了反覆的爭奪。由於德軍搶先一步從東面入鎮，得以迅速地攻佔了大半城區，並將美軍壓制在鎮西。

13日，美軍為擴大戰果而將第14裝甲師的全部3個裝甲戰鬥群都投入了作戰：由第25坦克營與第62裝甲步兵營組成的B戰鬥群，從北方進攻德軍第21裝甲師，可惜其戰鬥結果與前天相比並沒有太大改善，第25坦克營在德軍坦克的砲口前被擊退，而第62裝步營則因失去坦克掩護而無法繼續前進；在里特斯霍芬，美軍A戰鬥群以第68裝甲步兵營與第48坦克營入鎮幫助第315團3營加強了防線，從而抵擋住了德軍第25裝甲擲彈兵師的進攻並保住了前一天的戰線完整；對於在哈頓鎮內的第315團2營，14裝的R戰鬥群則以第19裝步營以及第47坦克營一起，於上午08：00對哈頓以南發動側翼進攻，但到10：55時又在德第21裝甲師的打擊下被迫撤向哈根努森林；下午17：00，得到了第94騎兵偵察營F連輕型坦克支援的戰鬥群，直接向第315團2營所在的鎮西發動進攻並與其會合——美軍在兩鎮的成功立足，從而標誌著第14裝甲師與德國裝甲軍在哈頓與里特斯霍芬地區內激烈戰鬥的正式開始。

在巷戰中，兩軍都使用了猛烈的砲火壓制，坦克進攻和步兵突擊，從而使作戰地區成為了鋼鐵與火的海洋：當一方的裝甲部隊試圖切斷並迂迴包抄另一方時，往往都會由於遭到對方的坦克、反坦克砲以及重砲的猛

烈打擊而功虧一簣。最終,該地區內的戰鬥由裝甲戰變成了步兵戰,失去坦克的坦克手以及受傷的士兵在一片坦克殘骸與斷牆瓦礫中繼續鏖戰。每一棟建築,每一個道路口都被雙方反覆爭奪並反覆易手。在戰鬥的最後幾天裏,兩鎮內的建築群均遭到嚴重破壞,德軍已經可以清楚地數出鎮內還完好的房屋的數目了。而士兵之中也出現了因持續作戰而產生的疲勞症狀:有時在煙霧和黑暗的環境下,士兵們在激烈交火後會突然發現,對面的所謂「敵軍」原來都是自己的弟兄!可惜,戰鬥卻從沒有因此而中斷過。城鎮內狹窄的街道上不時閃現著雙方的戰士們穿梭於殘垣斷壁間的身影,這裏幾成為坦克墳場,坦克只能在「半盲」的狀態下,在步兵的保護下,小心翼翼的前進,充當移動火力點。在哈頓鎮,無論是德軍還是美軍的坦克都不敢穿過街區,即便是在己方大量步兵掩護和擁有火砲支援的情況下,因為這條鎮中主要街道兩側的廢墟內密佈著雙方大量的反坦克火力,整個街區也成了名副其實的坦克墓地。

為了取得更大的突破,德克爾在13、14日夜間投入了新趕到的的第7傘兵師20團,並在16日又投入第47國民擲彈兵師的第104團。在這樣的強大壓力下,第6軍的各個師長和團長們的指揮都失去了意義,抵抗德軍突破的重任於是落在了那些連排級軍官的身上。15日,德軍再次增強了他們在兩地內步兵的進攻力量後,美軍發現他們的防線正在被逐漸突破,很多士兵已經開始幫忙運送傷員準備撤出城鎮。儘管形勢險峻,各個連排的指揮官仍然在不斷地重組著被打散的隊伍

以堅守自己的防區。美軍明白自己已身陷絕境,只有繼續戰鬥才會有一線生機,「沒有任何人可以因為僅是砲彈的震傷就下火線」。所以他們繼續拼死抵抗著德軍的猛攻,第14裝甲師的很多部隊到此時已損失了三分之一的人員和裝備。

艱苦的戰鬥延續了4天4夜,直到19日德軍最高統帥部認為與其在兩鎮的巷戰中白白浪費兵力,還不如將兩個寶貴的裝甲部隊用於其他方向。20日,德軍第21裝甲師,第25裝甲擲彈兵師以及第7傘兵師相繼被調走,哈頓與里特斯霍芬攻防戰才宣告結束。兩座原本平靜的小鎮在戰鬥中完全化為了廢墟,而雙方在這一地區一共遺棄了一百多輛鋼鐵殘骸。

美軍第157團的噩夢

哈根努一線的鏖戰還沒完結,布拉斯科維茲又對「熄火許久」的畢曲突出部打起了主意。

很大程度上,孚日山脈中的戰鬥就是為了控制重要交通線和路口。其中3個關鍵地點成為德美雙方反覆爭奪的目標,他們分別是:位於突出部西面的薩林斯伯格-奧桑(Sarreinsberg-Althorn)地區、中心地帶的雷普特斯維勒地區以及突出部東面的菲利普斯堡-貝倫塔爾地區。

在「北風行動」的最初幾天內,雖然美軍第179團(45師)對突出部西面所發起的行動僅獲得了微小的進展,但經過一週的休整後,進行了重整的該團部分單位協同第19裝甲步兵營對薩林斯伯格地區展開新一輪進

攻，並肅清了關鍵的薩林斯伯格-萬讓大道。這一行動直接關係著於10日展開的對奧桑的進攻計劃。儘管有德軍重砲和迫擊砲的威脅，但由於主要道路已經暢通，美軍得以從西、北兩個方向攻入該鎮，並在次日消滅了鎮內德軍，佔領的南面的高地。1月12日，第179團3個營從奧桑地區前往北面的瓦爾登古斯地區作戰。在3天的激烈戰鬥之後，德軍退走。15～20日，該團僅執行了一些在奧桑東面的巡邏任務。1月17日，仍留在第15軍戰區內的179團部分單位最終被第36步兵師替換，與團主力在奧桑一帶會合。

美軍180團（45師）與313團（79師）於1月8日間與德軍在雷普特斯維勒以北展開了激烈的交戰，180團與313團一左一右，在德軍的進攻下牢牢控制著防線，德軍在美軍防線前碰得頭破血流。2天之後也就是1月10日，德軍只得後撤。180團與313團趁勢反擊，並分別向前推進到了塞格姆（Saegmuhl）以北的高地與雷普特斯維勒東北1英哩處的高地一線。

1月11日，德軍最高統帥部做出反應，將預備隊調入該戰區參戰。SS第6「北方」山地師派遣了4個營的兵力，對180團實施反擊，將其壓回瓦爾登古斯-塞格姆大道。在德軍的反擊下，313團也同時丟掉了已佔領的高地。為了堵住挺進中的SS第6山地師，第157團（45師）2營被抽出，從戰線中央對當面德軍發起反擊。然而由於地勢起伏，道路崎嶇，雙方除了在數百碼距離上發生交火外，都沒有獲得什麼值得一提的進展。

從1月13日開始，美軍抓緊時機給突出部內的部分部隊換防。第103師終於替換下了已經連續戰鬥了一週之久的赫倫戰鬥群。14日，美第45師157團奉第7集團軍之命，替換下了在里奇恩伯格（Lichenberg）與奧伯姆塔爾（Obermuhlthal）之間的第276團，並緩慢穿越密林，推進至可以俯瞰雷普特斯維勒-奧伯姆塔爾大道的高地附近，而第36戰鬥工兵團則接管了第275步兵團在奧伯姆塔爾地區的防區。

儘管第103師未遭抵抗地順利控制了貝倫塔爾以東的區域，但從14日到21日的這8天裏，第157團卻意外地捲入了一場血腥戰鬥之中，地點是莫特豪斯-貝倫塔爾鎮附近被冰雪覆蓋的、潮濕、崎嶇的森林地帶。當時第45師的任務是從南面向北推進到這個鎮子的邊緣地區，行動計劃如下：179團從左翼進攻；180團負責防守中部地帶；而157團和第36戰鬥工兵團從右翼發動攻擊。但令美軍沒有想到的是，這次進攻將會給他們中的很多人留下難以抹去的恐怖回憶！

1月14日清晨，157團躍出在雷普特斯維勒-奧伯姆塔爾大道附近的陣地開始了進攻。德軍似乎已經有所警覺，在美軍發動進攻的瞬間，鎮內的德軍重砲、火箭砲以及迫擊砲劈頭蓋腦地傾瀉而下，將美軍牢牢地壓制。180團以及第157團1營無法前進，只好撤退，僅有157團3營在左面前進了大約2000碼，並佔據了2處山丘。可是還沒等這些美軍站穩腳跟，德軍SS第6山地師屬下的第11「萊因哈特·海德里希」山地步兵團就從四面八方快速地包抄上來，最終將該營的3個連困在山丘之上。

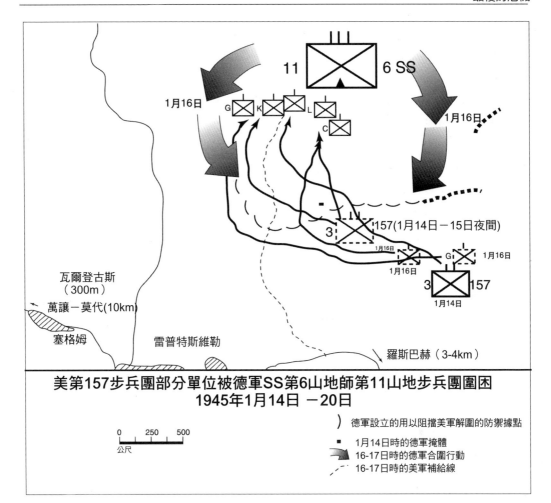

11 6 SS

1月16日

G K L C

1月16日

157(1月14日－15日夜間)

3

1月16日

1月16日

G 1月16日

1月16日

3 157

1月14日

瓦爾登古斯
（300m）

萬讓－莫代(10km)

塞格姆

雷普特斯維勒

羅斯巴赫（3-4km）

**美第157步兵團部分單位被德軍SS第6山地師第11山地步兵團圍困
1945年1月14日 －20日**

0 250 500
公尺

) 德軍設立的用以阻擋美軍解圍的防禦據點

■ 1月14日時的德軍掩體

16-17日時的德軍合圍行動

16-17日時的美軍補給線

　　157團見3營被圍，立即展開了救援行動。1月15日，該團1營及2營從左右兩個方向試圖解圍，然而卻只有C連、G連獲得了一定的進展。但他們很快也與團主力失去了聯繫，並被德軍包圍。從16日到20日間，157團對被圍的5個連實施了數次解圍行動，但每次都遭到了德軍山地步兵的頑強阻擊，經驗老道的山地步兵們建立了許多經過偽裝的據點，美軍幾次突擊都被擊退。美軍曾試圖空投補給，但最終由於惡劣的氣候而放棄了嘗試。此時在包圍圈內的5個連已經在暴風雪中苦撐了3天，他們彈藥即將告罄、補給也已用盡，卻仍然頑強作戰。所有傷員都被置於散兵坑內，而剩餘的有戰鬥力者則圍繞這些散兵坑在雪地裏建立起防禦圈繼續抵抗。到20日，這支原有750人的隊伍中可作戰的士兵人數已下降到了125人。由於當時有關阿登戰役中發生的「馬爾梅迪屠殺事件」的報導已經傳遍了整個第7集團軍，所以沒有一個美軍願意向德國黨衛軍山地部隊投降。20日，在第5次解圍行動失敗後，第157團受命後撤，被圍美軍也同時受到了指

令：「立即突圍！」

1月20日下午15：30，位於包圍圈內後部的美軍士兵開始用步槍和自動武器朝天射擊3分鐘，以擾亂德軍的判斷；同時，美軍還通過無線電向德軍SS第11山地步兵團進行了廣播：「我們出來了！快用你們手裏所有的武器向我們開火吧！」同時，美軍迫擊砲則不斷發射煙霧彈以掩護整個突圍行動。

儘管用盡了各種手段，第157團C、G、I、K、L這5個連的絕大多數士兵依舊沒能逃脫厄運：最終僅有班傑明·梅爾頓和沃特·布魯斯這2個士兵活著回到了美軍控制區。根據戰後統計，第157團從12日～20日間在災難性的雷普特斯維勒之戰裏的總損失為158人陣亡、傷病350人、426人失蹤或被俘。受到沉重打擊的該團隨後取消了進攻，撤回後方進行休整。德軍SS第11山地步兵團方面，雖然其傷亡人數不詳，但也在隨後的幾天內撤出了戰鬥回到後方休整。接下來一直到1月20日，孚日山脈這一地段逐漸平靜了下來，偶爾有一些零星的交火。

「牙醫」——最後的攻勢

為了給已經展開進攻行動的第39裝甲軍更多的援助，OKW於1月7日開始頻繁調動它所能調集的一切兵力——包括SS第10「福隆德斯伯格」裝甲師、第11裝甲師、第7傘兵師、第47國民擲彈兵師以及第2山地師在內的最後一批德軍增援部隊——準備發動新一輪的攻勢，代號「牙醫」（Operation Zahnarzt）。除了第11裝甲師，希特勒批准了布拉斯科維茲對上述部隊的動

用請求：「你可以完全照你的想法去做，我不會干涉你」元首對布拉斯科維茲說道，「但是，SS第10裝甲師必須按我的意思，部署到哈根努的東面，並按期與希姆萊的「上萊茵河」集團軍群在甘舒恩橋頭堡附近會師！」。

希特勒原打算在9日就把裝甲預備隊交給布拉斯科維茲，但是戰局突然出現了些變化，影響了德軍的部署。1月8日晚間，布拉斯科維茲使用加強給第1集團軍的傘兵、國民擲彈兵以及山地步兵單位纏住孚日山脈地段的美軍，然後讓第39裝甲軍用2個裝甲師向西面的哈根努與甘舒恩發起進攻（如前文所述，那時德克爾的其他部隊正在北面與美軍激戰）。但是此刻從OKW方面卻傳來了德克爾已經突破美第6軍的防線，而在孚日的赫內和在甘舒恩的馮·登巴赫都未能取得更多進展的報告。鑒於這個變化，希特勒最後還是改變了主意，將包括SS第10裝甲師在內的所有援軍都投入到第39裝甲軍的突破地段附近。由於這一拖延，德軍的調動沒能夠及時地完成，布拉斯科維茲24小時之後才得到了元首所承諾的增援力量（還是一點一點地得到的）。

在美軍方面，第14裝甲師於10日開到了哈頓和里特斯霍芬兩鎮設防，而德克爾的裝甲部隊也開始了攻打這一地區的行動。起先德克爾是可以完全避免這一場硬仗而從哈根努森林邊緣繞過這兩個鎮的，但是他擔心該地美軍裝甲部隊的存在會威脅他的側翼，所以還是決心

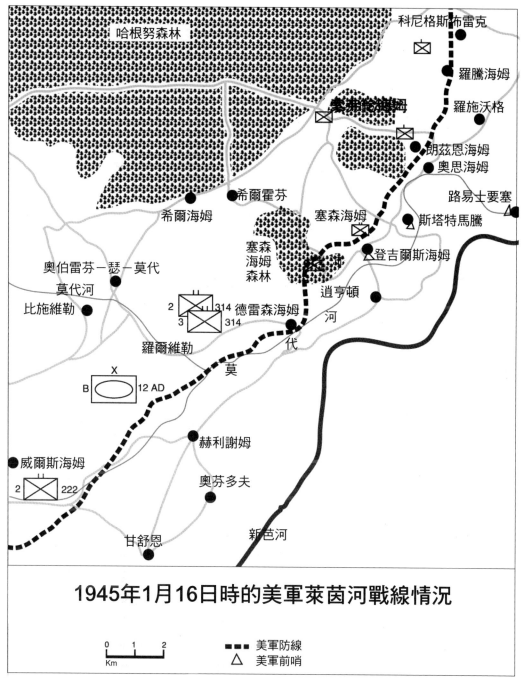

哈根努森林

科尼格斯布雷克

羅騰海姆

羅施沃格

塞布倫海姆

朗茲恩海姆

奧思海姆

路易士要塞

希爾霍芬

希爾海姆

塞森海姆

斯塔特馬騰

奧伯雷芬－瑟－莫代

莫代河

比施維勒

塞森海姆森林

2 314 德雷森海姆
3 314

逍亨頓河

登吉爾斯海姆

羅爾維勒

莫代

B 12 AD X

赫利謝姆

威爾斯海姆

2 222

奧芬多夫

新芭河

甘舒恩

1945年1月16日時的美軍萊茵河戰線情況

0 1 2
Km

●■■ 美軍防線
△ 美軍前哨

攻下這兩個鎮子，結果德軍第21裝甲師以及第25裝甲擲彈兵師與美第14裝甲師在這裏爆發了一場激戰。苦於增援力量的不足，布拉斯科維茲和奧伯斯特菲爾德被迫「添油式」地將部隊逐次投入戰場（比如SS第6山地師）。1月11日，在

第7傘兵師也被迫加入到在哈頓-里特斯霍芬地段的戰鬥中後，忍無可忍的布拉斯科維茲終於違背了希特勒有關「不得隨便動用SS第10裝甲師」的命令，將其調往他認為是最關鍵的勞特堡地區，準備發動一次沿萊茵河西岸向南展開的攻勢。隨後布拉斯科維茲返回了他的司令部，向希特勒發出了如下的電報：「我的元首，德克爾沒有獲得足夠的增援，無法實施進一步的進攻，第39裝甲軍現在正困在哈根努森林一線。」希特勒回電：「讓我與希姆萊商量一下，看看他有什麼好辦法。」在經過幾小時緊急磋商後，OKW於1月12日開始了阿爾薩斯地區大規模的進攻調整。德克爾的第39裝甲軍、第7傘兵師以及SS第10裝甲師現在都被轉隸給希姆萊；而赫內的第89軍被調出了孚日山脈——第21裝甲師、第25裝甲擲彈兵師以及第47國民擲彈兵師都被加強給了該軍；至於孚日地區內剩下的德軍部隊，全都被劃歸給了彼得森的第90軍（此時的第89軍和第90軍仍然隸屬第1集團軍。屬第90軍的部隊有：SS第6山地師，第36、256、257、361國民擲彈兵師以及即將被配屬給SS第13軍的第559國民擲彈兵師——SS第13軍仍掌握著SS第17裝甲擲彈兵師和第19國民擲彈兵師）。

帕奇和布魯克斯在這幾天裏也在抓緊時間調整並加強他們的防禦力量。1月13日，法軍第3阿爾及利亞師被部署到斯特拉斯堡，美軍第103師也趕到了第6軍的防區內以替換在連日激戰中早已疲憊不堪的赫倫戰鬥群。盟軍最高統帥部則給德弗斯發出了訊息：幾天後他們將會派遣「巴斯托尼防禦戰中的英雄」——第101空降師和一些砲兵前來哈根努地區增援。為了以防萬一，帕奇現在將第36師和第12裝甲師的剩餘單位全都交給了布魯克斯的第6軍，於是後者立即將他們開到甘舒恩橋頭堡附近以解救苦戰中的第79師及林登戰鬥群（實際上第36師到甘舒恩附近的部隊只有143團和後來開到的142團，該師其他單位此時都還在第100師的方向上）。此時除了哈頓-里特斯霍芬地區和孚日山脈的一些地段外，駐守阿爾薩斯的盟軍部隊獲得了一段難得的平靜時期，每天僅有一些德國空軍戰機前來襲擾。雙方都在積蓄自己的力量，以便進行下一輪新的較量。

與此同時，由海因茲·哈默指揮的SS第10裝甲師正在按預定計劃開往勞特堡，並於16日前到達了甘舒恩橋頭堡地區，而美軍卻沒有發現德軍的這次調防。在以後的日子裡，他們將會為此疏忽付出沉重的代價。

1月16日，德軍發動計劃已久的「牙醫行動」，已重新調整部署完畢的德軍第39裝甲軍，以SS第10裝甲師、第7傘兵師、黨衛隊全國領袖護衛營、第384和第667突擊砲旅等部為先鋒，發動了從勞特堡向萊茵河西岸的大規模進攻。雖然美軍的林登戰鬥群、第79師等部在之前已經做好了抗擊的準備，但是隨後德軍的主攻方向卻還是讓美國人吃了一驚：SS第10裝甲師在擊潰了進攻甘舒恩橋頭

第43坦克營的進攻
1/16/45
赫利謝姆　樹林　　　火車站　　　奧芬多夫　　　　　　往萊茵河對岸
　　　　　　　　　　　　　　　　　　　　　　　　　　萊茵河

第66裝步營進攻　　第17裝步營A.B連的
樹林東北　　　　　進攻往斯特拉斯堡　　　　　　甘舒恩鎮（1/16/45）
1/16/45　　　　　　1/16/45

堡的美軍部隊後，直接從萊茵河東岸殺出並繼續向西南方向挺進，試圖繞過美第6軍的防線擴大戰果，從而再一次威脅薩文關。從16日～20日間在赫利謝姆鎮周邊地區展開的激烈戰鬥中，美軍方面蒙受了巨大的損失。其中損失最為慘重的卻並不是第79師也不是還在戰鬥中的第14裝甲師，而是亞倫少將指揮的正在甘舒恩橋頭堡西面執行作戰任務的第12裝甲師！而這場災難的緣由，還得從該師第二次攻擊赫利謝姆時說起。

再戰赫利謝姆

　　為了實現切斷德軍甘舒恩橋頭堡南北兩線聯繫的目的，美軍第12裝甲師於16日再次展開了奪取赫利謝姆的行動。這一次它組織了2個裝甲戰鬥群：B裝甲戰鬥群的第56裝甲步兵營將從羅爾維勒向南進攻赫利謝姆，而A裝甲戰鬥群將從威爾謝（Weyershei）出擊，跨過佐恩河進攻奧芬多夫，如果A裝甲戰鬥群佔領它就會切斷赫利謝姆德軍的退路。在第12裝甲師行動的同時，第79師的2營會攻打德魯森海姆，而法國第3阿爾及利亞師則會從基爾斯德特（Kilstett）出發沿萊茵河向北攻打赫利謝姆。根據計劃，林登戰鬥群的232團和第79師314團將沿萊茵河一線展開，協同第12裝甲師達成其進攻目標，並同時防備德軍可能的反擊行動。

　　盟軍賦予第12裝甲師A戰鬥群的任務是編成三個戰鬥特遣隊，協同行動：第一特遣隊主力是第43坦克營的大部；第二特遣隊由得到第43坦克營1個排的坦克加強的第66裝

甲步兵營，用來「清掃」斯坦因瓦爾德樹林裏的德軍；第三特遣隊由第17裝甲步兵營和其他部隊組成，他們的最終目標是佔領奧芬多夫。能否消滅斯坦因瓦爾德樹林裏的德軍關係到A戰鬥群進攻的成敗，如果樹林裏的德軍沒有被徹底消滅，那麼盟軍的計劃一定會失敗。

在攻擊發動之前，盟軍情報部門估計大約只有500到800名老弱的國民擲彈兵守衛著赫利謝姆。所以亞倫少將樂觀地認為他的部隊能夠迅速包圍赫利謝姆，切斷小鎮一切對外聯繫。亞倫認為只要做到這一點，其麾下3個裝甲步兵營就會輕易地粉碎鎮內所有德軍的抵抗。從軍事常識角度看，進攻這種防禦堅固的城鎮據點的任務其實更適合由一個步兵師來執行，可當時盟軍在這一地區的步兵師——第36師和法國第3阿爾及利亞師都有其他任務在身，無暇他顧，第12裝甲師是布魯克斯惟一可以用來執行作戰的部隊。但最大的問題還不是這個，而是美軍在情報搜集工作上出了很大的漏洞：此時駐守赫利謝姆和奧芬多夫兩地的德軍第553國民擲彈兵師，實際上已經得到了SS第10裝甲師部分單位的加強，戰後查明，在盟軍發動進攻前，德軍1個擲彈兵連已經在赫利謝姆構築了堅固工事，1個迫擊砲連和3個反坦克砲連已經做好了戰鬥準備，至少有6個裝備裝甲支援車輛的裝甲擲彈兵連在附近地區作為機動預備隊可以隨時投入戰鬥。

由於情報失誤，美軍的進攻一開始就很不順利，一連串的失敗接踵而至：從北面進攻的B裝甲戰鬥群又一次被水網地帶所阻，第56裝甲步兵營和第714坦克營遭到了德軍

猛烈的砲火轟擊，美軍付出了慘重代價仍然無法將它們的坦克開過佐恩河。法第3阿爾及利亞步兵師試圖再次從南面進攻甘舒恩鎮，但是在德軍嚴密的防守下依然無果而終。在西南方向，第12裝甲師A戰鬥群在凌晨01：00左右展開了進攻。04：45，第66裝甲步兵營到達了蘭德格拉本河，也就是預備發動對斯坦因瓦爾德樹林的進攻的起始點。在那裏他們遭到了德軍重火力的襲擊，並陷入了雷區，動彈不得。當進攻於午間叫停時，該營A連與C連總共只剩下了65名倖存者。10：30，第43坦克營漆著白色冬季迷彩的坦克在營長尼古拉斯·諾弗塞爾中校的指揮下，開始向赫利謝姆南面開闊的田野前進。43坦克營沒有接到66裝甲步兵營進攻受阻的消息，他們根據計劃推測此時斯坦因瓦爾德樹林裏的威脅已經被「清除」了——但是根本沒有。第43坦克營不知不覺中進入了一個完美的坦克屠殺場，美軍坦克遭到來自南面的斯坦因瓦爾德、北面的赫利謝姆以及東面奧芬多夫3個方向上德軍反坦克砲的兇猛射擊。更糟糕的是，第43營在戰鬥中根本沒有將火力調整到對其威脅最大的斯坦因瓦爾德小徑方向，因為他們認為第66裝甲步兵營會「清除」那裏的德軍。

慘烈的戰鬥後，諾弗塞爾中校好不容易才率領餘部衝了出來。鑒於坦克損失嚴重，他被迫下令部隊後撤2公里，並請求航空兵轟炸斯坦因瓦爾德樹林。一名叫威爾海姆·巴爾巴赫的德軍砲兵觀察員（隸屬SS第10裝甲師22裝甲擲彈兵團）這樣描述了第43坦克營於1月16日在「坦克屠殺區」內的遭遇：「我們是在1月中旬時受命到達此地

（在萊茵河東面，譯者註）。本來我們是在萊茵河西岸設防，但那裏的視線很糟糕不利於戰鬥，幸好上級意識到了這個問題，於是我們很快在次日換防到了奧芬多夫以西。在那裏，我和另一名少尉一起幫助2個排的反坦克砲單位設立了一個砲兵觀測點以報告射擊方位，然後又來到了赫利謝姆-甘舒恩的N68號公路和鐵道之間開始設立第二個砲兵觀察點。就在這時敵軍發動了一次有坦克參加的對橋頭堡的正面進攻，結果這次進攻遭到了災難性的失敗。2門部署在鐵路路基形成的『堤壩』後的反坦克砲向這些坦克猛烈開火，其他部署在斯坦因瓦爾德的火砲也同時向他們射擊。我們的火砲都很好地隱藏在路基後面，有些敵軍坦克試圖倒車後退或者轉向，但它們中的大多數都在積雪的泥地上陷住了。敵軍車組成員試圖棄車而逃，其中有

些坦克甚至沒受到任何損害卻也沒有開過一砲。這是一場真正的潰敗！我一生中從未見到過如此多的敵軍坦克殘骸遺留在戰場上，我永遠不會忘記這一幕。」

由詹姆斯·W·羅根少校指揮的第17裝甲步兵營，同樣在推進時遭到猛烈的砲火攻擊，僅在前進了2、300公尺後便停下了。很明顯，他們沒法穿過如此密集的德軍火力，甚至在戰術空軍於那天下午轟炸了斯坦因瓦爾德樹林之後也是如此。有些負責支援的美軍坦克試圖接近鐵路路基，但是它們很快就被奧芬多夫與斯坦因瓦爾德兩個方向上的德軍反坦克砲轟成了碎片。A、B連以及支援部隊最終在晚上撤退到佐恩河附近設立防線過夜。即便是50多年以後，第17裝甲步兵營的老兵們對這一天的經歷仍然記憶猶新，噩夢般的回憶將伴隨倖存者一生。

■ 真實的記錄，遭到美軍P-47戰鬥轟炸機轟炸後，正在燃燒中的斯坦因瓦爾德森林。

該營A連1排排長馬文·德魯姆少尉在回憶中說道:「我於1944年1月被分配到第17裝甲步兵營,當我們營剛被編入第12裝甲師時(一開始12裝甲師只有第56裝甲步兵營),我們這些新人都受到了熱烈的歡迎——當然也有警告,比如最好不要隨便動那些被找到的德軍武器。有一名士兵在一個屋子的一角發現了一支德軍的K98,他愚蠢地擺弄那枝槍,步槍突然走火,子彈居然穿過樓層打死了另一名在地下室的戰友,造成了我們師的第一個傷亡。1945年1月15日,我奉命去確認在威爾斯海姆(Weyersheim)附近一個德軍機槍陣地的位置。在我們前進時,我右面的士兵突然射擊,我以為他看到了機槍,於是立即跑過去把他撲倒並詢問他德軍機槍的確切位置。可是他卻告訴我他沒看到機槍,他只是在射擊一群飛過的鴿子。我氣憤的問他:『見鬼!你到底在幹什麼?』他回答說:『好吧』少尉。這些鴿子很可能是用來送信的!就在這時,我們的迫擊砲開火了,隨後我們便奪取了山頭。1月16日,第17裝甲步兵營開始向赫利謝姆進攻。我們冒著德軍砲火取得了一些進展,在進抵斯坦因瓦爾once樹林時,突然從那裏射來的德軍火力將我們壓制住了。大家原本以為第66營已經『清除』了那裏的德軍,並不曉得實際上66營已被阻擋無法進入樹林清剿德軍。我的排就這麼暴露在開闊的凍結的田野裏,右面的一個機槍組被一枚德軍砲彈直接命中,什麼也沒有留下。我也不知道自己是如何熬過去的!另一枚砲彈則擊中了我左面的2名士兵,其中一個全力幫

■ 美第12裝甲師第17裝甲步兵營A連1排排長馬文·德魯姆少尉1942年時的相片。

助著他受傷的弟兄,絲毫不顧自己半個肩膀已經失去……後來,我們的2架P-47戰鬥轟炸機飛了過來對樹林投下了炸彈,但是樹林裏的德軍仍在射擊。雖然我的手下都很不甘心,但別無他法,我們只好後退500公尺準備過夜。」

第17裝甲步兵營A連1排卡爾·萊昂斯軍士的日記摘錄:「1945年1月15日,12月底,德軍在阿登地區發起反擊,也就是著名的突出部戰役。對於盟軍而言我們現在已經獲得了戰役勝利,德軍不得不通過一次新的反擊來重新奪取阿爾薩斯-洛林地區,以阻止盟軍向德國的快速挺進。德國人秘密地在甘舒恩建立橋頭堡並集結起他們的部隊——其中包括2個裝甲師和3個國民擲彈兵師。我們的情報部門對此一無所知,消息說似乎只有15輛虎式坦克在萊茵

河的對岸，而且美國第7集團軍與法國第1集團軍正在努力消滅德軍在河邊的那個橋頭堡。我們的計劃是：法軍負責肅清甘舒恩，我們第12裝甲師則擔任這次攻擊的矛頭，為主力部隊行動創造條件。我們師的計劃是，由得到坦克支援的第66裝甲步兵營負責進攻斯坦因瓦爾德樹林，如果66裝步營順利地完成任務，第17裝甲步兵營就將和第23坦克營（應是第43坦克營，譯者註）一起進攻奧芬多夫，佔領它並將戰線推進到萊茵河岸一線。我們將半履帶車都留在了威爾斯海姆附近，然後步行4英哩穿過該鎮，進入了平原地帶。天空破曉時我們到達了斯坦因瓦爾德樹林右側的一條小河岸邊。P-47戰機投入了戰鬥，我們的坦克超越我們的行軍隊伍率先發起進攻，不久之後就聽見了前方傳來的激烈槍砲聲，於是部隊經過由工兵架起的浮橋向前推進。我看到了傑克·艾尼斯——自從訓練營以來這還是我第一次看到他。A連被部署在營的右翼，我們1排是連的先導。我們很快就發現自己與第23坦克營（應是第43坦克營，譯者註）拉開了距離。無論如何，最後部隊還是到達了奧芬多夫前的一片田野中，斯坦因瓦爾德樹林正處於我們的右面。

在進攻時，坦克對面前的一切敵軍目標猛烈開火，不久之後就有一批批的德軍俘虜走了過來。這裏的地面被厚厚的冰雪覆蓋，有些坦克在冰上陷住而被遺棄了。過了不久，部隊遭到了德軍砲火的襲擊，砲彈在步兵的隊伍裏造成了一些傷亡。隊伍中有些新兵看上去很害怕，他們趴在地上不敢前進，而我和菲利普就鼓勵他們繼續前行：『如果你就這麼待在那裏的話，那些德國人很快就會打到你！』1枚砲彈落在我面前50英呎的地方，另一枚則落在我右面大約2英呎處——我不清楚它們為什麼沒有爆炸。一群德軍步兵從樹林的右側衝了出來，我和菲利普立即把機槍架好並向他們射擊，當時整個連裏就我們2個在朝敵軍開火！凱利因為太害怕所以他什麼也沒有幹！還好這些德軍不久就向尾隨我們前進的2排投降了。大約十多分鐘後，德軍集中各種火砲對我們發動猛烈砲擊，我們向奧芬多夫進攻的路上到處都能聽到受傷士兵的痛苦呼救。先頭的坦克穿過了800公尺外的鐵路，我們1排的尖兵馬上就要接近那裏，這時候我們突然接到命令：停止進攻！大家都感到很失望。當時菲利普和我已經將機槍架了起來，但是卻無法挖掩體，因為地面已凍得和岩石一樣堅硬，根本無從下手。

德軍的砲擊在繼續。我們左面B連那裏傳來的垂死士兵的尖叫聲也越發清晰。6輛坦克的殘骸在前方熊熊燃燒，突然，在我和菲利普前面大約50碼處的1輛坦克爆炸了，渾身是火的車組乘員從燃燒的坦克內逃了出來，其中一人在地面上不斷翻滾、尖叫直到死去……我們看到200碼外的樹林轉角處有一隊虎式坦克（當時這個地區的德軍部隊並沒有裝備坦克，作者註），我們的周圍到處是被擊毀的美軍坦克，我軍倖存的坦克邊後退邊發瘋似地向那裏傾瀉砲彈。危險之時施拉普納將我們撲倒，但是菲利普還是被砲彈彈片劃傷了，他後

來在臉上纏上了繃帶。情況糟透了……我們簡直就是掉入了陷阱的老鼠。第66裝甲步兵營不僅沒能成功地肅清斯坦因瓦爾德樹林中的德軍，反遭德軍大量殺傷。負責支援的P-47向200公尺外的樹林傾瀉大量500磅級的航空炸彈，突然我聽到芬克說機槍組被擊中了，於是我過去看福斯和舒梅克他們，結果只看到了些軍服的碎片——看來他們2個被一枚砲彈直接擊中了，可憐的傢伙！接到全面撤退的命令後，部隊開始撤退。我和菲利普收起機槍隨著部隊後撤。一開始，部隊還保持著隊形向後移動，但很快就變成了潰逃。德軍的火砲就對著這些毫無反抗能力的人群猛轟——如果若不是一隊輕型坦克的拼死掩護，很可能所有的人都會死在那裏了。上帝啊！我望著四周慌亂地向後逃跑的弟兄們心想，如果我在這裏被打中的話，他們就會把我丟在這裏！我們一直跑到小河對岸才停下，德軍也停止了砲擊……營部於傍晚時分下達命令就地過夜。晚上我聽說我們的一個弟兄考利爾，在戰鬥中受了重傷已經下了火線。菲利普和我鑽進我們的散兵坑。儘管天氣是那麼寒冷（內褲和手套都快凍住了），我們還是強迫自己入睡，整個夜晚就在零星的砲火聲中過去了。」

第17裝甲步兵營A連愛德華・F・沃斯薩克一等兵的回憶：「1月15日，我們得知將要返回前線進攻奧芬多夫，於是部隊搭車於夜半時分出發。16日破曉時進攻開始了，當我部到達預定地點後，士兵紛紛下車徒步向目標前進。我接到命令向營長羅根少校報告情況，並暫時當他的傳令兵。和我一樣，來自另一個排的比爾・芬克也接到了同樣的任務。一個軍官（我們倆是先向他報到）告訴我們就等在路邊，

■第17裝甲步兵營A連1排卡爾・萊昂斯軍士。

待會兒會有車來接我們。我倆就這麼坐在路邊的雪地上等著。一個小時之內，第17裝甲步兵營整個營排成2列縱隊從我們面前經過，每個士兵相距5～10碼左右的距離，我倆就這麼看著一個又一個排的士兵隊伍緩緩走過……一輛吉普倒著車來到我們面前，上面一個軍官喊到：『嘿！你們兩個在這裏幹什麼？！』我試圖向他解釋我們是奉命行事等車來接，但是他似乎根本沒聽進去『趕快！給我上前線！』我們只好隨著大隊一起行軍。幸虧我剛拿到了我的冬靴，2個月以來，我的雙腳終於不用受凍了。雖然穿這種靴子不能走很長的路，但它足以保持腳部的溫度與乾燥……我們終於見到了羅根少校，我立即向他解釋遲到的原因。他聽完後沒說什麼，只是簡單地

下了進攻的命令。比爾·芬克和我雖然因為先前的折騰而十分勞累，但是我們還是堅持著繼續前進。這時天空已經慢慢變亮，縱隊開始遭到前方德軍迫擊砲和輕武器的射擊。前衛部隊快速穿過一片開闊地對他們實施包抄，這裏的德軍很快就投降了。雖然很難知道確切的數目，據我看來大約有100名俘虜，這些都是身著乾淨制服的德國佬。當我們推進到一片農地時，1挺埋伏著的MG42機槍向我們猛烈開火，我們用迫擊砲還擊，打掉了那挺機槍。芬克和我受命前去查看，我倆快速地跑到那個機槍陣地前，看到3具德軍殘缺的屍體倒在那裏。檢查屍體時，我注意到其中一個德軍的防毒面具桶上的名字：H·芬克。我把這個拿給比爾看，他盯著那個桶看了

赫利謝姆鎮（1/17/45）

莫代河
佐恩河
羅爾維勒
第56裝步營的進攻 1/17/45
紫心路
市政大樓
水廠
教堂
埃爾溫－巴赫曼的進攻
墓地
往德魯森海姆

第43坦克營的進攻 1/17/45　　第17裝步營B連的進攻 1/17/45　　第23坦克營　　往甘舒恩　　美軍前哨點 1.17-18　　火車站　　往奧芬多夫
第17裝步營A連的進攻 1/17/45

幾秒鐘然後說了一句『也許那真是我的一個親戚。』我感到很對不起他,那時我對比爾並不瞭解,但我知道他是一個嚴肅認真的人,所以很後悔,我這個做法實在是有些過分了。

下午的時候部隊推進到一片足有500碼寬的樹林前,營部計劃在這裏過夜。在我們後面100~200碼是一些美國坦克,他們正準備開進指定地段,以便為部隊夜間休息提供保護。我和比爾·芬克站在一堆傳令兵之中接收發給各個單位的命令,就在這時樹林裏突然射來了砲彈,大約有2、3門德軍反坦克砲在向我們開火。幾輛坦克立即被擊中起火,其他的坦克紛紛倒車尋找掩護,我記不清它們是否還擊了德軍。那些砲彈以低伸的彈道快速地飛過,你甚至可以感受到它經過草叢上方時的衝擊力。當我們還在『好奇地觀看』時,突然傳來的一聲巨響將我們都震倒在了地上,其中一人當場昏了過去!很明顯這聲巨響是砲彈高速飛行時所產生的衝擊波,說明一枚德軍砲彈的彈頭剛才正好從我們頭頂飛過,萬幸大家都沒事,我不知道對我們開砲的德軍是否真的是把一群傻傻地擠在一起看熱鬧的傳令兵當作了他的目標。受此驚嚇,大家趕緊趴下把臉緊貼著地面……軍官交代完命令後就離開了。數分鐘後,幾聲巨大的爆炸聲從樹林方向傳來——原來那是我們的P-47戰機正在轟炸德軍的反坦克砲。到這時我才回過神來,必須立即把命令傳給我的連部。整個夜晚就在雙方零星的交火中度過了。我於清晨時返回了我的連。在那裏大家都知道了一件事:向奧芬多夫挺進的命令被暫時取消了。」

根據美軍的事後統計,16日當天第43坦克營有12輛坦克被擊毀(7輛75mm型M4與5輛76mm型M4),另有11輛被擊傷,據稱只有1名軍官戰死、3人受傷(傷亡數字明顯被縮減了)。德軍方面有3人戰死、20人受傷、80人被俘。7門75mm反坦克砲、5門76mm反坦克砲在美軍的空襲和砲擊中被摧毀。

混亂的開局

1945年1月17日,一個寒冷而又霧氣濛濛的清晨。美第12裝甲師43坦克營正在重新制訂作戰計劃,準備奪取前日行動中未能拿下的阿爾薩斯小村——赫利謝姆。在之前的戰鬥中,該營已有12輛坦克被擊毀,另有11輛受損,全營現在僅有29輛坦克可以投入戰鬥。由於連日戰鬥不順,部隊上下彌漫著一股對未來戰鬥悲觀的預感。據說,在部隊進行加油、補給作業的時候,它的指揮官尼古拉斯·諾弗塞爾中校曾對一個第12裝甲師師部軍官說過一句話:「梅耶,你真是個幸運的雜種。我想我們這次行動後不會回來了。」對43坦克營的大多數人來說,這句話在不久的將來變成了可怕的事實!

為了順利完成任務,B戰鬥群的第23坦克營劃歸A戰鬥群指揮,作為交換,B戰鬥群則得到了第17裝甲步兵營的C連的補充。當天上午,第12裝甲師的2個裝甲戰鬥群整裝完畢,再次殺向赫利謝姆。

B戰鬥群的任務是佔領赫利謝姆北面的

D648號水泥公路和附近的鐵路交會點，但是美軍的進攻再一次受挫。部隊試圖在佐恩河對岸擴大橋頭堡的行動被德軍發覺，德軍集中各種火砲對美軍集結地域進行火力覆蓋，美軍漸漸不支不得不撤退，幾小時後進攻部隊總算掙扎著撤回了出發地。

A戰鬥群的進攻於早上04：00開始，第66裝甲步兵營首先開進，部隊在砲兵的掩護下開始進攻斯坦因瓦爾德樹林。儘管美軍已經進行了周密的計劃（第66營得到了第119裝甲工兵營A連以及第23坦克營B連的支援），可是與前一天的狀況相比並沒有取得多少明顯的進展。第23坦克營B連的全部坦

克掩護著第66裝甲步兵營悄悄地來到了樹林前的雷區附近，而經過前天的戰鬥後，再次在此地設防的德軍雖然已經聽到了美軍半履帶車行進時發出的聲響，但由於他們沒有發現美軍的確切方位，所以沒有急於攻擊，而是等待著最恰當的時機。另一方面，當第23坦克營B連的指揮官帕金斯少尉跳出他的坦克，指揮裝甲步兵鑿開冰凍的地面以清理德軍埋設的反坦克雷時，德軍馬上意識到了美軍正在雷區地段，所以快速地引導重砲以及迫擊砲轟擊正在排雷的美軍部隊，使得2輛坦克失去了戰鬥力。07：00左右，筋疲力盡的第66營退回了他們在蘭德格拉本河的陣

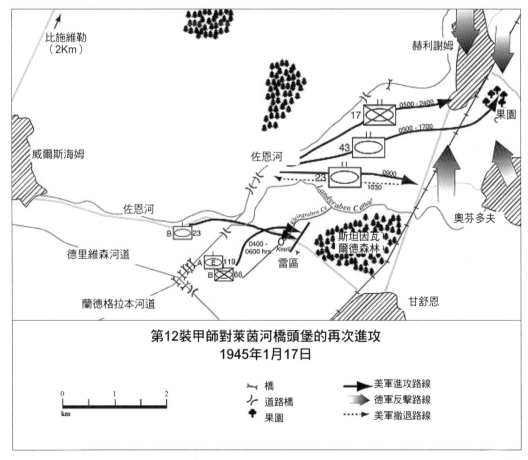

第12裝甲師對萊茵河橋頭堡的再次進攻
1945年1月17日

171

地。與此同時，第43坦克營和第17裝甲步兵營正向它們的預定目標——D648公路前進。他們顯然比66裝步營幸運些，一路有大霧掩護，進攻相對順利。在到達赫利謝姆時，第43坦克營遭到斯坦因瓦爾德方向德軍反坦克砲的射擊，4輛坦克被擊毀，但並沒有影響到部隊的進攻。07：40，諾弗塞爾電告亞倫少將說他的25輛坦克「正準備從東面進入赫利謝姆鎮內」。

按照計劃，第17營在早上徒步沿佐恩河向北前進，當到達離鎮子南面數百公尺遠時轉向東，在前進過程中與第23坦克營的坦克會合。最後第17營A連到達了甘舒恩-赫利謝姆公路並稍稍向南面移動了一下，很快美軍就完成了進攻部署，為從鎮子北面發起的攻勢做好了準備。A連（連長卡爾‧赫頓）將從右翼發起進攻，B連（連長邁克爾‧穆斯卡）則會從裝步營的左翼出發，對當面德軍發起進攻。

不久之後進攻開始了，突擊部隊迅速剪斷德軍佈置在鎮子外圍的鐵絲網突入了鎮內，第一枚手雷爆炸產生的閃光表明美軍先頭部隊很快與外圍的德軍交上了火。但是令人最意想不到的事情發生了：225名德國國防軍第553國民擲彈兵師的士兵們未放一槍就舉起了他們的雙手投降了。看起來這些德軍俘虜都

身著乾淨而嶄新的制服，但是他們實際上不過是一群穿著軍服的老人和小孩（很明顯，在經過半個月的激戰後，第553國擲師也出現了兵員短缺的情況）。他們中大多數人的年紀看上去都比第17裝步營的士兵要大很多或是小很多，而且他們好像很高興能進美軍的戰俘營。

誰也沒有想到第17裝甲步兵營如此之快就突破了德軍在南部的外圍防線，赫頓上尉請求趕緊派遣砲兵觀測員來，為第1輪的砲擊指示目標（這個觀測員不久就因受傷而給抬下了火線）。美軍的砲彈很快就落在鎮子裏，第17裝步營的官兵開始小心翼翼地向鎮子的心臟地帶推進，但這次他們就沒能像開場時那麼幸運了，德軍一次從右路發起的反擊很快將美軍的攻擊阻止在了西南面的一所教堂附近。雖然A連2排和1排發起了數次救援，但其先鋒隊的士兵，最多也只能推進到位於鎮南與鐵路以西之間的第一棟房屋的位置上而已。

■ 德軍部署在赫利謝姆鎮外的反坦克火力陣地。

與此同時，由諾弗塞爾中校指揮的第43坦克營由西向東抵達了小鎮的外圍。但當他們駛入鎮子後，按計劃應該前來會合的第17裝甲步兵營並沒有出現。由於發現自己孤軍深入，周圍的能見度又很低，於是中校命令全營20餘輛坦克在小鎮東北方向的墓地附近集合，等待上級的進一步命令。

08：50，亞倫所在的師部收到第43坦克營的S-3（作戰參謀）報告，說正遭到城內的德軍反坦克火力的打擊；10：00左右，羅根少校的第17裝步營與第43坦克營之間的無線電聯絡中斷；可又過了數分鐘，諾弗塞爾中校向師部報告說他的坦克營正在鎮子的東面抵擋德軍的進攻；10：30，諾弗塞爾又電告：「德軍的反擊已經被我們打退。想想昨天的事情，與現在的情況真是一個明顯的對比！」隨後師部回電要第43坦克營

在原地等待第17裝步營的到來。

另一方面，美第23坦克營卻在攻打奧芬多夫時遭到了重創，其A連與C連只剩下了20輛坦克。由於B戰鬥群在北面的攻勢失敗，A戰鬥群將23坦克營的目標改為奪取德魯森海姆。要到達德魯森海姆，第23坦克營必須取道赫利謝姆。上午晚些時候，該營營長愛德華少校率幾輛坦克先行進入了赫利謝姆希望搞清楚鎮內的情況。儘管第43坦克營仍然與師部保持著無線電連絡，但是由於大霧籠罩，愛德華費了很大工夫也沒有找到43坦克營。經過與手下商量，少校電令他的20輛坦克全部進入赫利謝姆鎮去支援第17裝步營，這些坦克很快就被捲入鎮內激烈戰鬥中。在接到進入的命令後，第23坦克營C連的坦克開始向鎮內前進。幾分鐘後，雷塔諾少尉指揮的一個坦克排與佔據小鎮南面地段

■ 德軍位於赫利謝姆鎮四周的散兵坑。

173

■ 赫利謝姆鎮內遭到毀壞的教堂。建築物上累累的彈孔和被炸得支離破碎的教堂鐘樓，都述說著這裏曾經發生過的戰鬥的慘烈。

的第17裝甲步兵營會合，一同到達的還有C連連長加諾中尉、營部S-3軍官康弗特少校2人的坦克，他們正計劃出發去與第17裝步營的羅根少校以及第43坦克營的諾弗塞爾中校取得聯繫。可就在這時，3人幾乎同時聽到了附近有一門德軍迫擊砲的砲彈入膛以及發射的響聲，於是他們趕忙一起向坦克跑去以尋找掩護！可是已經太晚了。雖然前兩發迫擊砲彈沒有對他們造成任何傷害，但就在他們聽到第三枚砲彈的發射聲後，砲彈還是落在了正好處於開闊街道上的3人附近——雷塔諾少尉當即被炸死，加諾中尉受了重傷，僅有康弗特少校一人奇蹟般地生還。由於指揮官的意外身亡，第23坦克C連暫時換由吉爾特少尉指揮。此時由於坦克附近出現

了攜帶「鐵拳」的德軍步兵，而第17裝步營正陷在巷戰中無法脫身，於是C連的坦克只好從西面撤出了鎮子，來到蘭德格拉本河道附近設防。

午時，第17裝步營的A、B連重新展開攻勢，逐步向小鎮中心推進，同時該營試圖找到43坦克營，但是大霧茫茫，嘗試終告失敗。12：30，12裝甲師師部突然接到諾弗塞爾中校的報告：「情況不秒，德軍再次對我部發動了攻擊，請求立即派步兵前來支援！」。大約1小時後，A戰鬥群接到了中校也是43坦克營傳來的最後一個報告，一名不明身份的士兵在通信頻道裏驚慌地報告：「中校的坦克被擊毀了！我們被困於鎮子以東的教堂墓地附近，趕快派支援來這兒！」——第43坦克營那裏究竟發生了什麼可怕的事情？

埃爾溫·巴赫曼的突襲

赫利謝姆，一個人口不足700人的名不見經傳的小鎮，美國人怎麼也沒有料到，自己會在這裏遭遇到強大的敵手，並在很短時間內就被打得潰不成軍。17日上午，德軍SS第10裝甲師第10裝甲團1營的指揮官恩斯特·特切（Ernst Tetsch）少校正奉命指揮

■ 薩爾布呂肯原有的135000居民到1945年3月末時僅剩下不到1000人，市內9/10的建築也在戰火中被毀。圖為一名端坐在廢墟中，神色凝重的德國警官（俘虜），正在享用美軍罐頭，茫然的眼神也預示著一個帝國的衰亡。

數輛豹式坦克，從奧芬多夫出發開往赫利謝姆支援鎮內的德軍。坦克在行軍途中遭到了部署在道路附近的盟軍坦克和反坦克砲的襲擊，進入鎮子前1輛坦克被擊毀，第3連的指揮官也負了傷。由於大霧，能見度很差而且也無法搞清楚鎮內美軍的部署，少校決定暫時放棄行動，並把他的坦克撤回了奧芬多夫。

特切在返回他的指揮部後立即向團部及師部匯報了赫利謝姆周圍的情況。在他身旁，一名年輕的SS中尉，營部副官埃爾溫·巴赫曼聽到了少校的通話內容，他立即自告奮勇地向長官請求希望能接替受傷的3連連

長指揮坦克分隊重返赫利謝姆。此時誰也沒有想到，巴赫曼的這次出擊將成就一段戰場傳奇！

「當時我騎著一輛半履帶摩托車，和2營3連的2輛豹式坦克（車長分別為海因茲·伯格下士和穆赫拉德特中尉）一起前往赫利謝姆鎮。進入小鎮之後，我們沿著一條筆直的大道前進，道路的盡頭是一個Y字形路口，我們在路口停下來觀察周圍的情況——沒有發現任何敵情。於是我命令2輛坦克分別警戒一個方向，我跳下摩托車，彎腰跑向右面的彎道做進一步的偵察。

我大概向前跑了50公尺，彎道拐角上1輛停著的美軍謝爾曼坦克就發現了我並向我開火，幸運的是它沒有打中我。我立即跑回摩托車，從車斗裏抓起一支「鐵拳」，然後衝進附近的一棟樓房。在2樓的窗戶口，我看到剛才的美軍坦克就停在樓下——根本不是1輛而是2輛！另一輛由於拐角的關係我剛才沒能看到它，這麼看來附近可能還有其他敵人的坦克。我估算了一下，當頭的美國坦克距離我大約30公尺，這可是個千載難逢的機會啊！隨著「鐵拳」尖銳的呼嘯和猛烈的爆炸，當頭的美軍坦克被徹底擊毀了。事不宜遲，我又立即衝下樓跑向正在警戒的豹式坦克，這時我頭腦中已有了一個大膽的進攻計劃。

我當時的想法是：讓右面伯格的2號坦克向彎道前進，一到達轉角時便開火；同時穆赫拉德特的1號坦克和我一起沿左面的道路前進，砲塔轉向3點鐘方向，一到十字路口便開火射擊道路上的任何目標。

我們馬上行動起來。我軍的兩輛豹式坦

突擊 叢書

阿爾薩斯攻勢中的盟軍德軍作戰序列

德軍：

G集團軍群所屬第1集團軍：

SS第13軍——SS第17裝甲擲彈兵師（第653重殲擊營，第352、353噴火坦克連加強）、19VG*、36VG

第89軍——256VG、361VG

第90軍——257VG、559VG

後加強——SS第6山地師

上萊茵河集團軍群：

SS第14軍——553VG以及加強單位

SS第18軍（未直接參戰）

第19集團軍：

第63軍——第159 VG、269 VG、338VG

第64軍——第16VG、189VG、198VG、708VG、716VG、第106裝甲旅

裝甲預備隊以及對「牙醫」行動的增援力量：

第39裝甲軍——第21裝甲師、第25裝甲擲彈兵師

1月14日後為執行「牙醫」行動，加強給上萊茵河集團軍群的單位——SS第10裝甲師、第7傘兵師、第47VG師、第2山地師、第384及667突擊砲旅、黨衛隊全國領袖護衛營

※VG：國民擲彈兵師

盟軍：

第6集團軍群：

美第7集團軍：

第12、第14裝甲師及36步兵師

第6軍——45、79步兵師

第15軍——44、100、103步兵師

法第1集團軍：

法第1，第2，第5三個裝甲師以及第1，第16，第3阿爾及利亞，第2摩洛哥，第4摩洛哥山地以及第9殖民等7個步兵師（一師番號不詳。本文上篇「突擊」第13期第48頁「法第1、11、16、第3阿爾及利亞……」其中11為誤植，所缺之師同此處不詳番號之師，在此一併更正）

期間加強有3個Task Force共9個團：

林登（42步兵師——222、232、242步兵團）

哈里斯（63步兵師——253、254、255步兵團）

赫倫（70步兵師——274、275、276步兵團）

後派往哈根努方向的援軍——第101空降師

派往科爾馬方向的援軍——第28步兵師、第3步兵師

克表現優異：當2號開火時，1號就駛向十字路口，並擊毀了第1輛謝爾曼。兩車相互配合，交替掩護著小心地獵殺前進，越來越多的美軍坦克出現在我們的視野裏。面對我們的突襲，美軍顯然猝不及防，美軍坦克一輛輛都變成了鋼鐵殘骸，當我們幹掉第9輛時，他們終於搖起了白旗。

於是我下令停止射擊，1名美軍軍官走過來向我表示他們要向我投降，我示意讓他的人把所有的武器都交出來放在我的面前。

大約有60名美軍在我面前交出了他們的武器，並有20名先前被美軍俘虜的德軍士兵重獲了自由。我指著60個美軍戰俘問那名美國軍官這些人是否就是被我擊毀的坦克的乘員，結果他卻回答說『不是』，並指了指道路右面的一處園子，說那裏還有4輛坦克停著。於是我走過去一看——天哪！原來在它們後面的園子深處還有好幾輛坦克『躲藏』在那兒！這著實把我們都嚇了一跳。我努力克制住自己緊張激動的情緒，命令這些美國

埃爾溫· 巴赫曼對赫利謝姆的突擊（1/17/45）

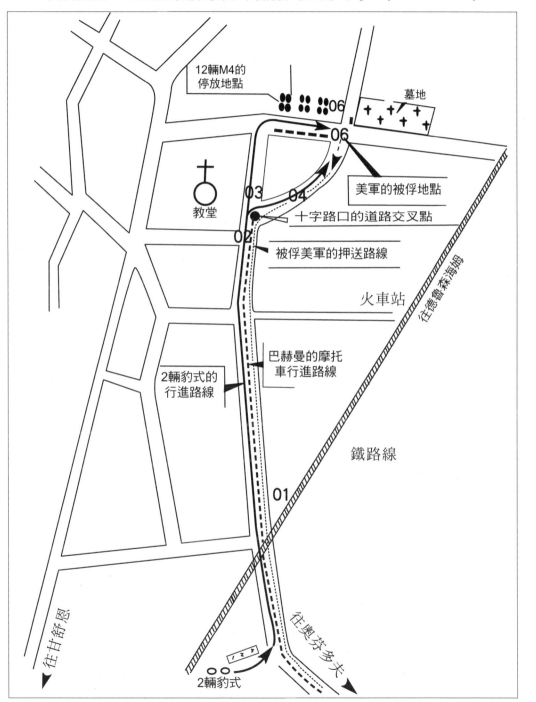

人都站成一排，並把繳獲的武器發給那些剛重獲自由的德軍士兵，讓他們先將其中12人和他們的謝爾曼坦克押解回奧芬多夫。當隊伍開拔時，我如釋重負，一下感到輕鬆了許多。我直到現在還對當時的情況感到慶幸：我們2輛車才幾個人啊，如果這些美國人發覺了這點而突然發難就難辦了，那時很可能是我淪為他們的階下囚了。

在奧芬多夫的營部很快就收到了我的電報，大家都欣喜不已。但我請求他們派更多的坦克來增援，並同時接收另外48名俘虜。我們這次突擊行動一共俘獲了12輛謝爾曼以及60名美軍坦克手。

剛處理完這些燙手的戰利品，我便率領2輛豹式繼續向赫利謝姆的東面前進。在那裏我們掃清了通往德魯森海姆的道路並擊毀了2輛試圖進入鎮子裏的謝爾曼坦克，這樣我們的坦克擊毀數達到了9輛。當天下午營部的增援趕到赫利謝姆，交接任務後我便返回了奧芬多夫鎮。」——以上摘自巴赫曼本人的回憶。埃爾溫‧巴赫曼對第43坦克營的成功突襲，為他和參戰的2輛豹式的乘員組贏得了榮譽和勳章，1945年2月10日巴赫曼獲得了一枚騎士十字勳章。

美軍大潰敗

美軍第12裝甲師當然對巴赫曼的奇襲行動一無所知，也不清楚其孤軍深入的第43坦克營已經在小鎮的墓地附近全軍覆沒，此時12裝甲師擔心的是在赫利謝姆鎮內鏖戰的17裝步營的情況。師部催促挺進到市鎮中心地區的第17裝步營儘快與第43坦克營取得聯

■ SS第10裝甲師第10裝甲團1營營副埃爾溫‧巴赫曼1945年1月17日成功突襲美第43坦克營，於同年2月獲得一枚騎士十字勳章。

繫。17日早上，17裝步營營長羅根少校趕到了他在赫利謝姆鎮內的裝步營指揮部指揮全營戰鬥，僅過了半天，羅根少校就發現他的營已經陷入了十分危險的處境：德軍正不斷用坦克配合著步兵進攻A、B兩個連。在先前的戰鬥中，17裝步營在砲兵和坦克的支援下一次次打退了德軍的進攻，但現在美軍在鎮內用於支援步兵的坦克已經損失殆盡，德軍步兵已經數次突入17營的防線。形勢已經很明顯，面對德軍在兵力和技術兵器上的優勢，防線被突破只是早晚的事。羅根請求師部迅速派遣增援，但是師部對他的請求沒有立即採取行動，只是催促第17裝步營儘快與第43坦克營取得聯繫，要求17裝步營「不准後退，堅持下去直到援軍到來」。

在這裏順便要提一件有些荒唐的事情。

17日當日的下午，先前在斯坦因瓦爾德樹林前被雷場以及砲擊所逐退的A戰鬥群所屬第23坦克營B連、66裝步營以及第119工兵營A連，被指派了新的任務去樹林以北方向的甘舒恩-赫利謝姆大道附近設防以防止德軍使用這條道路。當時帕金斯（第23坦克營B連指揮官）被上級告之「樹林以及奧芬多夫已經被肅清」（真不知道這些HQ的傢伙腦子裏是怎麼想的），所以當美軍開到大道附近時，帕金斯可以用肉眼看到在東南方向的鐵路車站附近有很多白色帶狀塗裝的坦克以及身著白色偽裝服的士兵在那裏活動。一開始美軍還以為那些都是友軍部隊，所以沒有作出任何防備。可是不久之後，突然從那個方向打來的一枚砲彈擊毀了1輛M4坦克，美軍這才如夢初醒：原來那些都是德國佬！直到這時，美軍A戰鬥群才意識到了第17裝步營的危險處境，於是試圖進入赫利謝姆實行增援，但從車站方向射來的大量德軍坦克砲彈以及密集的輕武器火力，卻嚴重干擾了部隊的前進。直到傍晚，第23坦克營B連才掙扎著來到了蘭德格拉本河道附近，與在那裏設防的第23坦克C連會合。下午4點，獲得增援的德軍發動了一次兇猛的進攻。在擲彈兵的配合下，6輛豹式坦克穿過了鐵路路基然後直衝第17裝甲步兵營的A連陣地。幾小時後，第17營所有的倖存者都在黑暗中退守到鎮子的南面繼續絕望地抵抗，他們已經沒有精力和時間去搜尋「失蹤」了的第43坦克營，它的蹤跡似乎已經完全消失在赫利謝姆附近的濃霧之中……。

亞倫少將錯誤地決定17日那晚讓第17營繼續留在赫利謝姆，羅根再次請求師部能夠允許他將部隊撤退到佐恩河一帶。但是這個請求即使被批准，也很快就會失去意義。越來越多的德軍部隊出現在戰場上，從北、東、南3個方向不斷發起猛烈進攻，美軍一個又一個的連被分割包圍並互相失去了聯繫。半夜時分，德軍開始對羅根的第17營殘部發動大規模步兵突擊。應羅根的請求，第12裝甲師的師屬砲兵拼命開火支援鎮內被分割的美軍士兵，但是德軍的猛攻絲毫沒有停止的跡象。04：08，第17裝甲步兵營營部與12裝甲師的無線電聯絡徹底中斷，其發出的最後一封電報報告說營部已被德軍團團包圍，德軍坦克正在砲擊營部的上層建築，「我想我們已經完蛋了」——這是羅根在通訊中所說的最後一句話。不久，德軍衝入美軍營部的地下隱蔽所，走投無路的羅根只得命令其手下的人員停止抵抗並投降。事後統計，第17裝甲步兵營的指揮官羅根少校，他的副官金·布拉克弗德上尉，營部剩餘的人員，A、B兩個連的連長赫頓上尉和穆斯卡中尉，全都成了德軍SS第10「福隆德斯特伯格」裝甲師以及第553國民擲彈兵師的階下囚。在18日凌晨第17裝步營A、B連崩潰時的黑暗與混亂中，只有大約140名美軍士兵拼死突出重圍並回到了佐恩河的美軍戰線。

18日黎明，第12裝甲師確認其第17裝步營在赫利謝姆已經被德軍擊潰，但對43坦克營的情況依然是一頭霧水，於是他們派出砲兵觀測機飛到赫利謝姆去探個究竟。飛行員首先報告說看到鎮子東面有數輛被摧毀的美軍坦克殘骸，然後說又看到了另外5輛殘骸，不久飛行員又報告說看到鎮子的東南面

有一個由大約10～15輛坦克排成的防禦圈，從空中可以看到有些坦克仍然是白色的（被遺棄），有些則被燻黑了（被擊毀）。

得到報告後，美軍立即對現有的所有情報進行匯總與評估，最後作出了以下判斷：第12裝甲師A戰鬥群似乎是遭到了德軍SS第10裝甲師的先頭部隊（此時已經與馮·登巴赫的SS第14軍會師）的圍攻。而第43坦克營則可能在17日誤入了德軍的反坦克陷阱，然後被迫退守赫利謝姆東部，最終被德軍的步兵突擊所消滅。雖然此時的行動可能為時已晚，但亞倫少將還是命令展開對第43坦克營的援救行動：第66營B連以及第23坦克營B連從西南方向對小鎮發動了進攻，但是很快就在德軍的反擊下失敗了，美軍的救援部隊根本無法進入城鎮。這時亞倫又接到另一份飛機偵察報告，說有大量德軍戰鬥車輛聚集在美軍坦克圓陣的周圍。此時，救援行動已經毫無意義，少將絕望地放棄了援救。當天下午的晚些時候，布朗利上校返回了B戰鬥群的指揮部，亞倫恢復了他的指揮權並命令他立即組織新攻勢，希望能把43營殘餘部隊救出來。B戰鬥群傾盡全力發動了最後一次解圍進攻，結果仍以失敗告終。到了傍晚，佐恩河西岸的所有美軍部隊接到命令掘壕據守準備迎接德軍的反攻。此時德軍SS第10裝甲師的部隊已經完全控制了佐恩河的東岸以及所有的橋樑。

1月19日上午，SS第10裝甲師以其第22裝甲擲彈兵團為前鋒，從赫利謝姆出發向佐恩河西岸發動了大規模攻勢。德軍一開始時打得相當不錯，當面的美軍部隊紛紛向後潰退，而德軍坦克也已開始渡過河流投入戰

鬥。但是這時戰場上空的天氣終於變好了，蟄伏多天的盟軍戰術空軍終於有了施展拳腳的機會，飛機馬不停蹄地連續出動了190架次，向赫利謝姆-奧芬多夫地區投彈超過100噸，將許多德軍坦克及突擊砲炸翻在佐恩河畔，暫時阻止了德軍進一步突入盟軍防線。河對岸的美軍第66裝甲步兵營與第119裝甲工兵營抓住機會構築工事，重整防禦地段，最終穩定了各自的防線。

雖然遭到盟軍的轟炸，但德軍並沒有停止攻勢，當天下午德軍又從甘舒恩對威爾斯海姆發起第二次進攻。第12裝甲師A戰鬥群於是命令第17營的剩餘部隊與其一道前去支援該方向上的美軍。14：20，A戰鬥群的部隊在威爾斯海姆以南一片開闊地建立防線，1名砲兵觀測員則站在1輛坦克上隨時呼叫砲兵給部隊提供火力支援。不久，一大股德軍出現在A戰鬥群陣地附近。德軍部隊在接近A戰鬥群防線時，突然遭到美軍猛烈的砲火急襲，傷亡慘重，進攻受挫只得停止進攻並撤退。17：00，美軍撤回鎮中開始等待第36師換防。

德軍可沒有給美軍更多的喘息時間，沒過多久，德軍兵分兩路向盟軍陣地發起了第3輪進攻。一路400名德軍步兵在17輛坦克的支援下對佐恩河沿岸的美軍發起了第三輪進攻，另一路則對赫利謝姆西北方向的美軍第714坦克營發起突擊。前路成功地跨過了佐恩河，當面的第66裝步營與第119工兵營在德軍坦克面前被迫後退，但是第23坦克營C連卻頑強地阻擊了進攻的德軍裝甲部隊並取得了不小的戰果。當時由薩德勒少尉指揮的一個坦克排正在設防，突然發現有4輛德

軍坦克跨過了佐恩河道向西北方向開來。於是薩德勒與朱威爾軍士的坦克立即開火，擊毀了2輛德軍坦克，但是薩德勒少尉的坦克也在交火中被摧毀。與此同時就在他們的西南方向，該排的另外2輛在樹叢裏處於隱蔽狀態的坦克（維克利斯軍士長與迪特里克軍士）發現有一隊為數10輛的德軍坦克已經跨過了河道，正在沿河道進行側行機動——這真是一個大好的機會，美軍坦克抓住時機，先放德軍坦克經過，然後從側後方向擊毀最後1輛德軍坦克（他們氣憤地發現尾部的德軍坦克有幾輛竟然是美軍雪地塗裝的M4！——其實就是先前被巴赫曼所繳獲的那些第43坦克營的坦克），隨後一輛一輛地

加以摧毀，直到領頭的德軍豹式坦克被摧毀前為止，德軍坦克未能對2輛M4造成任何傷害！除此之外，還有7輛第23坦克營C連的坦克在更西南的位置上與一隊從甘舒恩出來的德軍IV號坦克進行了面對面的交戰，結果有7輛德軍坦克被擊毀，而美軍只損失了3輛M4（吉爾特少尉的坦克被擊毀，而這已經是2天來所換過的第3輛座車了，而每一次少尉都成功地逃脫了死神的魔掌！）而德軍則幾乎拔掉了B戰鬥群設在羅爾維勒的指揮部。當軍官和士兵在一片混亂中都想盡快逃走時，B戰鬥群的指揮官布朗利上校大聲疾呼：「停止這該死的混亂局面！我們決不後撤！我們將保衛這個指揮部直到最後

■ 1945年1月19日，在成功摧毀美軍一個坦克營和半個裝步營後，SS第10裝甲師從赫利謝姆周邊地帶主動出擊，直撲莫代河。然而在美軍頑強抵抗下，德軍並未獲得更大突破。圖為被美軍戰機所炸毀的豹式坦克，攝於1946年對赫利謝姆之戰的戰地調查期間。

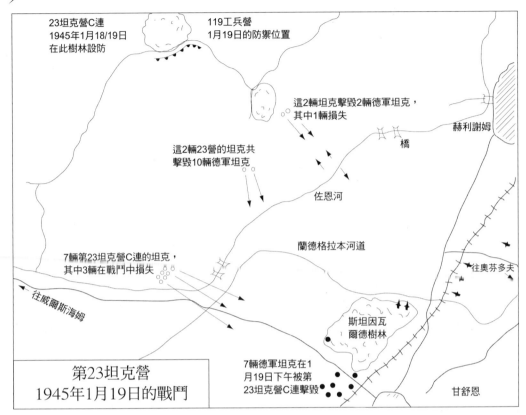

23坦克營C連
1945年1月18/19日
在此樹林設防

119工兵營
1月19日的防禦位置

這2輛坦克擊毀2輛德軍坦克,
其中1輛損失

赫利謝姆

橋

這2輛23營的坦克共
擊毀10輛德軍坦克

佐恩河

蘭德格拉本河道

7輛第23坦克營C連的坦克,
其中3輛在戰鬥中損失

往奧芬多夫

往威爾斯海姆

斯坦因瓦
爾德樹林

第23坦克營
1945年1月19日的戰鬥

7輛德軍坦克在1
月19日下午被第
23坦克營C連擊毀

甘舒恩

■ 德軍於1月19日在赫利謝姆鎮附近發動突擊時被美軍擊毀的突擊砲殘骸。

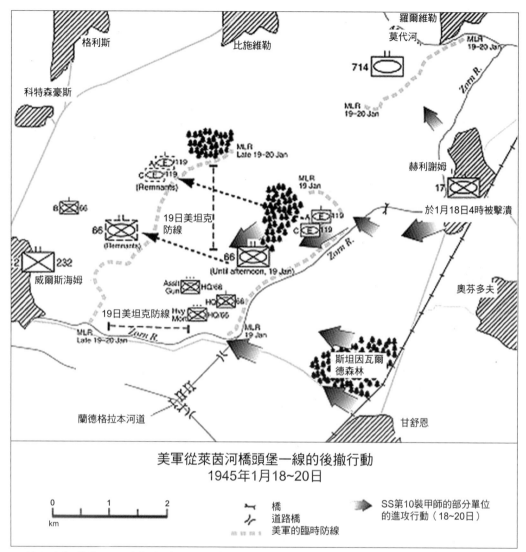

美軍從萊茵河橋頭堡一線的後撤行動
1945年1月18~20日

0　1　2　　　　　　橋
km　　　　　　　　道路橋　　　　　SS第10裝甲師的部分單位
　　　　　　　　　美軍的臨時防線　　的進攻行動（18~20日）

一刻！我們是戰士，我們有武器！我們有能力守住這裏！」

在上校的鼓舞下，B戰鬥群各部邊打邊撤，最終在2英哩外建立了一條戰線，暫時遏制了德軍的攻勢。不過此時第12裝甲師的形勢已經是岌岌可危：部隊已有1250人傷亡（不包括被俘人員），坦克等技術兵器損失嚴重，師屬砲兵那邊傳來更壞的消息——各營剩下的砲彈平均不到50發，這最多夠打

5分鐘！這時的美國人真是熱鍋上的螞蟻，全亂套了！部隊已經陷入進退維谷的境地，如果此時德軍向薄弱的美軍防線再次發起強有力的突擊，整個佐恩防線都有可能徹底崩潰！

謝天謝地！布魯克斯麾下第6軍的第36師142和145團終於在19日下午陸續趕到戰場，第12裝甲師終於得到了喘息的機會，在與新到的部隊完成防務交接後，12裝甲師後

■ 在赫利謝姆之戰中被摧毀的德軍IV坦克。

撤到了二線進行休整。12裝甲師在二線的生活也不輕鬆,撤下來的12裝甲師馬上被編入預備隊,並很快得到了補充兵力,緊張的進行重整建制工作(包括重建被消滅的第43坦克營等部隊)。1月22日,完成休整的12裝甲師被調到斯特拉斯堡加強法國第1集團軍。

戰線暫時平靜了,但有關諾弗塞爾中校第43坦克營命運的爭論仍然繼續。1月18日晚,德國廣播電臺宣稱在赫利謝姆附近消滅了美軍一個坦克營,該營超過50輛坦克被擊毀或繳獲,在戰鬥中該營指揮官及其以下共300餘人被德軍俘虜。4月23日,美軍對43營情況發布官方報告,報告稱「在對赫利

謝姆之戰進行了調查後,我們已經確認,第43坦克營當時是遭到了德軍步兵的反坦克火箭筒以及來自西面的德軍坦克的襲擊(這倒還與巴赫曼的突襲情況吻合)……在鎮內我

■ 由兩名德軍攙扶著的12裝甲師受傷的士兵。第12裝甲師這一戰損失了至少1250人,還有70輛坦克被摧毀,可謂損失慘重。

「市場-花園」行動——「奪橋遺恨」

1944年6月6日，盟軍在諾曼第登陸，至7月25日，巴頓率領的第3集團軍率先衝出諾曼第地區，開始了法蘭西平原上對德軍的大追擊，盟軍上下逐漸彌漫了一股樂觀的情緒。作為進攻的兩支尖兵——蒙哥馬利和巴頓都想成為最早進入柏林的人，而盟軍有限的補給能力無法保障兩支大軍同時發動進攻，進攻只能在一個方向進行。最後蒙哥馬利的的北線進軍方案被艾森豪威爾接受。蒙哥馬利希望在聖誕節前結束戰爭，企圖繞過傳聞中德軍嚴密佈防的「西部壁壘」，而在荷蘭方向展開一輪新的攻勢，代號為「市場-花園」行動——這一行動的目的是用空降兵奪佔荷蘭境內跨越運河、馬斯（Maas）河、瓦爾（Waal）河、下萊茵河等河流上的橋樑（代號為「市場」），保障地面裝甲部隊前出到下萊茵河北岸（代號為「花園」），從而打通一條至安恆約160公里的走廊，然後向德國腹地進攻，爭取在1944年底結束歐洲戰場作戰。

這次戰役，又稱「安恆空降作戰」，計劃採用空降「蛙跳」戰術，以美軍第82、101空降師，英軍第1空降師及波蘭傘兵旅的共35000人，依次在63英哩戰役縱深上的埃因霍芬（Eindhoven）、奈梅根（Nijmegen）和安恆三地空降，奪取萊茵河上的橋樑，像交「接力棒」一樣，護送地面推進兵團，直搗德國腹地——魯爾區。1944年9月17日13時30分戰役開始，盟軍動用了5500餘架運輸機、2596架滑翔機、8000餘架戰鬥及轟炸機，同時在三處地區空降3.5萬餘人、568門火砲、1927輛軍車及5230噸物資，發動了這場人類戰爭史上規模最大的空降作戰行動。

雖然這次行動是二戰中規模最大的空降與地面部隊協同作戰，且戰前盟軍將士的心理和體能都達到最佳狀態，但是由於情報不準確，戰役進行得很不順利。在經過殘酷戰鬥後，101師和82師傷亡了近8000人，才與地面部隊會師。而突擊在最前方、負責奪取安恆大橋的英國第1空降師和波蘭傘兵旅在得不到任何援助的情況下，損失更加慘重。波蘭傘兵旅1000名空降人員中傷亡近700名。第1空降師傷亡與被俘人員近7000人，只有不到2000人從德軍坦克的包圍下突圍成功（此戰結束後，美軍第101師、第82師和英軍第1空降師在二戰中都再未進行過空降作戰）。盟軍付出了重大傷亡代價，但只「完成了90%的目標」（蒙哥馬利語）。戰後，一位戰地指揮官感歎：「那座橋對我們來說太遙遠了！」（A Bridge Too Far，本段戰爭歷史1977年被拍成電影「奪橋遺恨」）。

們還發現了不少的德軍75mm與88mm
反坦克砲以及大量發射後的砲彈彈殼。
我們在鎮子及附近發現了28輛被擊毀的
坦克殘骸，這些坦克隸屬於43坦克營。
在鎮子裏我們還發現了43坦克營官兵的
遺體，陣亡官兵遺體和坦克殘骸已被運
回。此外，我們還在附近的雪地上發現
了我軍坦克履帶的痕跡，推測德軍在撤
退時將4輛我軍坦克運過了萊茵河。」

　　細細比較，雙方的戰報出入很大。
德國人說美國人損失了50輛左右的坦
克，可是根據美軍記錄當日43坦克營僅
有29輛坦克可用。不過美軍報告沒有提
及當天第23坦克營在鎮內戰鬥的損失，
如果加上23坦克營的損失，美軍當天在
赫利謝姆確實損失了50輛左右的坦克。

　　諾弗塞爾中校的下落，幾個月後也
水落石出。盟軍在獲救的戰俘營裏發現
了諾弗塞爾中校，後來中校被送往密西
根的一所醫院治療，在這期間中校寫了
一封信。1945年7月7日，第12裝甲師
自己的報紙《地獄貓新聞報》（第12裝
甲師的綽號是「地獄貓」，
HELLCAT）登載了這封信。在信中，
中校稱他在赫利謝姆被俘之前受了17處
傷，諾弗塞爾還回憶了他受傷時的情
況——在給A戰鬥群發完最後一封電報
後，他的坦克被擊中。與巴赫曼的說法
不同，中校認為他的坦克是被迫擊砲彈
擊中的，諾弗塞爾還寫道「我的坦克給
打中了兩次，而且後來昏了過去，記不
太清當時發生了什麼事。我部的剩餘人
員一直堅持到了最後時刻。」

赫利謝姆之戰小結

　　戰後詳細調查顯示，1945年1月16到18
日，僅僅3天，美國第12裝甲師在赫利謝姆
這個小鎮內就接連損失了第43坦克營以及第
17裝甲步兵營的2個連，第23坦克營則遭到
重創，總共70輛坦克及戰鬥車輛被擊毀和遺
棄，近兩千名官兵陣亡、受傷或被俘。從戰
鬥過程來看，造成如此慘重傷亡主要有以下
原因：萊茵河地區水網密佈，冬季降雪後該
地區一片泥濘，部隊行動困難；德軍以赫利
謝姆為中心的甘舒恩橋頭堡的設防堅固，火
力配系合理、嚴密；馮‧登巴赫的第553國
民擲彈兵師以及海因茲‧哈默的SS第10裝
甲師的猛烈反擊。但究其根本，美軍最致命
的問題在情報方面的失誤：他們未能及時發
現SS第10裝甲師已經進駐該地區。試想，
如果美軍知道與它對抗的德軍也擁有強大的
裝甲部隊的話，還會僅派2個坦克營以及3個
裝甲步兵營對赫利謝姆發動冒險性的進攻
嗎？

　　有些諷刺意味的是，海因茲‧哈默的SS
第10「福隆德斯伯格」裝甲師已經不是第一
次讓盟軍在情報方面「交學費」了：不久前
「市場-花園」行動中（詳文見突擊特刊2
《二戰美國空降兵戰記》），盟軍由於情報
失誤沒有發現德軍的裝甲集群，導致盟軍在
行動中處處被動，最後飲恨中止計劃。讓盟
軍在安恆（Arnhem）品嘗「奪橋遺恨」這
杯苦酒的德軍SS第2裝甲軍的主力之一便是
SS第10裝甲師。這次在赫利謝姆，這個老
對手讓美國人交了更多「學費」去學習情報
在戰鬥中的作用。從戰役角度看，這兩次戰

役失利的主要原因都是因為盟軍的情報工作出現了嚴重的紕漏，尤其是沒有搞清德軍裝甲部隊的情況，隨後又在複雜地形上（赫利謝姆及其附近的戰場是數鎮首尾相連的堅固橋頭堡陣地，並且防禦方還佔有地利）冒險進攻，最後一敗塗地。

讓我們再回顧一下從1月初到1月中旬發生在赫利謝姆及其附近的戰鬥，看看我們還有沒有什麼遺漏的地方：1月6日，由馮·登巴赫指揮的SS第14軍發起跨越萊茵河的作戰，並在甘舒恩附近的3處城鎮建立橋頭堡，美軍立即派遣已在反擊「北風行動」中連續作戰的林登戰鬥群發起反擊，戰鬥群與駐守橋頭堡的已經得到裝甲力量加強的德軍第553國民擲彈兵師發生交戰，戰鬥受挫後美軍部隊撤回對岸；1月8日，美軍第12裝甲師發起針對甘舒恩橋頭堡的作戰，矛頭直指其中心赫利謝姆鎮，但是進攻的1個坦克營以及1個裝步營在進攻時遭到在赫利謝姆周邊地帶嚴密設防的第553國擲師的反擊，美軍再次敗退；1月16～18日，裝12師對赫利謝姆發起了第二以及第三次進攻，但在德軍SS第10裝甲師與553國擲師的凌厲反擊下黯然撤退，整個赫利謝姆戰役結束。

結合當時戰場的局勢分析：由於德軍連續發動的「北風行動」和「冬至攻勢」兩場反擊威脅巨大，盟軍在阿爾薩斯-萊茵河一帶的兵力便顯得捉襟見肘，很多時候盟軍裝甲部隊不得不在漫長的戰線上充當預備隊的角色，除非形勢緊迫才會投入作戰。美軍第12裝甲師就是在戰線形勢急迫的情況下投入的戰鬥。雖然林登戰鬥群的行動受挫，但美軍顯然沒有對甘舒恩橋頭堡附近德軍的實力

作出正確估計，低估了德軍的戰鬥力，以為用一個裝甲師就可以完成任務。戰鬥開始後，美軍的戰術呆板——美軍進攻赫利謝姆鎮時，就會遭到來自臨近城鎮方向上的德軍的聯合反擊，而當美軍分兵去攻打所有的城鎮時，又被佔有火力優勢的德軍各個擊破。

當我們從頭打量這次戰役，我們會發現盟軍的失利是多種因素綜合的結果，除去地形、天氣等自然因素，人為的失誤是導致戰役失利的根本原因。戰略層面，盟軍高層對德軍的反擊估計不足，兵力配置不合理，關於德軍部隊調動的情報收集不力等等。戰術層面，12裝甲師本身也有很大問題，戰鬥開始前，該師偵察工作一塌糊塗；戰鬥開始後，12裝甲師輕敵冒進；戰鬥過程中，美軍戰術呆板，步坦分離，參戰部隊缺乏城鎮戰鬥經驗等。這一聯串失誤，最終讓美軍走向了失敗。

在研究戰鬥過程後，美軍總結了戰鬥失利的各個原因，提出了不少問題，尤其強調兩個問題，一個是情報，美軍認為在今後的作戰中必須加強情報工作；另一個問題是城鎮作戰，西歐城鎮密集，城鎮作戰頻繁，必須加強相關方面的研究，尤其是在周遭地形十分不利於坦克裝甲部隊行動，而己方又沒有空中支援的情況下。

雖然提出了問題，不過要想完全解決問題還需要時間。1945年2月間，美軍第36師再次對赫利謝姆發動進攻，但是仍然沒有取得什麼進展。1月31日，獲得第14裝甲師B戰鬥群支援的第36師向赫利謝姆發起了新一輪攻擊。可是由於此時當地的冰雪已經開始消融，造成萊茵河地區河流氾濫成災，結果

嚴重地限制了美軍對於坦克部隊的使用。另一方面，儘管當地的德國守軍為了支援東線已經撤走了不少部隊，但美軍的任務並沒有輕鬆多少，該鎮附近激烈的步兵交戰仍然一直持續了十多天。其後由於德軍在科爾馬受到盟軍的嚴重威脅，德軍不得不放棄赫利謝姆以及整個甘舒恩橋頭堡地區，美軍才得以進入了已經是「一片泥濘中的廢墟」的赫利謝姆。2月11日，隨著赫利謝姆、甘舒恩、羅爾維勒、奧芬多夫四個小鎮被美軍重新奪回，持續了1個月的甘舒恩橋頭堡爭奪戰終於結束」，同時也標誌著希姆萊的「上萊茵河」集團軍群再也無法實施任何跨越萊茵河的進攻，徹底消除了德軍對斯特拉斯堡的威脅。

戰火中的回憶

美軍原本認為憑藉第12裝甲師的力量，不用花費太多的力氣便可輕鬆地拿下赫利謝姆。現實狠狠的教訓了輕敵的美國人，1月16日與17日短短兩天，赫利謝姆的形勢就急轉直下。美第12裝甲師所屬的第43坦克營與第17裝甲步兵營，先後被德軍SS第10裝甲師擊潰，12裝甲師不得不放棄奪取赫利謝姆的計劃，後退莫代河一線全力抗擊德軍的大規模進攻。雖然最後的結局是如此令人痛苦和沮喪，大多數的美軍官兵還是頑強戰鬥到了最後一刻，有的甚至成功地逃出了德軍的包圍回到了己方戰線。但無論如何，美軍在鎮內的慘敗是無法抹殺的事實，它也給第12裝甲師的很多官兵留下了難以磨滅的痛苦記憶。

第17裝甲步兵營A連連長卡爾‧赫頓在回憶錄中寫道：「首先，作為第17裝甲步兵營A連的指揮官，本人為自己的連所做的一切和沒能做到的一切負責。在赫利謝姆鎮經歷了1天1夜的激烈戰鬥後，我接到了向營部報到的命令。讓我想想，這大概是1月18日大約1點半到2點之間的事情。我的連和B連曾在白天從南面攻打赫利謝姆，開始行動很順利，我們攻佔了近三分之一的鎮子，不過我們馬上遭到了德軍坦克和步兵的頑強抵抗，攻勢停滯。我們的行動沒有坦克支援，因為負責支援我們的坦克部隊在前一天的戰鬥中被摧毀了（指第43坦克營），當時坦克部隊是獨自行動的，沒有步兵的保護。我們營長羅根少校用無線電向指揮部匯報了我們的情況，花了很長時間解釋我們目前的糟糕處境，而且強調如果沒有增援的話我們將很難完成預定的任務。他還向指揮部請示，希望在沒有獲得增援的情況下，能准許他將部隊撤離鎮子。但指揮部並沒有給他相關的答覆，只是不斷地催促第17營按先前計劃繼續行動，儘快攻佔赫利謝姆。大約2點半，我營所控制的地區遭到德軍猛烈砲擊。緊接著，德軍SS第10裝甲師的部隊從北面對我們發起了一次步坦聯合攻擊。我相繼接到各排的報告，他們都被德軍包圍了！德軍步坦配合熟練，德軍坦克先射擊我軍據守的房屋，接著黨衛軍士兵就往房子裏投擲手雷，房屋裏倖存的美軍還沒從爆炸的震盪中清醒過來就成了德軍的俘虜。此時，營部所在的樓房也被完全包圍，很快樓上堅持戰鬥的士兵就全都犧牲在德軍坦克的砲口下。羅根少校和我還有穆斯卡（B連連長）以及其他幾

■ 在赫利謝姆鎮內向美軍投降的德軍隊伍。

個人下到了地下室以躲避德軍砲彈。突然，地下室的門被撞破了，1枚手雷投了進來，炸傷了幾個人。羅根少校站出來向德軍投降，因為再抵抗下去這裏所有的人恐怕都無法倖免。幾名黨衛軍士兵隨即走進來，將地下室內的眾人押走。老實說我當時很緊張，尤其是當我們在探照燈和黨衛軍士兵的槍口下走出營部時，我真的以為自己就要被槍決了。然而我錯了，德國人說由於先前我們『尊嚴而榮譽的戰鬥』，我們被黨衛軍平等地作為戰俘對待。之後我們被送往巴登-巴登，幾天後我們被轉送到哈默爾堡。在押送途中，所有的戰俘都沒有遭到虐待。

在哈默爾堡戰俘營期間，我2次逃跑，不過第一次失敗了。儘管我逃了出去，但不走運的是又被抓了回來，那是3月28日美第

4裝甲師的一支小分隊試圖營救奧弗萊格（Oflag）13B戰俘營（當時巴頓將軍的女婿約翰‧沃特斯上校也被關在這裏）。對於這次行動，巴頓後來說這是他在戰爭裏犯的惟一錯誤，派的部隊太少了（我也這麼認為，只有1個連而已），要完成這個任務至少要用一個戰鬥群級別的部隊才行。當然，巴頓否認了這次行動是為了救他的女婿，這些情況是我後來在他的回憶錄裏瞭解到的。根據我後來知道的情況，這支小部隊在2天裏突入德軍防線60英哩，不過在到達目的地前已經損失了一半的車輛，而且這支部隊還沒有得到任何的增援（當時第3集團軍正在向北面快速挺進，而哈默爾堡卻是在南面）。

當時，邁克爾‧穆斯卡（B連連長）和我看到1輛美軍坦克從灌木叢後鑽了出來，

我倆從車上取得了武器，然後就和小分隊一起去消滅那些德軍看守。戰鬥中，巴頓的女婿沃特斯上校被一名德軍看守開槍打成重傷，情勢立即變得混亂起來。當坦克縱隊費了一番周折從戰俘營裏開出時，每輛坦克上都滿載著美軍戰俘。車隊開出了大約10英哩後遇到了大麻煩，我們遭遇到了德軍的伏擊，先頭坦克在一條道路的盡頭被德軍擊毀，縱隊指揮官鮑姆上尉也受了輕傷。他估計已經無法在白天順利突圍，於是命令車隊調頭駛入山腳下的一片空地。在那裏我們分析了情況，最後鮑姆上尉無奈地決定拋棄部分車輛，將汽油分給其他坦克，戰俘們則在資深軍官的帶領下返回了戰俘營。

但是我、穆斯卡還有馬文·德魯姆都認為突圍還有一線希望，於是都執意留下，可是我們被告知車輛上已經沒有位子了。晚間，聞訊趕來的德軍坦克和步兵開始圍攻鮑姆的小隊。我們幾個則從被遺棄的德軍半履帶車上得到了一份地圖和通行證，還有一些德國馬克，然後徒步逃走。到了早晨，德軍動用坦克和反坦克砲對小分隊發起總攻，小分隊所有車輛都被擊毀，人員死傷慘重，戰場一片混亂。我們3個幸運地躲過德軍槍彈，筋疲力盡地爬到了山頂，然後我們決定穿越山林往美軍陣線方向走。不過好運馬上就結束了，我們走出山林後想等天黑後繼續旅程，可是德軍巡邏隊發現了我們，我們只好又一次舉手投降。那些德軍士兵很高興抓到我們，尤其是發現我們口袋裏有德國馬克的時候。我們無計可施，只好接受命運，又一次回到原來的戰俘營。

我們這些戰俘再一次看到我們的人已經

是30天後的事情了，一個B-17機群光顧了我們的戰俘營，結果很多戰俘和一些德軍看守在這次轟炸中被炸死。轟炸期間曾有1架P-51戰機發現了我們，並在飛走時對我們晃了下機翼，這是惟一一件讓我們感到興奮的事。

5月3日，我們計劃再一次逃跑。當時我們從一個德軍軍官口中得知盟軍已經跨過多瑙河，而這個戰俘營地離多瑙河只有2天的路程，成功的可能性很大。儘管德軍已有警告在先：所有試圖逃跑的戰俘一旦被抓都將被槍斃！但是德魯姆、穆斯卡和我還是決定冒一次險，我們成功地躲在一輛卡車的車廂後部逃出了戰俘營（守衛由於某種原因沒有像往常那樣仔細檢查）。後來在一個比利時人的幫助下，我們3人找到了第14裝甲師，我們成功了！」

A連被俘的軍官不止連長卡爾·赫頓一人，筆者還找到了A連被俘軍官馬文·德魯姆少尉的回憶，從他的回憶中，我們可以清晰地看見西方國家的軍人在面臨困境時的典型行為方式——投降，只要能活下去。「經過短暫的休整，我們A連於17日第二次踏上了通向赫利謝姆鎮的征程。早上，我們得知我軍300多人在4、5輛坦克的支援下已經佔領了部分鎮子。到了晚上我們得到情報說德國人從斯坦因瓦爾德樹林裏撤退了，2排和3排得以穿過樹林向鎮子發起突擊。就在我部偵察兵接近到鎮子外圍時，大約300德軍（第553國民擲彈兵，見前文）未放一槍就向我部投降了，他們都被立即押往後方。隨後2、3排進入了赫利謝姆，1排則佔領了附近的一些樓房。突然間街道上爆發了激烈的

戰鬥，我軍的右翼遭到德軍機槍的猛烈射擊。我認為那是從墓地方向打過來的，於是就向右面跑去準備查看情況。我剛剛轉過街角，突然看到了前方有一名德軍軍官，於是立即舉起手中的M1卡賓槍並用2發子彈將他打倒。在確認周圍沒有其他的危險後，我快速跑過去檢查他的屍體。結果我沒有找到什麼對自己有用的東西，他的魯格手槍很吸引人，不過被我剛才的一發子彈打壞了握把，聊勝於無吧，我還是拿走了那把槍。後來我找到了我手下的人，告訴他們我希望能得到一把完好的魯格，幸運的很，第二天早上就有個士兵給了我一把完美的魯格手槍，我立即欣喜地將它塞進野戰夾克的槍套裏！

18日上午，偵察兵告訴我有一個反坦克小組被困在我們右面鐵路附近的一所房子裏無法突圍，而要接近他們就必須穿過一片被MG42控制的開闊地。看來要拯救他們只有一個辦法：那就是找出那挺機槍並端掉它。當我到達開闊地邊緣時，那挺機槍開火了，子彈在我後面5碼的地方激起陣陣塵土，還好它沒能打到我。我快速衝過開闊地跑進那所房子，但卻不知道該如何幫助那些被困的士兵。要知道僅憑我們幾個，要做掉那挺有60mm迫擊砲保護的機槍陣地簡直是送死。我想到了一個辦法，我告訴他們我一次帶2、3個人出去，然後大家互相掩護，分批穿過開闊地。我的辦法奏效了，經過一次次來回奔波，我終於把被困的反坦克小組成功地從德軍的槍口下解救出來。

下午時分，大批德軍穿過鐵路向我軍的右翼發動猛烈攻勢，我趕緊打破無線電靜默呼叫砲兵支援，並充當前進觀察員給砲兵指示目標。在我軍砲兵的打擊下，德軍被暫時趕回他們在鐵路附近的出發地。可是沒過多久他們又來了，這次我在德軍前進到距離陣地很近的時候，突然召喚砲兵開砲——太懸了！那些砲彈差點擊中我——德軍再次狼狽地後撤。整個下午，德軍就這麼一波波反覆進攻，又一次次被我部打退，直到他們自己都認為足夠了為止。當戰鬥結束後，我告訴排裏的一名軍士說自己有點頭痛所以要去打一會兒盹。我就在一片蕃茄地裏躺了一會兒，但是並沒有睡著，畢竟是睡在一片蕃茄上啊！

一整天過去了，我們連還沒有與營部取得聯繫，情況有些不妙。夜晚降臨時，3排排長過來找我，他認為種種跡象表明德軍已經對我部形成了包圍，我們應該趁現在還有機會趕緊殺出鎮去！我告訴他我得到的最新訊息是增援即將趕到，所以我們應該到鎮內別處去探探情況，如果能找到連部或者營部的話就更好了。於是我倆穿過數條街道向營部的方向走，但是到那兒後卻什麼也沒找到。我們僅僅在營部附近的雪地上找到一組美軍留下的足跡，好像是被人拖著腳走的，後來我才知道，在這之前營部所有人都已作了德軍的俘虜。因為沒有發現什麼新情況，我們只好原路返回。

半夜時分德軍開始了猛烈的砲擊，我們知道一旦砲擊停止他們就會發起突擊。砲轟了很久才停止，我們跑上樓一看——乖乖，雖然外面很黑，不過也能看到街上到處是德軍士兵。我們從樓上向他們開火，德國人的反應很快，他們也開始回擊，我右邊的士兵被打死了。德軍扔了一枚手雷進來，我身邊

的軍士的腿被炸傷了。我無暇顧及他人，只是發瘋似地扣動著扳機，但是槍卻沒有響——我的子彈打光了。雖然我腰帶上還有一個彈匣，但是我已經沒有時間去拿它！我向樓下的德國人高喊：『同志！』然後拋下了自己手中的卡賓槍。

我突然想起自己還有把魯格別在夾克裏面，我很清楚這把槍要是被德軍搜到的話我就沒命了，當然那時候我不會知道我們會活著走進戰俘營。當時房間裏活著的人包括我在內還有5個，其中一個是受傷的軍士，於是我讓兩個士兵先把軍士抬出去，而我則要想辦法把那支魯格處理掉。德軍在樓下大喊要我們趕快出來投降，我當時太緊張了，慌亂中怎麼也拔不出那支手槍！還好德軍很有『耐心』地在下面等著，讓我有足夠的時間把槍處理掉。在大街上，幾名德軍走過來對我們進行搜身，他們拿走了我們所有值錢的東西：錶、戒指、手套和其他任何有價值的東西。幸運的是，搜我身的德國兵沒有拿走我手指上的戒指也沒有發現我藏在夾克裏的錢包。搜完身，我們被命令排成一列，而這些德軍則在幾碼外站成一列——我腦袋立即『嗡』的一響：『我們完了，要被槍斃了！』但令人意外的是，他們並沒有動手。此時另一群德軍士兵走過來，示意要把我們再搜一遍，這一次一名德國兵終於『幸運』地找到了我的錢包。

第2次搜查結束後，一名德軍軍官用流利的英語喊到『軍官出列！』我和另外幾個人站了出來，隨後我們被帶到一所房子裏。在那裏德國人問了我和其他的軍官一些問題。我只說出了我的姓名、軍銜和編號，其

它問題我拒絕回答，於是旁邊的一個德國兵對我說了一句，似乎是：『Nix verstehen』，我一點也聽不懂但也不可能去問。接著德國人想把受傷的軍士帶走，但是我堅持讓他與我們待在一起，我生怕德軍會將他丟在某個地方讓他等死或者直接給他一槍，他的腿傷得不輕！後來，我們這批戰俘在德國人的押送下徒步走向萊茵河，過河後我們給軍士找了輛牛車讓他躺在上面。當我們輾轉到達了一所德軍醫院後，受傷的軍士被留在了那裏接受治療，而我和其他人則被繼續押往巴登-巴登。

在巴登-巴登，我們一眼看到營長羅根少校與兩個連長赫頓和穆斯卡坐在一所房屋門前。從他們的口中，我知道了我們營當時的一些情況，看到自己並不是連裏惟一被德軍俘虜的軍官，先前沉重的心情頓時輕鬆了很多，在此之前我一直很擔心自己所作的投降決定。赫頓上尉告訴我，我因為在戰鬥中的英勇表現而被晉升為中尉。我聽到這個消息時很高興，不過在戰俘營中得知自己被晉升的確有些不是滋味。在戰俘營裏，我一直在反思自己在投降前是否真的是『身處絕境』？我是否真的挽救了部下的生命？這些問題直到今天還困擾著我。戰後，當我瞭解到我們全營在赫利謝姆戰役的全部情況後，我真的後悔自己沒能在當時的戰鬥中表現地更好一些！

德軍發給我們每人一大塊黑麵包當午餐，味道真的不怎麼樣！很多人只咬了一口就把麵包給扔了，以為這樣就會得到一

些像樣的食物。結果不久後我們發現，那塊麵包實際就是我們的早餐、午餐與晚餐後來再吃這些東西的時候，我們每個人都覺得這麵包的味道和巧克力蛋糕一樣美妙！

我們在巴登-巴登逗留了數天，然後被塞進列車運往戰俘營，在這裏我要抗議一下德軍對我們的不人道待遇，那列車和運牲口的車沒什麼兩樣。36小時後我們到達了位於哈默爾堡的奧弗萊格8B戰俘營。」

在我們東方人的常識中，軍人投降就是一種恥辱，哪怕部隊已經陷入絕境。「不成功便成仁」是一句經常能聽見的話，直白地說就是「贏不了你就去死吧」。軍人需要氣節，需要精神，那麼生命呢？如果說將軍們講究些氣節是因為他們的地位和身份，那麼普通士兵呢？他們在戰鬥中盡到了自己的義務，戰局的勝敗不是他們能左右的，因此當面臨絕境的時候，起碼他們有選擇生的權力吧。

第17裝甲步兵營A連愛德華・F・沃斯薩克一等兵在回憶錄中這樣寫道：「我於17日清晨在返回了連部後得知，我們連不用攻擊奧芬多夫了，A連接到了新命令，目標是北面的赫利謝姆。當時我們並不知道在一個星期前，第56裝甲步兵營從羅爾維勒方向進攻了赫利謝姆，他們在那裏遭受了極大損失，但仍被德軍擊退。然而無論如何，這次這個命令是不會被取消了。破曉時分，我們營整隊出發向目的地前進。

我所在的反坦克排有3個班，每班有8～9人，全排裝備3門57mm反坦克砲。在進攻赫利謝姆時，我們是按計劃從南面進入的，因為這裏的地勢較為平坦。在進入鎮子的時候，我部遭到一些步槍的射擊，我們向東面德軍可能藏身的地方開火。當時我看到5～6名德軍士兵正在向我們右側移動，奧布萊恩中士說他要消滅這些德軍，就舉起步槍向他們發射了一枚槍榴彈——當時德國人距離我們大約100公尺，但是那枚槍榴彈只飛行了20碼就掉到地上，沒有爆炸！片刻的驚訝後，我們只好再次瞄準德軍射擊，並將他們趕跑。當我部繼續向鎮子前進時，德軍的迫擊砲瞄上了我們，砲彈落點也變得越來越準確！我們的右邊有一片樹，但又不是真正的樹林，後來才知道那是一小片果園，有些迫擊砲彈落到了那裏，有些直接落在我們面前。我們邊躲避邊前進，就在幾個人好不容易跑到果園時，1枚迫擊砲彈落在附近，我的好友喬諾比的臉和胸部受了傷。我飛奔過去檢查了他的傷勢，他嘴裏喊著『救護兵！』可是奧布萊恩中士向我喊叫『快離開！』我只好向喬說了句：『你等一下，救護兵馬上就到！』然後就跑開了，我那時並不知道我再見到他要在50年之後。我一口氣跑進一處3英呎左右深的窪地，慢慢緩過氣來。這時我突然注意到地面有3根細細的金屬棒，那是德軍埋設的反步兵地雷！為了避免更多無謂的傷亡，我將它們的位置畫在了一張紙上，然後小心地爬出了窪地。此刻全連已前進到了鐵軌附近，不久我得知自己成了奧基爾特里中尉的傳令兵（我不知道中尉原來的傳令兵道赫迪怎麼了）。墓地附近的德軍進行了激烈的抵抗，但是我們最終還是攻入了墓園。在查看周圍的地形後，中尉認為待在這裏無疑是等著挨揍，於是我們繼續前進直到進入鎮東南角的一所房子。

中尉在這裏佈置了5名士兵，其中有安東布拉德弗德、保爾·克魯索和我的朋友迪克·西蒙斯，然後反坦克砲排跟隨連主力進攻鎮子北面。我們的人奪取了通往東面大路的另一所房子後，中尉決定先返回東南那所已經部署了人員的房子。不過這過程並不輕鬆，德軍的火力封鎖迫使我們嘗試了好幾條不同的路線。當我們到達時，發現那幢房子已經陷入德軍輕武器和迫擊砲的火網，我們翻牆進入的時候布蘭德沃德被流彈擊中，當我們把他抬進房屋後發現他已經死了，奧基爾特里中尉告誡所有人提高警惕。

當我們再次出擊的時候，我無意中看到街道上有一條遺棄的德軍武裝帶，上面居然還有手槍套。我打開手槍槍套——那是一枝點25口徑的毛瑟半自動軍官用槍（就是魯格）！我猶豫了一下是否要拿這樣一枝‘貴重’的玩意，但最後我還是帶著它回到了排指揮部。奧基爾特里中尉下了樓，而我則和沃爾特·斯塔西、喬治·哈蒙、約翰·卡勞迪等人繼續留在2樓觀察街道上的戰況。不久後中尉回到樓上讓我去通知大家新換的口令，喬治·哈蒙被命令和我一起去，他看起來好像有些不高興，平時他對任何事情都提不起勁，所以我不敢確定他是否真的對這個任務不感興趣，但我還是很高興有他做伴。整個下午，我們都在和德軍激烈交火，你不管在鎮子的哪個角落都能聽到雙方的槍聲和坦克的轟鳴聲。我倆想沿著街道去鎮子的最南端，但一路上我們老是碰上德軍，怎麼也到不了目的地。我們嘗試了其他幾條路線，還是碰上了德軍的巡邏隊，無奈之下只能從西邊返回指揮部。我倆在街道上互相掩護著

交替前進，突然，我們聽到附近一所房屋裏有人叫我們。那裏是我們連另一個排的藏身之所，哈蒙好像認識他們中的人，而我卻一個都不認識，我只知道他們是我們連的。在交代了新口令後他們又問了一些其它問題，比如如何過夜等等，但我們也不知道，這也說明了當時部隊組織上的混亂。在經過了4、5幢房屋後，我們又遇到了另一個排。我告訴他們如果遇到其它部隊，請他們把口令轉告一下，他們同意了。1分鐘後我們離開了那裏，這時天已經有點黑了，我們得在天黑前趕回指揮部。此時街道上越來越多的跡象顯示德軍正向鎮子中心發起攻擊，我倆慌了，不顧一切地開始奔跑，我緊跟在哈蒙的身後越跑越快。一輛德軍坦克冷不防出現在我們的面前，距離我們只有100公尺左右！我不知道德軍坦克是否看到了我們，不過哈蒙本能地轉身衝向旁邊一棟房屋的園子，園子外有籬笆和一扇門，哈蒙開門就跑了進去，還沒等我反應過來，德軍坦克一砲就打掉了那扇門！我猶豫著不知道該怎麼辦，只好扭頭跑回10碼外的街角。此時坦克又開了兩砲，但是沒有打到任何東西。等坦克開走後，我來到園子裏喊哈蒙的名字，他毫髮無損地走了出來！他見到我的第一句話竟然是：『原來你沒事？！我還以為你已經完了呢！』

當夜幕完全降臨時，鎮子裏的槍聲變得更加密集，除此之外還加入了敵軍坦克砲的怒吼，我們能聽到德軍坦克開來開去的轟鳴聲但卻看不到我們的同伴。當我們好不容易回到奧基爾特里中尉的指揮所並向他匯報情況後，他讓我們先去休息，『你們待會兒再

去試試』，他又補充了一句。我告訴他我可不想再『試』一次了，到處都是德國人。中尉聽了之後看起來很是憂慮和煩惱，我為此感到十分抱歉。隨後我上了樓，其他人正從窗戶向外射擊。我完全累垮了，又冷又餓，戰場上沒有比這更糟糕的了。我躺在一個酒架旁開始啃K口糧，並問其他人有酒麼，回答是『沒有』，我只能以水代酒咽下乾澀的口糧，希望水能像酒一樣刺激神經。雖然周圍一片嘈雜，我的意識卻慢慢混沌起來，半夢半醒中我開始懷疑我們是否還有突圍的希望……不知過了多久，德軍突然開始猛攻我們所在的房子。機槍子彈從窗外和門外打了進來，所有人都趴在地下躲避呼嘯的槍彈。酒架上的酒瓶都被打碎了，我不知道是否有人中彈。等機槍一停，我突然起身衝向後門，也許那有一條逃生之路，可是我拉開門才發現那裏只放著些自行車，這是條死路！。

夜裏，許多被打散的美軍士兵陸陸續續逃到我們所在的房屋附近。等到第二天清晨時，這棟房屋裏已滿是屍體和傷員，房間裏充滿重傷者痛苦的尖叫和呻吟，還有人在小聲祈禱。我不清楚樓下的狀況，但很明顯大家手裏的彈藥已經打得差不多了。我也不記得指揮官這時候起了什麼領導作用，至於我自己，我也不知道我還能做什麼。到最後，有個人建議說也許投降會好一些，但是沒有人對這個提議發表意見，大家繼續幹著手裏的事情，看來我們已經徹底地絕望了。

突然，槍聲停止了，德軍意外地停止了進攻。一名舉著白旗的黨衛軍軍官走了過來，用流利的英語向我們的指揮部喊話勸我們投降。他説：『你們的營長羅根少校已經向我們SS第10裝甲師投了，而且鎮內其它美軍都已投降了！我們完全控制了這裏！快出來吧，繼續抵抗是沒有任何意義的！』聽到這些，所有人都放下了手中的武器並陸續走出屋子。在我準備好要出去時，突然想起我有把魯格還在身上，我趕緊把它丟在屋子的角落裏。大約有16名美軍走出了這個指揮所，其中的軍官立即被黨衛軍士兵從隊伍裏分開帶走，我再也沒見到他們。我發現馬斯特羅中士也被俘了，先前他曾帶著幾個人從後面的園子裏衝了出去並成功地逃到了鎮外，也許他自信滿滿地認為能帶更多的人出去，於是就返回了指揮所，沒想到他回來的時候正是我們投降的時候，於是他也被德軍逮住了。

黨衛軍士兵將我們身上的武器——子彈、手雷、武裝帶等都搜走了。我猜他們是按級別來搜身的，因為一個軍階較高的德軍拿走了我的錶、軍刀和巧克力，而另一個年輕的列兵則過來要我的雙層手套，作為交換他給了我他的藍灰色手套。當搜身結束後，德軍將我們帶到餐車旁，在那裏我吃到了幾個月來最好的一頓飯。那個負責盛飯的德軍廚子問我是否有盛飯的器具，我趕緊把我的鋼盔拿下來用雪擦了一遍遞給了他。他往裏面舀了3勺冒著熱氣的肉湯，然後示意我與另一個美軍士兵一起分享，那人正是哈蒙。這是德軍對我們這些戰俘最好的一次『款待』。

喝完湯，德軍讓我們按軍階列隊，在守衛的押送下我們開始了行軍。雖然我們還是排著隊行軍，但現在的我們已經不是什麼戰鬥隊伍而是一支戰俘隊，我們現在大約有24

人，一路上還有更多的美軍戰俘加入到隊伍中。當時天還很黑，隊伍在進入一片樹林後停了下來。我們看到那裏有一些被遺棄的美軍坦克，我無法確定它們是否被摧毀了。在這些坦克周圍停著德軍坦克，因為太黑我無法確定確切的數目，不過至少有2輛。我們的衛兵與那裏的德軍交談，隨後有2人離開了我的視線，我此時的反應是『這很可能會是第二個馬爾梅蒂』（Malmedy大屠殺。1944年12月17日，黨衛軍裝甲師「派佩爾戰鬥團」俘獲部分美軍，在經過比利時馬爾梅蒂時屠殺了84名美軍的事件）。我開始尋找機會試圖逃跑，但這個念頭只是一閃而過，我們當時距離河流只有100公尺遠，這提醒了我，我們是不可能順利通過附近眾多

的河流的。隨後，德軍用汽船把我們全數運過了萊茵河。1小時後我們又開始了行軍，戰俘隊伍最終在一所學校的大廳裏過了夜。

第2天早上吃過早餐後，我們繼續行軍，終點是黑森林——巴登-巴登附近的斯塔萊格（Stalag）11B戰俘營。在那裏我們又被搜了遍身，但西蒙斯藏在夾克夾縫中的一些5美元紙幣躲過了一劫，後來他就用這些錢在戰俘營裏跟波蘭戰俘做交易以換取食物。次日，我們離開了被白雪覆蓋的美麗的黑森林繼續前進，到達了一個火車站，在那裏我們被分批裝車前往最終的目的地——斯塔萊格5A戰俘營。」

第17裝甲步兵營A連卡爾‧萊昂斯軍士的日記摘錄：「1945年1月17日，我部於早

■ 正穿過遭到毀壞的阿爾薩斯小鎮街道的第17裝甲步兵營的士兵。

上接到命令，轉攻赫利謝姆，這座鎮子位於奧芬多夫北面大約3英哩處。我們花了些時間穿過田野進入預定的陣地，大約1個營的坦克超越我們的隊伍前去攻擊鎮子。我部擁有2個連的步兵和1個連的坦克，負責從鎮子的南面發起進攻，A連在右B連在左。

德軍的輕武器火力曾阻擋了我們一陣子，負責支援的坦克前去消滅這些火力點。1排這時正在鎮子的外圍，右翼突然冒出的一小股德軍給我們製造了不小的麻煩，1個反坦克小組奉命去收拾這些敵軍。我和弗利普則架好機槍掩護著我們的步兵弟兄衝鋒，不過子彈帶有些潮濕給我們的射擊造成了一點困難。3排進入小鎮的中心地帶後，一隊負責偵察的士兵發現1輛德軍坦克堵在路上，他們無能為力，只好停止了前進。

為了防止德軍進行反衝擊，弗利普和我設法將機槍架在了一所房子的2樓窗口，這樣就能完全封鎖德軍坦克所在的那條街道。與此同時，2排的進攻卻成了一場災難，他們在試圖奪取鐵路路基附近的房屋時遭到德軍大約200多名步兵和4輛坦克的包圍。僅僅15分鐘，這個排就崩潰了。雖然後來我們的砲兵和一些坦克將進攻的德軍趕走，不過已經晚了。

我所在的機槍組和另外2個步兵班聽說2排的遭遇後，小心地離開了防區希望能幫2排一把，我們趕到的時候發現已經晚了。我們接手了2排的陣地，在我們後面50碼的一所房子裏，2排倖存的弟兄們神情驚恐地擠坐一團。看來所有人都不知道形勢將會往什麼方向發展，凱利也和這些人待在一起，他的班已經不知所蹤。

大約17：00，6輛虎式坦克（譯者註：應為豹式坦克）從鐵路路基方向開了過來，最近的1輛不過50碼的距離。坦克排成一列猛轟我們的防線側翼和尾部，德軍步兵則跟在坦克後面準備發動進攻。弗利普問我怎麼辦，我告訴他：『就待在這兒別動！』先前和我們在一起的2個步兵班一看到坦克後就逃跑了，詹森和利特爾‧李兩個人乾脆蜷縮在屋子的一角似乎在等待最後時刻的來臨。這時德軍的步兵部隊開始越過鐵軌，我立即扣動了機槍的扳機，呼嘯而去的槍彈讓德軍陷入了混亂，他們紛紛尖叫著後退，很快，我就打完了兩條機槍子彈帶。突然，我聽到詹森的尖叫，我扭頭一看，離我們最近的那

■ 卡爾‧萊昂斯軍士和他的戰友們。

輛德軍坦克砲塔正在慢慢轉動（就在這時它旁邊的另一輛突然爆炸了，它被負責防禦我們陣地尾部的謝爾曼坦克擊毀），恐怖的88砲指向了我們（譯者註：應為75mm砲）。詹森向我大喊：『上帝，我們死定了！』我看到坦克開火了，砲彈在我們右面15英呎的地方爆炸，緊接著它又開了一砲，這次砲彈落點更近了，萬幸我們都還好。我不斷對自己說：『全能的上帝啊，希望我死的時候不要太痛苦也別太久！』突然間，一發大口徑砲彈掉在我們和德軍坦克之間，這應該是我們的砲兵打的，很幸運的那是枚煙霧彈！我軍的大口徑砲彈呼嘯而下，等煙霧散盡時，我發現德軍坦克和步兵都退回去了，而那兩個逃跑的步兵班也回來了。

一個小時後，又來了4輛德軍坦克，但是他們沒有向我們開過來而是轉向了左面的房屋。又過了半小時，我們看到德軍步兵在我們後面50碼左右的房屋附近出現，我們能看到他們身上的斑點迷彩作戰服。這些德軍看來想把我們連分割成兩半！這時1輛德軍坦克在步兵的伴隨下沿著大街開了過來，對著我們所在的房屋就是一陣猛轟。我們一點辦法也沒有，我們自己的2輛坦克都在燃燒，而巴祖卡（美軍60mm火箭筒）打在它的側面就被彈飛了！當夜幕降臨時，情況越來越糟，街上到處都是德軍步兵。很明顯我們的連已經被分割包圍，詹森和利特爾這時都已離開去尋找他們自己班去了，留下我和弗利普坐在屋子裏不知該怎麼辦！

■ 歐洲戰場結束後美第17裝甲步兵營的士兵們。

大約23：00，我累得睡著了，可沒過多久弗利普就把我給踢醒了，他說我打鼾的聲音太響會驚動德國人。過了一些時候，我起身去找威廉姆斯，我對他說最好在天亮前做些什麼，然後我和加登納一起出去查看動靜。我看到大約100多德軍士兵和幾輛坦克就在我們前面不遠的地方——坦克的砲口正對著我們。我觀察了一會兒然後對加登納說：『你給我幾個人，我去試試能不能找到連部與他們恢復聯繫。』他猶豫了一下但還是撥了2個人給我。於是我就帶著這2個弟兄弓著腰穿過街道借助黑暗的掩護去找連部。當接近一所倉庫時有人喊道：『不許動！』——原來是豐克。我告訴了他情況，他讓我把剩下的人都帶過來。我們於是回去帶人，把我們的弟兄都帶到了倉庫裏。

1945年1月18日08：30，德軍開始了猛烈砲擊，弗利普和我只好躲到倉庫的地下室裏。半小時後砲擊停止，我倆從地下室鑽上來時發現倉庫上面已經被轟塌了。看來德軍正在對我們連發動最後的進攻！於是我倆回到地下室，在眾人的幫助下在牆上挖了個洞鑽了出去。但剛一出去就發現有德軍在我們前面不到5碼的樓房拐角處叫嚷著，弗利普用手在我肩上輕輕拍了一下低聲說道：『走！』我們輕輕地退回原地，利用德軍暫時離開的機會飛快地逃出了倉庫，我們跑進果園翻過籬笆，頭也不回徑直往前跑。我們不知道，也沒工夫去管我們營的情況。最後我們穿過田野來到了一條小河邊，連續走了幾小時我們都餓壞了，但我們身上什麼吃的都沒有，只好抓一把地上的雪充饑。雖然附近的敵人越來越少，但是不時還有德軍巡邏隊出現，我們耐心等巡邏隊離開，沿著小河繼續向美軍防線方向走，最終我們逃出了德軍的魔掌，回到了我方控制區。」

走向戰爭勝利

赫利謝姆之戰結束後，佐恩河和威爾斯海姆兩地暫時平靜下來，這兩地的美軍獲得了寶貴的喘息機會，但局勢依然危險，臨近的美軍防區受到了德軍更大的壓力。根據德軍最高統帥部的「牙醫行動」計劃，所有從甘舒恩橋頭堡出發的進攻部隊此刻必須全力奪取臨近的城鎮，為從兩翼合圍美軍創造條件，並為最終攻克哈根努做好準備。為此，德軍第7傘兵師於18日起發起了對萊茵河以北，哈根努森林東南方向的塞森海姆（Sessenheim）鎮的攻勢。負責防守的美軍僅有第232團1營B連，面對德軍第21傘兵團在坦克的支援下對鎮子發起的三路突擊，B連很快敗下陣來。09：00，該連部分軍官先行從北面撤出鎮子，與從索弗倫海姆（Soufflenheim）方向增援而來的第232團1營A連（由卡斯特中校指揮）在朗茲恩海姆（Rountzenheim）樹林中會合；B連剩餘部隊則分別由斯塔斯基中尉以及倫曾中士帶領分兩路從鎮南撤離塞森海姆。可還沒等B連在西面的索弗倫海姆森林邊緣建立好防線，尾隨而來的德軍第19傘兵團發起了突擊，迫使美軍放棄臨時陣地向北方的索弗倫海姆鎮撤退。

為抵擋德軍傘兵的兇猛進攻，美軍18日下午緊急調遣第314團2個連在塞森海姆-索

塞森海姆戰區1945年1月18~20日

| 0 | 250 | 500 | 750 | 1000 |

公尺

德軍防線

美軍防線

進攻路線

弗倫海姆大道上構築陣地，以防德軍突向索弗倫海姆；同時派遣第103師的2個團到索弗倫海姆森林一線反擊德軍的突破：其410以及411團成功地打退了德軍第19傘兵團，並在19日早上迫使其後撤到塞森海姆森林的鐵路線附近。隨後，411團1與3營又對塞森海姆發起進攻，但最終還是被鎮內的德軍第21傘兵團的反擊所擊退。至19日為止，雙方的態勢是——德軍仍然控制著塞森海姆鎮，而美軍則佔據著附近的森林，雙方進入了暫時的對峙狀態。

在另一方向，德軍SS第10裝甲師在19日也開始圍攻位於赫利謝姆北面的德魯森海姆鎮。經過一天的激戰，兩路德軍突破美軍

314團2營的防線攻佔了該鎮，2營被迫於20日深夜撤退；而第三路德軍則將臨近森林內的314團F連趕出了森林，並拔掉了他們在鎮子以北建立的臨時據點。

此刻美第6軍防線危機重重，第6軍的指揮部密切而焦急地注視著戰局的走向。現在的局勢是：哈根努方向，負責防禦的是第6軍下轄的第12與第14兩個裝甲師，但都已疲憊不堪；另一方向，第6軍右翼遭到德軍猛攻，防線岌岌可危。布魯克斯最終選擇了放棄萊茵河一線，從18日起甘舒恩橋頭堡附近的美軍部隊陸續接到命令撤向哈根努一帶固守待援。這個命令遭到了一些非議，有些人認為如此輕易就放棄了寶貴的陣地，有為

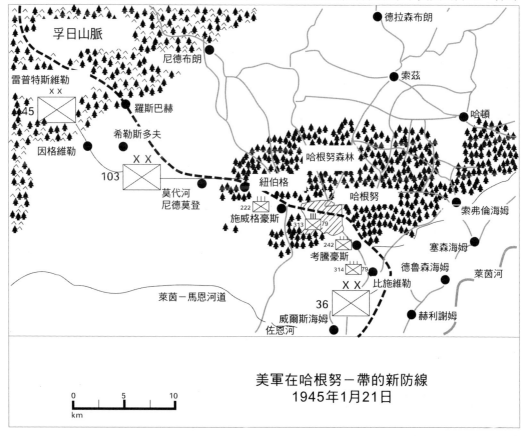

美軍在哈根努一帶的新防線
1945年1月21日

保存實力故意避戰的嫌疑，但從當時美第6軍面臨的危機來看，以空間換取時間是惟一正確的選擇。1月20日到21日的夜間，美軍首先從哈根努森林以北向西南的莫代河方向後撤。1月21日，繼亞倫的第12裝甲師撤離前線後，史密斯的第14裝甲師也從哈頓-里特斯霍芬一帶撤退，利用黑夜的掩護一路向南，與第7集團軍的友軍在莫代河一線會合，就地設防直到3月15日為止。這一舉動完全出乎德軍意料，德軍突然發現對面的美軍陣地安靜了，小心翼翼的發動進攻後才發現美軍已經撤走。拿14裝甲師原來陣地情況為例，1月23日，也就在14裝甲師從哈頓退走的2天之後，德軍第25裝甲擲彈兵師的第5裝甲營（該師尚為完好的119裝甲擲彈兵團此刻已經與第7傘兵師一道被調到了其他方向）7輛「追獵者」噴火坦克（原屬第352噴火坦克連，現在加強給第5裝甲營）發現自己竟然不費吹灰之力，在沒有其他單位支援的情況就佔據了大半個哈頓鎮，誰能相信幾天前這裏曾發生過慘烈的戰鬥？！不久，里特斯霍芬也落入德軍之手，德國人這才意識到第14裝甲師的主力已經離開了這個地區。

接到前線部隊的報告，包括赫內、德克爾以及馮·登巴赫在內的所有德軍高級指揮官大吃一驚，等到德軍完全確認當面的美軍防線大多已經被撤空是20日以後的事情了。德軍匆忙地集結和組織新的進攻力量，並將補給及裝備運抵新的前線，這一行動整整花了四天四夜，使得布魯克斯得以以哈根努為中心，沿佐恩河-莫代河-羅斯巴赫一線從容建立起新的防禦陣地。美軍這條新防線由西

向東部署了第45、103、79以及36步兵師（第12、第14裝甲師以及林登戰鬥群的剩餘力量作為總預備隊被置於第二線）。此外，法軍也奉命在斯特拉斯堡以北集結兵力，而由泰勒少將指揮的美第101空降師也已向哈根努方向開來。到21日，美軍完成了一切準備工作，各單位嚴陣以待，準備抵禦德軍的進攻。

1月24日，德軍終於發動了拖延已久的攻勢，這也是德軍1月末的最後一場也是最大規模的聯合進攻，矛頭直指重鎮哈根努。德軍計劃在3處地點突破第6軍的新防線，不過德軍沒有直接攻打由79師313團負責防禦的哈根努本身，而是派遣第7傘兵師20團和21團分四路圍攻哈根努左翼的施威格豪斯（Schweighouse），同時SS第10裝甲師將從哈根努右側的考騰豪斯（Kaltenhouse）突破。此時第7傘兵師其他單位將不參與進攻，繞過施威格豪斯，兩者合力包抄美軍的後路；與此同時，第47國民擲彈兵2個營將進攻紐伯格（Neubourg），第25裝甲擲彈兵師119團負責保護這2個營的右翼同時參與進攻行動。美軍林登戰鬥群的第222團與242團各部對德軍的進攻進行了殊死抵抗，而布魯克斯則在24日晚適時投入第14裝甲師進行反擊，次日又以左翼的第103、第45師以及右翼的第36師、法第3阿爾及利亞師發起全線反擊，迫使德軍為保護已經佔領的地區而停止了前進。到26日，德軍最高統帥部眼見進攻無望而預備兵源已經枯竭，遂通告全軍暫停已經轉為消耗戰的「牙醫行動」。1月末，為了抵擋蘇軍在東線的進攻，希特勒將哈根努一線上的大多數精銳部

隊陸續調往了東線，而布拉斯科維茲則由於進攻失利而被希特勒再次解職，他的接替者和上次一樣，依然是保羅·豪塞爾。美軍方面，為解哈根努之圍而派來的「巴斯托尼的頑強傢伙」第101空降師終於趕到，傘兵們發現自己遲到了，哈根努危機已經過去。

當美軍解除哈根努之圍後，德軍在阿爾薩斯地區南面的據點僅剩下一個「科爾馬口袋」了。盟軍早已將其視為眼中釘、肉中刺，恨不得能立即剷除這個嵌入己方戰線、又不時「作亂」的突出部。所謂的「科爾馬口袋」，實際上是一個被德軍佔據著的，沿

著萊茵河一線展開的袋狀陣地（萊茵河一段南北走向的有50英哩，其下的一段西北-東南走向的則有30英哩）。而在其內部擔任防禦任務的德軍第19集團軍則通過兩座主要的橋樑以及另外幾座較小的橋來保證補給的暢通。為了截斷口袋內部的德軍補給線，盟軍曾對這些橋樑實施了反覆的轟炸，可是德軍卻總能在轟炸過後又重新修好橋樑，所以德軍對其第19集團軍的補給物資輸送從未中斷過——甚至有不少德軍士兵由於對其中一座位於布雷薩克附近橋樑的英勇保衛作戰而獲得了十字勳章。早在1月20日之前，盟軍已

■ 1945年1月31日，美軍第75步兵師在烏斯特海姆附近俘獲1輛德軍H39輕型坦克（德軍編號Pz.kpfw.38H 735f）。這種原本為法軍所使用的坦克被德軍主要用來對付游擊隊，但是在1945年早期仍有小部分在德軍中繼續服役。

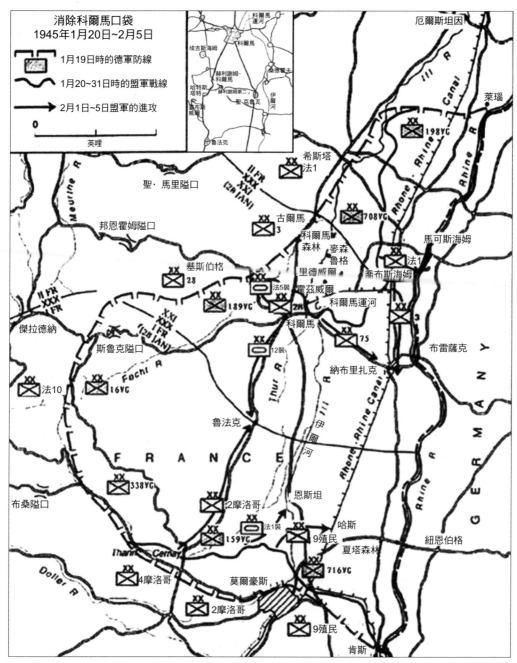

消除科爾馬口袋
1945年1月20日~2月5日

1月19日時的德軍防線

1月20~31日時的盟軍戰線

2月1日~5日盟軍的進攻

0   英哩

在這個袋形陣地南北兩側集結了5個法國師和2個美國師（第3步兵師以及重新整編後從阿登戰區趕來的第28師），而當面的德軍第19集團軍則在這片廣闊而又水網密佈的的農田地區部署了8個師和1個裝甲旅的兵力。盟軍的氣象中心曾預告1月裏的後半階段將會有晴朗的天氣出現，而到2月後，在赫利謝姆-甘舒恩一帶的積雪將會消融而使那裏變

■ 1945年1月29日，支援第36步兵師第142步兵團C連的1隊來自第14裝甲師的M4A3坦克，正與步兵一起穿越冰雪覆蓋的德魯森海姆附近的田野。

成「沼國」！因此德弗斯希望能儘快在此之前解決其中的德軍，負責主攻行動的則是法國第1集團軍。

法軍早在1944年12月期間就曾動用第1軍以及第2軍對科爾馬口袋發動過不成功的攻擊行動，現在更大規模的進攻即將開始。根據計劃，法第1軍先以4個師的兵力發動佯攻，將德軍預備隊吸引到南面，然後法第2軍從北發起主攻。當時的德軍第19集團軍技術裝備十分缺乏，但包括砲彈在內的各種彈藥和輕武器充足。而且，由於希姆萊的關係，它可以從德國境內抽調可以動用的任何單位。此外，惡劣的天氣、複雜的地形以及對希姆萊的黨衛軍憲兵的恐懼，也一定程度上增強了德軍方面的防禦力量與決心。

1月20日，法第1軍從科爾馬南面發動了進攻，他們遭到了德軍第19集團軍激烈的抵抗而僅僅向北推進了5英哩。更糟糕的是，由於氣象預報的錯誤，這一地段突然被暴風雪覆蓋，結果使得法軍由於弄不清確切的進攻方向而使攻擊完全停滯下來。雖然如此，這次佯攻還是成功地將德軍第106裝甲旅以及第2山地師吸引到了南方。2天後，法第2軍按計劃在北方發動攻擊，其先鋒部隊美第3師在美第63師1個團（屬哈里斯戰鬥群）的支援下，跨過了數條河流並肅清了科爾馬森林。隨後盟軍一路勢如破竹，越過科爾馬運河並為法第5裝甲師打開了通道。接著，美軍第28師和第75師克服大雪以及惡劣氣候的影響，緊跟法國第5裝甲師一路向東挺進，最終在25日與威爾本少將的第21軍勝利會師。由於手頭已有了3個步兵師（第3、28、75師）以及2個裝甲師（休整後趕到的第12裝甲師以及法第5裝甲師），盟軍決定對瓦本運河（Vauban Canal）和羅恩-萊茵運河（Rhone-Rhine Canal）附近的橋樑發起了最後的進攻。儘管盟軍官方認為科爾馬口袋戰役在1月25日結束，但是實

際上零星的戰鬥一直持續到2月9日,盟軍才最終肅清了這裏的德軍。科爾馬袋形陣地的陷落意味著法國本土被盟軍完全光復,德軍已經完全退入其本土。

1月阿爾薩斯冬季戰役的勝利意義更為重大,意味著盟軍可以隨時發動萊茵河戰役,打通通向魯爾(世界上最大的工業區之一,位於德西靠近荷蘭)乃至柏林的道路,勝利女神已向盟軍露出了微笑!

第12裝甲師在科爾馬口袋作戰時的經歷

1945年1月26日,在被調給法國第1集團軍的4天之後,美軍第12裝甲師離開休整營地威爾斯海姆來到了位於斯特拉斯堡以西的伊騰海姆鎮附近,協助法第3阿爾及利亞步兵師防備德軍從甘舒恩橋頭堡方向的突破。雖然在這幾天裏該師並沒有補充多少兵力及車輛,但是對大多數已經經歷過赫利謝姆血戰的士兵而言,能獲得足夠長時間的休整仍然是一件令人感到高興的事。隨後,該師便接到了新的任務:向南前進去支援法軍消除「科爾馬口袋」的行動。

1月22日,美軍第3師在法第5裝甲師1個戰鬥群的伴隨下,從西北方向對古老的要塞城市納布里扎克(位於萊茵河西面,德國城鎮布雷薩克附近)進攻。為了達成這個目的,必須佔領伊爾河以及科爾馬運河上的橋樑。雖然其後在伊爾河上的小木橋被順利佔領,但該橋卻在第1輛美軍坦克經過後就被壓垮而無法使用,同時對岸的德軍則動用步兵以及突擊砲頑強地阻擊著美軍的進攻。這

兩處橋樑附近的激烈戰鬥整整持續了8天之久,直到1月30日綽號「馬恩磐石」的美第3師由於無法承受更大的傷亡而被迫撤退後才告結束(在這期間,美軍方面誕生了一位戰鬥英雄——奧迪·默菲。我們在後面會詳細介紹他的事蹟)。

2月1日,美軍第75師在科爾馬附近加入戰鬥,而在該地區內的所有美軍部隊此時都已統歸美第7集團軍的管轄。第75師隨後一路突擊經過科爾馬,向東南方向的紐夫-布雷薩克發動突擊。德軍被迫從防禦美第3師的伊爾河方向抽調兵力來加強要塞周圍的防禦力量,結果使得在美第3師當面的防禦力量變弱——「馬恩磐石」終於可以再次跨過伊爾河向納布里扎克發起攻擊了!

次日美第28師經過短暫的交火,便輕鬆地拿下了科爾馬鎮。法第5裝甲師則隨後跟隨入城並受到了當地居民熱烈的歡迎。到2月3日,美第12裝甲師的B戰鬥群(由第714坦克營以及第56裝甲步兵營組成)也進入了科爾馬鎮,在享受了美酒、鮮花等種種禮遇之後繼續向南挺進。但與先前不同的是,在那裏等待他們的將是德國人猛烈的迫擊砲火以及密集彈雨的洗禮。

2月4日,第12裝甲師的B戰鬥群受命進攻科爾馬鎮南面一個叫赫利謝姆-科爾馬(Herrlisheim-Cormar)的小鎮。結果這些美軍士兵一聽到「赫利謝姆」這個名字之後,就立即回憶起令他們痛苦不堪的赫利謝姆之戰,於是他們把這個地方稱為「赫利謝姆第二」(Herrlisheim No.2)!

根據預定的計劃,B戰鬥群以及從R戰鬥群調撥過來的第23坦克營掩護第28師兵

分兩路攻打小鎮。德軍對此的回應是立即召喚密集的砲火轟擊，這使從北面伴隨坦克進攻的一路美軍步兵的速度減慢了很多——於是在前方速度較快的部分第23坦克營的坦克不知不覺中與步兵脫了節，遭到了埋伏在赫利謝姆-科爾馬外圍以及東面樹林裏的德軍反坦克砲的伏擊，損失了3輛坦克。儘管如此，從西南方向過來的另一路美軍最後還是攻入了小鎮，與德軍步兵發生激烈交火，並拿下了半個鎮子。第23坦克營則為避免陷入巷戰而全營移動到鎮北休整過夜，在此期間，包括第17裝甲步兵營在內的R戰鬥群的部分兵力已經攻佔了小鎮西面的埃吉斯海姆。以下是一段有關從西南方向進攻赫利謝姆-科爾馬的美軍部隊的詳細戰鬥經過。

第23坦克營B連的連長弗朗西斯·帕金斯少尉當時正在指揮第3排的坦克，他受命在上午與第17裝甲步兵營B連會合後共同執行向小鎮進攻的作戰任務。他的部隊計劃從科爾馬南面出發向魯法克方向前進，等到達哈特斯塔特附近的道路交叉口後再轉向東，沿著一條小路進入「赫利謝姆第二」。計劃實行得很順利，當坦克縱隊經過道路交叉口時，帕金斯留下2輛坦克當後衛，自己則率領其他3輛坦克來到小鎮外圍。在那裏他發現部分第17裝步營的步兵正待在小路與一條蜿蜒途徑的鐵軌之間的田野裏等待坦克到來，於是就徑直驅車向他們靠攏——可是還沒等帕金斯與第17裝步營營長埃伯巴奇上尉通上話，這些步兵就迅速地起身向前推進，試圖為坦克的突進清除障礙。此時，可能是由於聽到了坦克發出的聲響，在鎮子附近隱蔽的德軍步兵用步槍及機槍立即向美軍步兵

開火，美軍步兵被壓制住了，但卻沒有任何人發現那挺機槍的確切位置。

而在那個道路交叉口，正在擔任警戒的由弗萊明軍士指揮的謝爾曼坦克在未接到任何警告的情況下，突然被一輛隱藏在附近樹叢中的德軍IV坦克殲擊車發射的1枚75mm穿甲彈直接命中！駕駛員羅伯特·麥克科迪當場陣亡，而裝填手奧利弗·杜德里則在棄車後被一枚迫擊砲彈炸死——這些是帕金斯的坦克排在此次戰鬥中的第一批傷亡，而那輛德軍的IV坦克殲擊車在偷襲得手後立即倒車並在樹叢裏消失得無影無蹤。

在小鎮方向，美軍步兵還被那挺隱蔽良好，幾乎是「看不到」的MG42痛苦地壓制著。不過最終美軍坦克還是找到了它，並一砲把它轟上了天。隨後3輛謝爾曼坦克對小鎮的建築進行了無差別的輪番轟擊並使其起火燃燒，在坦克的掩護下，美軍步兵很快佔領了全鎮。此時留在路口的另一輛坦克向帕金斯通報了剛才遭到偷襲的情況，帕金斯命令它與已會合，於是3排剩下的4輛坦克與第17裝步營的步兵一起在鎮子裏過了夜。

當天晚上還發生了件有趣的事情：一輛孤零零的吉普在黑暗中，打著「只有夜貓子才能看得到」的微弱燈光慢悠悠地進了鎮。那名司機正在尋找帕金斯少尉，於是其他美軍都紛紛猜測，看來他一定是有重要任務在身，所以才會在這種時候冒險來此。可是到最後大家才發現，原來這輛車只是來運送給軍官享用的飲料！車上裝載的「重要任務」其實只不過是一瓶蘇格蘭威士忌、一瓶白蘭地以及其他幾種酒而已。帕金斯當然非常高興，於是他在喝了幾杯蘇格蘭威士忌之後，

把其餘的酒分給了他的手下享用，於是3排的坦克手們在美酒的陪伴下度過了一個難得的、開心的夜晚。

2月5日上午，第12裝甲師師部向3個戰鬥群發布了如下的作戰命令：R戰鬥群完成佔領「赫利謝姆第二」的任務；A戰鬥群可以繞過任何德軍的堅固據點，繼續向魯法克前進；B戰鬥群從科爾馬出發，跟隨A戰鬥群，對沿途發現的德軍據點予以清除，並向西面繼續搜索。

R戰鬥群的任務昨晚就完成了，5日一早，第23坦克營的營部就進入了赫利謝姆-科爾馬。在帕金斯去向營長愛德華少校做戰況匯報之前，第12裝甲師師長亞倫少將進入了指揮所，他對帕金斯說他需要1個排的坦克去做一次前沿偵察任務——那麼好吧，既然帕金斯自己就是個坦克排排長而他又站在那兒，於是自然而然地接受了這個任務。隨後，少尉立即三步並作兩步地去集合他手下的人，可是他馬上就發現了另一個問題：本來就沒完全清醒的坦克手們又在鎮子裏發現了更多的酒，結果一個個都喝得爛醉如泥。懊惱之下，少尉只得再次返回指揮所，向亞倫少將以及營長愛德華少校匯報說他的排「無法執行這個偵察任務」——但在少尉看來這兩位指揮官並不感到驚訝，因為他們自己也非常清楚，在這場消除科爾馬口袋的戰役中，過量飲酒已經成了美軍以及法軍部隊裏的一個「通常現象」。

在赫利謝姆-科爾馬鎮的東面，第12裝甲師的B戰鬥群已經攻佔了桑德霍夫以及聖·克魯瓦。當天下午，A戰鬥群（由第43坦克營以及第66裝步營組成）沿公路南下向魯法克前進，途中他們經過第17裝步營的防區，清除了一些德軍在道路以西的山地上設立的防禦工事，在天黑之前佔領了奧伯莫斯威爾以及哈特斯塔特兩鎮。

在美軍按部就班地執行上述命令的行軍途中，所到之處都能看到道路的兩旁有很多被美軍砲火炸死的馬匹屍體。德軍曾用這些馬來拖曳大砲，運送補給——這都是由於馬匹可以不用像車輛一樣耗油，而德國人此時已經沒有多少油料可供車輛開動了。

A戰鬥群一路上所遇到的抵抗十分地輕微，於是他們在上午早些時候就到達了魯法克。但在鎮子的外圍他們發現德軍已經設置了反坦克路障，這使美軍的坦克無法通過，而步兵卻能順利地繞過這些路障進入了鎮子。與此同時，另一批步兵部隊則包圍了魯法克並切斷了所有道路出口，隨後他們在鎮子的另一端與法軍第2摩洛哥步兵師會合——與高度機械化的美軍不同，這些法軍絕大多數人並沒有搭乘半履帶車，而是騎著一匹匹戰馬行軍的。到接近中午的時候，從其他方面又傳來了好消息，位於西面的另外兩個鎮子，蓋布斯威爾以及法芬海姆已經被美軍完全肅清並佔領。

敵軍在魯法克的抵抗並沒有持續太久，到2月6日為止，該鎮周圍所有的德軍據點都已被美軍所清除。7日，第12裝甲師的工兵部隊在魯法克以東的伊爾河上建立了一座橋樑，隨後第28師越過伊爾河，向萊茵河方向挺進。在那裏，機械化的偵察分隊深入到山林之中執行了幾次巡邏搜索任務，還捕獲了一些德軍戰俘。第23坦克營A連協同步兵部隊進攻了德國城鎮布雷薩克。美軍坦克以及

砲兵部隊不斷向鎮內進行的猛烈砲擊幾乎將全鎮完全燒毀。

多年以後，根據連內一名叫沃爾特‧布里薩切爾的原德裔軍士的回憶，由於納粹已經將他以前居住在布雷薩克的其他家族成員都投入了集中營（他自己於1938年離開了布雷薩克輾轉來到美國定居），所以他「很高興能對自己的家鄉開火」。

隨著科爾馬口袋內德軍的抵抗逐漸崩潰，所有該戰區內的美軍部隊也開始準備轉移了。2月8日，法國新聞記者以及美軍的隨軍攝影師們記錄下了在科爾馬鎮舉行的一次盛大的慶祝遊行，第12裝甲師中的第66裝甲步兵營C連代表該師參加了這次盛會。期間法軍代表聲稱，「科爾馬口袋」戰役差不多已經完結了，只有很少的德軍部隊以及作戰車輛得以逃過萊茵河退入了德國境內。就在同一天，第12裝甲師也接到了返回北方戰線的命令，這一次則是去聖‧埃爾沃德地區進行休整與補充（該師開始逐步更換裝備76mm火砲的坦克，此外還得到了部分M4A3E8這種最新型的謝爾曼坦克）。經過5週時光的訓練以及重新整編，第12裝甲師恢復到了在赫利謝姆之戰前的實力，為攻入德國本土作好準備。

美方視角的德軍反擊

阿登反擊戰失敗後，為了扭轉不利局面，德軍對在阿爾薩斯地區發動的「北風行動」以及以後一系列反擊戰役（美軍方面將德軍這一系列戰役統稱為「北風行動」）寄予厚望。為了這些反擊，德軍在西線集中了他所能找到的一切力量，這也是德軍在西線最後，也是最寶貴的機動力量與預備隊，這些力量一旦損失將再也無法補充。但是，德軍付出巨大代價後取得的戰果卻很有限，德軍進攻的利矛最終在盟軍的堅盾前折斷。而面對德軍的瘋狂反撲，盟軍在艱苦戰鬥後最終把各個突破口完美地「縫合」，並迫使德軍完全退回德國本土。美國學者認為，歸根到底，德軍在資源和國力上與盟軍的差距使得德國根本無法完成如此艱鉅的任務！

德軍在阿爾薩斯反擊中究竟失去了什麼？盟軍在勝利中究竟得到了什麼呢？要回答這個問題，先讓我們來看看雙方的戰果。1945年1月底，阿爾薩斯地區的戰鬥還沒有完全結束，美軍就對前一階段的戰鬥作出了評估。根據美軍統計資料其第7集團軍在1月人員損失為14000餘人（包括非戰鬥傷亡），進攻的德軍損失為23000餘人（德國方面所認可的數字為傷亡22932人）。戰後的研究認為，美軍的傷亡數字僅僅是粗略的估計，並不是準確的統計，而且還有隱瞞傷亡數目的嫌疑，有些研究者提出了以下證據：其一，1945年6月1日完成的一份名為《阿爾薩斯戰役：第7集團軍作戰行動報告》中明確說明了美軍的損失情況：第7集團軍在戰鬥中傷亡11609人，2836人患上了戰壕足，此外還有380例凍傷報告。報告中還提到了德軍的情況：估計傷亡17000餘人，5985人被俘。其二，第7集團軍下屬第6軍報告，該軍在1月的損失為14716人（773人陣亡，4838人受傷，3657人失蹤，還有5448人非戰鬥性傷亡）。這就意味著第7集團軍的實際損失遠不止那「14000餘

人」！其三，在一份有關對德作戰中醫療機構戰場傷亡救助的統計報告中提到，1945年1月時大約有26000人因受傷和生病而接受治療。由於報告簡略，不清楚數據的具體情況，無法判斷這些人中有多少人後來在戰役期間康復返回了部隊，有多少人多次接受了治療，也無法判斷有多少人是在其他地方的戰鬥中受傷而在第7集團軍醫療機構接受治療，但也從側面說明美軍的數據可能不準確。

現在有美國學者認為，美軍和德軍的傷亡可能沒有那麼大的差距，雙方在人員損失上的情況可能很接近，但是由於目前還缺乏更詳細的資料，現在還不能確定美軍和德軍更準確的傷亡情況，讓我們拋開這些細節的糾纏，從戰略角度看看盟軍贏得了什麼：阿爾薩斯地區戰鬥結束後，盟軍已經完全光復了法國本土，極大鼓舞了西方盟國，尤其是法國的士氣；盟軍的正面就是德國本土，現在可以隨時打開通往德國腹地的通道；一系列的勝利使得盟軍有了足夠的休整時間，可以為後續的進攻蓄積力量這些對盟軍而言都是好消息，對德國來說，全部都是壞消息了：戰役失利後西線最後的機動部隊消耗殆盡，德軍已經無力執行任何大規模的攻勢作戰，徹底轉入了防禦；德國本土與盟軍間最後的緩衝地帶丟失，德國本土門戶大開，防線綿長卻沒有足夠的兵力；士氣受到嚴重打擊；重要工業區岌岌可危⋯⋯可以說，德國在阿爾薩斯地區一系列的失利徹底輸掉了德國在西線最後的一絲希望，勝利的天平已經徹底倒向盟國一方，失敗的命運已經明白無誤地擺在每個德國人面前！

從戰略層面來說德軍當時並沒有勝利的可能，那麼戰術上德國人為什麼會失敗呢？

美國學者認為，德軍在指揮方面存在不可調和的矛盾。首先是存在著嚴重的協調問題，例如西線德軍總部與G集團軍群之間，戰區北方的第1集團軍與南方的「上萊茵河」集團軍群之間都沒能做到良好的配合，結果嚴重干擾了戰役的進行；其次，雪上加霜的是希特勒又犯了大小事一把抓的毛病，他的頑固作風讓各級將領噤若寒蟬，規模宏大的反擊戰很大程度上成了一個人的戰鬥。根據計劃，「北風行動」取得初步勝利後，希姆萊指揮的上「萊茵河」集團軍群將作為G集團軍群的後備部隊投入後續進攻，但實際情況卻是一直到1月4日，由希姆萊指揮的這個集團軍群一直都無所事事，沒有參與任何進攻，與友軍的協同更是無從談起。為什麼呢？這一切不過是因為希特勒為了能「親自統帥全軍」始終不同意將「上萊茵河」集團軍群的指揮權交給布拉斯科維茲而已！這個荒唐的決定對於「北風行動」而言是致命的，使得原本有限的進攻力量進一步打了折扣，面對數量佔優勢的美軍，進攻的德軍損失慘重，戰果卻少得可憐。雖然希特勒在1月5日終於同意將「上萊茵河」集團軍群投入作戰並為其專門成立了指揮部，但實際僅有馮・登巴赫的SS第14軍以1個加強師跨過了萊茵河並建立了橋頭堡，其後續力量並沒有打算立即投入戰鬥以擴大戰果，而是在橋頭堡固守，這些部隊的作戰行動也僅僅是打退美軍一次又一次的反擊而已。1月13日，「上萊茵河」集團軍群主力部隊在經過反覆地調整後終於全數進入戰場，但為時已晚。

雖然美軍在情報工作上發生了誤判（指赫利謝姆攻防戰），但德軍也已失去了進攻的突然性。激烈戰鬥後，美軍雖然受到較大損失，但第7集團軍與其麾下的2個軍之間的通信和指揮體系卻依然完整，運轉正常。在戰略預備隊方面，盟軍在阿登戰役中的勝利，使得德弗斯能夠將第21軍12裝甲師以及第36步兵師全數投入戰鬥，盟軍最高統帥部也可以放心地動用包括第42、63、70師以及101空降師在內的其他增援力量投入該地區的作戰。與捉襟見肘的德軍不同，源源不斷的裝備、補給以及補充兵員都被優先補充給第6集團軍群，對扭轉戰局起了關鍵性的作用：就在戰局最危急的時刻，美軍第103師及時趕到，帕奇將軍得以將疲憊的赫倫戰鬥群撤下一線，第36師更是拯救了在赫利謝姆

戰役後疲憊不堪的第12裝甲師與林登戰鬥群。富有傳奇色彩的101空降師，這次卻意外地沒趕上大戰，因為原本要被其替換的第79師回應該師說「已不需要任何援軍了！」就好似阿登戰役時巴頓來解救101師時得到的回答一樣！接著，德軍高層又犯了一個錯誤，喪失了最後一次機會。當德軍於1月20日大規模地突破甘舒恩橋頭堡並試圖對哈根努發起猛攻時，布魯克斯指揮第6軍及時地從突出部全線後退並在莫代河後方建立新的防線以重點保護哈根努，同時又派遣第3阿爾及利亞師馳援斯特拉斯堡，徹底阻斷了德軍再次衝向斯特拉斯堡的可能性。而在這個緊要關頭，德軍方面卻由於種種原因沒有發現當面美軍的撤退行動，浪費了整整4天的時間不說，還在以逸待勞的美軍哈根努防線

■ 赫利謝姆鎮內的可怖景象。

■ 在赫利謝姆鎮內被摧毀的鋼鐵殘骸上留影紀念的當地女孩。

面前碰了個頭破血流，從而喪失了最後一個擊潰盟軍的寶貴機會。

從美軍方面來說，對第7集團軍的許多菜鳥而言，1月份的作戰是他們第一次真正的戰鬥，他們的對手中也有不少菜鳥，但更多的是經驗豐富的老兵。在激烈的戰鬥中，如何讓這些新兵們發揮作用、打贏戰鬥，就要看他們的指揮官了。美國學者認為，縱觀全局，美軍上到戰區高級指揮官德弗斯將軍、帕奇將軍，各軍、師長，下到各團長均表現出色，他們靈活迅速地指揮手下的機動兵力與德軍進行運動戰，全力對抗德軍在不同地區，不同環境下發動的攻擊，從而挫敗了他們奪回阿爾薩斯地區的企圖。當時第7集團軍的防禦力量薄弱，德軍可以在任何地

區突破布魯克斯的防線，為了彌補這些空檔美軍高層做出了正確的決策。當帕奇計劃增援薩爾河谷地區，並進行縱深防禦時，德弗斯做出了最關鍵的決策：將9個新步兵團全部投入防禦！同時，美軍充分利用孚日山脈內線的交通網，一定程度上彌補了布魯克斯第6軍薄弱的防線與它在勞特堡突出部附近暴露的側翼。戰後，德弗斯高度評價布魯克斯：「在力量有限的情況下，指揮並打贏了一場永留史冊的偉大的防禦戰。」除了高級指揮官的準確判斷，在嚴酷的戰鬥中大多數美軍基層指揮員也表現出色，美軍的下級軍官往往會使用安非他命（Anfetamine，是一種人工合成的小分子化合物，屬於神經興奮劑。1887年由德國科學家首先合成，

1920年被當作興奮劑使用。二戰爆發後，為解除軍人疲勞和強化他們的行為，該藥物被列為軍用品使用）來使自己保持清醒，而士官們則會點燃篝火，弄一壺熱咖啡來讓手下的士兵暖暖身子，熬過嚴寒。在這場嚴酷的冬季防禦戰中，美軍官兵在戰場上，特別是在根據指揮部的命令在戰區內實施高速機動時表現了極好的戰術素養，很多時候他們僅僅能得到很少的支援，但各個團、營甚至連都能根據具體情況進行戰術調整，佔據那些關鍵的城鎮、河道以及道路結合部，甚至有時候這些小部隊並沒有得到任何明確的指示。更為可貴的是，這些部隊能夠在軍級或師級砲兵或者其他支援單位的配合下頑強地抵擋住德軍進攻的狂潮。

美國學者認為，德軍並不是沒有一點機會，比如由於糟糕而惡劣的天氣，盟軍強大的空中優勢有勁使不出。1945年1月，盟軍戰機趴窩了半個月，然而德國空軍卻沒能抓住更多天氣方面的機會。「北風行動」的前期，德國空軍展開了他們在西線最後一次大規模空中攻勢——「底板行動」，約700架德國飛機襲擊了戰區內的盟軍機場，摧毀了超過150架盟軍飛機，擊傷的就更多了。不過這些行動的目標僅是位於比利時和荷蘭的機場，對阿爾薩斯地區內的盟軍航空兵基地沒什麼影響。更糟的是，德軍在空襲盟軍機場時也損失了不少飛機，對於已經缺兵少將的德國空軍來說真是雪上加霜，每日的出擊次數減少到了125到150架次。戰役末期，當德國空軍為了給「牙醫行動」提供空中支援，咬著牙對勞特堡突出部發起攻擊時，雖然德軍飛行員每日出擊次數提高到150到175架次，但效果已經不那麼明顯了。美軍方面

■ 一張意味深刻的照片。站在赫利謝姆鎮的入口，一名士兵扶著註鎮名的路牌。這個看似隨意的舉動，在參與過血戰的人眼裏，也許另有一番感觸。

的報告指出：「雖然德國空軍在戰役期間對我軍發動了大規模的空襲，但是卻沒能對我軍的通訊和部隊間的聯繫造成太大的影響」。

與小腳走路的德國空軍比，盟軍航空兵可是放開了手腳。負責支援第6集團軍群的第1戰術航空司令部將它的飛機集中於薩爾、勞特以及萊茵河方向，對德軍戰線後方的交通樞紐，尤其是鐵路線進行了猛烈空襲，從而嚴重影響了德軍將補給以及增援力量投入各個戰場。雖然由於天氣原因影響了轟炸效果，但頻繁的空襲依然妨礙了德軍的調動與部署。更重要的是，戰術空軍的偵察行動證實了「超級機密」的警告——德軍先期的主攻方向是15軍的薩爾河谷防區。這使得盟軍得以集中力量在此進行防禦，並在隨後的「北風行動」中挫敗了德軍的進攻。

戰後，美國學者為我們描繪了「超級機密」是如何發揮作用的。在德軍進攻前，盟軍情報部門會向各個部隊的指揮官發出警告，德軍有可能在他們的防區發動進攻，但不會告訴他們這些情報的來源。由於破解能力的限制，情報部門不能告訴指揮官們德軍究竟在什麼時間、什麼地方發動進攻，攻勢的規模、目的這些更是無從談起，為了保密，自然也不能告訴指揮官們這些情報究竟來自何處。在這種情況下，雖然有些疑惑，指揮官們在得到警告後仍會採取相應的措施。也許是情報過於簡略不能讓人信服，也許是出自自己對當前局勢的理解，無論是德弗斯還是帕奇，在戰鬥過程中都沒有過分依賴「超級機密」提供的情報。在美軍第103師從薩爾河谷以西方向調離後，雖然情報部

門告訴他們這裏不會出問題，但他們兩人都防備著德軍在這一地區可能發動的攻勢。由於這個原因，帕奇繼續保留著對勒克萊爾的法第2裝甲師的指揮權（毫無爭議的，這是第6集團軍群中最棒的裝甲部隊），並一直把它部署在海斯利普第15軍的防線之後做預備隊，最後該師在盟軍薩爾河谷方向的反擊中扮演了重要的角色。

至於「超級機密」，它確實是盟軍用來獲得戰場上重要訊息以及情報的「神奇武器」，然而它提供的情報也不是百分之百的準確，「超級機密」也會提供已經失效的情報！這裏有個很好的例子：1945年12月31日，「超級機密」確信德軍SS第6「北方」山地師的部分部隊已於12月早些時候離開了挪威，但是不知道該師最終目的是哪裡。1月4日，情報報告該師的最後一批部隊在一週前離開了挪威；1月6日的報告說在12月28日發現德軍G集團軍群大規模的鐵路調度；1月7日的報告確認SS山地師於1月5日到達了凱澤斯勞騰（Kaiserslautern）地區；1月10日，「超級機密」發出警告，「北方」山地師已經被部署在赫內中將指揮的第89軍戰區內。這一切看起來如此完美，可是事實上SS第6山地師早在1月2日就到達了89軍的防區，當天第7集團軍就確認出該師。等到「超級機密」把這些情報陸續送到達德弗斯手裏的時候，「北風行動」已進行了10天之久！

戰後美國學者對「超級機密」作了客觀的評價。不可否認，「超級機密」存在一些問題，而且它也不是盟軍戰略情報的惟一來源，但它最大的積極意義在於使盟軍獲得了

一個穩定的戰略情報來源，雖然不甚詳細，但至少可以勾畫出德軍在某一段時間內大致的行動方向。雖然情報有很多瑕疵，但也不是說就沒有辦法解決。指揮官和情報官們可以通過分析對戰俘的審訊報告，綜合從其他渠道獲得的情報排除一些不可能的或者是錯誤的情報。從這點也證明，對情報工作而言，經驗和直覺比那些混雜的情報更有價值。舉個例子來說，「超級機密」1月26日報告，德軍整個SS第2裝甲軍將從阿登調往阿爾薩斯地區，這條爆炸性的情報卻只落得個被扔進垃圾堆的下場，盟軍最高統帥部中沒有一個人相信如此離奇的情報。

美國人好歹有「超級機密」，德國人就不行了。美國學者研究德軍的記錄後認為，德軍在情報方面沒什麼建樹，比如當面美第7集團軍的戰鬥序列德國人始終沒有搞清楚，尤其是帕奇將軍部屬在戰線後方的幾個裝甲師的確切位置，德國人更是一頭霧水。還有一個例子，當時西線德軍總部和第1集團軍都希望能夠找到美軍第36師在孚日地區的確切位置，結果卻只發現了赫德爾森戰鬥群。由於無法在地圖上準確標出盟軍的佈防情況，德軍的進攻十分小心謹慎，生怕美軍會給自己一個「意外的驚喜」。結果怕什麼來什麼，戰役開始前，德軍希望能在元首堅持的薩爾河谷主攻方向上遇上經驗不足的美軍第12裝甲師，結果卻與經驗老道的法第2裝甲師撞個正著，德軍滿懷信心地認為當面第7集團軍的大多數單位會被調往北面的阿登方向，打起來後德國人才發現第7集團軍全數集中在薩爾-萊茵河一線等著他們呢。

■ 正在押送一隊德軍俘虜的美軍士兵。

這還沒完，德軍出於經驗和偏見認為美軍的新編部隊沒什麼戰鬥力，「那只不過是一些菜鳥而已，打起仗來都是些一觸即潰的角色」。恰恰相反，美國人自己對部隊所總結出的評價卻是：大多數參加戰鬥的美國士兵，從新兵到老兵，對敵人進攻都沒什麼恐懼或者成見。他們的信條只有兩個：「別讓你的同伴倒下」和「別丟下同伴不管！」，而美軍官兵從上到下都能很出色地恪守這些原則。

1945年的1月是12年來最冷的1月，美軍最大的敵人不是德國人而是戰壕足病，雖然氣候如此惡劣但美軍官兵仍然挫敗了德軍在1月裏發動的連續不斷的進攻。大多數時候美軍的表現要比他們的德國對手好很多，因為美軍的士氣也比德軍高昂得多。根據多方面的報告，「美國士兵在進攻時意志堅定，在開闊地帶高喊著口號發起連續不斷的衝鋒，給防禦的德軍造成不小的心理壓力……他們也多疑，但他們懷疑的不是自己，他們懷疑的是所謂的納粹軍事神話，他們從不迷信德軍的表現，他們堅信自己比德軍更高一籌，相信自己完全能夠戰勝德國人」（奇怪的是，很多資料都顯示恰恰是德軍在衝鋒的時候喜歡邊開槍邊喊口號，而美軍沒有這種習慣，況且這種邊喊邊打的衝鋒方式對擁有重火力防禦的部隊來說，其實構不成什麼心理壓力）。

現在讓我們再來看看德軍存在的其他問題。有人認為，德軍表現如此差強人意是因為缺乏人員和裝備。這個說法看似合理，但是美國學者卻提出了一個問題，比如德軍砲兵部隊在戰役中的表現就很難用這個理由解釋，當時德軍砲兵部隊在擁有足夠的彈藥，擁有完善的運輸系統以及良好的無線電通訊的情況下，仍然表現不佳（雖然還沒到足以對德軍的攻勢造成嚴重影響的地步）。美國人認為，德國人在1月裏表現最出色的地方是在沒有砲兵支援的情況下，出其不意從美軍防線上的缺口進行成功地滲透。除了砲兵，美國人對德軍裝甲部隊的表現也不以為然，認為他們「技術不錯，但戰術上卻令人失望」。美國軍官報告中提到德軍重型裝甲車輛「容易在冰凍的路面上打滑，老是被地雷和遭破壞的橋樑所阻擋，而且步坦協同也有問題，很容易就能把德軍坦克從支援他們的步兵部隊中分割出來」（從實戰表現來看，美軍要分割德軍的步坦協同，基本只能靠砲兵轟擊，在沒有足夠的砲火覆蓋的情況下，美軍光靠步兵火力幾乎無法分割德軍的步兵和坦克部隊。而德軍反而缺乏前出的砲兵觀測員，這也是德軍砲兵表現不佳的因素之一）。美軍還評價了德軍使用的其他車輛，比如美國人認為德軍的突擊砲雖然防護良好，但由於沒有砲塔，所以更適合在防禦戰中使用，但德國人喜歡把他們拿來做進攻用，讓美國人撿了大便宜。至於豹式和虎式坦克，美國人也有評價，認為他們也沒能在戰鬥中表現得更出色，甚至從來就沒有過什麼表現的機會（作者註：個人認為這後半句是美國人說的不客觀，他們難道忘了赫利謝姆第43坦克營的事了？）美軍報告還提到了一點，認為像虎王以及獵虎那樣裝甲超厚的重型坦克和坦克殲擊車雖然有很強的戰鬥力，但是恐怖的重量和耗油量嚴重限制了他們的作戰能力，對於德軍來說這些鋼鐵怪獸

■ 2月6日，美第14裝甲師第25坦克營的M4A3坦克正駛過被攻克的奧伯霍芬鎮內一片狼籍的街道。

上有一定差距。雖然美軍認為他們的坦克比對手的車輛跑得更快、機動更好、更方便維護，但是裝甲和火力上的差距太大，雖然美軍此時已經有了裝備大威力坦克砲的新型坦克和坦克殲擊車，但根據「彈藥和武器需要小心地定量使用」的原則，這些新出廠的車輛必須用在最需要的地方，以便充分

的存在只是在浪費德軍有限的資源以及優秀的作戰人員。

　　從雙方的戰鬥支援能力上來看，美國人認為德軍與美軍相比，表現實在是不在一個檔次上。美軍無論是工兵、砲兵還是通信兵，都可以作為合格的戰鬥員投入戰鬥，對戰鬥產生決定性的影響。拿戰鬥工兵來說，戰鬥工兵們不僅要在最危險的情況下構築或者破壞橋樑，佈設反坦克障礙和雷場，情況危急的時候就要拿起槍與砲兵、醫護兵、雷達操作員、卡車司機等其他臨時抽調的人員一起投入激烈的作戰。即使在後方他們也不能閒著，你可以在補給站、修理場、火砲陣地上看到他們忙碌的身影，甚至他們還要圍繞在神職人員的身旁為那些在火線上英勇殺敵的弟兄們做祈禱。

　　總結這一時期的戰鬥，有一個現象不能不提，就是雙方裝甲部隊的巨大損失。對於美軍而言，如此大的損失原因說來並不複雜，從性能角度看美軍坦克和德軍坦克性能

發揮其價值，從而消耗掉德軍有限的裝甲力量，但這種做法在客觀上造成了前線缺乏與德軍坦克抗衡的兵器，美軍只有用數量來抵消德軍坦克的質量優勢。除了質量上的差距，導致交戰雙方坦克損失巨大的根本原因還是一個運用的問題，由於雙方都將裝甲部隊投入複雜地形的巷戰，雙方圍繞著具有戰略價值的城鎮、路口、橋樑展開激烈交戰，

■ 3月16日，美軍第100師第398戰鬥隊（以第398步兵團為核心編成）的M4A3E8坦克（來自第781坦克營）駛入了畢曲，準備執行突破德軍萊茵河防線的」手榴彈行動」。

由於地形不適合裝甲部隊的運用，而步兵反坦克武器威力今非昔比，產生大量戰損也在情理之中。戰後，美軍自己總結了幾條教訓：首先是部隊訓練不足，德弗斯戰前就清醒地意識到他手中的兩支美國裝甲師在備戰上的不足，然而當時形勢嚴峻，作為一名前裝甲部隊指揮官的布魯克斯毫無選擇的餘地，只能將坦克部隊投入到充滿凶險的城鎮巷戰中。第12和14兩個裝甲師在戰鬥中損失巨大與部隊備戰不足不無關係。在戰鬥中，美軍得到了一條經驗，真正左右作戰勝負的不是裝甲板的厚薄，而是部隊所擁有的作戰經驗的多少！比如，史密斯的第14裝甲師在11月參加了在阿爾薩斯南部的作戰，在戰鬥中獲得了很多城市巷戰經驗，結果14裝甲師在哈頓以及里特斯霍芬之戰中的表現就比亞倫的第12裝甲師在赫利謝姆之戰中的表現要好得多。後來無論是布拉斯科維茲還是美軍裝甲師的建設參與者德弗斯中將，都十分後悔沒能讓自己的裝甲部隊在戰前接受更多的訓練，參加更多的實戰。

其次，戰爭末期隨著技術的發展和戰場上目標的變化，大批步兵操作的新型反坦克武器大量進入部隊服役。比如美軍原先使用的57mm反坦克砲，此時已經被更好的75mm和76mm反坦克砲所取代，德軍則擁有Pak40 75mm以及Flak36 88mm等反坦克火砲；美軍廣泛裝備了60mm巴祖卡火箭筒，而德軍則回應「鐵拳」以及88mm的「坦克殺手」（Panzershreck）火箭筒。由於城鎮地形的特殊性，步兵能在這裏找到良好的掩蔽所部署大量大威力反坦克武器。相比之下，美軍的步坦協同要比德軍好很多，

美軍步坦之間良好的配合和猛烈的砲火支援彌補了一些坦克技術與性能上的不足。

在談到美軍為什麼能夠取得勝利的時候，美國學者還提到了一個經驗，那就是在作戰行動中需要一套運作出色的指揮系統，因為指揮系統運轉得是否順利關係到作戰意圖能不能轉變為實際的，甚至是至關生死的決策。例如在「北風行動」之前，盟軍能夠順利從勞特堡突出部實施撤退，就是艾森豪威爾、德弗斯以及盟國的政治領袖們在短時間內經過協商達成的一致意見，因為爭論持續的時間很短，才沒有壞了大事。而帕奇作為第7集團軍的司令，考慮到繼續後撤將不利於部隊在斯特拉斯堡一帶的防禦，與德弗斯達成一致，違背艾森豪的命令，僅將第6軍撤回了馬奇諾防線。這樣公然地抗命要是放在其他軍隊，估計接下來就是對指揮官沒完沒了的審查了，不誤事才怪。

但盟軍高層很快就接受了這樣一個正確的決策，對抵禦德軍的「北風行動」起了致關重要的作用；在德軍發動凶猛的「牙醫行動」時，作為美第6軍軍長的布魯克斯根據戰場實際情況，力排眾議果斷地從莫代河方向後撤，避開了德軍的鋒芒，並為累積力量以及建立新的防線贏得了寶貴的時間。

從上面的總結我們可以看出來，很多時候，勝利並不是完全由數量巨大的盟軍空中優勢或是裝甲厚實的德國裝甲部隊所左右。勝利考驗的是雙方各級指揮官的指揮能力，普通士兵的戰鬥意志與技巧，如何有效地部署作戰力量和使用手頭有限的支援部隊是關鍵，其次才是機械化部隊支援步兵的能力，這些都在1945年1月的戰鬥中被證明。

最後的總結

　　希特勒所發動並寄予厚望的西線攻勢，
無論是1944年12月的阿登反擊戰還是1945
年1月的阿爾薩斯反擊戰，都不過是第三帝
國在末日前的掙扎。希特勒一廂情願地認為
反擊能消滅大批的盟軍並撕裂他們的防線，
瓦解盟國間的協作關係，但是現在看來這不
過是癡人說夢！或許盟軍在1944年底和
1945年初還不能準確預告第三帝國覆滅的
日期，當德軍寶貴的人員、裝備、補給和士
氣在阿登與阿爾薩斯兩地所進行的反擊戰中
迅速被消　耗掉的時候，盟軍已經看到了最
後勝利的曙光，德軍在西線的最終崩潰指日
可待。艾森豪威爾堅信，只有徹底摧毀萊茵
河附近的德軍集團，才能順利入德國，現在

■ 1945年3月22日，美第70師第274步兵團進入被攻克的薩爾布呂肯（北風行動的主要進攻出發地之一）時，市內的俾斯麥的銅像被掛上了「第274步兵團經過此地」的牌子。

■ 1945年2月6日，正在支援第68裝甲步兵營於奧伯霍芬鎮內作戰時的第14裝甲師的M4A3坦克。

他的這個目標達成了一半，德軍已經退入國境，接下來要做的就是橫跨萊茵河攻入德國本土。同時，由於蘇聯紅軍在東線給德軍造成的巨大壓力，盟軍獲得阿登-阿爾薩斯戰役勝利後德軍的防禦力量更是捉襟見肘，只能拆東牆補西牆，把部隊抽來調去，以彌補戰線的空缺，這麼做反而加速了其防線的瓦解。

在敗局日益明朗的情況下，為了扭轉敗局，德國變得更喜歡冒險，只要有可能就賭上一把，把希望寄託在一次令盟軍吃驚的戰役上，希望一舉扭轉頹勢。而盟軍方面在勝利即將到來前沒有掉以輕心，反而採取看似保守的策略穩紮穩打逐漸逼近德國本土。這與盟軍最高統帥艾森豪威爾準確判斷有關，他認為諾曼第登陸戰役結束之後，已經沒有必要去調集更多的部隊甚至是後備力量，在兩個方向上同時發動一場進攻，對德軍防線進行全面的突破，在第三帝國還有相當實力的情況下，如此冒險的攻勢極有可能得不償失，還不如穩紮穩打。然而盟軍一線平推的戰略也有很大的問題，在一些地區（比如阿登與阿爾薩斯）盟軍的防線薄弱，有很多漏洞，德軍可以在這裏輕易達成突破，而且德軍一旦突破了這些薄弱環節，即使希特勒的進攻部隊遭到了阻擋，盟軍卻沒有足夠力量發起反擊，包圍並吃掉德軍的重兵集團。戰場上的實際情況也驗證了盟軍的擔心，在阿登與阿爾薩斯，由於天氣、地形和盟軍力量不足的關係，盟軍和德軍進行了兩個月的拉距戰後，依然沒有徹底消滅德軍的重兵集團，並讓德軍將一部分主力部隊完整地撤出戰場，其中就包括大約三分之一的裝甲部隊。

相對於阿登戰役，阿爾薩斯反擊戰沒什麼知名度，但他的意義不能以知名度來衡量。阿爾薩斯戰役埋葬了希特勒在西線的最後一批預備隊，而這批部隊正是盟國先前認為會在對德本土作戰時遇見的對手。如果說諾曼第戰役標誌著盟軍反擊的開始，那麼阿登-阿爾薩斯戰役則預示著盟軍的反擊將以勝利告終！

為了擊退德軍在兩個戰場的瘋狂反撲並獲得最後的勝利，盟軍也付出了巨大代價。為了獲得更直觀的概念，讓我們來對比一下阿登戰役以及阿爾薩斯反擊戰的傷亡情況。大約32個美國師投入了阿登戰役，戰役期間平均每天有26個師約61000人在戰鬥；阿爾薩斯戰役期間，盟軍投入了11個師，平均每天有近23000餘人在前線搏殺（戰役後期到達戰區的師和分散作戰的各個師級單位共約3個師左右的兵力未計算在內）。在阿登戰役中，12月的阻滯戰鬥盟軍傷亡為41315人，而在1月的反擊中又有39672人死傷。1945年2月盟軍最高統帥部估計的傷亡數字為，第1集團軍39957人，第3集團軍35525人，英國第30軍則有1408人。阿爾薩斯戰役中，第7集團軍1月傷亡了11609人。除去戰鬥損失，疾病和嚴寒加重了盟軍的損失。在兩場戰役中，第1、第3以及第7集團軍由於凍傷住院的士兵就超過了17000人！雖然盟軍付出慘重代價，但依然取得了不錯的戰績，據非官方統計，德軍在兩場戰役中損失為81000人到103000之間，最近出版的一份德國方面的資料顯示了一些新的數字：阿登，67200人；阿爾薩斯（不包括科爾馬口

袋），22932人。

最後，還要簡單地說一個問題。戰後，某些來自盟軍高層以及盟軍內部的聲音批評在阿登-阿爾薩斯戰役中盟軍缺乏準備，認為盟軍高層矛盾重重，戰略目標不清晰等等。從現在公開的資料來看，這些說法的最初來源是新聞報導，由於當時條件的局限，新聞媒體對兩場戰役的過程瞭解有限，說白了就是睜眼說瞎話。根據已經公開的資料，其實無論是蒙哥馬利（在此之前曾被新聞報導指責為在進攻以及防禦戰役中過分謹慎）、德弗斯還是德·拉特，在光復法國的戰役中始終協調默契並保持著良好的合作關係。在兩場戰役中，盟軍最高統帥部的全體人員表現良好，艾森豪威爾以出色表現證明

他是盟軍最高統帥最合適的人選。反觀德國，希特勒與他的將軍們之間爭吵不斷，對戰略目標的意見不一，奧伯斯特費爾德的第1集團軍與希姆萊的「上萊茵河」集團軍群在阿爾薩斯反擊中缺乏協作，這些直接導致戰役的失利。

皚皚雪原，肅殺寒冬，阿登-阿爾薩斯戰場的主角不是閃耀的將星，而是一張張年輕的面容。正是這一名名普通的盟軍軍人，用自己的勇氣與責任、堅韌與不屈，用鮮血和生命奠基了通往勝利的道路，沒有人會記得那些曾經在雪原的年輕面孔，但他們的英名將永留史冊。

1945年2月，北風刮過的歐洲，嚴寒還未過去，但歐洲人已經聞到了春的氣息……

科爾馬口袋之戰中獲得榮譽勳章的奧迪·默菲

■ （左圖）成為《生活》雜誌封面人物的奧迪·默菲。（中圖和右圖）奧迪·默菲於回國受勳之後的留影。

1945年1月26日，美軍第3師15團B連受命進攻科爾馬口袋內一座名為霍茲威爾（Holtzwihr）的小鎮。然而就在這一天清晨，大約250名德軍山地步兵在6輛坦克的掩護下對該鎮發起反擊。防守樹林的B連最後18名倖存者在一位名叫奧迪·默菲（Audie Murphy）的少尉（也有文章稱其為B連中尉連長，此說法與美軍記錄不符）率領下，英勇地抵擋住了德軍的進攻！默菲少尉因在戰鬥中的出色表現而獲得了一枚榮譽勳章。下面就是他們的故事。

3天之前也就是1月23日，第3師30團攻佔了位於霍

茲威爾郊外的樹林以及附近的里德威爾（Riedwihr）鎮，德軍反應很快，迅速派出10輛坦克與100名步兵對這支美軍發動了反衝擊。嚴寒把地面凍得如同花崗岩一般堅硬，根本無法開挖散兵坑構築工事，薄弱的美軍防線沒過多久便被德軍撕成了碎片，第3師被迫放棄了已經佔領的里德威爾並後撤。

次日，第3師換用第15團對該地區發動進攻。在激烈的戰鬥中，該團B連遭受了最為慘重的傷亡，軍官幾乎全部陣亡，編制中的120名士兵裏有102人非死即傷。到最後，倖存的18名士兵在奧迪·默菲少尉的帶領下於夜間來到了霍茲威爾以北郊外的樹林裏隱蔽起來。

在獲得了後方送來的補給後，B連最後的19個人開始考慮他們的處境：團部的命令已經下達——「你們要繼續前進至樹林南邊的地帶，在那裏建立防線並堅持到援軍到來」。25日黎明時分，這支弱小的小分隊（也可以說那只是一個連的殘部）在黑暗的掩護下到達了指定位置並開始在凍得發硬的土地上挖掘散兵坑和掩體。

默菲後來回憶當時的情況，描述了手下戰士的感受：「那個夜晚是出奇的漫長，氣溫也低到了幾乎無法忍受的地步。我們這19個B連最後的人員就在這該死的凍土上挖坑，

士兵們即便完成了他們的散兵坑，也不能一勞永逸待在裏邊，必須每隔一定時間就出來不停地走動，否則你的雙腳會在嚴寒中失去知覺。」

如果德軍在黎明時發動進攻，這19個人是不可能擋得住的，這也是當時默菲最擔心的事。就在這種忐忑不安中，他們度過了寒冷的夜晚。「那天清晨我意識到我們這些人不久後的命運：要麼我們攻擊德國人，要麼被德國人攻擊。無論是哪一種情況，我都沒有太大的把握。」接下來發生的兩件事情出乎他們的意料，第一件事是援軍到了，601坦克殲擊營兩輛M10坦克殲擊車在沃爾特·塔迪少尉的帶領下在晨光初露時趕到了這裏，隨後第3偵察營5輛M3半履帶車載著80名15團A連官兵也趕到了；而另一件則是在霍茲威爾附近的德國人並未在破曉時發動對B連的進攻。

默菲抓住機會重新排兵佈陣，他用1輛M10和5輛M3半履帶車保護右翼陣地（當時第15團A連陣地與默菲的防線有一定的聯繫），並把指揮所設在距離那輛M10大概10碼處的一條乾涸的排水溝裏，其他人則部署在指揮所的左側和側後，塔迪少尉的M10則被部署到距戰線前沿大約49碼的一個山坡背後埋伏。上午10：00左右，營部也趕到了，並在戰線後方1英哩處建立了指揮

所，營部還派來通信兵給默菲拉了一條電話線，這樣默菲就能和營部保持聯繫了。

「當時B連陣地被兩片樹林遮擋，這兩片樹林就好像兩根直指霍茲威爾的手指，我們的陣地就位於兩根手指的根部。」默菲回憶當時的情景，「而2輛M10坦克殲擊車就在林間狹窄泥濘的道路附近靜候著」（默菲料想德軍裝甲部隊將會沿著林道前進）。在26日下午，他向1營營部報告：「戰鬥準備就緒，隨時可以投入戰鬥，但是按計劃應該趕到增援他的第30團2營的部隊還沒有到。」「堅守你的防線！」營長下了斬釘截鐵的命令。

1月26日下午14：00左右，德軍開始進行砲火準備，隨後德軍步兵在坦克的配合下向B連陣地衝來。「我從隱蔽處觀察，判斷進攻的德軍擁有6輛坦克和大約250名身著白色偽裝服的步兵，他們正衝向我們的陣地。」默菲訴說著當時的情景，「我讓我的手下用電話通知營部和營砲兵指揮官準備砲擊，而此時德軍的彈幕已經打向我們陣地縱深！」「……你看得到德軍坦克天線上的小旗，還有一大群如同白色浪花般的步兵，這吸引了我們所有人的注意。」默菲手下的1等兵唐納德·艾克曼回憶道。

後來確認，那些德軍步兵來自第2山地步兵師，他們剛從挪威調來參加科爾馬口袋地區作戰。這支擅長冬季山區作戰的部隊在到達科爾馬後，立即以連為單位被投入到該地區內的各條戰線之上。在霍茲威爾，山地步兵們的任務是保衛萊茵河西面的橋頭堡，以防止盟軍突入德國本土。現在這些德軍山地兵的目標是奪取默菲他們連控制的那條道路，這條路從霍茲威爾出發直達美軍後方。如果德軍目標達成，就將威脅整個第3師的防區。默菲已經意識到了這點，他下定決心不論付出多大代價也要守住這個陣地！

就在虎式坦克（無法查明這些虎式坦克屬於德軍哪支部隊，按時間上推算1945年1月只有第301連有可能在該地區作戰。如果不是該連的虎式坦克，那麼這些坦克要麼是豹式，要麼就可能是獵豹坦克殲擊車。不過二戰中美軍經常把德軍的坦克或其他重型裝甲車輛統稱為「虎式坦克」）進入射程之後，塔迪少尉的M10坦克殲擊車開火了。可是它的76.2mm砲彈只在老虎厚實的裝甲上碰了一下就被彈飛了。「我看到砲彈的確命中了目標」默菲後來回憶，但是砲彈對德軍坦克卻沒有造成任何傷害。在遭到攻擊後老虎加速前進，並猛烈射擊美軍陣地。88mm砲彈很快就擊潰了美軍

B連的一個機槍組，位於後方的另一輛M10也被擊毀燃燒起來。該車車長以及砲手當場陣亡，而其他倖存的車組成員都進入了密林躲避起來。

塔迪少尉指揮他的M10坦克殲擊車躲過了數發88mm砲彈，突然從隱蔽處衝了出來，出現在德軍步兵背後，車上的砲長約瑟夫·塔迪夫軍士和砲手羅伯特·海因斯操作砲塔上的12.7mm和7.62mm機槍對德軍步兵猛烈掃射，德軍步兵頓時亂作一團。可是就在這時M10突然失去了控制，原來塔迪少尉想指揮M10佔領一個可以對虎式坦克側面裝甲開火的戰位，緊張的駕駛員卻不慎把車子開進了一條水溝裏，怎麼也開不出來。塔迪少尉只好讓乘員作了必要的破壞後棄車，車組乘員剛剛跑入樹林，那輛M10就被德軍坦克擊毀。

兩輛坦克殲擊車被擊毀，德軍已經衝到離陣地不遠的地方，形勢萬分危急！默菲意識到時間已經不多了，於是他命令士兵撤入樹林而他自己則留下繼續為砲兵指示目標，不料這個決定卻引起了其他士兵的強烈不滿。一等兵艾爾文·凱利表示他堅決不離開默菲。「我當時一聽說默菲要自己留下，可把我給氣壞了。我們要留在這個陣地上和他一起戰鬥！最後默菲威脅我們要軍法處置，我們才不得不離開，我還清楚地記得哈羅德·科爾中

士和我是最後離開的。」凱利後來回憶說。

當默菲操起砲兵前進觀察員瓦爾特·威斯普芬寧中尉留下的無線電時，發現無線電出了故障，他必須留在原地通過野戰電話為砲兵做引導工作。「我要說，那算不上什麼英雄行為」默菲說，「我那時想，既然我一個人能完成這個事情，還有什麼理由要讓其他的人去冒險呢？」默菲一邊通過野戰電話指示砲兵對德軍步兵進行砲擊，一邊用手裏的卡賓槍向德國人射擊。「我愛砲兵！」默菲回憶，「我能看到德國佬消失在砲彈的濃煙和被激起的雪片中，還能聽到他們中彈後的尖叫，然而他們卻一波又一波接連不斷地向我們的陣地衝過來，好像沒什麼能夠阻擋他們一樣！」此時德軍離默菲不到50碼，營部一名中尉正好打電話過來，在電話中緊張地詢問默菲德軍在什麼地方。默菲沒好氣地回答：「如果你現在願意繼續握著話筒，我會立刻讓那些德國混蛋中的一個過來和你說話！」

默菲打光子彈後正準備後撤，一旁燃燒著的那輛M10殘骸砲塔頂部的12.7mm機槍突然引起了他的注意。儘管火勢有可能點燃車內的汽油，使彈藥殉爆，但是默菲明白現在這挺M2機槍將是他擊退德軍保住防線的惟一希望。於是他立即把野戰電話拉了過來，爬上

M10的砲塔操起12.7mm機槍朝著德軍猛烈開火。一等兵安托尼·V·阿布拉姆斯基後來描述說：「我看到默菲少尉冒著德軍的槍林彈雨，爬到了那輛正在燃燒著的坦克殲擊車上，用M2機槍狠揍德國人！」

默菲明白12.7mm機槍對虎式坦克起不了任何作用，於是他將火力集中在那些德軍步兵身上。「我決不會在一輛挨了76.2mm砲彈後仍然活蹦亂跳的老虎身上浪費我的子彈」他說，「我集中火力射擊離我最近的德軍步兵，因為我明白一旦失去步兵的保護，德軍坦克是不會貿然獨自前進的。」當時年僅18歲的B連二等兵查爾斯·歐文吃驚地目睹了默菲「橫掃德軍步兵」的情景，「哦！天哪，他用那挺12.7mm機槍真是用得棒極了！」歐文說，「我不知道他是否接受過12.7mm機槍的射擊訓練，但是德軍紛紛被他致命的機槍子彈打倒，要知道這些12.7mm槍彈可是有一定的穿甲能力的！」

另一位目擊者埃爾馬·布羅利中士補充說：「那些德軍衝到距默菲少尉只有10碼遠的地方，結果他像宰鴨子一樣把他們都給打倒了，德軍的屍體遍佈周圍的雪地和樹叢，凡是他能看得到的地方的德國人都完了。」默菲手中怒吼的機槍對支援坦克前進的德軍步兵造成了嚴重的損失，並迫使德軍坦克後退到樹林邊緣。「這些坦克向樹林裏發射了大量榴彈支援步兵作戰，一些榴彈落在了默菲附近。」布羅利回憶道。

從M10坦克殲擊車上冒起的滾滾濃煙，再加上戰場上激烈的槍砲聲，德軍很難發現默菲所在的位置。根據默菲自己的陳述，「周圍砲彈的爆炸聲和自動武器的射擊噪音交織在一起，德國人也許根本沒有聽到我的12.7mm機槍發出的聲響。」不過，雖然濃煙有利於隱蔽，但是也遮擋了默菲自己的視線，默菲沒有發現一隊德軍已經繞到他的右側。默菲後來在報告中寫道：「當我第一次看到他們時，他們都站在我面前一條乾枯的溝渠裏，那些德軍圍在一起好像在討論什麼事，我隨即扣動了扳機將他們都打倒在那條溝裏！」

突然，兩枚88mm砲彈擊中了默菲所在的M10殲擊車，德軍似乎發現了默菲。爆炸產生劇烈的震盪將默菲震得七上八下，差點將他甩出車外。「可是默菲少尉還是努力著從燃燒著的砲塔上站了起來！」威斯普芬寧回憶道，「默菲好像沒受什麼傷，他依然操作著那挺機槍不停射擊，只有在裝彈或引導砲兵的時候他才會短時間停止。」多年以後，默菲半開玩笑地說：「我記得車體中彈時覺得很厲害，可是沒什麼大不了的，我還記得那是三天來頭一次我的雙腳感覺很暖的時候呢！」

默菲的好運氣還沒有到頭呢，一架從低空掠過的美軍戰鬥轟炸機發現了地面的濃煙，從而確定了M10的位置。默菲也看到了那架飛機，趕緊扔出煙霧彈標示德軍的位置，那名飛行員根據默菲的引導順利地完成了對德軍的攻擊。面對美軍猛烈的火力，德軍依然不要命的向前衝，但已成強弩之末。在德軍一片混亂的時候，默菲仍在不斷引導砲兵射擊，甚至有些砲彈就在默菲身邊很近的地方爆炸，雖然情勢危險，默菲仍然不忘給砲兵修正彈著點。「我覺得既然德軍都能在如此猛烈的砲擊下繼續前進，那麼我同樣能做到並守住這個陣地！」在這簡單的信念支持下，一位美國軍人創造了奇蹟，德軍行動功敗垂成！

德國人終於意識到這附近有美國人的砲兵觀察員，否則美軍的砲火不會如此猛烈、準確，可是這個觀察員到底在什麼地方呢？一個又一個德軍步兵被機槍打倒，可是這個機槍手在哪裡？雖然已經有一小隊德軍深入密林試圖接近後方的1營營部，但是德軍進攻的主力已經被美軍砲火「釘死」在這片林間空地，再不撤退只有全軍覆沒了！德軍的攻勢逐漸停止，進攻的步兵主力和坦克開始撤回霍茲威爾。「我能理解那些德國步兵，我想我知道

他們為什麼沒能發現我，但是那些德軍坦克手的表現也太糟糕了，作為一名軍人我認為如此拙劣的表現是不應被原諒的！那仗他們打得實在是太差了。」默菲後來表示了他對德軍這次進攻的看法。

德軍開始後撤，默菲也要撤了，他的野戰電話已經報銷，留下來也沒有意義了。已經筋疲力盡的他跳下M10的殘骸，「我感到自己太累了，幾乎是虛脫了，所以也顧不上什麼危險，頭也不回一個勁地往己方陣地走。」當他走出數十碼後，身後傳來巨大的爆炸聲，默菲回頭一看，那輛M10的砲塔已經被殉爆的彈藥整個掀掉，默菲的運氣實在是好到了家！

默菲跌跌撞撞地回到了自己人身邊，大家趕緊圍上來檢查他的傷勢。這時人們驚訝地發現，吉星高照的默菲在經歷了激烈的戰鬥後毫髮無損，惟一的損失是褲子被撕破了，不過10月份所受的舊傷有點復發跡象。「默菲是一個大膽的傢伙，他決不會放過戰鬥中任何機會，雖然別人通常都會放棄！」B連二等兵布拉德·科羅克回憶說，「他是我們當中最無所畏懼的人，而且他的中間名字就是幸運（默菲的全名為 Audie Leon Murphy，由於他在之前的戰鬥中表現勇敢，幾次死裏逃生，所以大家都叫他 Audie Lucky Murphy，後來這就成了他的外號）。」比爾·維恩伯格還補充道：「我想他是個喜歡冒險的傢伙，儘管有時候也會變得小心謹慎。他比其他人更善於把握機會，

並充分利用那個機會。」

返回B連後，閒不住的默菲又幫忙組織了對德軍的反擊。布羅利中士後來回憶：「默菲少尉謝絕了讓他撤離戰區的好意，並帶領我們將德軍最終趕走。」1月27日，霍茲威爾落入美軍之手，德軍絕大多數部隊撤出了這個地區。1月28日，雖然仍有零星的戰鬥，但科爾馬口袋中已經沒有什麼像樣的德軍部隊了。

1945年6月2日，奧迪·默菲因為出色的戰鬥表現而被光榮地授予國會榮譽勳章，而他自己則在回國之後成為一位著名的電影演員，演出了多部反映二戰的電影和西部片，塑造了經典的銀幕硬漢形象，其眾多的作品中就有一部是以他的這次親身經歷改編的：《從地獄歸來》（To Hell And Back）。

1971年5月28日，默菲乘坐的私人飛機因天氣惡劣在維吉尼亞州撞山，默菲不幸身亡，享年46歲。

■ 成為一名電影明星之後的默菲所主演的西部片劇照。

■ 為奧迪·默菲授勳的情景。

與「北方」師的較量

　　1944年的12月份，是歐洲近10年來最寒冷的1個月，同時也是不容德軍有任何鬆懈的1個月。在當時的西歐戰場上，正在展開一場即將決定德國在西線命運的關鍵之戰。雖然德軍在阿登反擊戰的初期獲得了戰役突然性並擊潰了大批美軍，但就在德軍繼續向馬斯河（下游在荷蘭稱馬斯〔Maas〕河，上游在法國境內稱默茲〔Meuse〕河）瘋狂突擊的同時，巴頓將軍的第3集團軍已經開始了拯救巴斯通（Bastogne）的解圍作戰。到12月26日，巴斯通的危機被成功解除，隨後美軍從南北兩個方向向德軍巨大的突出部施壓，希特勒孤注一擲的反擊戰的前景越來越不妙。然而就在此刻，部署於德

法邊境的萊茵河-孚日山脈一線的德軍又按照希特勒的「決不給盟軍任何喘息機會」的嚴厲指令，發動了代號為「北風行動」的大規模攻勢，矛頭直指美軍第7集團軍和第3集團軍的側後。德軍此次冒險行動的目的是要在割裂整個第7集團軍後佔領薩文關，伺機奪回斯特拉斯堡，打亂盟軍的陣腳，從而為正在北面激烈進行的阿登反擊戰扳回正在逐漸喪失的主動權。在交戰雙方的陣營之中，各自擁有一批在戰役期間表現出色的部隊。德軍方面當屬武裝黨衛軍的老牌山地戰勁旅——SS第6北方山地步兵師（簡稱「北方」師，下文同），由於該師長期在芬蘭作戰，所以擁有在嚴寒惡劣條件下戰鬥的豐富

■ 德軍SS第6「北方」山地步兵師師徽，這是一支老牌的山地作戰勁旅。

■ 美軍第70步兵師師徽，這是一支連基本軍事訓練都未完成的菜鳥部隊，是為了增強盟軍的力量而剛剛從美國本土趕來的。

■ 美軍第45步兵師師徽，師徽上的圖案就是該師的綽號「雷鳥」，該師曾參加過義大利戰場上的很多重大戰役，表現良好，是一支久歷戰陣具有豐富作戰經驗的部隊。

經驗。但由於1944年9～11月間蘇芬已經實現停戰，於是「北方」師只得撤離芬蘭戰場來到了挪威。當它在12月臨時接到開赴西線戰場的任務後，又馬不停蹄地一路途經丹麥輾轉進入法國的薩爾-孚日地區，並於1月2日起成為G集團軍群第1集團軍的總預備隊，準備隨時支援已經展開的「北風行動」。

至於盟軍方面的2個即將一前一後與「北方」師展開輪番較量的對手，其作戰能力和官兵素質與「北方」師卻有著天壤之別：頭一支部隊是由湯瑪斯·W·赫倫准將指揮的編成不久的第70師（下轄第274、275、276團），這支連基本訓練都沒能全部完成的隊伍是為了支援力量不足的第7集團軍而於1個月前剛從美國國內趕來的。美第7集團軍司令帕奇中將知道這支部隊缺乏實戰經驗，考慮到情報方面所顯示的越來越強的德軍進攻訊號，他決定立即著手對該師進行短期的強化訓練。於是，這支剛剛踏上法國土地不久的第70師就被帕奇中將快速地編組為赫倫特遣隊（Task Force Herren），並與其他有著相同情況的另外2支新編特遣隊（林登與哈里斯）一起被納入第7集團軍的「緊急訓練任務」的項目之中；至於另一支美軍部隊，則是已經經過兩年戰鬥磨練並擁有豐富作戰經驗的美軍第45「雷鳥」步兵師，該師下轄的第157、179和180團在義大利時曾直接參與過薩勒諾登陸等重大戰役，在與德軍裝甲部隊的多次交鋒中表現良好，是美國第6軍軍長布魯克斯值得信賴的老部下。1944年8月，第45師隨第6軍加入帕奇的第7集團軍，參與了在法國南部登陸的

「龍騎兵」行動。隨後該師便一直在新組建的由德弗斯指揮的第6集團軍群的序列中作戰,橫穿整個法國並在12月時進抵薩爾-孚日-萊茵河一線。

俗話說:「初生牛犢不畏虎」。雖然從常理上來說,赫倫特遣隊無論從作戰經驗和實戰能力上看都是新手,第45師的作戰經驗也要明顯高於它的這個小輩,但在與「北方」師的實際較量中,第45師反而顯得有些吃力。從個別的作戰行動來看,它的步兵團甚至曾在「北方」師的反擊下損失慘重。究其原因,一方面有部分美軍指揮官固執己見,忽視了戰場上危險訊號的警示而使部隊陷入困境;另一方面,也有德軍由於攻勢進展緩慢而終於下決心投入大股的後備力量,從而使在部分地區內兵力不足的美軍措手不及的因素。但無論如何,赫倫特遣隊作為美軍的後備力量在近一週的時間內於戰線上東奔西討時,充分地展現出了它敢打敢拼、不畏強敵的作風。此外更重要的是在萬讓一戰中,它也的確是依靠自身的力量擊退了盤踞在鎮內的德軍戰鬥群,封鎖住了德軍「北風行動」在孚日山脈方向上最危險的突進矛頭——這與隨後第45師第157團在雷普特斯威勒附近的幾個高地上陷入德軍圍困的尷尬局面成了一個非常明顯的對比。雖然就規模而言,在萬讓和雷普特斯威勒兩地發生的一系列戰鬥並不是非常大,但無論對交戰的哪一方而言,在這樣的環境下進行一場關係到雙方今後戰略走勢的關鍵之戰同時也將是一場榮譽之戰。而且,也是所有那些在第二次世界大戰中,作為一名普通步兵在前線浴血奮戰的年輕人們的真實戰爭體驗。

萬讓危機的由來

新年元旦很快就降臨到了孚日山脈,可是在德軍最高統帥部內的元帥和將軍們的臉色卻依然凝重,前線的作戰形勢並不讓他們感覺樂觀。雖然德軍煞費苦心在開戰前1個月就精心策劃了「北風行動」的各個具體行動步驟,可是實際的戰況並非如同德國人預料的那樣順利。美軍的激烈抵抗遠遠超過了德軍的預料,迫使他們不得不放慢了在薩爾河谷方向上的進攻步伐。但戰場往往存在著諸多變數,在經過4天的激戰之後,儘管由元首指定的薩爾河谷方向的左翼攻擊沒有獲得多大的成功,但德軍右翼卻在孚日山脈的萬讓-莫代鎮(由於其位於莫代河上而得名)獲得了較大的突破。德軍SS第6北方山地師一部緊隨第361國民擲彈兵師之後,以第11山地步兵團的部分單位為主力,攻佔了萬讓-莫代鎮並到達了德軍在此戰中最遠的突破點。隨後,德軍的這支戰鬥群在此固守待援,等待後續部隊及裝甲部隊的到來。

在「北風行動」展開之前,萬讓-莫代還只是一個坐落於哈特山脈上的普通法國小鎮,鮮為人知。正是由於美軍第70師的大兵們隨後在此地展開了一系列旨在反擊德軍突破的激烈戰鬥,它的名氣也隨之很快地攀升到了其歷史上的最高峰,並同時受到盟軍與德軍雙方戰報的大肆宣揚。在小鎮北面的山脊路堤上有條鐵路線,人們可以在那裏直接俯瞰整個鎮子:溫克旅館、聖菲利克斯天主教堂和火車站,鎮內所有的標誌性建築都盡收眼底。從鎮內穿過的鐵路線附近有3條地下通道,其中一條在鎮子西面的通道為後來

■ 從萬讓鐵路線路堤上俯瞰萬讓鎮（拍攝地點在1號、2號鐵路線地下通道以西），第274團第2營就是從這裏出發對德軍的側翼發動攻擊的。

在鎮內戰鬥過的大多數美國人與德國人所熟悉，當時這條路成了很多美軍傷員和德軍撤退人員唯一的生命線。

作為戰場而言，萬讓的地形比較糟糕。由於這個鎮被四周陡峭的山崖環繞包圍，幾乎成了一個封閉的空間，所以如果一支軍隊在這種地方被圍困住的話，恐怕也只能是聽天由命了。此外，1945年1月的天氣十分寒冷，齊腰深的積雪和凜冽的寒風都使得戰場上的氣溫達到了歐洲12年來未有的最低限度，而在小鎮上空連續數天密佈的陰雲也使得本來就很短的白晝時光更快地離去，取而代之的是讓戰場上的能見度持續降低的漫漫寒夜。

雖然德軍在攻佔萬讓的時候遇到的美軍抵抗十分輕微，但由於「北方」師當時是作為預備隊而被逐次投入戰場的，所以在萬讓一戰中德軍的主要防禦力量僅有第11山地步兵團的一個戰鬥群。而在美軍方面，早在德軍發動「北風行動」的第二天，第6軍軍長布魯克斯中將就敏銳地判斷出德軍的主要突破方向實際上是在孚日山。他極其迅速地做出了應對措施，調遣先前還在菲利普斯堡東北方向上待命的赫倫特遣隊第274團和第276團前來應戰；當德軍於4日奪取萬讓後，布魯克斯也預計到德軍可能想要以萬讓為跳板，積蓄力量發動第二次大規模突破，於是他決定就在萬讓-莫代以最短的時間阻截並打斷德軍這支有威脅的突破矛頭，並粉碎德軍繼續擴大突破的計劃。接著，美軍第7集團軍高層在仔細研究了形勢以及萬讓周邊的地形環境之後認為布魯克斯的計劃完全可行，他們甚至認為如果能在萬讓戰勝德軍，那麼就能夠封鎖住德軍在孚日山脈地區的全面突破，甚至能夠立即轉守為攻，將德軍打回到雷普特斯威勒-菲利普斯堡一線。

就這樣，赫倫特遣隊的新兵們於2日早上開始向他們並不熟悉的萬讓-莫代進發了，身不由己地被投入到了一場殘酷的、長達5天之久的實戰磨練之中。

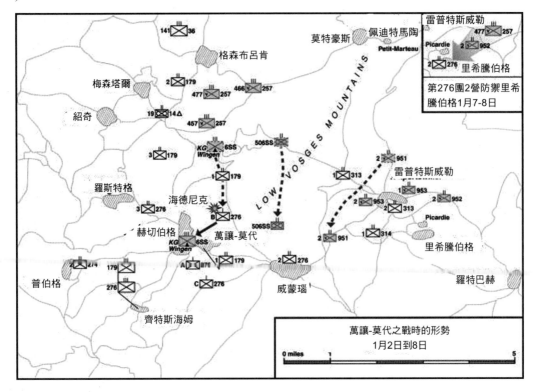

萬讓-莫代之戰時的形勢
1月2日到8日

萬讓失守

1945年1月3日天剛破曉時，德軍第361國民擲彈兵師發動了對位於萬讓東北方向10英哩處的雷普特斯威勒鎮的首次攻擊。為了配合這次進攻並掩護第361師的右翼，「北方」師下屬的SS第12山地步兵團第1營及第3營在SS旗隊長（相當於上校）弗蘭茲‧施雷伯的指揮下也開始向萬讓挺進，從而為「北方」師在西線戰場的首次亮相拉開了序幕。關於「北方」師的情況和實力，美軍並不十分清楚，因為該師之前一直在東線參戰，從未與西歐盟軍交過手。作為武裝黨衛軍中首批建立的山地部隊之一，「北方」師的2個團都接受過嚴格的山地戰訓練並擁有長期作戰的經歷，所以特別擅長在森林和山丘地帶作

戰。尤其是那些在芬蘭對抗蘇軍長達4年之久並存活下來的老兵，更是受全體官兵尊崇和愛戴的「傳奇式」的人物。

施雷伯的部隊從萬讓的北面兵分兩路展開行動，其第12團第1營負責攻打位於萬讓西北的海德尼克村，第而第12團第3營則負責對萬讓鎮的主攻。根據德軍先前制訂的計劃，當施雷伯戰鬥群把這兩處美軍的抵抗都肅清並在莫代河以南建立橋頭堡之後，他們將獲得一個突擊砲營的支援，以便能為以後繼續向薩文關推進並切斷美軍在孚日山地區的補給線作好準備。

負責防守萬讓鎮的是美軍第45師第179團第1營營部、後勤連和醫療連的人員，大約有300人。此外，赫倫特遣隊所屬的第276團第1營（特遣隊中第一個開到萬讓附近的部

（隊）已經在萬讓周圍建立了外圍防禦陣地（其C連位於鎮北1英哩處，A連位於南面的高地，而B連則位於東北方向），所以美軍大意地認為這個地區是比較安全的。顯然他們忽略了第276團到底還是一個新編部隊，它的士兵並沒有經歷過實戰的考驗而且軍官們也缺乏帶隊經驗，這些缺陷很快就將在以後的作戰中暴露出來。

1月3日夜間，德軍施雷伯戰鬥群各部陸續進抵萬讓以北，山地步兵們首先在美軍第179團的防線上找到了一個可供突破的缺口，隨即開始作戰鬥準備。次日清晨大約0700時，德軍以2個營的兵力對美軍環繞萬讓鎮外圍佈防的第276團展開了突襲。其中SS第12山地步兵團第3營在凌晨的黑暗掩護下，以300公尺的正面寬度悄悄地從北面的山麓進入

■ 1月3日戰鬥前，美軍第276團第1營在海德尼克村內的營部所在地。

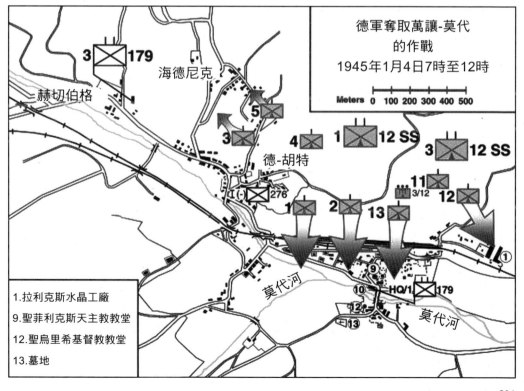

德軍奪取萬讓-莫代
的作戰
1945年1月4日7時至12時

Meters 0　100　200　300　400　500

1.拉利克斯水晶工廠
9.聖菲利克斯天主教教堂
12.聖烏里希基督教教堂
13.墓地

小鎮，快速地跨過了鐵路線並開始襲擊火車站及附近的聖菲利克斯天主教堂。在經過大約2個小時逐屋逐戶的激烈巷戰之後，德軍肅清了鎮內的美軍並拿下了整個萬讓鎮。然而當德軍試圖以2個連的兵力在萬讓以南渡過莫代河的時候，卻由於遭到美軍部署於對岸的坦克的射擊而被迫撤回，於是其餘德軍便在小鎮以南的建築內建立了防禦地帶，伺機進行下一步的行動。在另一方面，SS第12山地步兵團第1營在萬讓西北方向上的海德尼克村附近也取得了類似的勝利。

億國人雖然攻下了萬讓，卻馬上遇到了一個出乎意料的難題——由於他們的無線電電池不幸損壞，所以完全無法跟上級取得聯繫以通報他們所獲得的戰果！當時德軍第361國民擲彈兵師師長阿爾弗雷德·菲利比少

將，也只是從被截獲的美軍電報中才瞭解到萬讓已經被攻佔的消息。

德軍對萬讓的突襲完全出乎美軍第179團和第276團的意料，在很短的時間內包括第179團第1營營部的人員以及支援單位的官兵不是被殺，就是受傷或被德軍俘虜。總共有8名美軍軍官及256名士兵在戰鬥中被俘，他們中的大多數人被帶到了聖菲利克斯天主教堂（有趣的是，萬讓鎮的南面還座落著另一所名為聖烏里希的基督教教堂）內集中安置，另有30～40人則被關押在教堂附近的房屋內。

戰鬥結束後，由施雷伯指揮的第12團第3營在火車站附近的一所房子內設立了營部，而第12團第1營則在火車站以西，鐵路線以南大約400公尺處的名為「拉·加里」的旅館地

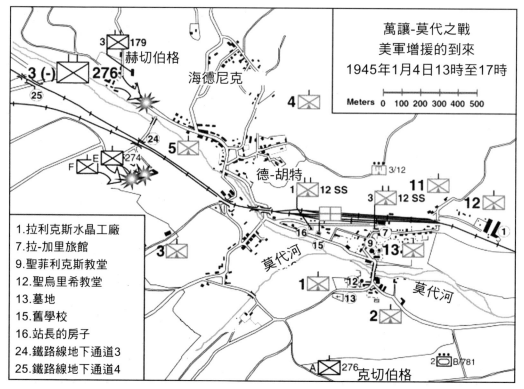

萬讓-莫代之戰
美軍增援的到來
1945年1月4日13時至17時

Meters 0 100 200 300 400 500

赫切伯格
海德尼克
德-胡特

1.拉利克斯水晶工廠
7.拉-加里旅館
9.聖菲利克斯教堂
12.聖烏里希教堂
13.墓地
15.舊學校
16.站長的房子
24.鐵路線地下通道3
25.鐵路線地下通道4

莫代河
莫代河
克切伯格

下室內設立了指揮所。當天夜間，當萬讓被攻佔的消息傳達到德軍最高統帥部後，引起了將軍們的關注。他們經過分析後認為，必須在萬讓投入更大的力量以拓展這個突破口，於是「北方」師受命派遣另外2個營的山地步兵配合1個國民擲彈兵團前去支援施雷伯戰鬥群。

德軍的勝利自然就是美軍的噩夢，自第7集團軍司令部以下的各級指揮部都被德軍的這次出色攻擊震驚，考慮到如果讓德軍繼續向萬讓投入更多增援的話，將很有可能切斷一大批第7集團軍部隊的後路！於是美軍立即著手部署應對方案，以便儘快地將德軍驅逐出萬讓。第6軍首先命令萬讓外圍的第276團立即組織一次對德軍的反擊，可是第276團的實力十分薄弱，其第1營的部隊被德軍分割於鎮子外圍的3處地點，而第1營營長也在先前與德軍的作戰中受傷撤離，所以當時唯一能夠被立即用來執行反擊任務的只有獲得第781坦克營1個坦克連支援的第276團第3營了。為了挽回敗局，美軍派遣已經抵達萬讓西南方向的赫倫特遣隊的另一個團——第274團的前衛部隊立即展開支援第276團的行動。

1月4日上午，從萬讓西南的普伯格村出發的第274團第2營在當天下午進抵萬讓外圍。第2營E連與F連對在此處設防的德軍第12團第1營第5連發動了一次不成功的進攻，被阻擋在了第3號鐵路線的地下通道附近。在萬讓外圍設防的第276團第3營也在下午1330時發動了一次進攻，同樣無功而返。於是美軍決定暫時停止攻擊，準備在次日以第276團為主力對鎮內德軍發動一次大規模的聯合行動。按照計劃，美軍第781坦克營B連第2排

的坦克將從小皮埃爾街出發穿越萬讓以西的普伯格大道，然後直指鐵路西側的地下過道，並與進抵至此的第276團步兵會合以協同步兵的攻擊。為給第276團的反擊行動打開足夠大的缺口，在普伯格-萬讓大道上駐防的第274團G連連長弗雷德·「卡西」·卡西迪中尉受命在4日夜間登上萬讓外圍西北方向上的一小片山麓，準備在次日黎明時肅清隱藏在那裏的樹林中的德軍前哨據點（SS第12山地步兵團第1營第3連防區）。半夜時分，G連的士兵很快便摸上了能俯瞰整個小鎮的高地，並在半山腰上開始候命。

美軍的一系列舉動自然引起了德軍的警覺，為了對付美軍即將到來的反擊，施雷伯戰鬥群匆忙建立了一條東北-西南走向的防線，與位於自己北面、西面和南面的美軍第276團的各個連對峙，以抵禦美軍的攻勢。

美軍的反擊

1月5日凌晨，天還沒亮，第276團第3營連同第1營A、C兩個連終於發起了對盤踞在萬讓鎮內德軍的首次反擊。其攻擊方案如下：第3營的主力將在坦克和M連迫擊砲的火力支援下，沿著鐵路線向東南方前進數百碼後再向東挺進；第1營C連將攻擊德軍位於小鎮以東以及東北方的據點，得到坦克排支援的A連沿著齊特斯海姆（Zittersheim）大街向東北方向進攻；最後，第276團B連和I連將在4輛坦克的掩護下通過西面的地下通道進入鎮內，與上述幾路部隊一起形成對德軍的夾擊之勢。美軍的這次進攻雖然計劃得不錯，但天不遂人願，儘管有黑暗的掩

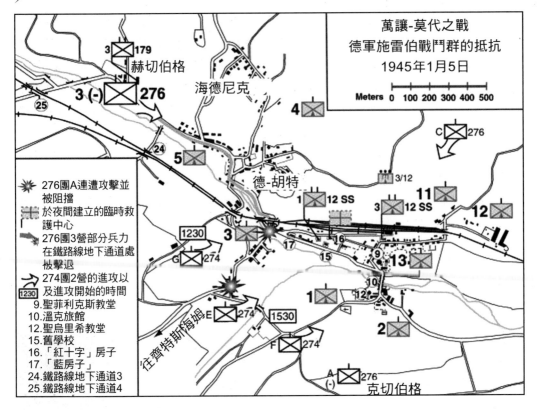

護，第276團B連和I連與德軍第12團第1營第5連的戰鬥依然成了一場災難。就在美軍的第一輛坦克經過了地下通道，第二輛坦克剛向鎮中心推進了大約200碼時，它們遭到了隱蔽得非常良好的德軍「鐵拳」反坦克小組的攻擊。一輛坦克在1號通道上方被擊中，造成了車組人員的傷亡並使坦克失去了戰鬥力，另一輛坦克則由於滑下了冰凍的路面而被困住，一時無法接近地下通道。剩餘的2輛搭載著步兵的坦克也試圖從東西兩頭接近地下通道，結果其中的一輛剛駛出隱蔽的溝渠不遠就遭德軍摧毀。最後的那輛搭載了5名步兵的坦克勇敢地向第一輛被摧毀的「雪曼」坦克衝過去，打算去救護傷員，結果它也被擊毀了晚些時候，當一名給倖存的車組成員送食物的士兵到達此地時，眼前的慘相不禁讓他熱淚盈眶：「哦，我的上帝！你們這兩個連怎麼只剩下38個人了！」（B連與I連在進攻前大約有100人）。

除了傷亡嚴重的B連和I連外，美軍在其他方向上的攻擊也都失敗了：位於萬讓西南面的第276團A連在只有一輛坦克的支援下於上午0800時開始進攻，可是各排的進展非常緩慢，進攻幾乎沒有取得任何成效；第276團C連的160人則在小鎮北面的山脊附近陷入了德軍第12團第1營第4連的火網中，由於德軍設在山坡塹壕內的機槍火力非常凶猛，C連被迫撤退，同樣沒有完成他們預定的任務目標。

在首次反擊失敗之後，第276團第3營

和第274團第2營的指揮官們並沒有氣餒。他們變更了作戰計劃，派遣第274團的單位協助第276團作戰以繼續對德軍施加壓力。黎明時，原先在萬讓以西山脊一側上待命的第274團G連奉命展開進攻。其第2排以偵察小隊開路，沿著山坡一路上行到高地頂端的樹林裏。可惜的是，德軍第12團第1營第3連在那裏早已修築了一道用於警戒的塹壕。德軍的2挺機槍直到美軍幾乎完全登上山頂後才開火，陷入被動的美軍乾脆冒著猛烈的機槍彈雨發起衝鋒，直到距離德軍機槍陣地只有大約50碼的時候才被德軍完全壓制住。雖然美軍有迫擊砲的掩護，但是由於雙方距離太近迫擊砲不敢開火。連長卡西迪冒著危險穿過樹叢察看了戰鬥形勢，決定讓部隊回撤至山腰上，然後指揮迫擊砲猛轟德軍的防禦陣地。轟擊剛結束，G連便再次展開了進攻，將殘存的德軍趕出了掩體，徹底肅清了樹林內的德軍陣地。整個高地的東坡隨之落入了美軍之手，德軍第12山地步兵團第1營第3連被迫撤向西北方的1號鐵路線地下通道重新設防。

由於美軍加強了進攻的力度，在萬讓鎮內以及周邊地帶的戰鬥日趨白熱化——「曳光彈在天空中穿梭飛舞，同時伴隨著迫擊砲彈的無盡轟鳴」。正在這個時候，沃勒斯·R·齊弗斯中校來到高地上督戰，並命令第274團G連連長卡西迪要堅守住樹林陣地。

■ 由於沒有獲得砲兵支援，於是第274團第2營只能採用讓57mm反坦克砲直射的方法為步兵提供火力支援。

到了下午，第274團E連和F連也陸續抵達西南方向的樹林陣地，準備發動對小鎮的攻擊，此前齊弗斯中校再三告誡這兩個連的連長：「要不惜任何代價攻入萬讓」。

根據這道命令，小鎮之中的激烈戰鬥也隨之達到了一個新的高峰。每條街、每個方向上都有人在交火，很多人根本搞不清楚向自己射擊的是敵人還是友軍。誤擊的現象屢見不鮮，最誇張的是曾有一輛從南方過來的美軍坦克居然將第274團的士兵誤認為是德軍，它把他們阻擋在了300公尺外，並向他們連續開火！幸好這火誤會很快就解除了，也沒有造成什麼人員傷亡。

到下午時，鎮內的交火逐漸緩和下來，雙方轉而在房屋之間互相打冷槍。就在此時，來自第274團G連的一個班正試圖佔據齊特斯海姆-萬讓大街右側的一些房屋——他們快速地衝過100公尺左右的開闊地並進入了街角上的第一棟建築，在那兒他們發現屋子裏有幾名第276團的士兵，都是在之前的反擊中負傷的傷員。

由阿爾伯特·卡羅爾上校指揮的第276團的任務是在鎮內建立一個可以堅持下去的堅固據點。上校很明白這一任務的重要性。當他正指揮手下的戰士奮勇作戰時，卻意外發現第274團F連第1排的士兵仍然逗留在鎮子西北的樹林邊緣乾等而什麼事都沒幹時，他立即怒氣沖沖地跑過去訓斥了排長，命令他們立即跟隨坦克向鎮內繼續推進。但第1排沒前進多久便在開闊地上被德軍的火力所壓制，上校無奈之下只得下令第1排撤出了戰鬥。

黑夜降臨後，第276團的臨時團部又收到了一條壞消息，從而徹底打消了美軍預想的在1月5日就將德軍驅逐出萬讓的念頭：當時唯一還具有繼續推進可能的由西森上尉指揮的第274團E連也於當夜2300時左右，和先前的F連一樣在聖烏里希教堂附近被在此防守的德軍第12團第1營第1連和第2連所阻，結果只能在附近找了些房屋過夜。當E連的士兵透過房屋的窗戶向外觀察時，他們只能看到小鎮內到處都是坍塌的和正在熊熊燃燒的房屋——到處是一片狼藉的景象！

不安與希望

儘管佔據著萬讓的德軍SS山地部隊訓練有素並擁有良好的指揮，但他們的此次作戰行動仍然受到數個問題的困擾。首先，他們在先前進入小鎮時沒有能力把重型迫擊砲運過來，以至部隊缺乏足夠的火力支援；其次，無線電通訊上的問題已經延續了整整48小時，這破滅了德軍呼叫鎮外砲火支援的希望；再次，德軍的補給線幾乎被切斷，只能被迫從東北角的美軍防線上找缺口，然後偷偷地把補給品和彈藥運到鎮內；最後，酷寒也使得近30%的德軍士兵失去了作戰的能力——要知道他們可是一支曾在芬蘭連續作戰過4年的老牌山地部隊，現在居然也有這樣程度的減員，不得不說當時萬讓附近的作戰環境是多麼的嚴苛！

德軍「北方」師第12團第3營營部連的軍官沃爾夫·T·澤普夫在多年後曾回憶當時的情景，多少也反映了一些德軍當時為何會在如此的困境中繼續在萬讓堅持打下去的原由：「我們的確要感謝那些與我們進行這

樣一次公正對決的美國人。與曾和我們交過手的俄國人的詭計多端的作戰方式相比，他們在打仗時要光明正大得多。我們同時也要感激那些明顯沒有多少夜戰經驗的美軍士兵，正因為如此我們才能在夜間多少獲得一些安寧的時段。你想像一下，在經歷了一整天的猛烈砲擊和逐屋的耗子戰（從耗子打洞引申而來，是指通過在牆壁上利用爆破炸開通道進行巷戰的戰鬥）後，我們自然會由衷地期盼黑夜儘快地降臨小鎮，只有那樣我們才能在戰鬥間隙中找機會安穩地睡上一小覺。」——他的言語之間流露了一些嘲諷美國人的意思。

5日夜間，身處普伯格大街第274團團部裏的美軍高級軍官們正在焦慮地關注著戰鬥的發展。特遣隊的最高指揮官，第70師副師長湯瑪斯‧W‧赫倫准將由於無法容忍目前緩慢的推進速度，下令第274團團長齊弗斯中校全權負責下一輪反擊：他將指揮第276團第1營和第3營，並在第781坦克營1個連的坦克支援下，於6日上午0800時左右發動進攻。雖然第276團的這兩個營由於在前兩天的作戰中損耗嚴重，現在很多連隊都實力大減，但由於美軍目前暫時抽調不出更多的增援兵力，所以反擊的重任依然壓在這些年輕新兵們的肩頭。

相對美軍的損失與傷亡，堅守小鎮的德軍同樣有著各種各樣的難題——首先，2個營的黨衛軍山地步兵已經完全被美軍切斷並包圍在了萬讓鎮內，而他們正在期盼能有一

■ 萬讓鎮內一角，但地點不明。注意房子前的美軍吉普。

支援軍突破封鎖並在鎮北打開一個缺口；其次，他們的食物已經出現嚴重短缺，每個人在3天內只能分到半個麵包，而在經過連續2天的作戰之後，所有繳獲的美軍K級口糧也已吃得乾乾淨淨；而且這還不是最糟糕，最可怕的是德軍的彈藥消耗殆盡，例如MG42這樣的彈藥消耗大戶，如今大多數機槍射手在射擊時都只能挑選那些「確實是有價值的目標」來打，以節約有限的彈藥。

晚上2100時，所有的連級軍官都被召集到第274團團部，共同商議有關次日的第二次反擊的具體步驟。在燭光的照映下，美軍軍官們就在這所寬敞而普通的大屋的角落裏開會，圍坐在屋內其他地方的美軍中，就有不少人試圖抓住軍官會議這一點寶貴的時機打一下盹———因為他們也已經有整整2天沒有闔過眼了。

在會上，齊弗斯中校向連長們詢問是否有人志願率領先頭部隊打頭陣，他得到的回答是一片沉默。由於沒有一個人志願執行這項任務，中校只能指定由羅伯特·J·戴文波特上尉的第274團F連領頭，E連隨後跟進並為F連提供支援火力，同時指派已經經歷過多次戰鬥的第274團G連在後方作為預備隊待命，隨時準備投入最需要的地方。在進攻開始前，美軍砲兵將為這次攻擊提供15分鐘左右的砲擊，而第781坦克營也會給進攻提供裝甲支援。當天深夜，來自SS第12山地步兵團的一名聯絡軍官從美軍防線上找到一個缺口從而進入了萬讓鎮，他為施雷伯戰鬥群帶來了第361國民擲彈兵師師長菲利比將軍的命令———戰鬥群撤離此地並向他的部隊靠攏。施雷伯經過與各營長的商討後決定，鑒於到目前為止仍沒有任何一支增援部隊可以順利趕到萬讓給他們解圍，所以在萬讓的2個營必須撤退……但當這痛苦的決定做出時天已經快要亮了，而任何有經驗的指揮官都明白，如果此時試圖在敵軍的眼皮底下突圍無疑是自殺行為。走投無路的施雷伯只好下令戰鬥群全體人員必須繼續堅持下去，哪怕只有一天的時間也好，一定要熬到下一個夜幕的降臨，那樣的話就能方便德軍撤離小鎮，並把在撤退中的傷亡率降至最低。

鏖戰

6日上午，赫倫准將與齊弗斯一起來到位於小鎮西北的樹林中的前線觀察所瞭解敵情。經過3天3夜不間斷的戰鬥，這些沒有多少經驗的美軍雖然已經顯得相當疲勞，但他們也很清楚，只有把當面的德軍盡快從萬讓驅逐出去，自己才能夠睡一個安穩覺。第274團第2營F連在樹叢之中等待了許久，終於開始向鐵路線的地下通道方向前進。由於這是F連首次擔任進攻的先鋒，所以戴文波特上尉親自率領第1排打頭陣。大約在0745時，美軍負責支援的大砲發出了怒吼。而在第274團E連那邊，儘管計劃中要伴隨進攻的坦克未能及時趕到戰場，但該連的各排仍按原計劃開始向前推進。

一開始德軍並沒有向美軍開火———根據防禦作戰的基本原則，他們耐心地一直等到美軍走到足夠近的距離時，機槍才展開猛烈的壓制射擊。作為回應，美軍的機槍也以較德軍機槍慢得多的射速開始回擊。這場以機

槍之間對射的開場一共持續了大約10分鐘左右，可是對攻防雙方造成的影響卻並不大，美軍依然在向前推進。

正當突擊部隊的前鋒F連第1排接近一所民宅時，突然有人對著這群士兵叫嚷要他們當心這所所謂的「藍房子」。原來那人是來自第276團的艾德溫・庫克少尉，他因躲避德軍的搜捕已經在這附近的雪地裏躺了超過18個小時。但他的警告來得太晚了，美軍

■ 圖為1月7日在戰鬥結束之後，第276團的加利福尼亞洛杉磯人艾德溫・庫克少尉正橫躺於「藍房子」（在照片的看不到的右側，1號鐵路線地下通道也在那個方向）附近的一條路邊溝渠內，向戰地記者演示他是如何躲避德國黨衛軍的搜捕並存活18個小時的。德軍士兵曾翻動過他並取走了他的手錶，但卻沒能意識到其實他還活著。他在1月6日第274團F連第1排經過此地時曾向他們大聲叫喊要他們當心「藍房子」內的德軍機槍。照片裏道路前方的幾名被打死的美軍都是遭到了「藍房子」內德軍機槍的伏擊而身亡。

此時距離「藍房子」只有大約20碼，一挺隱蔽在房子內的德軍機槍瞬間將這些美軍打得東倒西歪。一名軍士剛喊出「注意隱蔽！」的口令就立即中槍倒地，包括連長戴文波特上尉、他的無線電操作員和4名士兵在內的人都被擊傷。一些美軍衝向前方路邊的乾水渠，而另一些則就地臥倒在雪地裏躲避在他們頭上呼嘯的機槍子彈，部隊被完全壓制住了。

雖然德軍機槍的位置使得第1排的處境非常尷尬，但大部隊的突擊先鋒可不能就這麼被一挺機槍給擋住。為了消滅它，一名美軍士兵緩慢地匍匐前進到一處能正對著「藍房子」的位置，隨後將手榴彈投進了窗戶——德軍的機槍終於停止了咆哮。幾乎就在同一時刻，戴文波特上尉突然發現有名德軍反坦克火箭筒手正埋伏在「藍房子」的拐角處，可是他卻由於先前手臂上的傷痛而無法舉槍射擊。於是他向身旁的一名士兵指明德軍反坦克手的位置，並命令他用M1步槍幹掉那名德軍。儘管受了傷，戴文波特卻堅持不下火線。「這點小傷根本不算什麼」，他看著自己手臂上的槍眼說道：「來吧，我們必須繼續前進。」與他一樣，已經受傷的無線電操作員也拒絕離開他的崗位，一直待在上尉身邊負責通訊聯絡。

由於周圍沒有多少可以供士兵隱蔽的地方，於是戴文波特決定讓士兵們繼續向那條乾枯了的水渠推進，並在那裏建立了一個落腳點。與此同

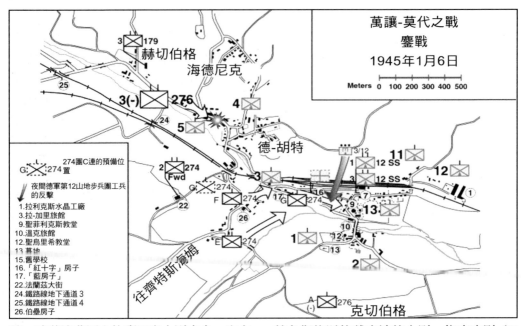

萬讓-莫代之戰
鏖戰
1945年1月6日

Meters 0 100 200 300 400 500

G: 274團C連的預備位置
夜間德軍第12山地步兵團工兵的反擊
1.拉利克斯水晶工廠
2.拉-加里旅館
9.聖菲利克斯教堂
10.溫克旅館
12.聖烏里希教堂
13.菁地
15.舊學校
16.「紅十字」房子
17.「藍房子」
22.法蘭茲大街
24.鐵路線地下通道3
25.鐵路線地下通道4
26.伯疊房子

赫切伯格
海德尼克
德-胡特
克切伯格
往聲特斯德姆

時，哈莫洛弗軍士的班正奉上尉之命，向右側的莫代河河岸方向前進，以掩護第1排進攻的側翼。就在他們前進到離河岸沒多遠的地方時，德軍的機槍開始對暴露在開闊地上的美軍進行射擊，結果封鎖了這個班的左翼和前進的道路。密集的機槍彈雨迫使美軍立即衝向莫代河岸並跳入水中——到最後只有一半的士兵活了下來，德軍用機槍毫不留情地持續掃射著冰冷的水面，哈莫洛弗因此而命喪河中。

在不清楚右翼哈莫洛弗班的搜索行動已經失敗的情況下，戴文波特的第1排正在陸續離開先前隱蔽的乾水渠，而德軍則在隱蔽的陣位上觀察著他們的行動，並耐心地等待著時機。結果在極近的距離上，德軍又一次成功地伏擊了第1排。戴文波特在戰鬥中被打中兩次，他的臉上血流如注，最終被士兵說服而退下了火線。派迪軍士隨後接管了第1排的指揮，並指揮該排繼續前進。為了接

替負傷後送的戴文波特上尉，梅亨少尉（F連副連長）立即從後面趕來指揮F連的作戰。可惜在半路上他遭到了德軍狙擊手的射擊——1顆子彈洞穿了他的胸部，少尉當場陣亡，德軍狙擊手隨後也很快被美軍擊斃……萬讓之戰此時已經完全轉變成了需要逐屋爭奪的殘酷的消耗戰，鎮內好幾處房屋已經起了大火，濃密的黑煙幾乎把小鎮完全遮蔽。由於美軍突擊部隊在進攻時沒有得到重砲的掩護，所以他們得更加依賴那些營屬的「重武器」：57mm反坦克砲，81mm迫擊砲和重機槍。但話又說回來，即使美軍當時得到重砲的火力支援，恐怕也很難在這樣的近距離巷戰中使用這些火砲。

然而更糟糕的事情還在繼續：美軍高層與第274團F連之間的無線電聯絡突然中斷，而F連第1排的官兵幾乎都中了彈；第274團F連第3排被派去支援第1排；第3排排長詹姆斯·海因斯少尉率領他的手下從乾水渠裏

■ 萬讓鎮內的1號鐵路線地下通道，其北面的高地是德軍在5日以及6日的戰鬥中的一處重要據點。至於艾德溫・庫克少尉在6日的戰鬥中警告第274團第2營的士兵注意「藍房子」的地點大約是在圖片的前景或是右邊。

一直匍匐著前進，最終抵達了道路的交叉口，而位於左翼的F連第2排第1班快速地衝向鐵路路基，但被隱蔽在對面樓房中的德軍阻擋在一條淺溝裏了。第1班的士兵試圖再次前進，但第一個士兵剛躍出溝渠就被德軍打死，緊接著又有3名士兵在溝邊被擊倒了。德軍的機槍火力是如此猛烈，第2排第1班的人基本上都無法抬頭觀察外面的情況。可是災難還沒有完，德軍向被壓制在淺溝裏的美軍又投擲了一枚手榴彈，炸死了2名美軍。眼見弟兄們遭到如此屠殺的慘狀，該班負責操作BAR自動步槍（Browning Automatic Rifle，白朗寧自動步槍）的士兵實在無法忍受下去，他不顧臂膀上的傷痛以

及被德軍打中的危險，從溝裏抬起BAR對著樓房上的德軍就是一陣掃射，暫時壓制住了德軍的射擊。但他的英勇行為並沒有持續多久，就在他換彈匣的時候，他的身子突然一晃，然後仰面倒在地上——1顆德軍的子彈打進了他的前額。

為了盡量減小傷亡並迫使德軍放棄他們藏身的據點，美軍採用了巴頓所強調的「在巷戰中對所有可疑地點充分發揚自身火力」的戰術，以機槍和迫擊砲逐一掃射和轟擊每棟可疑的房子。當「巴祖卡」（Bazooka rocket launcher，巴祖卡火箭筒是美國在第二次世界大戰期間研製的一種輕型反坦克武器，是世界上最早的火箭筒。因其外形類似

圓筒狀「巴祖卡」管樂器而得名）也加入這種耗子戰之後，萬讓之戰又再次升溫，處於進攻方的美軍士兵們由於受到德軍的激烈抵抗而逐漸變得冷血起來。戰鬥期間，曾有2名美軍衝進一所房子並向裏面的德軍投擲手榴彈，而當德軍被迫跑出房子時，卻被另一隊早就等候在外的美軍當頭攔截住，結果他們都被毫不留情地逐一射殺。這些美軍中有人日後回憶道：「那時的現實就是如此，要麼你殺人，否則就是你被別人殺——而我們會把這些敢於來到我們面前的每個德國雜種都宰掉。」

既然士兵在作戰中已經出現了這樣的情緒，那就表明雙方士兵在愈演愈烈的激戰中已經逐漸地失去了控制，戰鬥已成了一場你死我活的近距離格鬥，而下面發生的事情更加有震撼性：曾有一隊深陷在房屋內的德軍拒絕投降並不斷地從破損的地下室窗口向外面的美軍射擊，而美軍則不斷往裏面扔手榴彈。一等兵杰拉德·蘇伯被德軍擊中並倒在了一扇窗戶旁，而已經在腿上中了4槍的軍醫比爾·布拉施則不顧個人的安危向蘇伯倒下的位置慢慢地爬去。在半路上，布拉施身上的兩枚白磷手榴彈使他的軍服意外地著了火，還好他立即把軍服脫掉了。眼見己方軍醫奮不顧身的英勇行為，身負重傷的蘇伯拼盡自己剩餘的力氣，用他那條完好的胳臂從軍服下摸出一枚手榴彈，咬開拉環並把它塞入了窗口。可是在手榴彈爆炸後，一枝德軍的K98步槍卻從窗戶裏伸了出來，直接抵在已經重傷的蘇伯的胸口並連開2槍——2名親眼目睹該過程的美軍士兵立即憤怒地起身向窗口衝去，並連續投入幾枚手榴彈，直到裏面的德軍都被炸死才停手。

戰鬥雖然殘酷，但有時候美軍也會通過一些狡詐的方式來避免更多的流血。曾有一名美軍逮住了一名跑到街上的德國軍醫，告訴他返回他所在的房子並通知裏面的人立即投降，否則美軍會

■圖為1月6日的下午美軍赫倫戰鬥特遣隊的最高指揮官赫倫准將以及第274團第2營反坦克排的約翰·科普蘭中尉正在山頂觀察戰局。當時第274團第2營正對萬讓發動猛攻，試圖將德軍SS第12山地步兵團驅逐出小鎮。

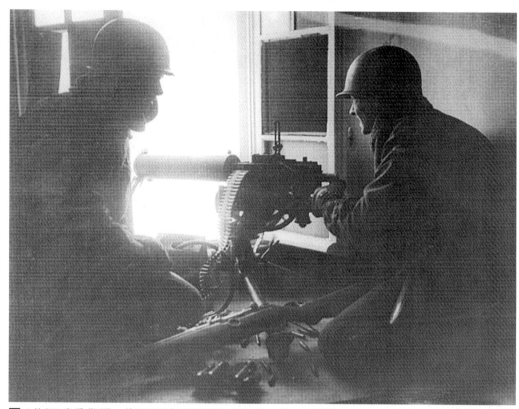

■ 1月6日鏖戰期間，第274團架設於鎮內房屋窗口的一挺機槍。

用坦克把房子和人一起炸上天。雖然實際上這批美軍並沒有獲得坦克支援，但這種伎倆還是生效了。幾分鐘之後，那名軍醫就與11名德軍一起高舉著雙手走出了房子乖乖地做了俘虜。

經過種種艱苦的努力，德軍的防線開始一點一點地被美軍壓縮，這得歸功於美軍所使用的一種有效的房屋攻堅戰術：他們在進攻一棟樓房時往往會先向內投擲各種爆炸物，一旦德軍無法繼續忍受這種攻擊，他們就會設法從房屋內跑出去——而這正是美軍所希望的，他們佈置在房屋周圍的士兵就會向暴露在開闊地帶的德軍射擊，並把他們逐個打倒。儘管形勢稍微有些好轉，但第274

團F連第3排卻依然在乾渠內等待著前方傷亡嚴重的第1排的行動，希望他們能夠繼續向前推進。齊弗斯此時正在一個良好的觀察點上注視著第274團F連的進攻，他也發現了F連當面的德軍實力要比他知道的大得多。赫倫准將在邊上一直不斷地督促著第274團一定要「繼續不停地向前猛攻」，因為這場進攻的速度遠沒有讓將軍感到滿意。齊弗斯極力保持著鎮靜，他告訴赫倫他已經計劃了另一場將在1300時進行的攻擊，而赫倫卻認為攻擊發起的時間太遲，不同意他的計劃。齊弗斯只能如實向准將匯報說部隊傷亡太大，他必須在再次展開攻擊行動前先確認所有單位的協作和位置都沒任何問題，

以避免遭受更大的傷亡。過了許久，第781坦克營的營長終於向指揮部匯報說他們已經為這第二次的行動做好了一切準備。赫倫准將於是沒有再多說什麼，他最後還是默許了齊弗斯的計劃。

在齊弗斯的計劃裏，第274團F連奉命堅守他們付出重大代價奪取的陣地，直到E連和G連前來與他們換防為止。F連在首次攻擊前有120人，到現在僅剩下一半的兵力（全連在戰鬥中陣亡19人，另有40人受傷）。更為嚴重的情況是，該連的很多傷員直到現在還暴露在開闊地裏，必須有人前來把他們撤離這些危險地區。

負責支援的「雪曼」坦克群已經在齊特斯海姆大街附近就位，齊弗斯要這些坦克立即向著鐵路線地下通道方向前進，協助F連守住大約600碼長的防區，可是坦克排排長卻堅持說他的坦克已被一群德軍步兵包圍，而且他不相信會有美軍步兵離開他們目前所在的位置來給他的坦克提供掩護。於是齊弗斯只好許諾讓在西面山脊上的G連下來與他們在地下通道附近會合，這才讓坦克排排長打消了他的顧慮並同意了這個方案。

美軍預定在1300時整開始行動。卡西迪中尉的第274團G連將從左翼沿著鐵路線一路推進，而E連則負責掩護它的右翼。同時還發現，萬讓南部的墓地是德軍火力比較稀疏的地方，於是決定首先向這個地區展開滲透。G連派出第1排的12名英勇的士兵，冒著德軍密集的火力衝到了墓地附近的一所房子裏，結果他們在那裏卻發現這所房子已成了美軍和德軍傷員共同的避難所，於是也明白了為何此處的德軍並未嚴加控制的真正

原因。

當齊弗斯計劃的反擊正式開始時，雖然美軍已經抓到了將近50名戰俘並給德軍造成了不小的傷亡，但德軍的抵抗卻絲毫沒有減弱的跡象，而第276團第3營未能控制住小鎮北方的高地又使得戰局更加複雜化。在那裏的德軍借助著高地上的山林提供的良好隱蔽和掩護，向正在突擊的美軍左翼部隊射出密集的火力，給G連的推進造成了很大的困難。而在同一時刻，負責給G連實施支援的「雪曼」坦克排卻仍未出動，坦克排排長向齊弗斯報告說他們被德軍設置的一片雷區給擋住了。過了許久，直到第274團的工兵被派去清理了這條道路以後，坦克排才開始緩慢地沿著街道逐步前行。此時美軍主力正遭到來自墓地右側和北方山脊上德軍的火力夾擊，位於左翼的G連不顧傷亡繼續前進，而E連則被德軍所壓制。幸好隨著支援坦克的到達和得到來自H連的迫擊砲火的掩護，E連最終還是擺脫了困境。

然而戰場上的情況真是瞬息萬變，有利情況和不利情況之間隨時會轉化。第276團第3營的推進——實際上它的兵力只有一個半連——由於遭到山脊上德軍的激烈抵抗而落在G連之後，結果在兩波人馬之間形成了一個長達500碼的缺口。美軍很快就發現他們完全可以利用這個缺口，在此前美軍砲兵由於擔心誤擊友軍而沒有進行火力支援，現在由於這個缺口的出現，反而使他們能夠集中火力轟擊北方的山脊以驅逐高地上的德軍。

G連由於遭到高地上的德軍阻擊，只肅清了街道最前面的4所房屋，現在由於高地

■ 1月7日上午，美軍第781坦克營的坦克正搭載著步兵從齊特斯海姆大街上出發。

上的敵人已經被美軍砲火壓制，他們便快速向前推進，由於雙方都打紅了眼，G連所到之處都是燃燒的房屋和遍地的德軍屍體。雖然很多時候G連的士兵會忽略躺在地上的德軍，但只要發現這些德軍中有人仍有一口氣的話，都會給他們一槍以「解除他們的痛苦」。

當G連連長卡西迪遇到E連的排長韋恩‧梅西爾少尉後，兩人一起計劃如何進行下一步的進攻。梅西爾曾與卡西迪讀過同一所大學，又同時進入陸軍服役並在一起受訓。最後他們決定還是分道前進，由梅西爾的排負責右翼，卡西迪則負責左翼。與此同時，E連的大隊人馬正從F連的尾部逐步穿

越該連的防區，其第1排第2班班長威廉‧多諾弗里奧軍士和他手下由於在一片樹叢前遇到狙擊手的攻擊而停止了前進。就在他們轉到附近的一所房屋後隱蔽時，他們突然看到就在房子右面的一片田野裏橫七豎八地躺著不少的美軍屍體——這些都是第274團F連於首次突擊時在這片開闊地上遭德軍火力打擊而陣亡的士兵——多諾弗里奧不禁感到一陣心寒。

沒過多久，梅西爾少尉被德軍的冷槍打中負傷，就在他臥倒隱蔽時不幸再次被子彈擊中而身亡。很快排內的諾曼‧菲利普斯軍士取代了他的位置，並試圖帶領部隊繼續前進，但他失敗了。E連的這個排直到坦克到

■ 1月7日上午，美軍第781坦克營的坦克正從齊特斯海姆大街上將傷員撤離小鎮。

■ 1月7日上午，美軍最終攻陷了萬讓鎮。圖為一名第274團G連的士兵正在破門的情景。

來提供了火力支援後才開始繼續進攻。

美軍第274團G連重武器排當時一名年僅19歲的一等兵詹姆斯‧D‧麥克科勒夫戰後回憶說，他曾有過一段讓他永生難忘的經歷：當時他看到在一個T字路口頂端的一所學校內有個美軍機槍組正向窗戶外不斷地開火。於是麥克科勒夫在天黑前手持「湯姆森」衝鋒槍前去察探，看看能否能從這所學校內的友軍處獲得一點幫助。然而就在他剛從面對著路口的後門進入學校時，身後的街道拐角處突然有火光一閃（他並沒有說是什麼東西，但很可能是德軍隱藏在那裏的一門火砲），一陣劇烈的爆炸把他直接從後門彈回了街道上。當他搖搖晃晃地極力支撐起自己的身體後，他發現學校內的那些友軍也滿

身塵土地紛紛跑了出來，但卻都奇蹟般地沒有受傷！

天黑前大約1小時，由於仍沒有獲得足夠的步兵掩護，於是美軍坦克排的排長通過無線電向齊弗斯詢問，是否可以准許他把坦克後撤回齊特斯海姆大街加油並補充彈藥。齊弗斯聞訊後勃然大怒，並將積蓄已久的所有怨氣都發洩到這名倒霉的坦克排排長頭上。吃了這記悶棍的坦克排排長只得轉而向赫倫准將求救，赫倫倒是同意了他的要求。由於齊弗斯無法違抗將軍的命令，他只好苦著臉同意這個被他稱為「膽小懦弱」的坦克排長率領著坦克回到原來的出發點。

雖然進攻部隊暫時失去了坦克的掩護，但戰局卻在這個時刻發生了決定性的逆轉！赫倫非常清楚德軍為何仍然在鎮內堅持抵抗的理由：他們是在以時間為賭注等待著援軍的到來。但德軍畢竟勢單力孤，尤其是在經過連續4天的作戰後，他們應該已經到了最後的底線，堅持不了多久了。基於這個考慮，赫倫在夜晚降臨時命令已經深深插入德軍防線的第274團E連和G連停止前進轉攻為守。可是還沒等這兩個連收到這項命令，一群德軍山地兵卻高喊著從北面的山脊上和火車站附近衝了出來（此次衝擊來自SS第12山地步兵團第3營的工兵部隊，見本刊第13、14期《最後的危機》一文中德軍老兵的回憶），一部分人穿過鐵路線而另一部分則以路基為掩護架起機槍向美軍猛烈掃射。措手不及的G連有部分單位被德軍分割，危機甚至一度波及到了齊弗斯的前沿指揮部！齊弗斯向手下的士兵大聲高呼：「見鬼！快給我頂住！我們決不能讓這夥德國佬衝破第3營的防線！」就在此時，已經被德軍的衝擊切斷在前方的卡西迪中尉則集結了他身邊僅存的5～6名戰士，準備最後一搏。

就在美軍陷入慌亂之時，鎮內德軍的狀況也沒好到哪裏去。施雷伯戰鬥群的各個連已經被美軍分割包圍，第1營和第3營與外界的無線電通訊也中斷了。為應付最壞情況，第3營的SS少尉澤普夫和SS少尉漢斯‧赫爾曼‧卡勞努力地集結起旅館周圍所有能繼續戰鬥的人員——大約12個人，並把他們都編入一個「火力支援隊」。而後這個只有一個步兵班規模的小隊從旅館拐角處向火車站奔去，一路上拼命用手中的自動手槍和芬蘭製「蘇米」衝鋒槍向美軍掃射，最終設法恢復了鎮中心與北面山脊上的德軍殘部的聯繫。

當晚的戰鬥逐漸平息了，美軍正計劃著在次日，也就是1月7日上午0900時發動最後一次大規模突擊粉碎萬讓鎮內德軍最後的抵抗。齊弗斯和赫倫都預計德軍將錯誤地考慮到美軍可能會於黎明時發動攻擊，而不會考慮到進攻可能延後，從而造成突襲的突然性；更重要的是，由於先前美軍一直未能集中使用砲兵支援，所以德軍也不會對即將到來的砲擊有所戒心。齊弗斯在6日夜間親自檢查了進攻的協作方案以及各個步驟，以確保最後進攻的萬無一失。

1月7日清晨，萬讓鎮內一片死寂。天空中的飛雪雖然一開始還在漫漫地灑落，但卻預兆性地在美軍發出行動命令前驟然而止。然而令美軍意想不到的是，德軍施雷伯戰鬥群早已在前天深夜時分悄悄地展開了從萬讓的撤離行動，到目前為止鎮內只剩下了數個袋形陣地仍在抵抗，戰鬥群的主力已經順利

從萬讓轉移！發現這個事實後的美軍明白自己錯過了全殲德軍的大好時機，於是怒不可遏地用坦克逐屋逐戶地進行轟擊，步兵則從一旁投擲手榴彈，將德軍的殘兵從廢墟中逼出並加以殲滅。

就在第274團逐步蠶食德軍最後幾塊防區的同時，第276團則肅清了小鎮北面的高地，這也意味著萬讓鎮內德軍的防線已經徹底崩潰了。當第274團E連挺進到聖菲利克斯教堂前時，2名美軍快速地衝向大門正準備將幾枚手榴彈投入教堂，突然大門從內部被撞開，有人大聲叫喊著：「別開槍！我們是美國人。」沒等E連的士兵回過神來，一

大群身著美軍制服的人就從教堂內奔了出來——他們中的大多數人都是幾天前在戰鬥中被德軍俘虜的第179團的官兵，並已斷糧斷水了4天4夜。E連隨即清點了一下人數，總共約有250名戰俘獲救，於是立即把他們領到位於萬讓鎮外的臨時醫療站進行救治。

歷時4天之久的萬讓之戰終於結束了。鎮內只剩唯一一棟建築還完好無損，而街道和房屋附近到處都是雙方交戰後遺留下的屍體。德軍施雷伯戰鬥群最終遭到了慘敗：4天之前其SS第12山地步兵團第3營原有的450名官兵如今在突圍後僅剩下110人，其高級指揮官中除了營長及其副手之外非死即

■1945年1月7日上午，來自第274團E連的尤金·西森上尉以及他的無線電操作員正衝向聖菲利克斯天主教堂的大門。隨後E連也就是在這裏解救了於4日被德軍俘虜的250名第179團的士兵。

■ 設立在萬讓郊外的美軍臨時醫療站。躺在窪地裏的是美軍傷員。

傷，最慘的一個連在殘酷的戰鬥中只有1名軍官和7名士兵倖存下來；SS第12山地步兵團第1營的情況也好不到哪裏去，真可謂損失慘重。

至於美軍方面，第274團第2營的損失為25人陣亡84人受傷（佔參與進攻的E、F、G這3個連的1/3兵力），另有數不清的來自其他單位的士兵飽受饑寒和傷病之苦。在戰鬥結束後，該營立即被後撤到了奧伯邦恩附近進行休整，其中很多官兵自從1月3日開始還沒有睡過一覺，大家都已打得筋疲力盡。

在有關萬讓之戰的經驗總結上，美軍承認嚴重低估了萬讓鎮內德軍的實力。這直接導致了一個又一個沒有實戰經驗以及未能獲得良好支援的步兵連被拉上第一線，前仆後繼地對萬讓發動猛攻。不過從總體上看，這些流血犧牲還是值得的，因為萬讓終於被奪回。作為美軍對手的德軍SS第6山地步兵師也是當時西線戰場上少有的實戰經驗豐富的部隊，比美軍第274團和第276團那些沒經驗的新手們要優秀得多，所以說要戰勝他們非常不易，這也的確是應該屬於赫倫特遣隊的榮譽。很多年以後，SS第12團第3營的退役老兵澤普夫在他有關萬讓之戰的著作裏寫到：「美軍新編的第70師在與我軍的戰鬥中

■ 圖為於6日擔任突擊先鋒的第274團戴文波特所率F連的倖存者們在7日上午領取郵件時的情景。從左至右分別為：阿利克斯· 波拉克軍士、一等兵斯坦· 史密斯、一等兵查爾斯· 貝克斯、一等兵傑克· 蒙哥德以及多米尼克· 倫加利亞軍士。

■ 被押下戰場的德軍戰俘。根據比爾· 巴薩克的回憶，中間的那名被攙扶著的德軍是一名施雷伯戰鬥群的軍官。

充分表現出了堅定的作戰意志，以及敢於自我犧牲的英勇無畏的精神。」此外，第274團E連的一等兵斯萬也回憶說：「當時我們這些剛上戰場的菜鳥可以在萬讓與最難纏的對手較量一番，即使付出一定的代價也是非常值得的。」

然而，雖然美軍赫倫特遣隊在與「北方」師的首次交鋒中略勝一籌，但當時的美

■ 此萬讓之戰「全景圖」為赫倫准將之子湯瑪斯-赫倫於1月7日戰鬥的最後階段時所攝,並由紐維爾少尉拼接而成。

1.在溫克旅館附近展開的美軍坦克警戒線,以防備德軍對此地發動反衝擊。

2.原先成為德軍一個重要據點的聖菲利克斯天主教堂,而現在其附近到處都遍佈著陣亡士兵的屍體。

3.被美軍懷疑有狙擊手而遭到反坦克砲火力攻擊並起火燃燒的溫克旅館。

4.一隊美軍M4坦克在進入小鎮時,其中的一輛被德軍擊毀後遺留下的殘骸。

5.庫克少尉曾經裝死而躲避德軍搜索的地點。

6.正在攀爬路堤的美軍士兵。

7.美軍派遣帶機槍的吉普來為步兵搜索隱藏在房屋內的德軍的行動提供掩護。

8.美軍步兵的主力在此。

9.正在砲擊溫克旅館的美軍反坦克砲陣地。

10.正在砲擊小鎮的美軍坦克。

11.被解救的美軍第179步兵團部分戰俘的所在地(除了聖菲利克斯教堂外的第2處戰俘集中地點)。

12.這輛「雪曼」坦克正在砲轟小鎮最左面的房屋。

■ 1月7日戰鬥結束後拍攝的萬讓鎮。鎮內大多數房子均已在激烈的戰鬥中遭到嚴重的毀壞。此圖清晰地顯示了由於被懷疑有狙擊手而被美軍坦克砲轟後正在燃燒的溫克旅館(2),此外還有聖菲利克斯天主教堂的尖頂(1);另外,(3)則是「藍房子」的所在地。

軍高層卻沒有預料到，「北方」師可決不會就此罷休，他們馬上就會在一週之後捲土重來，並在雷普特斯威勒戰鬥中為萬讓之敗報上一箭之仇。

雷普特斯威勒之戰

對於美軍第45師第157團的官兵們而言，到1944年12月末為止，他們已經在歐洲戰場上度過了1年多的時光。該團最初曾跟隨第45師被部署到北非戰場，然後又一起轉戰西西里與義大利，參與了薩勒諾、安齊奧戰役和向羅馬的進軍。在1944年8月的「龍騎兵」行動中，第157團在第7軍的編制下登陸法國南部，接著一路橫穿法國到達了薩爾-孚日山地區。雖然該團曾經一度越過邊境進入德國本土，但由於德軍在阿登發動了凶猛的反撲，因此這一地區內的美軍部隊紛紛受命後撤到一條相對較短，更適合防禦的戰線上。也就在12月期間，第157團奉命抵達位於馬奇諾防線上的要塞化城鎮——尼德布朗的外圍地區。

1月8日，就在德軍因力量不支放棄了萬讓的第二天，美軍第45師和第79師在赫倫特遣隊的配合下也通過一系列的反擊，逐漸將德軍戰線壓回到薩林斯伯格-雷普特斯威

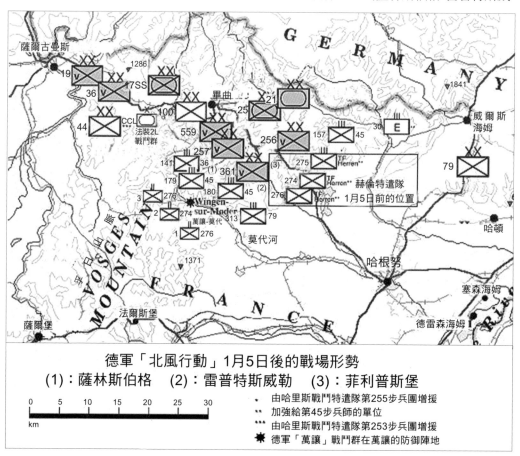

德軍「北風行動」1月5日後的戰場形勢
(1)：薩林斯伯格　　(2)：雷普特斯威勒　　(3)：菲利普斯堡

符號	說明
˙	由哈里斯戰鬥特遣隊第255步兵團增援
˙˙	加強給第45步兵師的單位
˙˙˙	由哈里斯戰鬥特遣隊第253步兵團增援
✴	德軍「萬讓」戰鬥群在萬讓的防禦陣地

勒-菲利普斯堡一線。為了驅逐仍然滯留在雷普特斯威勒的德軍第361國民擲彈兵師，美軍又以第45師第180團配合第79師第313團發起猛攻，2天之後將德軍逼退，正是由於這個舉動使得德軍最高統帥部有了反應。他們認為由於萬讓已經失守，薩林斯伯格-雷普特斯威勒-菲利普斯堡這一段防線的確保便成了關鍵，如果防線被突破，那整個「北風行動」在薩爾-孚日山地區的攻勢就將滿盤皆輸。所以德軍下定決心要不惜任何代價死守該防線，並確保位於雷普特斯威勒以北的突出部的安全，而位於中心地帶的雷普特斯威勒和周邊的數個高地自然也就成了德軍計劃奪回的首要目標。至於美軍方面，由於考慮到此時的作戰已經開始逐漸轉向尼德布朗鎮以西，所以高層認為讓第157團也

轉過去參戰是多餘的，他們現在的計劃是讓該團立即攻打德軍突出部的鼻尖，並將德軍打回他們出發時的老巢。

但是戰爭中理想與現實總會有些差距，而且在某些情況下，作戰行動甚至會由於某些人為因素而轉變為參戰部隊的噩夢。第157團在雷普特斯威勒之戰中的遭遇便是如此，它的部分單位雖然浴血奮戰卻依然沒能逃脫進攻慘遭失敗的厄運，美軍第6軍的作戰記錄裏詳細記敘了這10天內每天所發生的事件，而對那些曾親身經歷過這一切的士兵而言，戰場上的實際體驗可要比這些保留於紙面的記錄更加令他們難以忘卻！

1月10日上午，美軍第45師為進攻雷普特斯威勒附近的高地按計劃邁出了第一步：派遣第157團出擊並佔據了位於雷普特斯威

■ 從里希騰伯格村方向上拍攝（位置在雷普特斯威勒的東南方向的一座小山上），該村同時也是當年第157團第1營一部所在地。雷普特斯威勒位於此圖的左面，但並未被拍攝進來。位於前方的兩座高地中的左面一座為420高地，右面的一座則是400高地。

■ 這是今天雷普特斯威勒鎮近景，全照已看不到當年的戰火痕跡。

勒以東的要地尼德布朗鎮。在側翼得到保障的情況下，第157團第1營和第3營以及第315團第1營（第157團的加強單位）進入了小鎮和周邊地帶的防禦位置，而第2營被部署到了小鎮的後方作預備隊。

獲悉尼德布朗的失守之後，德軍很快做出了回應，「北方」師加強了該師在其他重要據點的防禦力量，並組織部分兵力開始對美軍實施有計劃的反擊。德軍的這些舉措很快就有了回報：11日下午，由於受到德軍的頑強抵抗，美軍第314團第1營（第45師的加強單位，原屬第79師）被迫從雷普特斯威勒北面的388高地後撤，不久後擔任預備隊的第157團第2營（包括E、F、G、H四個連）受命立即出發奪回388高地。在黑夜的掩護下，第2營悄悄地摸上了388高地準備發動夜襲，然而德軍早有防備，早就調整了部署。當美軍於半夜時分到達高地頂端時，卻意外地發現上頭居然沒有德軍的身影，第

2營隨即兵不血刃地拿下了整個高地。但他們那時並沒有想到，這只是德軍為其設下的一個圈套。

1月12日凌晨，已經在388高地周圍待命了一整夜的德軍山地步兵開始對高地上的第2營發動猛烈的反擊。他們憑藉高昂的士氣一波又一波地進攻第2營各連防區，其猛烈的機槍火力和遠距離的步槍射擊給美軍造成了很大的壓力。激烈的戰鬥持續了整整一天，在交戰中有很多美軍士兵倒在了德軍狙擊手致命的槍口下。由於當時位於東面的第157團其他單位只收到上級的堅守命令，因此在自己的兄弟部隊與德軍血戰時只能保持不動！到了晚上，第2營雖然打退了德軍，但也已經無力再戰，所以在奉命與第314團換防後撤離了高地，前往雷普特斯威勒重新進行集結與休整。

午夜時分，第2營的部隊陸續從高地上離開，並在黎明前到達了雷普特斯威勒。經

過短暫休整之後，該部接到了攻擊位於該鎮東北方向上關鍵的415高地的命令，營長布朗中校獲悉了團部下達的具體行動方案：G連負責奪取415高地山頂；F連將在G連的左翼協助攻擊；E連緊隨F連，同時擔任第2營的預備隊；一旦第2營拿下415高地，第157團的其他部隊就會陸續跟進，並在次日上午對當面的德軍發動全力進攻，到那時第2營就會被派往戰線後方擔任預備隊。

雖然計劃如此，但實際情況似乎並不那麼輕鬆。13日上午，當第2營出發去415高地附近與原本在那裏的第276團（第45師的加強單位）換防時，德軍對高地方向持續了一整天的砲擊，從而大大減緩了美軍陣地交接的速度。不過幸運的是，這幾個連仍然完成了他們的預定任務：G連按時抵達了415高地的山腳；F連在它的西側設了防；E連則佔領了F連之後的一個預備位置。

另一方面，第157團第1營的部隊在傍晚時陸續抵達雷普特斯威勒並開始在第2營的右翼設防：其A連冒著德軍的猛烈砲火進抵415高地的前坡地帶（也就是第2營G連的右前方，但其陣地僅與G連保持了很單薄的聯繫）；B連開到了A連的右後位置上（此地是美軍防線的邊緣位置，從B連的右面再過去就沒有任何友軍單位了，而且這個方向上對雷巴赫鎮而言是完全敞開的）；C連則佔據了一個位於主防線後方403高地附近的集結點，並開始為次日的攻擊行動做準備。大約2000時左右，第1營進入了進攻陣地，

■ 這是從德軍視角拍攝的通往420高地的一條林間小路，攝影師位於東南方向。

並著手進攻準備——他們在第2營的右翼以C-B-A連的順序展開；其中B連與C連各帶一個重機槍組，A連則擔任後衛。與此同時，第3營正從亞格塔爾前往羅特巴赫，然後步行進入了位於主防線3英哩後的集結區域。當晚，終於完成了陣地交接任務的第276團的士兵一批又一批地陸續從高地上下來，後退到附近的樹林之中等待次日總攻時刻的到來。

1月14日天還濛濛亮，第1營和3營的部隊就開始了攻擊。C連在大約0900時從其位於戰線後方的集結地出發，呈縱隊隊形一路穿越被積雪覆蓋的田野，向1000碼外的第一線開去。與此同時，第3營也離開了它的集結地——美軍的計劃是讓第1營和第3營在同一時段越過戰線，分別從東西兩面進攻415高地。

第1營的先鋒部隊C連試圖從東面繞過415高地，接著經過363高地的一側，然後到達它的目的地——390高地的邊緣。然而，在到處是積雪的森林裏進行快速機動對部隊而言是十分困難的——C連由於在前進中認錯了道路而誤行到了415高地的後方，結果意外地抄到了F連的前面（也就是415高地的西面，第3營的預定作戰區域內）！雖然C連連長及時意識到了他所犯的錯誤，但是此時由於遭到德軍的砲擊，第1營已經無法更改全營的部署而只能繼續前進。於是位於363高地上的德軍集中火力轟擊C連，使得它在僅前進了幾百碼後便無力繼續推進，只得在一個道路交叉口（328號）附近尋找能躲避砲擊的隱蔽處，並在那裏熬過了當天的剩餘時間。

位於C連右後方的是第3營K連、L連和I連組成的縱隊——第3營此時雖然跟上了C連，但沒過多久也在這裏被卡住了。當時的情形是：C連和K連的多數單位都已經越過了原美軍防線，L連與F連的陣地部分混雜在了一起，而I連還落在最後面。至於德軍，他們正不斷地動用各種迫擊砲、大口徑火砲甚至是火箭砲對這一地區進行齊射，希望能將美軍打散從而徹底挫敗美軍的進攻。

到下午，第3營被迫將部隊後撤一段距離並改道向西面發起新一輪進攻。當美軍各連逐漸離開了德軍的砲擊範圍後，他們又改成了縱隊隊形，沿著一條北行的小道向400和420高地方向前進。對於美軍的行動，德軍警覺地重新調整了部署，結果在夜間再次成功地在半路上阻截住了第3營。激戰到夜半時分，第3營I連被阻止在了363高地西面的弗里斯小道上，L連被阻擋於341高地的前坡，而K連則在341和401高地之間的斯皮爾貝克小道上停止了前進。

就在斯帕克中校的第157團第3營無法再繼續前進時，在14日上午抵達了雷普特斯威勒鎮北面，並同樣參與了這次攻擊的第315團第1營C連在當天晚些之後拿下了401高地，其B連則在與第157團的K連和L連相遇後，在兩個連的中間建立了自己的防線。此外，第157團第2營在14日白天遭到德軍的猛烈砲擊而無法前進，就在原來的陣地上度過了一整天的時光。

第157團第3營在15日的任務是繼續奪取前日的預定攻擊目標400和420高地，而第1營則負責攻打390高地並將它的作戰區域向東面延伸。為此，第1營營長克里格中

■ 從400高地通往420高地的一條小道。當年美軍的第157團第3營的2輛輕型坦克曾試圖在攝影師所處的這個位置上極力保障這條小道的暢通，以便維持被圍部隊唯一的補給生命線。

校命令C連恢復對363高地的進攻，順便奪取390高地，然後與第3營建立聯繫。而由斯塔夫上尉指揮的第1營B連被指令從第1營的右面穿越小鎮布拉姆巴赫，佔領東北方向上的415高地，然後進攻並佔領390高地的東半部分，並與C連一起在那裏堅守下去。

曙光初露，第3營便開始了行動。與先前相反的是，這次他們遭遇的德軍（來自第256國民擲彈兵師第476團）抵抗十分輕微，到中午時K連就順利地通過400與420高地間的小徑，成功佔領了420高地；與此同時，L連也快速地爬上了400高地，一路捕獲了數名德軍戰俘，並在高地的北角上建立了防線；位於隊尾的I連則穿過了森林，前

進到了400與420高地間的小徑上。

在從右路進攻的第1營防區內，C連連長弗洛伊德中尉被告知，他必須等到斯塔夫上尉的B連拿下415高地之後，才能發動對363高地的進攻。斯塔夫上尉將用於支援的重機槍都部署在A連戰線一側的415高地對面的山脊上，以便在B連進攻時壓制415高地上任何出現的德軍火力點。一旦415高地被佔領，重機槍就立即轉移到B連的方向上，登上415高地的山脊並加入到B連對390高地的進攻之中。然而在進攻發起後，當B連剛佔領415高地的山脊沒多久，其他山頭上的德軍突然使用迫擊砲和大口徑火砲對B連進行砲擊，隨後又以MG42機槍進行遠距

離壓制射擊，並不斷地從偽裝良好的掩體裏向美軍打來凶猛的自動武器火力。斯塔夫上尉眼見在山脊上的部隊漸漸不支，只得下令B連後撤。可是重機槍組由於目睹B連已經佔據了高地，所以此時正在向山脊轉移的途中，結果正巧與剛從山脊上下來的B連士兵混雜在了一起而無法脫身——德軍一陣猛烈的火箭彈雨造成了幾個重機槍組的人員受傷，其中包括了排長漢考克少尉。當夜幕降臨時，B連和重機槍組終於回到了原先的出發點，進攻失敗了。

在B連遭到阻擋後，不甘心的美軍上級仍然執意命令弗洛伊德中尉的部隊去進攻363高地。但由於此刻已經失去了B連的支援，美軍的冒險嘗試遭到了德軍恐怖的直射火力和大量壓制火力的攻擊。到傍晚時，中尉派出了一個排試圖向第3營的方向進行偵察——結果卻在363高地西側的村子裏陷入了火網並被德軍打了回去。

15日當天，第315團第1營不僅在全天內都沒有任何行動，而且還由於第157團第3營的進攻失利而在次日上午後撤。第157團第2營準備在次日將E連和G連派去加強給第1營，而讓F連停在原地作預備隊。

在另一方面，第3營I連於1600時左右以2個排的兵力佔領了400與420高地間的小道，建立了與K連之間的聯絡（但仍然無法夠到L連的防線）。幾乎就在同一時刻，德軍突然對這裏連續發動了3次猛烈的進攻——很明顯，德軍正試圖包抄到第3營的後方！德軍的這些舉動實際是由於第157團第3營對德軍主防線的突擊引起了第90軍軍長的警覺，他立即下令讓預備隊「北方」師

出動其下屬的SS第11「萊因哈特・海德里希」山地步兵團來奪回這些丟失的主要地段。

雖然德軍的這些攻擊後來都被美軍擊退，但整個美軍後方的薄弱而過長的防線也快經受不住德軍的下一次進攻了，第3營的防線正處於被德軍突破的危險境地（那時I連的100人還剩餘91人，L連的106人還剩95人，而K連99人還剩79人，戰鬥中總共損失了大約40名士兵）！

為了支援第3營，第1營將部分彈藥陸續送往第一線，並逐步將第3營的傷員撤到後方。此外，其位於415高地上的B連還受命登上341高地以便在第3營的後方建立一條防止德軍突破的封鎖線，而這些任務都順利地完成了。16日這一天，第3營的任務是堅守陣地，而第2營將G連和E連調換到左翼的401高地，與在那裏的第1營部分單位換防，隨後繼續向左進攻與在420高地的K連建立聯繫。除此之外，第1營還要派遣C連進攻363高地，然後會合A連與B連一起向390高地推進，最終與L連建立聯繫。雖說計劃上是如此安排，但當天第3營在德軍的猛烈砲擊下基本無法行動，只得在420、400高地和兩座山頭之間的小徑上全力死守，並打退了德軍一次又一次連續的反撲。

當第1營C連按預定方案試圖奪取363高地時，從高地上射來的密集火力打消了美軍最後一點嘗試突破的慾望，此後弗洛伊德受命將他的連調至西面的村莊，繞過363高地沿著第3營的進攻路線到達400高地附近，然後再向東進攻390高地。雖然當C連登上400高地時其遭遇的德軍抵抗並不十分強，

■ 攝影師從420高地的前坡上向南面的高地下方拍攝的一張圖片，顯示出當年I連位於照片左面的防禦位置。

但糟糕的是I連和L連正巧在這個時候也同時對400高地發起了進攻，這使得C連向390高地的進攻道路被意外地堵住了。於是C連只能在400高地的下坡處建立了臨時防線，同時將1個排的兵力部署在山頭間的小徑上以掩護I連與L連之間的缺口。至於德軍方面，在他們對兩座山頭發動多次小規模進攻的同時還派遣一些小隊滲透到了美軍防線的側後，因此當C連負責運送補給品的3輛吉普在下午到達此地時遭到了伏擊，有2人被德軍打死或被俘虜，車上運載的補給品全部落入德軍之手。

第1營B連在完成作戰準備後也開始了行動，它和C連一樣從一旁繞過有德軍據守的363高地，不過卻在415高地的西側遭到德軍迫擊砲彈的襲擊，連長斯塔夫上尉受了傷。當時在該連內唯一的軍官卡斯特羅少尉接替了斯塔夫上尉指揮B連，他率領部隊一直推進到341高地的山腳下。雖然B連在下午試圖攻上高地，但由於受到高地上東、北兩個方向的機槍交叉火力的威脅，攻擊失敗了。美軍從這個方向甚至還能看到被德軍伏擊而遺棄不久的運送補給品的3輛吉普車，但就是無法到達那裏。

由於無法與第3營在右翼建立聯絡，團部決定向K連尾部的方向進攻以打開缺口。於是G連和E連奉命前往401高地並與第315團第1營的單位完成了換防。下午，這2個連的美軍又以G連為先導主力向420高地方向前進，就在夜幕開始降臨、先頭部隊即將到達K連的陣地時，德軍突然殺出截斷了美軍的隊伍。被切斷在前部的美軍包括G連部分部隊、E連第2排和H連加強給E連的一些機槍手，他們試圖打破德軍的封鎖往回衝殺了一陣，但行動失敗了，只得繼續前進與在420高地的K連會合（當時這支部隊還有68人，包括G連的31人，E連和H連各有18人，還有1名從F連暫時調到E連的軍官）。

被切斷在後部的E連在打了一陣後不得不回撤到了401高地上。與此同時，第315團在當天上午以團部和團屬反坦克連的部分人員混編成的一個連已經來到了341高地的西南，從而封鎖了在335高地與350高地之間的這條道路。

直到深夜，美軍的卡車、輕型坦克和裝甲偵察車才陸續穿過斯皮爾貝克和弗里斯小道，向400和420高地運來補給並將傷員逐步撤出。此時德軍卻在不斷地加強他們對美軍兩翼的突破力量，並於午夜時分時在400和420高地的後方順利會師。如此一來，就使美軍的I、K、L、C、G這5個連和D、E、H、M連的少數單位完全陷入了包圍之中。2輛輕型坦克和2輛M8偵察車發起了一次突破行動，但未獲成功，於是上級命令2輛M8折返而讓2輛輕型坦克繼續留在I連的陣地上（它們把砲口朝向位於400和420高地之間小道的入口以防止德軍從這裏突破）。此外，即使已經有部分傷員得以撤往後方，卻仍有16具擔架由於空間不夠而無法放在偵察車上撤離，只能滯留在這裏。

到1月16日午夜時，德軍SS第11山地步兵團最終成功地封鎖了400和420高地之間的一切通道，美軍第157團第3營由此陷入包圍並失去了獲得補給的可能。儘管美軍在隨後的日子裏派遣第157團的2個加強步兵營、1個團部混編連、1個中型坦克排等兵力試圖給被圍困的部隊解圍，但終究都沒能突破德軍的環形防禦屏障，包圍圈中的部隊的命運在16日～17日深夜的那段時間裏就已經註定了。

「北方」師的勝利

17日，美軍的行動目標很明確，如果可能就繼續戰鬥下去，第3營不僅要守住自己的陣地，其下屬部隊還得完成下述任務：B連在與C連會合後要佔領390高地的東側，E連必須繼續前進直到與G連、K連會合為止。

困守於兩座山頭和加強給C連、G連、E連的美軍士兵在不斷打退德軍突擊的同時，卻發現越來越多的德軍正從他們的側翼進行滲透。E連的剩餘人員從包圍圈外發起了一次次的進攻試圖解圍，但在德軍的阻擊下收效甚微。大約在天亮後一個小時，B連的巡邏隊終於到達了被伏擊的吉普車隊的位置，卻未能發現任何生還者，於是巡邏隊按原路返回，結果恰好趕上並打退了一次德軍從東北方向發動的反擊。不久之後，第1營F連再次攻擊了363高地，但在戰鬥中美軍砲兵卻誤把砲彈打到了F連的頭上，使得進攻被迫終止。到了下午，奧布里恩上校向師部詢問是否讓被圍部隊撤退，但這個請求被第45師師長弗里德里克少將以「後撤會使德軍產生對我軍不堪一擊的印象」加以否決。

1600時，B連的卡斯特羅少尉報告他和他的手下被德軍火力壓制：「我的2個排此時只剩下6人與16人了，D連的一個機槍組被一枚大口徑迫擊砲彈直接命中，僅有2人生還。」為了支援B連，美軍分兩次從後方抽調了24名士兵前去協助B連作戰。

傍晚，奧布里恩上校命令混編連在2輛輕型坦克掩護下去肅清第2營和第3營結合部

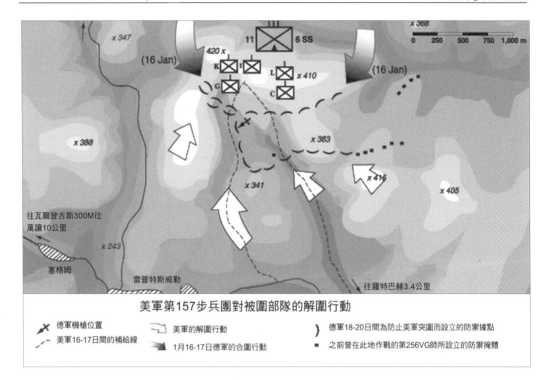

美軍第157步兵團對被圍部隊的解圍行動

德軍機槍位置   美軍的解圍行動   德軍18-20日間為防止美軍突圍而設立的防禦據點

美軍16-17日間的補給線   1月16-17日德軍的合圍行動   之前曾在此地作戰的第256VG師所設立的防禦掩體

之間的德軍。就在混編連開始行動前，B連正在抵禦德軍從右翼發動的又一次凶猛的攻擊。天剛黑，混編連就從斯皮爾貝克小道上跟隨著2輛輕型坦克出發了。混編連指揮官坎恩上尉和2個反坦克排的指揮官伯格少尉與海尼少尉率領士兵從山道上下來，一路向B連的位置前進，逐步摸到了341高地的前坡上。但也就在這裏，兩組人馬都遭到了德軍的猛烈攻擊——結果混編連指揮官坎恩上尉陣亡，海尼少尉負傷，2個反坦克排只得在伯格少尉的指揮下重新回到了出發地，而同時陪伴他們進攻的坦克和法里少尉指揮的連部排，則撤回了雷普特斯威勒大道。

2100時左右，第179團G連趕到，並作為第157團的加強單位被派往第1營的後面集結，準備在次日上午開始進攻。為了解決被圍部隊彈藥和食品的燃眉之急，第3營軍需排的托金頓少尉自告奮勇要求帶領2輛輕型坦克運送補給上山。但是這個小隊僅前進了一點距離，坦克就開始在冰面上打滑，其中一輛坦克隨後掉入了一條溝渠而翻車。托金頓只得將補給物資一點一點地從這輛翻了的坦克上逐步轉移到領頭坦克的車體後部，然後繼續前進。令人驚訝的是，這次行動並沒有被德軍察覺。到半夜時，經過一次次地反覆奔波，這批補給終於全部順利地運抵被圍部隊的手中（這同時也是被圍部隊獲得的最後一批補給）。

美軍在18日的行動將主要集中在給被圍部隊解圍上，第2營和第3營受命盡可能集結能夠作戰的人員，而第1營則被指派前去執行一個幾乎「不可能完成的任務」：以A連、B連、F連、混編連和第179團G連組建一個臨時營奪取363高地、390高地及其東

面的部分區域，從側翼對德軍造成威脅，迫使他們放棄對美軍部隊的包圍。

午夜過後不久，被圍美軍的最後生命線——托金頓小隊裏唯一一輛負責運送彈藥和補給的輕型坦克在從包圍圈內返回的途中，於420高地的山腳下遭到德軍伏擊，3名車組成員均受傷被俘，唯有受了輕傷的托金頓少尉成功逃脫返回了美軍陣線。雖然這次襲擊對於德軍而言所獲得的戰果並不大，但它對於被圍美軍而言卻是致命的——這意味著包圍圈內部隊的唯一補給線被滲透進來的德軍完全、徹底地切斷了。

18日的凌晨剛過，德軍突然對包圍圈內的由美軍G連和E連第2排據守的420高地發起了一次凶猛的突擊。德軍的偷襲組織得非常成功，一直摸到美軍陣地內才被發覺，由於交戰距離是如此地接近（幾乎是槍聲一響就成了白刃戰），守軍還沒反應過來就丟了陣地（有些美軍的倖存者後來報告說，德軍在這次突襲中動用了火焰噴射器）。戰鬥中有很多人被德軍殺死和俘虜，所有的機槍在混亂中（可能有6挺）都丟了，跑出來的僅有G連的18個倖存者，他們撤到了K連的陣線。E連第2排由於首當其衝而被全部消滅，所以此後也就沒有任何美軍的報告和記錄談及他們的情況。

此刻，美軍第157團團部對E連第2排和G連的悲慘遭遇還一無所知，除了給被圍部隊解圍外，還命令所有的營繼續拼湊一切能夠作戰的人員繼續先前的作戰行動（這有點瞎指揮的味道，實際上此時應該集中全部力量解圍而不是像現在這樣分散力量）。然而在德軍嚴密有效的防禦下，這些進攻沒有一次能夠成功。除此之外，位於包圍圈外的E連其他單位聯了一隊由廚子、文職人員、後勤人員和工兵排組成的隊伍，從901高地上向山脊下方的德軍發動了一次進攻，但是也沒有獲得任何成效。

伯格少尉——混編連中唯一倖存的反坦克連的軍官，此時又奉克里格中校之命帶領全連前去建立與B連的聯繫。伯格在集合了2個反坦克排的倖存者後把他們縮編成一個排，然後率隊向東前往341高地，接著轉向北面繼續前進。當他與B連成功會合時，其隊伍還剩下19人，但他同時也發現，經過連續戰鬥，B連現有的兵力竟然比他的隊伍多不了幾個人了，而B連現任連長法利少尉的連部還落在後方的某地。伯格明白，除了在團部那些高級指揮官的想像之中外，混編連其實已經不存在了。與此同時，第1營運輸官西伊少尉，自願帶領2輛輕型坦克上斯皮爾貝克小道去協助B連防守，結果除一輛坦克由於駕駛員被砲彈擊傷而停止前進片刻外，2輛坦克最終都在夜幕降臨前抵達了B連陣地，並在陣地左面設防。

那些還沒有被包圍的第3營單位此時也紛紛被團部調去配合對德軍包圍圈的攻擊行動。快接近中午時，第3營所屬的反坦克排和3輛M8裝甲偵察車從斯皮爾貝克小道出發攻打350高地的右側山脊。儘管伯格少尉的反坦克排和西伊少尉的2輛輕型坦克很快就爬上了山坡，但他們隨後只前進了幾百碼就被德軍的防禦火力又趕了下來。更糟糕的是，其中領頭的那輛M8的車長貝茲少尉還被德軍狙擊手打成重傷，車子因此失控而在半路上翻了車。在進攻無望的情況下，反坦

■ 雷普特斯威勒之戰中的「死亡之坡」上，一名正在衝鋒中的美軍以及在附近負責支援的吉普以及坦克。這些擔負為被圍部隊解圍任務的士兵中的大多數人到最後還是無法接近高地半步。

克排的士兵和偵察車只得後撤，但此刻仍有一些士兵由於受到德軍的火力壓制而滯留在山坡上。為了擺脫困境，一個名叫伯納德·弗萊明的班長勇敢地獨自衝過德軍的火網，設法與斯帕克中校取得了聯繫。斯帕克的前沿指揮部有2輛中型坦克，但是它們卻遇到了一個難題：無法越過那輛翻倒的M8裝甲車。當斯帕克計劃著他的援救行動的時候，一輛維修車奉命開上了山坡並將那輛擋路的裝甲車拖了下來，道路再次被打開了！於是斯帕克帶領著2輛中型坦克冒著德軍猛烈的砲火上了高地，試圖解救那些被困住的反坦克排的士兵。在向德軍隱藏的樹林打了大約幾百發機槍子彈之後，斯帕克利用德軍火力

被暫時壓制的間隙跳下坦克救助傷員，將他們一個個都抬到坦克的後部車體上，隨後又將其他人全部帶往後方的安全地點。

另一支負責援救的隊伍——第157團的加強單位第179團G連在上了弗里斯小道之後沿著363高地的西南方向前進，最後與在415高地西面的F連會合。雖然他們依然無法與B連取得任何聯繫，G連還是聯合F連一起計劃並實行了一次協同進攻（當他們對363高地發動攻擊的同時，A連正試圖從415高地以東的山脊上向下方的雷巴赫村發動進攻）。美軍士兵在一隊中型坦克砲火的支援下沿著小道發起強攻，但是這次攻擊並沒能持續多久，因為很快就有不少德軍步兵不斷

地從第179團G連的兩翼滲透了進來。於是G連只好且戰且退，而所有的坦克也都在天黑前撤離了戰場。

與此同時，第179團的第2營（欠已經被加強給第157團第1營的G連）連同2輛輕型坦克一起登上了斯皮爾貝克小道，他們奉命去和左翼的B連會合，然後突破德軍的包圍圈以拯救被圍部隊。結果該營不僅聯合到了B連一起進攻，而且還與更西面的E連取得了聯繫——但他們也僅能做到如此而已。由於德軍當天發動的滲透行動實際上早已封閉了所有從雷巴赫村方向出發的補給路線和所有入口，眼下被圍困在兩座山頭上的美軍第157團第3營已經完全地、徹底地孤立了。

當晚，混編連的剩餘人員再次奉命與在341高地上的B連建立聯絡並獲得了成功，大約有20人左右的混編連士兵與為數差不多的B連士兵會合，並一起據守在高地上。美軍高層直到現在才意識到了危機，於是立即著手調整次日的作戰計劃：第179團第1營負責堅守陣地，剩下的2個營向被圍的第157團第3營方向進攻並封閉住E連與K連之間的缺口，而第157團第1營（實際組成包括A連、B連、F連、第179團G連和混編連的剩餘人員）則必須繼續攻打363和390高地。

1月19日，被困在兩座山頭上的美軍士兵一邊忍受著德軍猛烈的砲擊，一邊繼續拼命抵禦著德軍的突破。尤其是在經過連續4天的激戰之後，K連、I連、G連的彈藥補給已經所剩無幾。陣地內到處都是屍體與傷員，而醫護人員已經筋疲力盡——其中很多人已經有2天沒有吃過一點東西了。在包圍圈外，位於團右翼的A連、F連和第179團G連按先前制訂的計劃對363高地實施了又一次突擊，但並未對德軍造成任何影響。接著，第179團G連在2輛中型坦克的掩護下試圖進抵弗里斯小道，但他們在與B連陣地相距僅有一小段距離的時候遭到德軍砲擊，很多樹木在砲擊中倒在了道路中央從而擋住了一部分美軍的去路。除此之外，還有一輛中型坦克由於跌入了溝渠而翻覆。正由於這一系列的倒霉事件，位於隊列前部的G連連長和其手下的部分人員因此被困在坦克前方長達數小時之久！

為擺脫困境，第179團B連和E連奉命前來支援G連的進攻，但他們與G連一樣由於德軍凶猛的砲火而無法前進。隨後，又有2輛中型坦克沿著弗里斯小道一路開到離B連陣地不遠的地方，並用它們的主砲持續轟擊位於B連陣地前方的德軍火力點和掩體。但可惜的是，坦克的火力並未對當面的德軍起到任何實質性的效果，他們的還擊依舊十分地猛烈——這樣看來，第157團第1營甚至連前進1英呎的距離都顯得十分吃力。

真是禍不單行，第179團此時面臨的問題還不僅是進攻上面的，他們甚至連自身都出現了危機！到下午時，已經打得筋疲力盡的混編連人員陸續撤離第一線，與由法利少尉指揮的連部人員會合，然後被調去填補第179團G連與F連之間的缺口。與此同時，位於B連陣地左面正在進攻的第179團第2營和第1營一樣，面對著被德軍砲火打倒在道路中間的樹木一籌莫展。他們的坦克根本無法通過，因此寸土未得。至於由指揮部人員臨時湊數補充而成的第157團E連，雖然按部就班地進行了對420高地的進攻，但德軍滴

■ 圖為攝影師之子正站在400高地上一處當年美軍所使用的散兵坑搖動美國國旗的情景。

水不漏的防禦讓其再次無功而返。

奧布里恩上校現在終於明白了，僅憑手頭的這點兵力想要突破德軍的包圍圈簡直是天方夜譚。在萬般無奈之下，他只得請求空軍在次日對山頭進行空投補給，希望被圍美軍能夠因此而繼續堅持一段時候以便在獲得更多的援軍後再進行解圍。

幸運的是，下午第103師第411團第2營的到來，有力地支援了第179團計劃於第二天發動的旨在解救被圍困於363和390高地上的美軍的作戰行動。為此，第411團第2營將奉命進攻363高地，並在佔領390高地後攻擊位於東面山脊下方的雷巴赫村，由第

179團E連和F連負責進行一次佯攻，在其他單位的配合下全力開火以攪亂德軍對美軍主攻方向的判別。

20日天剛亮，第411團第2營便借助著生力軍的銳氣展開攻勢，他們翻越了415高地後向363高地上的德軍發起突擊。美軍沒有想到的是，德軍先前已經預料到美軍會在363高地附近進行突破，所以他們的準備很充分，美軍的前兩次攻擊很快就失敗了。不久之後，數百名美軍借助著突然降臨的暴風雪的遮蔽捲土重來，試圖從側面對高地進行奇襲。但令他們驚訝的是，高地上的德國山地兵似乎早就習慣了這種惡劣氣候條件下的

作戰，所以他們的火力不僅沒有絲毫減弱的跡象，而且使美軍在還未運動到山脊側面的情況下便遭到不小的傷亡。在另一方面，原先預定會在上午進行的空投行動也由於這場突如其來的暴風雪的干擾而被全部投到了錯誤的地點，結果使得在包圍圈內的美軍未能收到任何補給。

下午，從德軍陣地上過來了一個揮舞著白旗的小組，前來規勸被圍美軍投降，他們提出了以下要求：「第一，美軍繼續抵抗將是沒有任何意義的；第二，如果美軍不在下午1700時之前投降，就將面對最後的結局。」就在科提斯上尉和其他一些包圍圈內的資深軍官準備作出決斷的時候，第45師師部卻命令第157團準備一次利用夜間向後方陣地的後撤行動（這其實也是整個第7集團軍後撤計劃的一部分）。這項命令無形中決定了包圍圈內所有美軍部隊的最終命運。科提斯上尉在經過仔細考慮之後，決定還是以一次冒險的突圍行動來拯救他手中的部隊。他下令被圍連隊中所有能參加戰鬥的人員，自1530時起立即向401和420高地的方向進行突破，其他不能行動的傷員或志願留下的人則向天空鳴槍3分鐘以擾亂德軍對美軍突圍方向的判斷，同時也把自己未來的命運交付給即將俘獲他們的德國人。

天上彌漫的風雪變得愈加猛烈了。由於為了給防線上各個據點的單位傳達突圍的指令，所以在集結足夠的人手時便給行動造成了不小的拖延。也就在這時，一件令所有人都沒有料到的災難突然降臨：正當大多數美軍士兵離開了他們的散兵坑在空地上組織隊伍時，美軍用於支援突圍的砲火準確地落到了這些人的頭上，很多人因此陣亡和受傷，這給突圍行動造成了很大的混亂。儘管仍然有少數幾個隊伍實施了各自的突破，但絕大多數人不是被隨後蜂擁而上的德軍殲滅，就是被砲擊震懾而遭德軍的俘虜。第157團團部所聽到的從K連傳來的最後一句訊息是「快停止砲擊，我們投降！」最終僅有2名來自I連和1名來自K連的士兵艱難地穿越了德軍的包圍圈到達了美軍戰線。到夜晚時，當外圍美軍解圍部隊確認已經沒有任何其他的人員能夠從高地上成功地逃出時，第411團第2營只能從附近的進攻線上撤離，而美軍臨近的其他單位也於半夜和次日黎明前撤退，從而宣告了解圍的徹底失敗。

除了戰史，我們也可以從一名親身參加此次作戰的第157團G連老兵那裏獲得一點對雷普特斯威勒之戰的認識，當時的戰鬥之激烈可見一斑：「在戰爭結束的50餘年後，我有幸瞭解到了有關我們的這場作戰的詳細情況。時間是1945年1月末，而我就在那裏親身參與了這次戰鬥。

有件事情是我們那時所不知道的：一支新銳、裝備精良的德軍SS山地師從挪威出發並秘密地開進了孚日山脈以南寧靜的山區，計劃對我軍發動一場大規模的突擊，而當時並不滿員的第157團又正在被經驗不足的部隊接替陣地——正是這些因素隨後直接促成了災難的降臨。

德軍88mm火砲對我們陣地的猛烈轟擊已經持續了三天左右，這一次德軍充分利用了砲擊的間歇時段對我連陣地進行了滲透，殺死並俘獲了我們大約12個弟兄。

我們連的迫擊砲班在第三天時經受了巨

大的考驗，就像在與藏身於對面山頭上的德軍迫擊砲手玩輪換遊戲似的，我們的迫擊砲也在不停地向德軍的陣地發射著砲彈，雖然看起來並不怎麼有效果。每次砲擊我們都要打出12發60mm砲彈，但通常只發射了3到4發砲彈，德軍的迫擊砲彈就呼嘯而來，把我們這些砲手統統逼進掩體裏。這種情況使我們在對抗德軍的砲擊時顯得非常被動。

當時，軍士長羅·威姆斯則正帶領殘缺不整的G連的大約40個人防守著山頭，我所在的迫擊砲組則把發射陣地設在高地的後坡上。軍士長命令我們通過直線電話與他在山頭上的人保持聯繫，以便能隨時協調防禦火力並為我們引導砲擊的方位。照他的話來講就是：把一切可以打出去的東西都傾瀉在進攻山頭的德國佬身上。

話雖是這麼說，但已經愈來愈糟的形勢迫使我們為了加快射速而頭一次打破了迫擊砲每次射擊時『只有一名砲手將砲彈裝填入膛』的教條。可是情況還不僅於此，德軍猛烈的砲火反擊又迫使我們採用了一種按理來說是被禁用的射擊技巧——我們把一條大兵用的毛毯鋪在我們的掩體旁，在上面放上12發60mm迫擊砲彈。由於射程已經定為300碼，所以我們只使用四分之三的發射藥，同時調整好迫擊砲的撞針。2個弟兄會把這批砲彈沿著冰凍的地面拖去迫擊砲那裏，然後2個人分別蹲在迫擊砲的兩側，負責輪流把砲彈塞入膛中發射。一旦毛毯上的砲彈打光，這2個人就會立即趴下並蜷縮起身子以尋求掩護。這樣的射擊方式非常危險，我記得有回當我旁邊弟兄的砲彈剛出膛的一瞬間，就離我手裏的迫擊砲彈僅有一個指甲那麼遠的距離——而這把我們都嚇了一跳！如果我的手當時再離砲管近一點的話，我們倆恐怕就是歐洲戰場上唯一在發射自己的迫擊砲彈時發生自毀事故的砲手。

還是4年前，當後來加入G連的羅傑斯告訴我一位軍事歷史學家正在撰寫一本有關雷普特斯威勒之戰的書的時候，我設法聯繫到了它的作者胡·福斯特（一名剛從越戰中退役的陸軍中校），以獲取有關當時戰鬥資料的情況。福斯特很快就給我發來了他的詳細的研究報告，從這些資料中我知道了有關雷普特斯威勒之戰的真相：第157團包括G連在內整整有5個連的兵力被德軍完全摧毀。而另一位作者，負責撰寫第45師戰史的弗林特·懷特羅克則在他的書中把這次戰鬥描述成為『第157團歷史上損失最大的單場作戰行動』。

我記得很清楚的是，我們G連殘部在撤離那片高地的時候，我曾經去清點了一下倖存的人員，但很快就發現我們那時只剩下了13名弟兄。」

在歷時10天的雷普特斯威勒之戰中，美軍第45師第157團及其加強單位總共付出了1000人以上的傷亡代價：在被圍高地上有56人陣亡、426人被德軍俘虜（根據德軍的記錄，其中多數是傷員），另有300人由於傷病而被從高地上撤出；而在對高地的攻擊和解圍行動中有88人身亡，350人由於重傷而被撤出戰鬥；還有大約20人被列為了在作戰中的失蹤人員——這也意味著，在失去萬讓鎮之後，SS第6「北方」山地步兵師通過雷普特斯威勒之戰又從美國人身上扳回了一成，同時也證明了自己真正的實力。

寫在後面的話

讀者可以看到，本文基本上是對《最後的危機》一文的補充。之所以將萬讓之戰與雷普特斯威勒之戰單獨、詳細地再做一番敘述，完全是為了能夠更完整地表現一下當時「北風行動」中雙方在薩爾-孚日山地區的攻防對峙，並彌補一下之前未能詳細闡述這兩場戰鬥的小小的遺憾。

有關德軍SS第6「北方」山地步兵師在兩次戰鬥中為何表現大有差異，其實更直接的原因還是由於德軍高層指揮協調上存在著重大分歧和對立。一開始，德軍的「北風行動」需要布拉斯科維茲的G集團軍群與希姆萊的「上萊茵河」集團軍群共同對美軍進行突破的。可是，布、希兩人之間的矛盾卻使得這種協作關係並不能維持多久。約翰尼斯·布拉斯科維茲上將作為負責防禦法國南部地區的G集團軍群的司令官，一直恪守自己的原則和本分，在1944年8月～9月間曾出色地將G集團軍群從比斯開灣成功撤到洛林的南錫（Nancy）地區，從而避免了德軍重兵集團遭受盟軍夾擊合圍的危險。就個人而言，布拉斯科維茲本人是來自東普魯士的一名老派的、傳統意義上的德意志軍人。他與當時剛接任B集團軍群司令的莫德爾元帥不同，其氣質與處事方法更接近倫德施特元帥，而且也與後者一樣不喜歡干預政治。自1940年10月起，布拉斯科維茲先是作為第8集團軍的司令，然後又作為第1集團軍的司令一直擔負著防禦法國的任務。直到1944年5月10日，他才在倫德施特的一再堅持下被調任為G集團軍群的指揮官。作為一名指

揮官，布拉斯科維茲在之後一系列的作戰中顯示了出色的組織能力和作為一名職業軍人應有的優秀素質。可是很多人都知道一點，布拉斯科維茲在德軍最高統帥部裏並不是一名受歡迎的人物，只因為他對納粹黨抱有成見。更糟糕的是在1939年的波蘭戰役期間，他還因為曾對黨衛隊特別行動隊在波蘭的暴行而向最高統帥部提出過批評意見，因此與希姆萊掌控的黨衛隊系統交惡。這種與黨衛隊系統之間的矛盾和對立早在1944年9月的洛林戰役中便顯露出來：當時希姆萊就曾堅持提出要在布拉斯科維茲所指揮的G集團軍群防區後方再建立一個獨立的防禦區，並且在作戰中可以不受布拉斯科維茲的調遣——這個意見後來被布拉斯科維茲親手否決了，從而更加激化了他與希姆萊之間的矛盾。

所以人們可以看到，等到了「北風行動」期間希姆萊終於獲得與布拉斯科維茲平起平坐的地位時，他自然更不會積極主動地配合布拉斯科維茲的行動了。從「北風行動」前期德軍G集團軍群所屬第1集團軍在薩爾河谷和孚日山脈發動的並不算非常成功的攻勢來看，希姆萊並沒有積極配合國防軍的行動。首先他讓萊茵河一線的馮·登巴赫的SS第14軍在戰役開始的第五天才進攻甘舒恩以威脅斯特拉斯堡，然後又在孚日山戰區最需要援軍的時候只向該處投入一個戰鬥群的兵力，致使國防軍在該地區的突破行動只進行了7天就宣告失敗並轉攻為守。然而，從14日爆發的雷普特斯威勒之戰以後，希姆萊通過他的政治手腕將「北風行動」的主導權逐步從國防軍系統裏奪了過來，發動了一系列頗有威勢的進攻，最終以兵力上的

■ 當每次有人造訪這片「寂靜之地」的時候，他們通常都會帶上一些美國國旗。在雷普特斯威勒附近這片作為戰爭紀念地的地區允許遊人生火搭營，但卻嚴令禁止汽車通行以及大聲喧譁的行為。攝影師在離開之前，同樣在一處土地上插上了這面小旗，以讓法國遊客以及野營者永遠銘記當年美國士兵為他們的解放而做出的犧牲。

優勢大大地壓縮了美軍第7集團軍在德法邊境上的突出部，而這些成就自然就都歸希姆萊一人所有了。

　　國防軍與黨衛軍之間的矛盾，是德軍後期防禦戰略中的一大隱患。它在大多數情況下只能更快速地瓦解德軍原本可能實現的防禦目標（比如「春醒戰役」後期），並激化高層內部之間的矛盾與衝突，像要在「北風行動」期間那樣既奪了國防軍的主動權又獲得一定的戰役勝利的例子實在是少之又少。

　　不過無論軍隊高層的關係如何，在每一場戰鬥裏畢竟都是一個個普通士兵在浴血奮戰。所以在萬讓之戰和雷普特斯威勒之戰中，步兵是絕對的主角。一場戰役的結局，無不都是通過無數場的激烈交戰交織而成的；那些處於戰略角度來審視這些戰鬥的人，通常也都不會注意那些無名的普通士兵，可是他們卻往往為了一小塊無關大局的地方而出生入死；很少有哪場小規模的戰鬥會左右一場戰役的走向並成為它的轉捩點——而這就是戰爭的規律和無情之處！

　　一名研究這兩場戰鬥的歷史學者曾給過如下評價，我們也用它來結束本文：「萬讓與雷普特斯威勒之戰是普通士兵間的戰爭，而在這樣殘酷的戰場上，無論是哪一個國家的士兵，都以不同的方式為他的祖國盡職盡責，所以他們都是真正的英雄。」

西線
空軍反擊戰

空中的死神：
西歐空戰轉捩點

　　1943年下半年，西歐上空的血腥搏殺已經持續了4年。從1942年起，美國陸軍航空隊的四發動機重轟炸機群開始從英國基地出發，以其毀滅性的力量打擊歐洲大陸上的德國軍事和工業目標，以此來徹底摧毀德國的戰爭潛力、縮短戰爭的進程。

我們需要護航

　　隨著美軍轟炸機群活動的加劇，德國人不得不重視起本土晝間空防來。許多戰鬥機部隊從各個戰線調回了本土，各種對付轟

炸機的戰術戰法也發展起來。最初德軍飛行員往往畏懼於B-17、B-24機群強大的自衛火力，又缺乏攻擊大編隊重轟炸機群的經驗，所以損失不小，戰果卻不大。但隨著戰鬥經驗的增多，德軍也逐步摸索出了一些行之有效的攻擊方法，例如利用美軍機群正面薄弱火力的「12點方向對頭攻擊」、用以粉碎美軍密集機群的250公斤炸彈「空對空轟炸」、使用代號為WFr. Gr. 21（Werfer-Granate 21）的210mm空對空火箭發射器攻擊機群等。大量裝有重裝甲防護以突破美軍火力網的Fw 190（Focke-Wolf190）戰

■ （左）1943年7月，前去轟炸漢堡的美國陸軍航空隊第381轟炸機大隊正在起飛。1943年的德國空軍可以組織起有效的反擊，盟軍對其佔領區的轟炸行動遭到慘重損失，（右）1943年7月美軍轟炸機的戰損率高達12-15%；8月17日對施威因富特-雷根斯堡的空襲中，美軍派出的363架轟炸機中被擊落60架，德機攜帶的火箭彈和其他重型火力讓盟軍轟炸機飛行員們不寒而慄。

■ （左）1943年7月，在漢堡空襲中被擊落的美軍B-17轟炸機，下方是陣亡的乘員。（右）一架「倒栽蔥」的美國轟炸機，超出當時盟軍戰鬥機護航範圍以外的轟炸行動等於是「羊入虎口」。

鬥機及吊掛多種重型武器的雙發重型戰鬥機也給美軍機群造成了嚴重的威脅。在這樣的壓力下，美軍的損失逐步上升到了不能承受的地步：1943年7月28日，77架 B-17架「空中堡壘」（Flying Fortress）前去襲擊卡塞爾-維岑豪森和馬格德堡的Fw 190戰鬥機工廠，結果先在德國邊境遭到了德國空軍JG11聯隊的「空對空轟炸」，隨後又在與敵戰鬥機的空戰裏遭到了更大的損失，共有22架轟炸機被擊落，還不包括帶傷返回英國的。1943年7月美軍轟炸機的戰損率高達12-15%；隨後的8月17日第一次對施威因富特-雷根斯堡的空襲中，363架派出的轟炸機中被擊落60架，而德機只損失了25架。這次空戰中有大量攜帶火箭彈和重型火力的德軍單發及雙發戰鬥機參加，兇猛的攻擊讓盟軍轟炸機飛行員們不寒而慄。同年10月14日，美國陸軍第8航空隊遭到了迄今為止最為沉重的打擊：在那個被稱為「黑色星期四」的日子裏，291架再次空襲施威因富特軸承工廠的B-17轟炸機在飛越海峽後遭受到了不停頓的波狀戰鬥機攻擊，長達3個多小時的空戰裏，德軍擊落了60架美國四發動機重轟炸機，另有17架飛機在回到英國基地後報廢，121架飛機需要進行修理後才能繼續執行任務。空勤人員損失率高達27.6%，這意

■ 1943年4月進入護航序列的P-47戰機盡管可通過加掛副油箱來延長作戰半徑,但這嚴重惡化了其飛行性能,造成「飛得遠就要避戰,戰鬥就飛不遠」的兩難局面,而且P-47的爬升和轉彎格鬥性能很差。使得它更適合承擔攻擊任務而不是護航職責。

General James H. (Jimmy) Doolittle

"IMAGINATION,

REASON,

SKILL"

■ 一個改變歐洲空戰命運的人:詹姆斯·H·杜立特,他把「東京上空三十秒」的傳奇帶到歐洲。

味著如果此類情況持續下去,沒有任何空勤人員可以保證在執行5次任務後還能存活下來!而按照美軍的規定,只有在歐洲大陸上空執行過25次任務以後的空勤人員才可以退出一線服役。經歷了這段時間的慘痛打擊,美軍被迫中止了所有超出當時護航戰鬥機航程範圍的空襲行動。只要德軍還能按照自己的意願自由組織戰鬥機群的攔截行動,那麼繼續四發動機重轟炸機群的空襲行

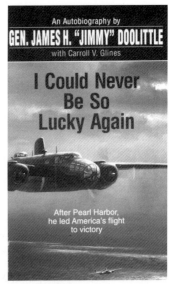

An Autobiography by
GEN. JAMES H. "JIMMY" DOOLITTLE
with Carroll V. Glines

I Could Never Be So Lucky Again

After Pearl Harbor, he led America's flight to victory

■ 杜立特回憶錄《我不會再次這樣幸運》的封面,本書重點講述了他在擔任美國陸軍第8航空隊司令期間所採取的一系列積極進攻戰術的經過。

■ 對德國境內目標實施打擊的美國轟炸機群,在P-51戰鬥機負責護航前,它們必須在敵人上空忍受德軍戰鬥機和地面高射炮的雙重屠殺。

動就如同「驅羊入虎口」一般。

在美軍對德國大規模空襲行動剛開始時，能為轟炸機群提供護航的只有空中老將、曾被譽為「不列顛救星」的噴火式（Spitfire）戰鬥機。但它同時也是一個「短腿者」，只能把機群護送過海峽，最遠到巴黎附近就要返航了。1943年4月，P-47雷電式（Thunderbolt）戰鬥機加入了美軍的戰鬥機護航部隊。起初它的航程並不比噴火式長多少，但後來開發的一系列副油箱逐漸延長了它的作戰範圍——7月投入使用的70加侖腹部油箱使它的航程達到340英哩，隨後使用的108加侖可拋棄式副油箱使航程增加到了375英哩以上、即遠至漢堡一線。1944年初，P-47憑藉其強大的外掛能力開始同時在翼下掛載兩具150加侖副油箱，終於使航程達到了425英哩，能為轟炸機群在整個航程的大多數時候提供隨伴護航（以上資料來自詹姆斯·H·杜立特的回憶錄《我不會再次這樣幸運》）。但戰鬥機掛載副油箱也嚴重惡化了其飛行性能，造成「飛得遠就要避戰、戰鬥就飛不遠」的兩難局面。而且P-47的爬升和轉彎格鬥性能較差，使得它更適合承擔攻擊任務而不是護航職責。當時美軍另一種主力戰鬥機是P-38閃電（Lightning），外號「雙身惡魔」的這種單座戰鬥機有著歐洲戰場急需的航程和火力優勢，可惜巨大的機體使其靈活性欠佳，大多數德國單發戰鬥機飛行員並不畏懼捲入一場與此類飛機的格鬥空戰。著名的德國老牌戰鬥機尖兵、戰鬥機部隊總監阿道夫·加蘭德將軍就認為P-38是美國版的「梅塞施米特Me 110」（Messerschmitt），在戰鬥中並不很難對付。一架能夠綜合以上所有飛機優點的遠端戰鬥機成為歐洲西線空中戰場的頭號必需品。於是，P-51野馬式（Mustang）戰鬥機出場了——憑藉其在當時絕對首屈一指的性能均衡性，尤其是它卓越的航程和令人瞠目的續航力，使它成為了盟國在歐洲戰場最強有力的戰鬥機之一。很多人認為，正是野馬式戰鬥機扭轉了美軍的不利局面，造成了西歐空戰的轉折。

■美國第8航空隊飛行員在出擊前做最後的飛行路線確認。

撕掉那張標語

決定戰爭勝負的是人的因素還是武器的因素居多呢？一種先進武器就能徹底贏得一場戰爭嗎？不贊成這種看法的大有人在。但野馬式戰鬥機的出現帶來了西歐空戰的轉捩點卻是不爭的事實，那麼這次是否武器決定論取勝了呢？——不然，是一個人的名字真正與歐洲空戰的轉捩點緊緊聯繫在一起，而且這是個大家都熟悉的名字：詹姆斯· H· 杜立特（James HDoolittle），也就是那位傳奇般的「東京上空三十秒」英雄。

1944年1月5日，野馬式戰鬥機投入歐洲戰場後不久，杜立特中將由地中海戰場前往英國接替埃克（Eaker）中將擔任駐英國的美國陸軍第8航空隊司令，負責指揮對德戰略轟炸的主力部隊。他管轄下的部隊分駐大約100多個基地，總人數在185000以上。許多人懷疑他指揮一支如此龐大部隊的能力，其中也包括他的上級斯帕茨（Spaatz）上將。一次杜立特由於天氣原因取消了預定的大規模出擊，使得斯帕茨勃然大怒，他質問道：「我懷疑你是否有勇氣來領導一支這樣的隊伍！如果你沒有的話，我最好是快些再找個人來！」杜立特一言不發，拉著斯帕茨登上了一架由

一名資深飛行員——鮑伯· 金梅爾中校駕駛的B-17轟炸機，升空後在大西洋上兜了一圈，隨後開始降落過程。在雲層中歷經艱苦後，金梅爾幾乎是貼地飛行才找到了一條跑

■1943年4月16日，德國空軍第2晝間戰鬥機聯隊III大隊大隊長艾格· 梅耶上尉以63架擊落戰績（全部在西線）而獲得橡葉騎士十字勳章，他是第一位在西線達到100架擊落紀錄的德軍飛行員。

■1943年7月14日，巴黎南郊，箭頭所指為艾格· 梅耶少校，當時德國空軍的首席「重轟炸機殺手」，被擊落的B-17重轟炸機隸屬於美國陸軍航空隊第94轟炸機大隊。

道，冒著墜毀的危險才在損壞了一邊起落架的情況下回到了地面。似乎有些驚呆了的斯帕茨當場向杜立特道歉，並且承認在對飛行的認識上與杜立特還有著很大的差距。

埃克中將在指揮第8航空隊時曾明確地命令：「戰鬥機部隊的首要職責就是確保轟炸機群能夠平安歸來！」這句話也懸掛在第8航空隊戰鬥機部隊指揮官威廉‧E‧柯普那少將的辦公室牆上。戰鬥機群在戰鬥中往往聚集在轟炸機編隊周圍，盡力阻止佔據著有利位置的德國戰鬥機衝入轟炸機群。但狡猾的德軍往往調虎離山，用小部隊引開戰鬥機，再投入主力打擊轟炸機。有時甚至集中

■遭到德國空軍攔截的美國轟炸機。

■德國空軍夜間攔截機群。

兵力先打擊既沒有高度、速度優勢，又缺乏靈活性的戰鬥機編隊，將其徹底壓制後再打擊轟炸機。戰鬥機部隊的損失十分大，士氣也非常低落。這種局面與1940年空襲英國的德國空軍非常類似，只是雙方所處的地位進行了互換。

自身作為一名優秀的飛行員（杜立特是屬於飛行先驅級的人物，早在1925年就駕駛一架寇蒂斯飛機奪得那時航空界最炙手可熱的榮譽——施奈德杯，影響力絕對不在飛越大西洋的林德伯格之下），杜立特深深理解飛行員們的內心。他時常來到戰鬥機指揮部，傾聽無線電中前線飛行員在戰鬥裏的交談；默默地坐在一張凳子上，等待著天空裏最後一架己方飛機平安返航。

他在自己的回憶錄《我不會再次這樣幸運》裏這樣寫道：

「在那時護航任務的目的非常明確：保護轟炸機，永遠不要遠離他們。我並不欣賞這點，因為戰鬥機設計的初衷就是為了用來對付敵人的戰

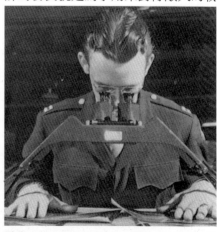

■盟軍一系列成功的轟炸行動背後，有賴於地面雷達探測偵察部門的密切配合，及時通報敵方的攔截動向，減少了作戰損失。

鬥機。戰鬥機飛行員的天性就是好鬥的，他們接受的訓練就是用侵略性的手段控制天空。我們所有的戰鬥機都是為攻擊目的而設計的。我認為我們的戰鬥機部隊應該在敵人的戰鬥機看見我們的轟炸機以前就攔截並趕走他們。'不要離開轟炸機'的方針被終止是在我訪問第8航空隊戰鬥機部隊指揮官威廉·E·柯普那少將的指揮部之後發生的。當時他的辦公室牆上貼著一條標語：'第8航空隊戰鬥機部隊的首要職責就是:確保轟炸機群能夠平安歸來！'

我看了一眼標語後問他·'比爾（柯普那少將的暱稱），上面那句話是誰寫的？'

他答道：'我們來這裏時標語就在那裏了。'

我告訴他：'這句話不再有效了。把它撕下來。貼上另外一句：第8航空隊戰鬥機部隊的首要職責就是消滅德國空軍！'

他愣了一會兒，隨後問道：'你的意思是你授權我採取攻勢作戰？'

'我命令你。'我回答道。

比爾的眼裏開始出現淚光，他已經連續幾個月不停地就這一點與埃克和斯帕茨將軍展開爭論，而一次又一次他要求優先打擊德國戰鬥機部隊的請求被駁了回來。由於自身也是一個戰鬥機飛行員，我想我能理解他的感受。

我們討論了他將如何在我的新命令下指揮戰鬥機部隊。我喜歡他對我的'第8航空隊戰鬥機部隊的首要職責就是消滅德國空軍！'這一方針表現出來的熱情和激動。我告訴他仍然要派出一些戰鬥機執行近距離護航任務，但大多數戰鬥機必須去'尋殲敵機！''把德國佬趕出天空！在地面上打擊他們、在他們自己的家裏打擊他們！你的首要職責是採取進攻！'

在握手告別後我轉過身，又看了那張標語一眼，'比爾，把這該死的快撕下來。'說完後我帶上了門。門內，一個兩星少將臉上帶著淚痕親自爬上了辦公桌，將那張可憐的紙撕得粉碎。」

柯普那少將隨後召集了所有的戰鬥機部隊指揮員來宣布這個決定。可想而知的歡呼聲、口哨聲和掌聲淹沒了整個命令發佈室，戰鬥機部隊的士氣徒然上升到前所未有的高度。但並不是所有人都喜歡這樣。轟炸機部隊的指揮員們一個個來到杜立特中將處指出新方針的危害性，甚至有人稱他這樣簡直就是「兇手和屠夫」！他們又一次像1943年「腥風血雨之夏」那樣喪失了「小夥計」的掩護，被迫獨自去面

■德國防空部門對新參加工作的女觀察員進行盟軍轟炸機輪廓識別訓練。

對如狼似虎的德國戰鬥機群,這實在難以接受。杜立特解釋再三,但大多數轟炸機飛行員們依然覺得被出賣了⋯⋯

時間證明了杜立特的正確,西歐空戰的轉捩點來到了。近距離護航的作戰方針被攻勢作戰所代替。這點將永遠載入世界空戰史!

消滅德國空軍

從那以後,盟軍的戰鬥機部隊開始由伴隨轟炸機飛行轉換為在轟炸機群將要通過的路徑上巡邏。P-47擔任中近距離護航任務,集中了大多數有經驗的飛行員。P-38主要在目標區域上空巡邏,排除敵機的干擾。P-51以其驚人的航程擔任遠端護航,並且成為

「獵殺」德國戰鬥機的主力。有時候閃電式也從雷電式那裏接過護航任務,在距離目標100-150英哩處再交給野馬式。這時的護航都採取佔據空域的策略,特別是高空及德機最喜歡的「12點方向」即轟炸機群正前方。轟炸機群在每一次轉向前都會有戰鬥機大隊提前佔據前方空域,趕走正在集結的德國機群。

如同兩次大戰期間美軍稱呼戰鬥機為「驅逐機」那樣所代表的,杜立特發起了一場「追逐敵人」的攻勢。戰鬥機大隊的指揮官們可以按照自己的判斷離開轟炸機群,投入與對方戰鬥機的交戰。而正是這一點摧毀了德國空軍。如果德國空軍不升空迎戰,美軍的戰鬥機群就將掃蕩他的機場、指揮所、運輸樞紐和一切有價值的目

■(右)槍口下的Me 262戰鬥機!1944年11月8日,美國陸軍航空隊第357戰鬥機大隊詹姆斯・肯尼少尉的P-51D即將結果「諾沃特尼」大隊弗郎茲・舒爾少尉的Me 262,這是他的攝像槍所拍,舒爾少尉已經跳傘逃生(注意Me 262那已經被拋掉的座艙蓋)。(上)進行雷達天線維護的德國Me 110夜間截擊機。

標。1944年初，杜立特中將手下共有25個重型轟炸機大隊，而15個護航戰鬥機大隊可以用來發起攻勢。在必要時，他還可以調用以戰術支援為主要任務的第9航空隊的18個戰鬥機大隊來執行同樣的任務。這是一支總計超過5000架戰鬥機的可怕力量。

但事情起初並不總是一帆風順，杜立特也充分認識到了這一點並做好了經受打擊的準備。1944年1月11日，633架轟炸機起飛了，伴隨有十幾個大隊的噴火、雷電、閃電和野馬式戰鬥機。但德國目標區上空的氣象情況很惡劣，機群被迫改為攻擊備用目標，於是尚不熟練的「空中優勢」護航體制出現了漏洞，沒有緊隨轟炸機群的護航戰鬥機把一個大缺口遺漏給了嚴陣以待的德國空軍。大量攜帶火箭彈的Fw 190和Me 109戰鬥機狠狠打擊了轟炸機編隊，而只有一個P-51大隊趕到並進行了攔截。60架四發動機重轟炸機被擊落，美軍只記錄了39架德國戰鬥機損失。對比僅有238架轟炸機在目標區域投下了炸彈這一事實，這場戰鬥可以說是美軍的慘敗。

但美軍真正可怕的是其補充損失的能力。儘管一架四發動機重轟炸機在敵人的領空損失意味著近10名空勤人員的喪失，但美軍的航校源源不斷地輸送著經過良好培訓的後備人員。波音、聯合兀鷹、道格拉斯等公司的流水線上，一架架龐大的飛機被以飛快的速度製造出來。1944年2月，已經有了一些經驗的第8航空隊針對德國的單發和雙發戰鬥機生產線及軸承工業設施開始了大規模的攻擊。

這次史稱「重大的一週」的大規模空襲由2月19日延續至2月25日，第8航空隊與英國皇家空軍（RAF）的夜間轟炸機部隊都進行了大規模出擊。具體情況如下（據杜立特回憶錄）：

19日夜，RAF大舉空襲萊比錫。

20日，儘管天氣不佳，第8航空隊在杜立特中將的指揮下還是出動了16個轟炸機大隊的超過1000架轟炸機，在17個大隊的900架戰鬥機掩護下空襲了德國戰鬥機製造廠。此次作戰損失輕微。當夜，600架皇家空軍的轟炸機把斯圖加特化為一片火海。

21日由於天氣不佳，美軍沒有大規模出動。但一部分先遣的野馬機群飛到德國上空並發生了空戰。

22日美軍進行了全體出動，但天氣情況保衛了德國：兩個轟炸機師放棄了首要目標而轟炸了備用目標，第三個師進行了盲目轟炸。損失：41架轟炸機和11架戰鬥機，德軍損失戰鬥機60架。

23日與21日一樣，由於天氣美軍沒有大規模出動。

24日，德國上空天氣晴好。美軍大舉出動。轟炸機組聲稱擊落德國戰鬥機108架，護航戰鬥機還有37個戰果。239架B-24（Liberator）中損失33架，238架B-17中損失11架。

25日天氣同樣良好，第8航空隊全體出擊空襲南德的飛機工廠，同日在義大利的第15航空隊也出動了400架轟炸機空襲同一地區，當日兩個航空隊的轟炸機共損

■ 美國有史以來第一次在歐洲的天空上取得無可爭議的霸權，P-51戰鬥機在其中功不可沒。

失64架。

在這週裏，美軍共出動了3800架次。損失了226架轟炸機和28架護航戰鬥機。轟炸機戰損率為3.5%，較去年10月9.2%的損失率大為下降。

現在陷入兩難局面的是德國空軍了。集中大編隊攻擊就一定會捲入與美國戰鬥機的空戰，不能對付其主要攻擊目標——四發動機重轟炸機群；但不集中兵力的話，目標小且靈活的小編隊卻在突擊轟炸機群的12.7毫米重機槍防線時處於劣勢——20架飛機同時進攻一道由1000挺機槍組成的火網時平均每架飛機面對50挺機槍的威脅，而只有4架飛機時每個飛行員將面對250挺機槍的火力！以前大顯威力的雙發重型戰鬥機在輕便靈活的護航戰鬥機前更是徹底喪失生存機會，只能被撤出戰鬥。在「重大的一週」內，德軍的戰鬥機生產設施雖然遭到很大打擊，但仍及時恢復了產量。可是另一方面的損失卻是幾乎無法彌補：2月20至25日內，德軍共有225名飛行員陣亡或失蹤，另有141人受傷退出戰鬥。整個2月德國損失了其現有戰鬥機飛行員總數的17.9%！

損失慘重的雙方稍作休息，很快在3月初又開始了新一輪惡戰。這次美軍直接將矛頭指向了德國首都柏林，他們相信哪怕是為了面子問題，赫爾曼‧戈林都會投入全部力量來捍衛德國的心臟。3月6日，730架轟炸機前往柏林，周圍是803架護

航戰鬥機。德國空軍全力攔截，共出動528架次。美軍的轟炸機戰損率又一次達到了10%，共損失69架。但德軍取得的不過是皮洛士式的勝利（Pyrrhus，付出極高的代價才取得的勝利），因為其自身損失高達80架！在又一次損失了12.5%的飛行員以後，德軍已經不能在兩天以後來對抗另一次柏林突擊了。623架轟炸機在800架戰鬥機的護航下於3月8日重回柏林，德軍竟然只出動了150架次（120架次單發動機戰鬥機，30架次雙發動機戰鬥機）！美軍聲稱擊落77架德國戰鬥機，自身損失僅為37架轟炸機。當3月9日，美軍再次來到柏林上空時，德軍已經拼湊不起任何像樣的攔截力量了。第一次，德國空軍在對手襲擊自己的主要防衛目標時只能眼睜睜地旁觀著。赫爾曼·戈林在戰後被問及何時覺得戰爭已經失敗時回答說：「當盟國遠端戰鬥機護送著轟炸機群出現在漢諾威上空時，我就知道它們很快也會出現在柏林。」

整個3月，德國損失了其現有戰鬥機飛行員總數的22%（西線空防部隊有229名飛行員陣亡或失蹤，另有103人受傷退出戰鬥）！

掌控空中優勢

海茵茨·諾克少尉（德國空軍JG11聯隊第5中隊中隊長，「空對空轟炸」發明人）在他的回憶錄《我為元首飛行》裏描述了1944年新年時，中隊的隊友還在互開玩笑，要利用擊落四發動機重轟炸機的特殊獎勵制度儘早獲得更多的勳章。可轉眼到了三月，這個編制為14名飛行員的中隊包括補充的飛行員在內共損失了21名飛行員！當初參與過空對空轟炸的隊友只剩下了一個。兩個人在3月6日晚坐在空蕩蕩的休息室裏，回憶著逝去的戰友，同時也非常清楚地知道，命運遲早會降臨到他們身上。他寫道：「以前我們利用急速俯衝擺脫對手，即便飛機受傷也可以滑翔著回到機場，但P-51改變了這一切。他們在我們起飛時等著，在我們的飛機無法機動時像打野鴨那樣擊落我們；他們在（我們）俯衝時緊追不捨，利用速度優勢置人死地；他們在機場等著我們，現在駕駛不能機動的飛機回到機場上空就是自殺行為。他們似乎從不考慮油料問題，等得再久你都能在天空裏看到黑壓壓的敵方機群……」

不到幾個月，他被擊落後因傷就此退出戰鬥，僅剩的戰友不久陣亡。這就是當時德國一線戰鬥機飛行員的命運寫照。

作為盟軍當時唯一有能力飛越德國全境的單發動機戰鬥機，P-51不但對轟炸德國本土的轟炸機進行護航，還經常以雙機、四機等小分隊形式滲透到德國縱深機場上空，專門伏擊正在起飛和著陸的德國飛機，對德國空軍的噴氣式戰鬥機部隊和後方飛行學院的訓練飛行造成了極大威脅。德國空軍不得不專門為噴氣式戰鬥機部隊配屬擔負掩護任務的螺旋槳式戰鬥機，並研製了一種優秀的活塞發動機高空戰鬥機——Ta 152，試圖抵消P-51在技術和戰術上的優勢。但由於此時德國的航

■從1944年中開始進入安全狀態的美國轟炸機群，在德國天空上隨意播撒著死亡與毀滅。

空生產體系業已支離破碎，因此Ta 152的生產一直無法全面展開，生產出來的區區近百架也很快被淹沒在盟國戰鬥機的海洋中。德國戰鬥機飛行學校的學員被迫增添一項學習內容——聆聽塔臺的敵機情報指示，任何遲疑或通信故障都會使其喪生於一對「游獵」的P-51槍口之下。到1944年後半期，整個航校的訓練飛行幾乎全部終止，送往前線部隊的新手幾乎沒有任何飛行經驗。阿道夫·加蘭德將軍回憶道：「無論我們的戰機出現在哪裡，美國人就追逐到哪裡。他們在低空攻擊我們的機場，我們找不到任何安全的地方。在自己的基地都是危險的，無論是起飛、集結、爬升、接敵、戰鬥、返航、降落，沒有一個環節是安全的。美國人盯著你不放，甚至降落後都要小心。這是敵人徹頭徹尾的空中優勢。」「那時我們都意識到局面已經難以挽回了。當航校的學員們在自己的機場上空被擊落時，可以肯定祖國的天空已經是敵人的了⋯⋯在最後的幾個月裏我們部隊接收的飛行員只飛過 50 小時，包括 5 小時的模擬作戰飛行時間，這遠遠不夠⋯⋯（提問者：這些飛行員很想上戰場嗎？）⋯⋯是的。但大多數都會在最初的 5 次飛行中犧牲！」

新手如此，老手又如何呢？德軍為了本土空防，從各個戰場抽調了大批久經沙場的戰鬥機王牌投入對盟軍的戰鬥。但1944年1-4月，德軍在防空戰裏損失的飛行員已經超過了1000名。而且許多都是擔任指揮任務的中隊、大隊甚至聯隊長們

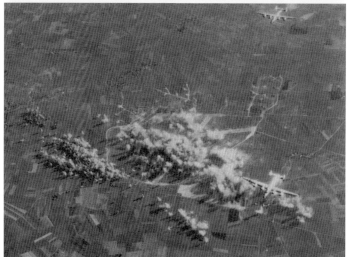

■當1944年6月6日盟軍實施諾曼第登陸行動開始時，曾經榮耀一時的德國空軍只能起到微小的騷擾作用了，P-51為代表的美國戰鬥機早已把戰火燃燒到德國本土的城市上空，「短腿」的德國空軍已經拿不出任何力量來威脅盟軍的機群，沒有後顧之憂的轟炸機群如同蝗蟲般吞噬著西線德軍所有有價值目標，強大的德軍地面部隊寸步難行，失去了制空權對德國而言等於失去將戰爭進行到底的任何機會。

艾格‧梅耶（Egon Mayer），「12點方向對頭攻擊」發明者之一，著名的德國空軍JG2「里希特霍芬」聯隊聯隊長，第一個達到西線100架擊落數的大王牌，3月陣亡，在此之前擊落敵機102架，包括24架四發重轟炸機；

埃米爾‧布許（Emil Bitsch）……3月陣亡，在此之前擊落敵機108架；

沃爾夫-迪特里西‧威爾克（Wolfe-Dietrich Wilcke），3月陣亡，在此之前擊落敵機162架；

格哈德‧魯斯（Gerhard Loos），3月陣亡，在此之前擊落敵機92架；

胡格‧弗瑞（Hugo Frey），3月陣亡，在此之前擊落敵機32架，包括24架四發重轟炸機；

約瑟夫‧維納曼(Josef Zwernemann)，4月陣亡，在此之前擊落敵機126架；

庫特‧烏班（Kurt Uebben），3月剛剛接替

及擊落過幾十、上百架敵機的大王牌們。這裏的一個不完整名單就可以充分說明這個事實：

艾格‧梅耶出任JG2聯隊長就於4月陣亡，在此之前擊落敵機110架；

英國戰爭史學家克里斯托佛‧錢特在他

的著作《空中戰爭大全》裏提到：「儘管盟國曾對德國空軍進行過『重大的一週』的閃電式空襲，1944年德國戰鬥機的總產量仍然達到25285架，是戰爭年代最高的一年。然而，問題的另一方面是，德國空軍在1944年1月至4月之間損失了1000多名飛行員，這可是任何生產線都無法合成製造得出來的產品。所以到1944年夏季時，德國空軍面臨的問題是人，而不是飛機……」

就這樣，德國空軍在自己的領空裏流盡了最後一滴血。到1944年5月，德國空軍單月損失了276名戰鬥機飛行員和487架戰鬥機，即25%的飛行員和50%的戰鬥機。如果把5個月的戰鬥機飛行員損失總數相加，已經超過了1944年初時所有戰鬥機飛行員的總和。這種接近100%的損失只能依靠訓練不足的新手來彌補，而他們往往只能為對方的戰鬥機部隊增添榮耀。

當1944年6月6日「霸王」行動（D-Day，Operation Overload）開始時，曾經榮耀一時的德國空軍只能起到微小的騷擾作用了。面對著盟軍數以千計的戰機群，西線德軍的戰鬥機總數也只有650架左右。而能駕駛它們的飛行員更是嚴重不足。以P-51為代表的美國戰鬥機早已把戰火燃燒到德國本土的城市上空，「短腿」的德國空軍已經拿不出任何力量來威脅盟軍的機群。於是轉折過後，末日到了……

一個人在恰當時候的正確決定為歐洲西線的空中戰爭帶來了轉折。杜立特這位傳奇人物在歐洲戰場為反法西斯戰爭的勝利同樣做出了不可磨滅的貢獻。

第8航空隊（及其他航空隊的）戰鬥機部隊的勝利保障了轟炸機部隊及對德空中戰爭的勝利。他們是如此折磨了德國空軍的戰鬥機部隊，以至於對手在削弱了東線、南線及北部地方的所有空中力量以填補西線的損失後，還是發現對手取得的不只是空中優勢，而是徹底的空中霸權。

戰鬥機部隊的勝利保障了諾曼第登陸的順利進行，因為他徹底地把對手的對地攻擊能力削弱為零。曾有這樣一個故事：艾森豪將軍的兒子拿著西點軍校的教科書，指著諾曼第灘頭那從登陸艇上下來後首尾相連的車隊長龍對父親說：「你違反了所有的基本規定，要是你沒有空中優勢」，而他的父親打斷道：「如果我沒有空中優勢，我就不會站在這裏了！」

在1944年8月艾森豪將軍給杜立特的信中，他寫道：「第8航空隊在過去幾個月裏的努力是如此珍貴，以至於目前前線部隊的士氣和戰鬥力與您的戰機緊密相連……」也許這也是對杜立特將軍那充滿風險決定的最高獎賞了。

也許一位二戰美軍轟炸機飛行員的一段話最適合為本文作一個結尾：「小朋友們，那些小朋友們，當那些雷電、閃電、噴火、野馬出現的時候，天空中就不再有恐懼。為它們祈禱吧，為那些駕馭它們的人祈禱吧。他們是天空之神、勝利之神，是我們永遠的捍衛之神！」

火之煉獄

——二戰盟軍空襲德勒斯登紀實

楔子

戰爭是殘酷無情的，戰爭在摧毀邪惡的同時也在造就地獄。

德意志的天空自從二戰一開始就沒有得到過一刻寧靜，首先是英勇的英國人，然後是不屈的蘇聯人，最後是強大的美國人。柏林、漢堡、科隆、魯爾工業區等等德國重要的政治軍事經濟中心都在盟軍日以繼夜的空襲下成為一座座超級廢墟堆，而納粹德國在發起戰爭的時候絕對沒有想到自己的國土會遭到如此堅決而持久的空中打擊。英國皇家空軍將其戰略空襲稱之為「意志轟炸」，顧名思義，他們的目標是儘可能地打擊德國國民意志，於是在盟軍強大的空軍武力的日夜打擊下，德國平民終日生活在惶惶不安之中，承受著納粹強加給他們的悲慘命運。德國在整個二戰期間喪生於盟軍戰略空襲的平民數字在42萬～57萬之間，而將自己的民眾送上絕路的納粹法西斯最終也在這鋪天蓋地的轟炸機群的伴隨下走向最後的滅亡。

然而直到1944年底，在易北河邊有一座美麗而重要的城市暫時還能置身事外，享有難得的平靜。它就是德國東部撒克遜州的首府德勒斯登，這座撒克遜州的政治經濟和交通中心位於易北河畔，始建於1206年，是德國的巴羅克藝術之都。這個被譽為「易北河的佛羅倫斯」的城市原來是奧古斯都國王的駐地，以藝術、手工業以及旅遊業等聞名於世。沿著易北河畔古堡櫛比鱗次，建築群壯觀華麗，大多出自眾多藝術家的共同創作，城市象徵性的標誌包括聖母大教堂、歌劇院以及眾多歷史文化博物館，這座雍容華貴的城市是全球遊客造訪德國的必游之地。即便到了1945年初，「空襲例外城市」德勒斯登還是處於歌舞升平的平靜狀態，晚上城市馬戲團的作秀依然火爆，座無虛席，此時此地彷彿一切都和戰爭無關。然而當戰爭

■空襲之前的德勒斯登素有「易北河佛羅倫斯」之稱，風光迷人，人們很少感覺到戰爭的恐怖。

即將結束的時候，德勒斯登也無法抗拒最終成為納粹殉葬品的命運。

在進入1945年2月德勒斯登毀滅之日以前，讓我們先把時間往前推到1940年8月9日，看看那時候的易北河天堂是怎樣的一幅「絢麗場景」：此時此刻整個德勒斯登都被慶祝的狂歡氣氛所籠罩，成為一片歡樂的海洋，街道兩旁彩旗飄揚，熙熙攘攘擠滿了狂熱的人群，熱鬧非凡，究竟這是一個什麼特殊日子？原來德勒斯登以及撒克遜州東部地區的子弟兵部隊——第4步兵師——剛剛從西線法蘭西戰場「凱旋歸來」，正在進行勝利大行軍！他們整齊的隊列幾乎排滿了老城區呈星型排列的5條主要大道，行軍隊伍的前鋒直指維也納廣場。隨後師主力大部隊將沿著布拉格大街遊行到老市場（Altmarkt，讀者們請記住這個名字，這個歡慶的中心日後將成為地獄的代名詞），此刻在易北河沿岸的堤壩上，其他一些摩托化部隊也將驅軍前往城市北部，各種裝甲機械車輛排著整齊的隊列浩浩蕩蕩向前開進。第4步兵師當天的戰爭日誌上這樣記錄著：「街道兩旁的群眾激動地揮舞著鮮花，歡迎士兵的凱旋歸

來，歡慶氣氛之熱烈難以用語言表達。整個城市都被旗幟和鮮花所淹沒，我們的隊伍甚至就行進在街道兩旁居民營造的『花雨』之中！激動人心的慶祝結束後我們還有重要的工作要做，在接下來的時間我們將開始進行轉為裝甲師的整編工作」這個德勒斯登的精銳之旅很快將改編為第14裝甲師，其中一個團則加入了第18裝甲師，他們侵略的足跡將在一片歡聲笑語的伴隨下繼續向另一個方向擴展——匈牙利、南斯拉夫、俄羅斯

然而建立在侵略基礎之上的歡樂必定是短暫的，製造罪惡的一方終將無法逃脫嚴厲的懲罰。隨著戰爭沿著歷史軌跡繼續向前發展，那些參加「勝利大行軍」的士兵們陸續倒在了殘酷的東線戰場，即便有的人曾經如此地接近莫斯科，最終也只不過親身證明了這個「勝利」是縹緲的狂熱幻想而已；到了1945年2月13～14日，最終毀滅的厄運也將降臨到這些士兵的家鄉——曾經被歡樂海洋淹沒的德勒斯登，同一個城市將呈現出和5年前截然相反的地獄般的景象，而這把死亡之劍則來自於西方，這樣的結局似乎在冥冥中已經注定。德勒斯登毀滅之夜在平靜中

降臨，隨著皇家空軍龐大轟炸機群的到來，一切都不可避免，這個美麗的巴羅克古城一夜之間成為一個巨大的燃燒著的廢墟堆，幾乎占到全德國空襲受難者總數7～8%的居民和難民在火焰空襲之中喪生！當天空中佈滿如同節日禮花般的「耶誕樹」（德國居民對於英軍照明指示彈的戲稱）的時候，當地面上不斷顯現出火焰長廊的時候，當整座城市中心被火焰風暴籠罩的時候，沒有人再會懷疑這是怎樣一個令人難以置信的殘酷的人間地獄！全面戰爭冷酷性的真實寫照在這個夜晚，在這個城市已經到達了極致。幾乎完全毀於空襲的德勒斯登在人類戰爭史上留下了一個沉重的紀錄，一個象徵戰爭無情毀滅性的標誌。

■被德國居民稱為「耶誕樹」的英軍照明指示彈，但這種「耶誕樹」帶來的不是節日的喜慶，而是毀滅。

親歷了德勒斯登大空襲的德國劇作家格哈德‧豪普特曼（Gerhard Hauptmann）曾經這樣寫道：「即便已經遺忘了眼淚為何物的人們，也會在德勒斯登毀滅之夜重新學會哭泣！」

空襲背景

盟軍戰略空襲力量作為二戰期間發展的重要戰爭武力之一，對二戰的勝利起到了舉足輕重的作用。英國皇家空軍對德國進行了長達5年多持之以恆、艱苦卓絕的夜間空襲，其轟炸機司令部的作戰力量隨著戰爭的進行不斷壯大，整個空襲戰略戰術系統日趨成熟，從被視為夜間空襲轉折點的第一次科隆千機大空襲開始，到漢堡戰役、柏林戰役等一系列大規模空襲，夜間空襲的破壞力度越來越大。隨著強大的美國陸航的加入，盟軍戰略空襲武力更為壯大，對德國晝夜不間斷的空中打擊幾乎成為每日必修課。隨著戰局的發展，到1943年，盟軍開始和蘇聯商討利用其戰略空中打擊力量來削弱德國抵抗意志和能力的問題。盟軍高層認為，戰略空襲有力地打擊了德國的軍事力量和作戰潛能，極大地削弱了德軍的作戰能力和意志，德國的軍工生產、石油原料工業、交通運輸等各個維持戰爭必需的部門在盟軍戰略空襲之下都遭到了沉重的打擊。1944年8月，皇家空軍參謀長波特爾領導製定了代號為「霹靂」的大規模空襲計畫，目標就是繼續摧毀一系列經過選擇的德國城市，徹底擊垮德國國民殘存的抵抗意志。雖然那時候盟軍就認為二戰的最後勝利已經距離不遠，然而德國

方面的抵抗卻沒有停止的跡象，甚至給人這樣的錯覺：只要一有機會德國人還會進行反擊。尤其1944年底德國實施的阿登反擊更是加深了盟軍對德國重新組織抵抗力量的擔憂，盟軍高層對於德國空軍的實際力量也一直非常警惕，美國陸航司令阿諾德上將在1944年底估計德國空軍到1945年初依然擁有3,000～4,000架戰鬥機的實力，美國陸航歐洲戰略空軍最高部隊長斯巴茲上將在同年12月15日的一份報告中也提出類似的警告，認為德國空軍作戰力量將會達到一個新的尖峰，1945年元旦德國空軍進行的代號為「底板」的大規模空襲行動也證實了盟軍的擔憂。但是實際上此時的德國空軍卻問題重重，德國戰鬥機部隊總監葛蘭特中將回憶，由於油料短缺造成空軍飛行員訓練和實戰經驗都遠遠不足，使得有經驗的飛行老鳥的損失無法得到補充，因此雖然戰鬥機數量可以得到保證，但是無法抑制實際戰鬥力的持續下滑，升空作戰的菜鳥只能增加盟軍飛行員的擊落記錄而已。德國空軍在和盟軍爭奪製空權的戰鬥中的損失越來越大，尤其從1944年11月開始，面對盟軍龐大的護航機群，他們的單日損失已經到了驚人的地步，幾乎所有參加德國本土防空的戰鬥機聯隊都陸續遭到毀滅性的打擊。而1945年新年伊始的「底板」行動中，德國空軍更是耗盡了他們原本為擊垮美軍轟炸機群的「重擊」計畫所聚集的最後有形力量，參戰的各個聯隊損失了超過250名飛行員，其中包括19名中隊以上部隊長，這些此時尤其珍貴的力量。這已經是德國空軍最後的儲備力量，從此整個戰鬥機部隊澈底無法復原。此外，德國空軍內部的

■（上）美國陸軍航空兵司令阿諾德（下）盟軍最高統帥部負責空軍作戰的副總司令英國空軍上將亞瑟‧泰德。

團結協同也已經問題重重，為此，戈林不得不在1944年底提出建立一個由約30名前線部隊長組成的「空軍議會」來協調部隊之間的關係。而戈林和他手下這些戰鬥機王牌部隊長的關係卻繼續惡化，那些戰鬥機部隊部隊長甚至在1945年1月舉行了被稱為「戰鬥機王牌嘩變」的會議！總體而言，德國空軍在1944年~1945年以後已經徹底陷入最後的崩潰。但是另一方面，德國的新式武器還在繼續研製生產並且投入戰場，在盟軍看來戰爭似乎還要繼續進行下去。為此，盟軍高層認為有必要繼續加強對德戰略空襲的力度，更猛烈地打擊德國的抵抗意志和作戰能力。

當1945年來臨時，整個德國都已經毫無希望地步入了最後絕境。西線盟軍在1944年10月就已經攻陷第一個德國境內城市亞琛，並且快速推進到萊茵地區，此時西線盟軍的進攻重點已經聚焦德國工業命脈魯爾區；在東線戰場，蘇聯紅軍到1945年1月底已經推進到奧德河一線，德國雖然竭盡全力試圖遏止住蘇聯紅軍前進的步伐，但是一切試圖建立穩定連續防線的努力在蘇聯紅軍的浩浩鐵流之下都不可避免地付之東流。但是直到此時盟軍依然堅信，其戰略空襲是澈底擊敗德國的一個極其重要而且必不可少的打擊手段，它不僅摧毀了德國的軍事工業、石油原料及交通系統，政府管理機構等，而且沉重地打擊了德國國民的士氣和意志，因此盟軍的大規模戰略空襲計畫一直持續到戰爭的最後一個月。

到了戰爭最後階段，蘇聯方面同樣繼續要求得到盟軍更多的支援，尤其是盟軍龐大的戰略空襲武力的空中支援。1944年12月14日，美國駐蘇聯大使艾維利‧哈里曼(Averill Harriman)個人向史達林傳遞盟軍最高總司令艾森豪威爾的意見，表示盟軍非常熱切希望和蘇軍進行合作，願意在任何時候為蘇軍提供他們需要的空中支援。哈里曼

■美國總統羅斯福和英國首相邱吉爾，他們倆是德勒斯登大轟炸的最高決策者。

專門和史達林商討了關於利用盟軍空中力量支援蘇軍在巴爾幹地區作戰的行動計畫。12月23日，美國總統羅斯福致電史達林，說明將向莫斯科派駐艾森豪威爾的代表，便於雙方更好地就聯合作戰計畫以及作戰行動進行協商。12月26日，史達林同意了羅斯福的提議，盟軍方面確定由英國皇家空軍的亞瑟·泰德（Arthur Tedder）上將具體負責這個協商計畫，而泰德此刻正是盟軍最高司令部負責空軍的副總司令。1945年1月15日，泰德在和史達林進行會晤後正式確認，在雙方的聯合作戰中將使用盟軍戰略空襲武力。泰德表示盟軍空中力量將重點打擊德國的石油（燃料）工業目標和交通系統，此外，雙方也討論了如何遏止德軍從西線向東線調集部隊的能力，因為此時英國戰時內閣聯合情報委員會（Joint Intelligence Sub-Committee of the British War Cabinet）透過祕密情報來源獲悉德國此時還具備向東線調動約42個師的能力，而且整個調動可能於1945年3月完成，該委員會的分析還得到了「超級機密」報告的支援，此外，根據當時蘇軍情報機構的資訊，德軍大量部隊透過德勒斯登交通線運往東線（但是事實上這個情報是錯誤的，這些列車運載的是大量難民），為此盟軍戰略空襲力量必須採取必要的行動以削弱德軍的運輸調動能力，而盟軍和蘇軍的合作將越來越緊密。

1月25日，英國戰時內閣聯合情報委員會提出一份具有重要意義的分析報告「戰略空襲和與蘇軍現階段進攻的關係」（Strategic Bombing in Relation to the Present Russian Offensive），報告中認為：「蘇軍現階段的攻勢進展對於戰爭（結束）進程具有極其重要的意義，在接下來的幾星期內英美戰略空襲力量應該給予蘇軍充分的支援。而德軍勢必全力調動其現有的尤其是西線的力量來增援東線，而大規模空襲將有效阻止德軍的這一企圖」這份報告得到了盟軍最高統帥部的高度重視，尤其那些即將參與製定空中打擊計畫的皇家空軍參謀部人員都仔細地研究了這份報告。皇家空軍參謀長波特爾在1945年1月26日這樣寫道：「猛烈的空中打擊不僅可以動搖（德軍）東線防禦，迫使他們從東線撤退疏散，還可以阻止西線德軍向東增援運動。」1月31日，泰德和他的參謀們經過商討確認盟軍戰略空襲力量將對柏林、萊比錫和德勒斯登地區進行猛烈打擊，破壞德軍軍事調動企圖。盟軍目標清單包括柏林、萊比錫、德勒斯登和開米尼茲這些德國東部主要的戰略交通樞紐和工業中心。盟軍不僅僅希望透過摧毀這些目標的交通設施和道路來破壞德軍在東部前線的作戰運作，也希望能以此徹底杜絕德軍對西線可能的增援運輸以及部署行動，以此作為對蘇聯紅軍最有力的支援。盟軍的戰略空襲力量將再次擔負起戰術支援任務，就如同他們在諾曼第登陸期間所扮演的角色一樣。1月31日，德勒斯登由於其在軍事交通以及通訊上的重要位置被列入第二類主要空襲目標清單，這個決定經過盟軍和蘇聯共同協商而最終得以確定。

1945年2月，雅爾達會議召開，盟軍和蘇聯為贏得最後的戰爭勝利進行了細致的協商，蘇軍總參謀部副總參謀長安托諾夫（Antonov）向盟軍介紹了目前東線蘇德雙

方的態勢以及蘇軍的進攻計畫，並且提出如下三點要求：「1.盟軍加快其在西線的作戰進程，以利於摧毀德軍在東西線的抵抗，削弱德軍從西線向東線增援的能力；2.盟軍空中力量打擊德軍東線的交通樞紐，阻斷德軍從西線，挪威和義大利向東線調動部隊的可能，其中提出了一個重點目標，即柏林和萊比錫之間的樞紐點；3.不允許德軍從義大利調動力量。」由此可以看出，蘇聯方面特別要求盟軍空中力量對德國東部交通樞紐進行猛烈打擊，柏林—萊比錫—德勒斯登這個交通樞紐鐵三角更是重中之重。同時安托諾夫也強調為了避免盟軍空襲期間雙方可能發生的誤擊，盟軍對德國東線的空襲計畫必須通告蘇聯方面，在得到雙方確定後才能施行。作為對蘇聯方面的回應，盟軍的「霹靂」計畫再次被正式提上議程，當時就在雅爾達的波特爾立刻提供了目標清單與蘇聯方面進行協商，除了柏林、萊比錫等城市之外，德勒斯登也在蘇聯方面的同意下正式列入首要目標清單。雅爾達會議決定了盟軍戰略空襲力量摧毀德國東部交通樞紐的任務，也就最終決定了德勒斯登的毀滅命運。皇家空軍表明希望能夠讓蘇聯人看到他們空中打擊的巨大威力，至於他們顯示這樣的姿態目的究竟是為了單純顯示皇家空軍實力，還是為了表明對蘇聯的全力支援態度，甚至是否是作為對蘇聯的預先警告這些疑問到目前為止也沒有得到完全的定論。

1945年2月7日，斯巴茲將軍通知美國駐莫斯科軍事代表團團長丹納（J. R. Deane）少將，美軍第8航空軍的空襲目標優先序列為：柏林、萊比錫、德勒斯登、開米尼茲。2月8日，盟軍最高統帥部正式通告皇家空軍轟炸機司令部和美國陸航駐歐戰略航空兵：德勒斯登由於其在東線軍事調動中的重要地位被正式選定為空襲目標。2月12日，盟軍空襲目標清單上只剩下一個名字：德勒斯登，蘇聯方面也在此時獲悉盟軍空襲德勒斯登的計畫。斯巴茲上將通告美國駐莫斯科軍事代表團，只要天氣允許，第8航空軍將於2月13日出動1,200～1,400架次轟炸機轟炸德勒斯登，於是德國撒克遜州州府府不可避免地在戰爭即將結束時候走向毀滅。負責具體指揮皇家空軍空襲行動的轟炸機司令部副司令桑德比（Saundby）中將在戰後回憶中這樣寫道：「誰都無法否認空襲德勒斯登是一場真正的悲劇真正無情的是戰爭。一旦全面戰爭開始，那麼它就不可能有任何真正的人道主義，一方要全力進攻，另一方

■美國陸軍航空兵第8航空軍（駐歐洲戰略空軍）司令斯巴茲。

必然拼盡全力，死守到底。於是，我們就這樣失去了德勒斯登」而德軍約德爾上將於1946年6月4日在紐倫堡大審判上作為戰犯和見證人如是說到關於戰爭中的公權問題：「以我對於戰爭歷史的了解，在這個世界上還沒有這樣的一場戰爭：即公權利不受傷害的戰爭。」

德勒斯登的軍事政治價值

　　德勒斯登是否具備軍事價值這個問題長久以來並沒有得到一個可觀的評價，更多的對德勒斯登的描述都在簡單強調它只是一個歷史文化名城，這種較為片面的結論使得對德勒斯登空襲的分析與思考的客觀性受到影響，甚至很容易就陷入某些誤區。誠然，德勒斯登這個巴洛克古城在歐洲歷史文化上的重要地位是不容置疑的，但是在二戰的客觀環境下，尤其長期在納粹統治之下，究竟它是否僅僅是單純的文化之都而不具備任何軍事政治價值呢？我們在60年後的今天應該能夠用相對客觀的態度來看待戰略空襲這個歷史問題，因為二戰當時實際的軍事技戰術條件決定了盟軍的戰略空襲在有效打擊納粹軍事、政治以及經濟工業目標的同時，必然會牽連到平民目標。因此我們現下分析德勒斯登空襲的時候應該仔細探討的是這樣的問題：德勒斯登究竟能否被單純地看待為平民目標？如何界定德勒斯登的軍事價值和其人文歷史價值這兩個方面這之間的關係？或者從另一個角度進行這樣的思考：德勒斯登的歷史文化價值（平民目標價值）和其軍事價值之間的比例是否能夠決定德勒斯登的毀滅

命運？

　　關於德勒斯登這個巴洛克古都的歷史人文價值從她在歐洲人心目中的地位就可以窺見一斑，易北河上的佛羅倫斯是歐洲一個不可替代的歷史文化象徵。而在此我們則把重點放到一直以來為人忽視的軍事政治價值問題之上，很多歐洲史學家例如雷納・普梅林（Reiner Pommerin）以及英國歷史學人弗雷德里克・泰勒（Frederick Taylor）等一直都對這個問題進行著不懈地研究，普梅林明確指出英國是為了減輕蘇軍東線的進攻壓力而對德國東部重鎮尤其交通樞紐等具備軍事價值的目標進行大規模空襲，除了德勒斯登之外還包括開米尼茲、萊比錫、茲維考等德國東部其他重要城市。作為空襲德勒斯登的另外一個重要決策和作戰力量，美國人的意見也是至關重要的，因此美國空軍歷史部（USAF Historical Division）、研究學院（Research Studies Institute）和空軍大學（Air University）聯合編寫的一份研究報告「1945年2月14~15日德勒斯登空襲歷史分析」（HISTORICAL ANALYSIS OF THE 14～15 FEBRUARY 1945 BOMBINGS OF DRESDEN）對於我們當下研究德勒斯登空襲的背景也具有極其重要的參考價值。這份報告從盟軍角度出發，全面客觀分析了當時德勒斯登的實際狀況。根據這份報告，德勒斯登在二戰爆發時大約擁有642,143名居民，為德國第7大城市，是極其重要的交通通訊樞紐中心，同時也是一個重要的軍事以及工業中心城市。而早在1933年，德勒斯登就成為納粹黨一個極其重要的堡壘城市（這個堡壘的含義不僅僅局

德勒斯登──易北河畔的佛羅倫斯

德勒斯登（Dresden）位於德國東部，是撒克遜州的州府，人口約50萬，為德國第十四大城市；面積237平方公里，為德國第十二大城市。西元1000年左右，羅馬帝國的奧古斯塔皇帝（Caesar Augustus）向北方擴張版圖，羅馬軍隊渡過萊茵河和多瑙河，企圖吞並日耳曼。但卻遭到頑強抵抗，羅馬軍隊戰敗後為了對付日耳曼可能的乘勝進軍，便沿萊茵河和多瑙河修築了長達550公里的「防線」，並在這條防線上按照羅馬風格建了一個又一個城市，德勒斯登便是其中之一。奧格斯特大帝把這裡當成他的駐蹕之地，為了顯示他是一位「不只有軍力和權勢、也是一位有文化和藝術修養」的人，更是將德勒斯登規劃成一座「理想」城市，為此不惜重金聘請當時最著名的建築家波貝拉和雕刻家貝拉摩塞爾主持建造了華美的宮殿、教堂、劇院。而德勒斯登市的大規模建造是在1206至1216年間，1485年起成為撒克遜王國的都城，在1519年至1529年被改建成為一處軍事要塞。17世紀撒克遜王國國王腓特烈・奧古斯特一世（Friedrich August I，1697年至1733年在位）和18世紀時的奧格斯特三世傾心仰慕甚至有幾分崇拜當時的義大利文化，因此吸引了許多義大利及法蘭西藝術家前來，他們設計巴洛克（Baroque）風格的建築，提倡巴洛克雕刻風格及繪畫流派，並發揚宮廷風格的古典音樂及歌劇，使整個德勒斯登充滿著義大利文藝復興時期的氣息，也使德勒斯登城市建設中留下了眾多巴洛克風格建築和新文藝復興風格的建築，被譽為「易北河上的佛羅倫斯」和「巴洛克明珠」，成為享譽歐洲的文化藝術之都。易北河從城中穿過，河的右岸為舊城，左岸為新城。舊城是文化藝術匯集之地，有很多巴羅克風格建築、美術館、博物館、歌劇院和教堂，最著名的聖母教堂（Frauenkirche）也叫格奧爾格・貝爾女子教堂，建於1726年至1734年，其直徑達23.5公尺的鐘型圓頂石頭建築是德國中部巴羅克建築藝術的獨特範例，成為德勒斯登的標誌性建築。但是這座美倫卓然的建築藝術珍品在1945年2月13日的大空襲中化成一片廢墟，被稱為「德國最美的廢墟」遺址，戰後被改成紀念碑。1994年，德國政府決定出資進行重建，目前重建工程還在進行，建成後將參加2006年德勒斯登建市800週年的慶典。德勒斯登是公認的德國最美麗的城市，1749年，溫克曼（Johann Joachim Winckelmann）就曾留下一句名言：「誰沒有見過德勒斯登，誰就沒有見過美！」歐洲有不少充滿巴洛克風格的城市，不過德勒斯登在綺麗高貴的氣派中卻別具一份精緻，特別是那曲折坎坷的歷史遭遇，又帶有另一種撩人的哀傷，這一份歷劫後的滄桑重生，尤其是站在悠悠流淌的易北河岸上，在水面輕拂的徐徐微風裡，想起這座城市的傷痛，越發能感到在美麗之中，那份觸動心弦的顫動。

限於軍事或者工業，還包括思想領域），居民中納粹黨徒的比例非常之高，市長馬丁・姆齊曼（Martin Mutschmann）更是一個不折不扣的納粹黨棍。英國學人弗雷德里克・泰勒在其著作中提到，希特勒曾經在1934年的一次演說中這樣形容德勒斯登和納粹的關系：「如果德勒斯登是一顆璀璨的鑽石，那麼法西斯國家社會主義就是他新的鑲座。」蘇聯最高統帥部也確認德勒斯登是「撒克遜州一個最重要的納粹防禦基地」，是他們進攻作戰中一個重要的障礙。但是直到1944年8月這個城市都沒有遭到大規模空

襲，成為德國最後一個完好的重要工業政治中心城市，其中一個重要原因就是它位於皇家空軍當時有效空襲的能力範圍之外，當德國空軍陷入無力抵抗的狀況後，這裡也必然將經受盟軍猛烈空襲的洗禮。

以下透過各個具體角度來分析德勒斯登的軍事政治價值：

交通通訊，德勒斯登距離萊比錫71公里，距離柏林111公里，是德國第3大鐵路樞紐城市，對於德國直至東歐的交通體系具有極其重要的作用，三條重要的鐵路線交匯於此，分別是·柏林—布拉格　維也納；慕尼黑—布雷斯勞；漢堡—萊比錫，透過這個鐵路中轉站可以到達柏林、布雷斯勞、萊比錫、紐倫堡、布拉格和華沙等歐洲重要核心城市。同時，德勒斯登也是德國東部一個重要的通訊中心城市。

工業，德勒斯登擁有至少110家各類工廠企業，超過5萬名工人為軍工企業工作，包括飛機工業下屬的軍工企業、化學企業等，例如為容克飛機生產發動機的工廠，為梅塞史密特飛機生產駕駛艙配件的工廠以及生產電子雷達配件的工廠等等，此外還有專門由戰俘和強制勞工參與生產的企業。其中具備軍事價值的當地企業包括：

尼德塞德利茲（Niedersedlitz）化學工廠、雷曼（Lehmann）武器工廠、光學企業，包括位於市中心的著名的蔡斯公司等，這對於德國軍備生產具備極其重要的意義、凱勒—希德爾布朗特（Kelle & Hildebrandt）鋼鐵公司、變壓器生產企業，例如考赫（Koch）和施特柴爾（Sterzel A. G）公司、鋼鐵設備生產廠、無線電企業。

軍事—防禦要塞到1944~1945年德勒斯登是東線後方惟一一個基本保留完整城市守備體系的大城市。早在19世紀該城就開始建立兵營、陸軍軍官學校等軍事建築，在納粹上台後，德勒斯登繼續進行相應的軍事建

■美國陸軍航空兵第8航空軍（駐歐洲戰略空軍）司令斯巴茨。

■ 茨溫格宮（Zwinger）是德國最典型的後巴洛克式建築，由奧格斯特一世修建，1732年完工，19世紀擴建。宮殿四周的建築圍起一個廣場，廣場中有很多精美的雕塑。最著名的要數女神噴泉旁的一排14個出浴女神雕像。這裡早在1831年就成為撒克遜的國家美術館，此後不斷增設展廳及擴建宮殿規模。1847年，由著名建築師戈特弗里德（Gottfried Semper）設計建設山姆佩爾畫廊，現下已經是歐洲最著名的美術館之一——古代大師畫廊（Gemadegalerie Alte Meister），收藏著15世紀到18世紀義大利、法蘭西、荷蘭、德國等國大師如喬爾喬涅、提香、丁托列托、魯本斯、丟勒、倫勃朗、華托、普桑、凡·艾克的作品，其中最具藝術價值的則屬拉菲爾的名作「西斯庭聖母」。二戰中，茨維格爾宮也在大轟炸中塌毀（1960年修復）不少收藏品毀於戰亂，還有一些收藏品被蘇軍沒收，1956年始歸還。

設，1934年4月1日，德勒斯登就成為第三空軍軍區司令部所在地，是德國最早的6個空軍軍區之一，此外一些軍事指揮中心例如空軍學校等也相繼建立，隨著戰爭的進行大部分部隊都被部署到前線，包括其高砲部隊，留守的大多為二線部隊，很多原有軍事建築被改為醫院或者供給基地。此外，德勒斯登還擁有至少一個大型彈藥庫。在東線慘烈的作戰讓德國軍方日益重視戰防防禦作戰，諸如鐵拳戰防火箭筒等武器體現出日益

重要的防禦作戰用途，因為它操作簡單，大量預備人員也可以很快上手，於是到1944年在德勒斯登也建立了10個國民衝鋒隊營，此外在德勒斯登還有通訊、運輸等軍事單位，到1945年1月在城區內大約有20,000名國民衝鋒隊和希特勒青年成員，進行軍事訓練並且隨時可以補充到前線部隊或者擔負城市防禦任務。納粹計畫在易北河流域從漢堡到布拉格建立最後的抵禦蘇聯紅軍的防線，因此靠近河流的城市都作為要塞進行建設，

1944年12月古德林上將就下達在德勒斯登—雷薩(Riesa)建立防禦要塞的祕密命令，德軍開始在城市周遭構築戰防路障以及壕溝，戰壕，砲兵陣地和雷區，市政府也劃歸軍指揮部下屬。德勒斯登到1945年依然擁有一支不可忽視的武裝力量，主力包括第404步兵師、黨衛軍和空軍的一些單位，裝備較差的高砲補充營以及一些海軍單位。

「1945年2月14/15日空襲德勒斯登歷史分析」中對於空襲德勒斯登有如下結論：

「a.德勒斯登是合法的軍事目標；b.空襲德勒斯登的基礎是它是對盟軍和蘇聯具有重要軍事價值的戰略目標；c.蘇聯要求盟軍轟炸德勒斯登地區；d.盟軍最高統帥部以及美英空軍指揮部共同建議，製定空襲德勒斯登計畫並且最終下達空襲命令；e.盟軍官方正式通告蘇聯方面空襲的具體時間和參戰力量；g.盟軍確定的空襲區域為：皇家空軍：德勒斯登城區、包括工業、通訊、軍事等設施，美國陸航第8航空軍：德勒斯登鐵路交通設施；」這個結論對於評判空襲德勒斯登是否屬於「戰爭罪行」有著極其重要的意義，因為根據1907年海牙國際戰爭法，禁止空襲不設防平民城鎮、村莊或者建築（條款25）。而德勒斯登由於其歷史文化價值，關於對其空襲合法性的爭論尤其凸現，關於這點本文稍後還將具體闡述。

大空襲序曲

當幾乎整個德國都在盟軍轟炸機群鐵翼籠罩下陸續崩潰的時候，當其他城市越來越多的居民無家可歸的時候，當越來越多的城市滿目瘡痍的時候，易北河畔的明珠德勒斯登直到1944年中期之前還一直有幸享受盟軍的「特殊」待遇，而德勒斯登人自己則對「德勒斯登是空襲例外城市」這個說法深信不疑。不過隨著戰爭步入最後一年，情況開

■ 在英國機場上正在給轟炸機裝彈的地勤人員，圖中車上所載的是燃燒彈。

始有了變化。在1945年2月中旬真正的毀滅時光降臨之前，德勒斯登上空已經預先出現了幾次徵兆，預示著在戰爭中「德國沒有例外城市」這個最終的嚴酷事實，只不過這些微弱預兆並未引起德勒斯登人的過多注意。他們沒有特別的恐慌和不安，依然平靜地專注於自己的生活。如果我們身處當時的環境，並不難理解德勒斯登居民此時此刻的鎮定。因為在整個德國空襲慘烈背景映襯下，再和其他重要城市頻繁遭到大規模空襲的慘狀比較，德勒斯登這些規模較小，損失較輕的空襲確實給人不痛不癢的感覺。而當我們站在現下的位置再去看待這段歷史，那麼感覺就截然不同，某種意義上說，德勒斯登居民更像是在出於本能地用「鴕鳥思惟」來麻痺自己，依靠自己營造的一個唯心主義「天堂」來逃避現實的苦難。

盟軍希望能夠儘早徹底消滅納粹，結束戰爭，此刻整個戰爭也正處於最後攻堅階段。而在全面戰爭之下，像德勒斯登這樣處於重要位置的城市要想倖免幾乎是不可能的。浩浩蕩蕩的美軍轟炸機群第一次光顧德勒斯登上空是在1944年8月24日，當天美國陸航總計出動1,319架轟炸機和739架戰鬥機對德國多個目標進行空襲，其中由214架P-51護航的383架B-17的目標是布魯克斯（Brux）(139架)、魯朗德（Ruhland）(135架)和弗萊塔爾（Freital）（65架）的石油工業目標；包括德勒斯登-吉特斯（Dresden-Gittersee）和弗萊塔爾-比爾吉特（Freital-Birgikt）的工業區。德勒斯登在這次空襲中的傷亡數字不詳，根據當時撒克遜州報紙的報道為241人喪生。隨後是在1944年10月7日，這天美軍總計出動1,422架轟炸機和900架戰鬥機，其中333架B-17的目標依然是德國東部地區，主要目標為魯朗德（Ruhland）的石油目標（59架）、茲維考機場（60架）、在茲維考（58架）和弗萊堡（24架）的車輛生產廠以及其他備選目標（87架），此外有30架B-17轟炸機轟

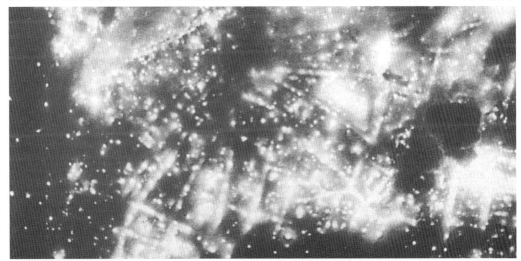

■ 從英軍轟炸機上看到的德國城市，點點白色光芒都是轟炸機投下的炸彈爆炸後的火光，德勒斯登馬上就要受到比這場面更為可怕的火焰洗禮。

炸了德勒斯登的主火車站以及雷曼（Lehmann）武器工廠，大約拋放了70公噸炸彈，312人在空襲中喪生。直到1945年開始，德勒斯登才開始遭遇到規模較大的空襲，1945年1月16日，美國陸航總計出動627架轟炸機和693架戰鬥機，其中364架B-24轟炸機負責攻擊德國東部目標，主要目標為馬格德堡（61架）及其戰車生產廠（61架）、魯朗德（Ruhland）（67架），德勒斯登則作為備選目標最終遭到138架B-24的空襲，美軍轟炸了他的主火車站，大約拋放了279公噸炸彈和41公噸燃燒彈，德勒斯登其他一些地區也被波及，總計約334人在空襲中喪生。

在這最後一次預熱之後德勒斯登就將正式迎來恐怖的毀滅空襲，巨大的反差使當時幾乎所有的德勒斯登人都沒有任何心理準備，也沒有充足時間採取應對之策來拯救自己。德勒斯登的防空力量非常薄弱，因為這個城市一直沒有被列入德軍的重點防空城市名單，甚至到1945年1月它本來就為數不多的高砲部隊還繼續被抽調到東線，雖然在德勒斯登—克勞茲舍（Dresden—Klotzsche）機場停放有大約30架戰鬥機，但是這些戰鬥機由於缺乏燃油幾乎無法升空作戰，也基本不具備夜間戰鬥的能力。無論從哪個方面來看，德勒斯登的城市防空都是不值一提的，基本完全處於空白狀態，要想抵禦盟軍規模

■ 正在裝載500公斤炸彈的英軍蘭開斯特轟炸機，從這架飛機上的標誌可以知道它已經在德國上空執行過了102次轟炸任務。

龐大的空中進攻根本是痴人夢語。盟軍最高統帥部對於這點也是非常清楚的，他們透過大量航空偵察和豐富的地下情報來源早在1945年初就已經確認以下情況：

1. 德勒斯登沒有形成戰鬥力的高砲防禦力量；

2. 德國夜間戰鬥機部隊日益虛弱，不能防禦德勒斯登空域；

3. 德勒斯登所有醫院，臨時救護場所等都被難民擠滿；

4. 難民數量在2月突破60萬。

顯而易見的一個事實就是：德勒斯登當時並沒有做好任何面對死亡空襲的準備。德勒斯登和德國其他重要城市例如科隆，漢堡和柏林等完全不同，那些城市在盟軍的長期打擊下逐步完善了面對空襲的應對以及善後措施，例如《漢堡上空的火焰風暴》一書的作者，當時為漢堡消防警察部隊上尉漢斯·布隆斯維希這樣描述：「我們（漢堡）單單防空警察就有10,000人，此外還有黨部消防隊，希特勒青年，工廠消防隊以及其他各種消防，防空救援組織，這些單位規模龐大，人員基本都經過了專門的訓練。」而德勒斯登上至市政部門下到普通居民都完全沒有應對大規模空襲的經驗，城市的自我救護體系如同她的防空體系一樣幾乎是一片空白，這也是之後德勒斯登在空襲中付出慘重傷亡代價的一個重要原因之一。

火焰風暴

1945年2月13日早晨，皇家空軍轟炸機司令部長官哈里斯對下屬部隊長們進行了任務說明：「各位機組員，今天晚上我們的空襲目標是德勒斯登我從最高指揮部得到的這次空襲任務是明確而又急迫的。」當天下午，皇家空軍轟炸機司令部下屬各個部隊所在基地都正式接到空襲命令。於是，這樣的場景幾乎同時在各個基地上演：空勤人員們接到命令結束休息，準備就餐，然後集中聽取任務簡報，這個程式和之前的空襲準備沒什麼兩樣，但是這些年輕人們似乎從今天明顯緊張的空氣中嗅出了一些異樣的氣味，看來今晚將是非常不同尋常的。很快機組人員們就都聚集在會議大廳內，情報軍官抱著公文包快速地走上前台，台下坐著的空勤人員們直到此刻也不清楚包裡面的檔案內容。很快，情報軍官拉開了前面的大黑板，任務簡圖一目了然，他拿著教棒，用平緩的語氣開始進行任務說明。空勤人員們此刻才知道德勒斯登是他們今晚的目標，而這個城市對所有人而言都是陌生的，不像柏林漢堡科隆魯爾區等等這些他們已經習以為常的目標，可以熟門熟路地開始「例行任務」，因此機組人員們在了解任務細節的時候也格外仔細。這些機組乘員在出擊前得到的最終任務說明中有以下的內容：「德勒斯登是德國第7大城市，是至今為止還沒有遭到過大規模空襲的德國區域。現下大批難民和補充軍隊已經湧入了這個城市，德勒斯登作為工業中心對德國具有重要的意義，此外城市擁有完善的通訊和交通網路，對於德軍在東線抵抗蘇軍進攻的防禦作戰也具有極其重要的價值。我們這次空襲的目標是準確摧毀敵軍那些有明顯線索表明具備軍事價值的目標，同時也向蘇軍顯示我們轟炸機司令部的力量。」皇家

■ 正在德國上空執行轟炸任務的英軍蘭開斯特轟炸機群。

空軍第5轟炸機大隊的一位機組人員戰後回憶道：「（指揮部）告訴我們空襲德勒斯登是官方正式確定的任務原因是為了支援蘇軍前線我們必須完成這個任務。」皇家空軍第二波次轟炸機群的任務簡報還有如下內容：「我們的目標是德勒斯登的整個城市中心區域。如果你們當中有人會對這次空襲產生道德上懷疑的話，那麼請注意，根據確切情報，在德勒斯登有毒瓦斯工廠以及相當數量的彈藥生產廠。」根據最後的轟炸任務分派：第1轟炸機大隊的任務重點是鐵路樞紐，第3轟炸機大隊將要攻擊的是德勒斯登軍事指揮中心，而第6（加拿大）轟炸機大隊的目標區域則是工業中心。皇家空軍轟炸指揮機機組人員李斯利‧黑（Lesley Hay）這樣回憶道：「情報軍官指出德勒斯登具體的目標情況並不是非常清楚，但是德勒斯登有軍工企業，它是納粹要塞城市，它是特別

的軍事目標，納粹很多政府機構都已經遷往那裡。」但是實際上皇家空軍第一波次機組們幾乎沒有機會命中軍事以及工業目標，因為這些工廠或者兵營的大部分並沒有建在德勒斯登的老城區內。當這個和往常不太一樣的準備會議快結束的時候，一切又都恢復到往常的慣例：大家核對時間後各自進行最後的準備工作。

而此刻在各個機場上則是和準備會議完全不同的另一幅忙碌場景，各種各樣的工程車輛不停地來回穿梭於停機坪之間，大批地勤人員正忙著檢查飛機，加油掛彈，一切準備工作有條不紊地進行著。黃昏時分，在英格蘭各個喧鬧繁忙的機場上，準備出擊的機組人員們開始跑向各自的座機，隨後成隊的重轟炸機差不多同時開始啟動，然後排隊滑跑。不多時，龐大的轟炸機群就盤旋在英格蘭上空進行最後的集結編隊——他們將再次

直擊德國縱深。原計畫美軍將在2月13日白天對德勒斯登的鐵路樞紐進行第一次空襲，雖然盟軍氣象部門預測2月13日德勒斯登上空的天氣狀況並不樂觀，但「霹靂」空襲依然按照計畫進行，只不過美軍第8航空軍的空襲延遲到2月14日白天，皇家空軍成為第一波空襲力量。根據最終擬定的空襲計畫，2月13/14/15日對德勒斯登的空襲中，美軍目標為德勒斯登鐵路系統；皇家空軍目標為德勒斯登城區和工業設施。

對於皇家空軍機組乘員而言，這又是一個疲憊而緊張的夜晚，對於空襲德國縱深目標的恐懼感直到戰爭末期也依然讓很多人記憶猶新，一位皇家空軍機組人員回憶道：「空襲德國東部真是漫長的飛行啊，長時間飛行也意味著恐懼和不安的增加。我自己就

是這樣，在起飛前我就感覺到比以前要緊張得多。我們被告知，如果在空襲中轟炸機嚴重受傷的話，可以飛向東面，進入蘇聯控制區域後再跳傘，而那些地方距離地面作戰的前線很近，為此我們都得到一張寫有斯拉夫語『我們是英國人』的卡片，以便在緊要關頭向蘇聯士兵出示。我一直祈禱萬一我必須這樣跳傘的話，那些蘇聯士兵至少在開火前能明白我是什麼人，幸運的是，這個晚上我不需要用到這張救命卡。戰爭毫無疑問快要結束了，我當時強烈希望我可以活到這一天。」使用這種卡片的還包括機組成員中的加拿大人或者澳洲人，所有空勤人員都預先得到了警告：蘇軍戰士可能會立刻對無法確認身分的軍事人員開火。但是對於這些大部分已經經歷了夜空中腥風血雨的機組人員們

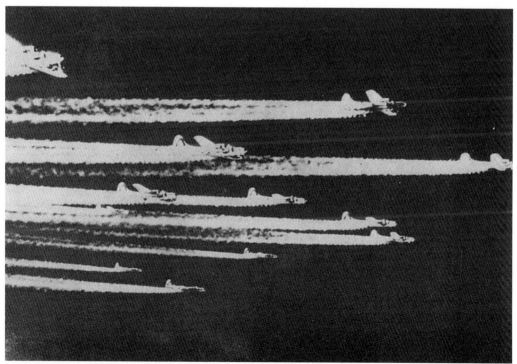

■ 浩浩蕩蕩飛向德勒斯登的盟軍轟炸機群。

而言,現下已經沒有什麼能讓他們恐懼,一點緊張算不了什麼,他們的士氣依然一如既往的高昂。這些年輕人們都很清楚自己是為了保家衛國而出航,狠狠打擊德國納粹,就憑這一點已經足夠讓人熱血沸騰,何況此刻戰爭快要勝利結束的希望更是鼓舞著每一個人。

轟炸機司令部當晚實際出動805架蘭開斯特和蚊式,分成2個波次間隔約3個小時空襲德勒斯登,最終有764架蘭開斯特和9架蚊式到達目標上空,此外還有一個強大的編隊(屬於第4、6、8轟炸機大隊的326架哈利法克斯,34架蘭開斯特和8架蚊式)對萊比錫附近的燃料生產基地進行轟炸。空襲首先由第5轟炸機大隊的235架蘭開斯特和9架蚊式揭開序幕,他們將首先在夜空中點燃德勒斯登!這個特殊的精銳轟炸機大隊下屬中隊中就包括著名的低空精確轟炸王牌中隊——「大壩破壞者」第617轟炸機中隊,此外

該大隊還擁有自己獨立的轟炸引導中隊,採用他們特有的低空指示轟炸戰術進行空襲。在經過超長時間單調而又疲勞的單程飛行後,第5轟炸機大隊終於在大約22點到達目標上空,「當我們距離德勒斯登大約10公里的時候,我透過雲層中的縫隙看到了這個城市,沒錯,就是它,我們準時到達了目標上空。」——皇家空軍轟炸指揮機機組人員李斯利·黑。22點03分,轟炸引導機投下第一枚白色照明指示彈,大約2分鐘後綠色指示彈在目標上空區域陸續拋放,這意味著第5轟炸機大隊的轟炸引導機開始進行低空目視指示。由於德勒斯登上空籠罩著雲層,轟炸引導機在高空無法確認目標。但是如前所述,由於德勒斯登是一個幾乎沒有任何防空力量的城市,於是轟炸機群開始降低高度,蘭開斯特機群的飛行高度降到了3,000公尺,而進行目視引導的轟炸機更是降到了約270公尺。隨後象徵死亡的紅色指示彈被陸

■(左)英國空軍王牌部隊第617轟炸機中隊的隊徽;(右)英國國王喬治六世(中)正在聽取617中隊長吉布森(左)的會報。

■ 正在落向地面的轟炸指示彈。

續投下，如同放焰火一般的目標指示作業就這樣在德勒斯登上空「安靜」而毫無干擾的進行了10分鐘左右。這是毀滅前最後的靜默，是五光十色的華麗前奏，「易北河佛羅倫斯」最終被無情地鎖定，而地面上直到此刻也沒有出現哪怕一束探照燈的燈光，德勒斯登異常寧靜地迎接最終毀滅的到來。22點13分，皇家空軍大規模轟炸正式開始，此刻被稱為「慶典主持人」的轟炸指揮機就盤旋在龐大編隊上空，負責整個空襲的協調指揮工作，他們是空襲進程中決定性的指揮者，整個主力編隊的投彈都將嚴格按照他們的指示進行。轟炸指揮機和Plate-rack-轟炸機編隊的通訊聯絡中有這樣的語音紀錄：「hallo，Plate-rack-編隊，準備向紅色指示彈區域投彈注意，一枚炸彈拋放時間太晚，偏離目標較遠幹的漂亮！Plate-rack-編隊，投彈非常精準！Plate-rack-編隊，注意尋找紅色指示彈，現下你們的投彈有點凌亂」隨著地面上一道道火焰長廊陸續出現，一些新的「耶誕樹」會繼續閃亮在這些長廊構築的中間區域。第5轟炸機大隊在大約20分鐘內總計拋放了約877公噸炸彈和燃燒彈，其中包括529枚空雷和1,800多枚炸彈

以及燃燒彈。他們的空襲非常精準地覆蓋了預定區域，落彈範圍覆蓋了老城區核心地帶，目標區域呈1/4扇形，左翼直至易北河畔，右翼到達法爾肯橋（Falkenbrueken），在轟炸指揮機和其他轟炸引導機的實時指引下，轟炸機群「點燃」了預定目標區域內每個角落，這次完美的轟炸甚至使得德國地面觀察站估計的轟炸機數量遠遠高於實際數量——他們認為至少有500架轟炸機在投彈！德勒斯登火車站在第5大隊的目標區域之外，這裡將成為第二波次機群的目標。空襲德勒斯登這樣遠距離的目標對於皇家空軍機群而言，不容許有任何行程上的耽誤，一切都必須嚴格按照製定的計畫時間表進行，否則即便已經滿載燃油的轟炸機也將無法回航。22點28分，第5大隊轟炸機群準確按計畫開始返航。

哈里斯在對德勒斯登的空襲中依然採用了之前在杜伊芳斯堡，科隆和薩爾布呂肯等城市已經嘗試過的兩波空襲戰術——「雙擊」戰術。晚上8點，屬於第1、3、6、8轟炸機大隊的529架蘭開斯特組成的第二波次已經升空，在英格蘭上空進行編隊。隨後這個龐大的機群非常順利地飛向德勒斯登，因為他們得到了強有力的「護送」支援：第100特殊大隊強烈的電子干擾以及輕型空襲大隊的「蚊子」們對多特蒙德、紐倫堡、波昂等城市的大規模干擾性空襲。這個編隊只是在開米尼茲空域遇到了一定的麻煩，這個城市部署的高砲部隊全力攻擊了這個機群，而皇家空軍大部分飛行員並不清楚這個城市

的情況。這些高砲對第二波次的編隊產生了一定的影響，例如第3轟炸機大隊就有部分轟炸機被命中，一些轟炸機的飛行計畫也受到了影響，延誤了原定行程，直到空襲結束前的5分鐘才到達目標上空，遲到了十幾分鐘。午夜1點剛過，第二波次最終飛臨德勒斯登這個燃燒中的城市，素來和第5轟炸機大隊這個「獨立部隊」存在強烈競爭關係的第二波次各個大隊的空勤人員中很多人此刻非常躁急，因為第一次空襲引發的大火使得這些機組人員在極遠的距離上就可以用肉眼清晰地觀察到目標，這也意味著他們的「對手」——第5轟炸機大隊在幾個小時前已經非常出色的完成了任務。

皇家空軍第二波次轟炸機群依然採用常規的轟炸引導戰術，由第8轟炸（引導）大隊負責具體執行轟炸引導任務。1點22分，負責進行「盲視引導」的蘭開斯特依照H2S機載地形雷達投下第一枚指示彈，1點28分，威瑟勞（Wesselow）少校的第1轟炸機指揮機到達目標上空，熊熊燃燒的城市使得他很難看清楚目標區域。2分鐘後，古德（Good）中校的第2轟炸指揮機到達，這2架指揮機現在必須決定主力機群的投彈目標區域，他們在交換意見後決定首先擴大空襲區域，最後再向之前已經在燃燒的區域投彈。正式投彈開始後，指揮機關注的重點是根據現場實際情況及時校正那些投彈偏離目標區域太遠的轟炸機。整個第二波次的轟炸也極為精確和密集，投下了超過1,800噸炸彈和燃燒彈，其中燃燒彈裝載量幾乎占了總攜彈量的45%，轟炸指揮機組在最後離開的時候確認了空襲的摧毀效果。皇家空軍的空襲總結分析報告中這樣寫道：「可見火焰上升到城市上空」一位投彈員回憶道：「當炸彈投下的時候，我順便向下瞥了一眼，一個燃燒的地獄般的城市瞬間映入我的眼簾，德勒斯登正在『從一個結束到另一個』地燃燒著。當風偶爾將濃濃的雲層和煙霧吹開縫隙的時候，熊熊燃燒的城市全貌就清晰可見，燃燒的高溫甚至波及到了我們的機艙！熱浪似乎直接傳到了機艙內部，整個天空被映照成血紅色，彷彿是秋天落日時候的景象，返航途

■ 這幅地圖清晰顯示了第一波次第5轟炸機大隊的轟炸區域。

■ 英國空軍第100特殊大隊的一架執行探測德軍雷達信號任務的哈利法克斯轟炸機。

在約200多公里遠的地方還能夠清晰地看到德勒斯登的火光」另一位皇家空軍的飛行員更為簡約地回憶自己當時的感覺:「這是我惟一一次對下面的德國居民產生同情的感覺!」這位屬於第635轟炸機中隊的乘員隨後補充道:「但是這種感覺很快被任務的緊迫感所替代,我們的任務是要打擊敵人,這是必須完成的。」皇家空軍在這次空襲中的投彈戰術依然是普通炸彈(高爆炸彈)/燃燒彈組合模式:先拋放炸彈摧毀建築架構,其中包括1,812和3,624公斤級重型炸彈(外號「餅乾和超級餅乾」),隨後接著拋放燃燒彈,其中還包括一定數量的安裝定時引信的空雷,使得空襲的影響在轟炸機群離開以後可以繼續持續很長一段時間。皇家空軍這套空襲戰術是經過長時間空襲作戰慢慢累積並且完善的,首先他們根據不同種類炸彈的特性來決定在空襲中的裝載比例,例如普

炸彈一般透過爆炸產生的碎片起到殺傷或者摧毀建築的作用,但是對於隱蔽良好(例如躲避在地下室的平民)的人或者物品的殺傷效果有限;高爆炸彈和空雷裝載的爆炸物比例明顯高於普通炸彈,因此在爆炸後能產生高壓氣流波,由此達到殺傷和毀壞建築的作用,殺傷範圍更加廣泛;而燃燒彈對於老城區的殺傷力則達到了核子武器出現以前的頂峰,邱吉爾以及皇家空軍高層早在1940年倫敦遭受空襲期間就決心「最大限度」地使用火來摧毀德國城市。為此英國方面陸續研製了一系列的不同構造的燃燒彈,諸如採用白磷橡膠混合溶液的50磅燃燒彈等,其中一些由於性能一般很快被淘汰,有的則在某一時期成為標準裝備,例如使用苯溶液的30磅液體燃燒彈就被一直使用到1944年底。而在德勒斯登兩波次空襲中總計投下的650,000枚燃燒彈中的絕大部分則是二戰

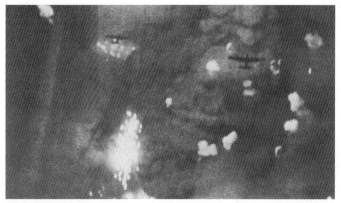

■ 下指示彈的轟炸引導機。

型易燃城區。於是和1943年7月的漢堡一樣,在第一波第5轟炸機大隊空襲結束之後約半個小時,德勒斯登也開始產生皇家空軍預期的猛烈火焰風暴,2波空襲之後,德勒斯登內城約15平方公里城區完全陷入熊熊火焰之中,如同一個超級大火爐。羅伊‧阿克霍斯特(Roy Akehurst)

功的燃燒彈品種,被稱為「條形燃燒彈」(Stabbrandbomben),長55公釐,架構簡單,引燃物散佈以及點燃效果優異,可以根據實際情況裝載不同的燃燒物質,例如汽油、橡膠、油類或者白磷的混合物等。其次英國航空部有專門的機構透過航空偵察照片的判讀以及其他資訊資料來源對各個特定目標進行專門的分析,製定具體的空襲施行規劃,計畫製定中一個重要的參考點就是德國城市的規劃特性,一般城市的新城區大多為工業區,基本建造於19世紀以後,主要為工廠區以及配屬的居民區,建築架構堅固。而老城區則多為18世紀以前的建築,街道狹窄,建築物緊密相連,架構脆弱,木製構件所佔比例較大,一旦被燃燒彈引燃,火勢將立刻擴散,不可控制。皇家空軍專門劃分了德國各個城市的燃燒等級,例如盧比克這個市區木建築緊密相連的古城就被劃為燃燒1級,她也成為最早經受火焰考驗的德國城市,同樣德勒斯登老城區也是這樣的

是皇家空軍一位轟炸機乘員,他作為無線電員親歷了空襲德勒斯登的行動,他在戰後這樣回憶:「當時的場景讓我完全震驚了,我們彷彿飛行在火的海洋上,炙熱的火焰透過濃濃的煙霧閃爍著死亡的光芒。我一想到在這人間地獄裡的還有很多婦女兒童,我就無法自制地對我的戰友們喊道:『我的上帝,這些可憐的人們!』我無法形容當時我的感覺,也無法為之辯護」空襲之後德勒斯登總計有三個嚴重毀損和人員重大傷亡中心地帶,分別是老城區、易北河沿岸綠色地帶和

■ 天空中「耶誕樹」在綻放,而城市已經成了火的海洋。

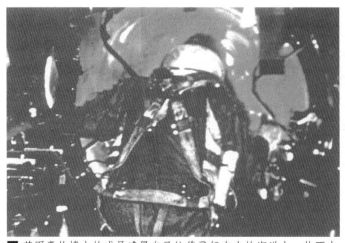

■ 英軍轟炸機上的成員感覺自己彷彿飛行在火的海洋上，他不由自主地對他的戰友們喊道：「我的上帝，這些可憐的人們！」

第二波次的機群開始投彈，天空中又開始不停的綻放耶誕樹，但是允許出擊的綠燈還是沒有亮起，我們除了等待什麼也幹不了，眼睜睜地看著德勒斯登繼續燃燒」當晚出現下德勒斯登上空惟一一架德軍飛機則是屬於陸軍總司令部的聯絡機，這架飛機當時從波門（Boehmen）起飛，運送中央集團軍群參謀長馮·科斯朗德（von Xylander）將軍前往柏林的元首指揮部。德勒斯登也幾乎沒有地面高砲火力的抵抗，第二波次轟炸副部隊長古德中校這樣記錄到：「德勒斯登，空域可見度很好，整個城市幾乎都在燃燒，沒有高砲」轟炸機司令部最後確認在當晚對德空襲中在德國境內只損失了6架蘭開斯特，其中第5轟炸機大隊的1

站，其中火車站滯留的難民傷亡數字也是最終傷亡統計不確定性的一個重要原因之一（關於難民數字問題將在稍後具體闡述）。

當晚德國空軍的抵抗幾乎可以忽略不計，總共只有大約27架夜間戰鬥機接到了警報升空出擊，即便這些少得可憐的戰鬥機最終也沒有能夠捕獲英軍主力機群，當晚他們的戰績為零。隨著空襲的進行，有的夜間戰鬥機基地已經能夠看到德勒斯登的火光，夜間飛行員已經坐在戰機座艙等待出擊命令，地勤人員也都準備就緒，隨時可以發動戰鬥機。但是在英軍第100特殊大隊的強烈電子干擾下，德軍第1戰鬥機師指揮部直到此刻也沒有能夠正確判斷出英軍即將到來的第二波次大機群的真正到達站。德軍一位夜

■ 德國空軍士兵充當臨時消防隊員撲滅轟炸引起的大火。

架蘭開斯特拋放的炸彈不巧正好命中了位於他下方的另一架蘭開斯特，這是該大隊在德勒斯登上空損失的惟一一架轟炸機。另一架損失的轟炸機則墜毀在波棱（Boehlen）空域，屬於空襲萊比錫附近的燃料生產基地的轟炸機編隊；其餘損失的4架則全部屬於第二波次機群，分別墜毀在法蘭克福、斯圖加特等處，有1架因為不明原因在德勒斯登上空損失，墜毀在德勒斯登的2架蘭開斯特的殘骸都在以後幾天被發現，機組成員都在機艙內陣亡。此外有資料表明皇家空軍還至少有1架轟炸機墜毀在法蘭西境內，1架墜毀在英國境內，但是毫無疑問的是，這次空襲的損失是微不足道的。

烈火焚城

接下來讓我們回到地面上，從德勒斯登居民的角度來親身感受這毀滅性的空襲。當晚大約21點15分德勒斯登防空指揮部開始預警，21點39分德勒斯登響起第一次防空警報，但是居民根據一直以來的慣例，認為英軍轟炸機群的目標肯定不會是這裡，而他們對這種沒有實質「威脅性」的空襲警報已經習以為常，並沒有太多的擔心。直到1945年初還有很多居民甚至在警報響起後依然去馬戲團看戲！因此這次警報之後也只有部分居民開始躲入地下室。此外，德勒斯登居民也普遍缺乏空襲應對經驗，在這空襲自我保護這方面都是「菜鳥」。另外值得一提的是，此時德勒斯登幾乎沒有真正意義上的防空洞，因為市長姆齊曼（Mutschmann）下屬的納粹市政機構一直忽視防空洞修建計

畫，當然由於構築防空洞必需的混凝土等原材料以及勞動力的緊張，德勒斯登這個「例外城市」自然在防空洞修建優先排序中列於後面的位置。德勒斯登居民口中的「防空洞」事實上就是自家的地下（儲藏）室。整個德勒斯登的防空避難所為居民住宅地下室和在市政大樓下面惟一的一個規模較大的所謂「公共避難所」；除此之外居民能躲避空襲的地方就只剩下那些旅館飯店倉庫、火車站、學校、銀行等等場所的地下室。

22點剛出頭，城市上空綻開了第一顆「耶誕樹」，這些「耶誕樹」帶來的禮物只有毀滅，德勒斯登居民直到此刻才開始真正意識到今晚的不同尋常。伴隨著越來越近的巨大的轟炸機轟鳴，綠色、紅色目標指示彈也都陸續在空中綻放，從第一枚炸彈正式落下到第一波次轟炸機群完成投彈大約只有20多分鐘。然而就是這短短20分鐘的地毯式轟炸就已經讓德勒斯登老城3/4區域陷入一片火海之中，德勒斯登上空佈滿照明彈，彷彿在照亮這個毀滅中的美麗城市的最後一幕。

凌晨1點剛過不久，皇家空軍第二波次轟炸機群到達，在呂布陶（Lbtau）至布拉斯維茲（Blasewitz）區域以及新城到茲謝爾尼茲（Zschertnitz）區域投下了大量燃燒彈。在第一波次大火的指引下，第二波次燃燒彈轟炸造成了更為恐怖的後續效果，眾多原本各自獨立的小火源很快連接起來，形成了毀滅性的規模更大的火焰風暴（火焰風暴的產生條件除了轟炸戰術以外，其他重要影響原素還有天氣狀況、房屋材料和架構以及城市建築形式等）。空襲倖存者阿萊克桑德・麥基（Alexander McKee）在1982年

這樣寫道：「從火焰風暴下逃生的機會很小很小，建築聚集區域在遭到時間和空間上高度集中的轟炸之後，迅速開始劇烈燃燒，在燃燒區域上空的空氣也迅速受熱達到非常高的溫度，形成猛烈的對流，推展火焰爆炸性地向四處噴射。」火焰風暴的產生原因可以這樣簡單描述：由於燃燒點地表上方空氣被大面積燃燒加溫後達到很高的溫度，部分燃燒核心位置的空氣溫度甚至達到千度以上，於是這個燃燒點區域就如同一個大火爐，受熱空氣一直上升，而周遭新鮮空氣則繼續被吸入助燃加溫，由此產生的巨大對流氣流可以達到風暴的強度，推展火焰向四處噴射。早在1943年7月，漢堡就遭受過火焰風暴的洗禮，整個城市有約16,000幢建築屋被毀，街道樹木約70%被燒毀，大量居民喪生在熊熊烈火中，漢堡火焰風暴造成的傷亡數字至今也不是很確定，但是保守估計在40,000人左右。第一波次空襲結束後，從老城區逃出來的德勒斯登居民匯聚到「大花園」（Fluchtinsel）和易北河沿岸（Elbwiesen），這兩處聚集的難民超過1萬人，實際上，這些從老城地獄逃出來的居民也沒有其他的選擇，這就如同口袋的扎口一樣，是火焰地域中僅有的兩個出口。值得一提的是，這兩個地點隨後也將成為皇家空軍第二波次轟炸機群的目標。而經歷了第一波次空襲的德勒斯登依然處於混亂之中，消防救護人員疲於奔命，此外由於內城的警報以及廣播裝置都遭到了破壞，新的空襲警報資訊沒有能夠及時得以傳遞，這是造成大量人員傷亡的一個重要原因。

恐怖的火焰快速席捲整條街道或者空地，街道兩旁的房屋建築在熊熊燃燒，如同

■ 在燃燒的建築，這幢大樓已經被炸成了廢墟。

爐膛般吞吐著嗜人的火焰，傢俱、地毯等等只要能想到的日常物品都在火焰中化為烏有，所有能燃燒的一切都在燃燒，整個城市陷入一片熊熊火海之中，甚至在相距320公里的下薩克森州上空的飛行員都能辨認出這個火中之城，距離老城60公里的德勒斯登新城在第二天下了一場泥石雨。火焰的力量是可怕的，窗戶玻璃甚至鋼鐵也在高溫下開始融化（至今一些被融化的燈泡依然被保留著作為最好的歷史見證），瀝青澆築的街道開始流淌，彷彿整個城市都在淌血。大量居民被火焰吞噬，高溫和缺氧很快成為更為凶猛的殺手，當火焰風暴捲過街道的時候，那些躲在充當防空洞的地下室的居民被窒息著、烘烤著、燃燒著，無助地死去，他們中的很多人根本沒有機會逃生，即便能從地下室僥倖逃脫的人們也極有可能很快喪生於街道上的高溫風暴。當時親歷這一恐怖地獄的德勒斯登居民羅薩・海爾（Lothar Heil）回憶道：「當消防車開過來的時候，它自己也很快陷入融化的瀝青路面並且開始燃燒。有些人實在忍受不了高溫和缺氧的折磨跳入了水井。」磷是一種液體，但它和氧氣接觸的時候立刻被點燃，一旦它和水混合，那麼燃燒更為劇烈！於是這些跳入井裡的人們就像蒸鍋裡的雞蛋一樣被烘烤著死去。一名劫後餘生的士兵描述了當時的情景：「我在被炸開的電車中間看到了一批被燒死的人。他們有的被燒得焦黑，有的被燒得捲縮起來，也有一些還看得出原來的樣子。這些被燒死的人中有男人，有女人，也有孩子，他們都被殘忍地奪去了生命。」

威爾納・海尼茲舍（Ｗｅｒｎｅｒ Hanitzsch）在其著作《變遷時代我的生活》中這樣描述他經歷的這個恐怖夜晚：「我當時並不知道自己的生活在這個夜晚之後將開始翻天覆地地變化，我在當天還穿著希特勒青年制服，照常參加勞動。我屬於所謂『騎兵-希特勒青年』，那時候我們還有『飛行員-希特勒青年』；『軍-希特勒青年』等等名目繁多的組織當一名盟軍戰俘看到我的制服後用結巴的德語告訴我希特勒已經快完蛋的時候，我還認為他在發瘋我們當時一個重要的工作就是為滯留在火車站的數量龐大的難民分發食物和水，並且提供有限的醫療幫助晚上21點30分過後，我聽到了防空警報，在過去的一年我已經習慣於在警報後靜靜待在地下室，度過漫長而無聊的避難時光，但是這個夜晚讓我真正學會了恐懼。」

空襲開始後，海尼茲舍幫助一名受傷的小孩躲入地下室，「我們在地下室有很多工作要做，照顧傷者，安慰他們，因為大部分人都還沒有經歷過這樣的大空襲。大約60分鐘後，空襲結束，空中恢復了平靜。我們立刻離開地下室，準備去火車站台幫助那裡的難民，老人和傷者都繼續待在地下室。街道上的慘狀觸目驚心，受傷的人們撕心裂肺的呼喊著我們協助將一些重傷者送往急救點，而普通傷者只能繼續待著等待救護，很快我們這裡的傷者就滿了，我們必須清理出新的地方有的人已經死去，因為他不能得到及時的醫療救護不知道過了多久，城市上空再次佈滿『耶誕樹』，將天空照得雪亮，這是為轟炸機群指示目標的。我以為自己花眼了，努力試圖搞明……

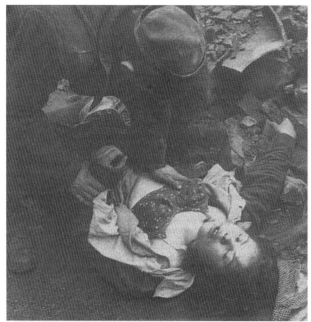

■（上）救援人員正在搶救一位在空襲中受傷的市民。
（下）德勒斯登一處醫療急救站，混亂的場面可以想見空襲時的緊張。

白這些『耶誕樹』究竟是已經過去的空襲留下的還是新的空襲即將開始的標誌，實際上新的防空警報大約3個小時後再次響起，人們再次狂喊著，奔跑著，一些警察還在徒勞地試圖維持秩序，我也竭盡全力狂奔起來，當我回到原來在火車站的集合點的時

一架轟炸機已經飛臨了。於是我立即轉身，奔向地下室方向！但是我很快發現火車站地下室已經擠滿了人，於是我只能接著跑，心中只想著，快點離開這裡！我穿過拜仁街，跑向那裡的拜仁旅館，因為那裡還有地下室可以藏身。奔跑，為自己的生命奔跑！空中充斥著轟炸機發動機的轟鳴，地上則是人間地獄！我奇跡般的沒有受傷並且終於跑到了旅館的地下室，但是這裡也擠滿了人，我只能躲在兩個地下室之間的過道裡，我右邊的地下室大小大約為4公尺×8公尺，我看到我身邊一對情侶在忘情接吻，很久都沒有分開，我長大後才能真正理解他們的心情。轟炸開始大約20分鐘後，供電中斷了，地下室立刻陷入一片黑暗，隨後有一些手電和應急燈亮了起來，微弱的燈光下映照出的是一張張充滿恐懼的臉，我當時有這樣一種感覺，這是世界末日突然我感覺到一股強烈的壓力波湧向我，天啊，上帝救救我吧！因為我接受過的防空訓練告訴我，被空雷（延遲引信高爆炸彈）命中的話，沒有人可以逃脫，因為爆炸產生的壓力足以將人的肺擠爆！不過這次我還是活了下來隨後過道裡傳來消息說我們頂上的旅館可能已經全毀了，地下室入口已經被封死。於是一些人恐慌起來，他們試圖在另一個緊急出口還沒坍塌前即刻離開這裡，而大部分人還沒有動，畢竟此刻外面比這裡危

得多，在這裡至少還有暫時躲避死亡的希望，雖然實際上這裡也隨時會變成地獄。我自己則非常猶豫，不知所措，因為我也非常害怕被埋在這個地下墳墓裡此刻又一枚高爆炸彈在附近爆炸，產生的壓力波一直波及到地下室，一些人直接就被掀了起來，連椅子也飛起來如同子彈撞入另一個房間！我緊緊趴在地上，感覺到有人就壓在我身上，突然有人絕望地高喊『白磷』！它是液體，接觸氧氣後能立刻燃燒。它燃燒著，流動著，點燃它接觸過的一切！撲滅白磷火焰是非常困難的，因為如果用水的話，情況更糟糕！只有沙子可以用來撲滅這種火焰。當時人們能做的只能是跳起來躲開，當時搖曳著的微弱燈光映照下的佈滿傷者和屍體的地下室景象是我一輩子的夢魘。我努力躲避著白磷的火流，也盡量避開受傷的人或者也可能是某塊屍體，終於透過緊急出口得以完好無恙地離開。原來的旅館此刻已是一片廢墟，我透過一段約6公尺已經殘缺的門廊才得以離開這個廢墟來到街道上。我的上帝！路上的瀝青也在燃燒！我看到火車站還屹立著，我只能繞路奔向拜仁廣場。路上我清晰地記得一位父親抱著大約2歲的女兒在奔跑，女孩的胳膊嚴重燒傷，淒厲的哭喊令我終身難忘。拜仁廣場上大約有一塊150公尺見方的空地，這可能是我能到達的惟一相對安全的地方了。轟炸機群終於轉向離開，此刻圍繞廣場周遭的只有火焰，我身邊大約有16人左右，有些人已經受傷。這時候由於高溫燃燒產生了更為恐怖的火焰風暴，推展拳頭大的炙熱的氣流如同子彈穿過空氣般四處噴發，我們只能緊緊趴在地上，希望能幸運避開這

溫氣流『子彈』，我們必須互相幫助，時刻注意自己身邊的人是否被命中，一旦有人被命中後就立刻開始燃燒，其他人就要盡可能幫助他，例如可以撲上去幫助他壓滅火頭，也只有這樣我們才能一起活下去。我也不知道我們這樣和火焰風暴鬥爭了多久大約凌晨4、5點的樣子天空中飄起了蒙蒙細雨，這正是飢渴交加的我們需要的。此刻我們將要面臨的則是巨大的混亂，我放眼望去，到處是燃燒的廢墟，我們當中誰也不知道此刻該去那裡，幹什麼，只是每個人都在為自己的親人或者朋友擔憂。我對我身邊一個人說：『無論如何我都必須回到火車站那裡我的服務點去看看。』他回答道：『過來好好看看，年輕人，你認為火車站那裡還有人會活著嗎？你能跑出來已經是最大的幸運了，快點回家去看看吧！』我這才意識到當時擁擠的火車站地下室反而救了我一命」

羅薩・麥茲格（LotharMetzger）也親身經歷了德勒斯登的悲慘夜晚，當時她還只是個孩子，1999年5月她在柏林回憶道：「1945年2月13日，星期二，我、姐姐正和媽媽今天要慶祝我10歲生日。父親自1939年參軍後再也沒有回家，1944年母親收到了他最後的來信，之後她收到令人痛心的『失蹤』通知。戰火越來越向我們的城市逼近，一群群從東部退下來的士兵和打算逃往西部的難民和我們一同經歷了這令我終生難忘的空襲——2月13/14日的夜晚。大約在21點30分後警報響起，我們幾個小孩子以最快的速度爬起來穿上衣服，逃到地下的防空洞——這實際上就是我們家自己的地下室。廣播不停地在通告『警報！我們的城市

將遭遇空襲！』幾分鐘過後傳來一聲可怕的轟鳴——炸彈爆炸！然後世界沈浸在無休止的爆炸中。我們的防空洞充滿了火焰和嗆人的煙味，它完全被破壞了。此刻燈也熄滅了，我的耳邊充斥著傷者的呻吟聲。恐懼驅使著我們趕快逃離『防空洞』。此刻的街道面目全非，到處都是火焰，我們也再也沒有家了，房子的殘骸仍在燃燒。剩下的只有燃燒的轎車、難民、馬匹、市民，他們的尖叫和哭喊就如同死亡的喪曲，受傷的婦女、兒童、老人盲目地尋找著能透過廢墟和火焰的出路。而那時還年幼的我就置身在這樣的人間煉獄中。我們飛奔進了另一個『防空洞』，裡面擁擠著受傷和需要照顧的男人、女人和兒童，他們互望著、祈禱著。除了一些手電筒光，這個防空洞裡沒有光線。突然第二次空襲也開始了，防空洞很快也被摧毀，就這樣我們只能在一個接著一個防空洞間輾轉，尋找避難所。越來越多的人湧上了街道，一聲又一聲的爆炸如同噩夢般隨時炸響，人不斷地在眼前受傷燃燒，連呼吸也變得越來越艱難，在黑暗中我們盡量擺脫恐懼尋找著下一個防空洞。死去和受傷的人們被踐踏著，剩下的包裹就被丟在一邊或是被人搶走。隨後我們看到了更恐怖的場景：一個燃燒的成年人縮小成小孩般大小，手臂和大腿的殘肢，死人，整個被燒死的家庭，頭髮身體都在燃燒的人，一輛燃燒的卡車裝滿了難民和死去的士兵，到處尋找孩子和家人的人們，伴著熱風的廢墟，到處是火焰這些可怕的場面至今仍迴蕩在我的腦海中。在這次襲擊中我失去了兩個妹妹，從此再也不曾見到。我們在朋友家簡單梳洗、吃飯和睡覺

後，新的空襲又開始了，此時已經是2月14日白天。很快這幢房子也被炸平，於是我們和其他的倖存者穿過橋逃離了我們的家園。這樣揮之不去的經歷，噩夢般的夜晚在我們的內心已經烙下了深深的印痕，終生不會忘卻。在多年之後我依然嘗試著思索這個夜晚背後的政治緣由，這將對我的餘生有重要的意義。」

柏林歷史學家尤爾根・弗里德里希（Joerg Friedrich）在他的關於盟軍對德戰略空襲的著作《燃燒》（Der Brand）一書中對燃燒和火焰風暴造成的傷害有非常細致的描述：「在火焰戰爭中流血很少，德勒斯登的急救醫生曾經有這樣的報告，成百上千的人在高溫氣流的烘烤下喪生，這些在街道

■ 空襲之後倖存的市民，他們臉上的表情除了恐懼就是無助。

315

上的屍體皮膚成褐色紋理狀，毛髮保留完好。一些人從地下室逃離到街道後走不了幾步就摔倒了，直到死亡手都保持著捂著嘴部的姿勢，似乎繼續在努力抵抗著濃煙和高溫，一名約16歲左右的殉難者，全身幾乎赤裸的躺在大街上，毛髮已經被烤糊，手腳部皮膚捲曲，口鼻處被烤乾，有燒傷的痕跡，皮膚呈紅褐色，肌肉組織明顯呈現被烘烤過的跡象，肺部腫脹最終判斷他是被燃燒烘烤致死火焰風暴在極短時間內形成一種特殊的大氣環境，人體組織在由此造成的空氣『地獄』裡面迅速死亡，一些死者並沒有任何燒傷的痕跡，顯然他們僥倖逃過了火焰的傷害，但是無法逃脫這個空氣『地獄』。實際情況是，很多人並非死於街道上，而是喪生於藏身的地下室，因為在這些地下室裡劇烈燃燒產生的化學反應以及由此產生的高溫和毒性氣體（特別是一氧化碳）是造成大量死亡的重要原因，高溫空氣即便其中的氧氣成分沒有完全耗盡也讓人感覺根本無法呼吸，德國官方的分析表明死於地下室的人數佔總死亡人數的60～70%。」

空襲後易北地區最高黨衛隊和警察部隊長（地區秩序警察總指揮）的報告中表明主要人員傷亡發生在地下室，死傷原因依次為：燃燒直接或者間接造成（例如缺氧窒息、燒傷等）以及建築物倒塌等原因，此外空雷和炸彈特別是第二波次空襲對街道和建築的攻擊也造成了大量傷亡。而根據美國人的分析報告，空襲中傷亡總數的5～30%直接死於炸彈爆炸，高爆彈引發的壓力氣波以及附帶引起的廢墟坍塌等原因；5～15%死於高溫空氣；60～70%死於一氧化碳中毒。

卡塞爾警察部門負責人也證實了這一點：「一氧化碳這種可怕的致命氣體可以透過各種各樣的燃燒產生，在高溫劇烈燃燒情況下，即便碳沒有直接參與燃燒，這種毒瓦斯依然可以大量產生。」德勒斯登空襲倖存者魯斯・埃爾瑪（Ruth Ermer）這樣回憶讓她永生難忘的一幕：「我看到一位婦女扶著她的嬰兒車站著，但是她們都已經被毒死了，當時我甚至無法繼續跑了，我被驚呆了，這個場景我永遠不會忘記。」馬格萊特・弗雷亞(Margaret Freyer)同樣有類似的回憶：「令人難以置信的火焰風暴啊！受傷的人們在呼喚幫助，但是那裡都是一樣的火焰地域。我親眼看到一些可憐的人們踉踉蹌蹌走了幾步後突然就倒在地上死去，之後我才知道他們都是死於缺氧。我當時充滿恐懼，只是不停地對自己重複一句話：『我不想被燒死！』，當時我的腦海中也只有一個念頭——不要被燒死！！」

在1944年德勒斯登遭到第一次空襲後，納粹當局吸取了此前卡塞爾這個德國城市在空襲中居民逃亡阻塞的慘痛教訓，要求各個相鄰的房屋的居民將各自的地下室打通，同時向街道挖掘延伸，構成一個地下室和街道的網路聯通系統。這個舉措在一定意義上拯救了相當數量的居民，因為在空襲中他們就是透過這些「防空地下通道」逃向尚未被毀的房屋和城區（例如向北逃亡易北河沿岸或者向南逃往大花園），由此逃脫了被活活困死在地下室的命運。但是這套系統也存在著明顯的問題，空氣流通和火焰的侵入速度就是嚴重的潛在威脅。按照避難計畫，居民在空襲開始後進入地下室，躲避炸彈破片、瓦

■ 救援人員在廢墟中搶救倖存者。

礫和火焰的直接傷害；當持續20～60分鐘的空襲結束後立刻離開。因為在這段時間內，地下室還能保持一定的正常環境溫度，當牆壁吸收了足夠的熱量之後，這個避難所也就會變成烤爐，此時人們必須及時離開，逃往街道或者其他空曠地帶。德勒斯登老城區的地下室最深的也就在地面以下1.5公尺左右，而且大多只有簡單的一層。當幾乎整個老城區陷入火海之中的時候，火焰很快就侵入地下室，熱浪更是不停地湧入，而此時很多躲避在裡面的居民還沒有準備離開，還有的居民準備逃離的時候，卻發現出口已經被封死。湧入的熱浪，廢氣和濃煙的速度和份量也超乎人們想像，很多人就這樣被活活燜烤至死。還有的人群雖然透過這個地下網

路成功逃離到街道上，但是老城區狹窄而又縱橫交叉的街道又成為了另一個恐怖的障礙，一些路口被人群以及大量的行李甚至嬰兒車所堵塞，需要相當長的時間來疏散。於是很多人不可避免地喪生於熱浪、掉落的瓦礫甚至混亂中人群的踐踏。德勒斯登曾經有這樣的悲慘實例：一群大約50人左右的居民相互緊緊抓住，如同一個瓶塞一樣堵在一條狹窄的過道上，一起被烘烤著死去，垂死掙扎的人群互相緊緊抓在一起，後來的救援人員甚至很難將他們的屍體一一分開！在空襲混亂而又危險的情況下，德勒斯登很多家庭在逃亡中陷入混亂，失蹤人數非常之多，這也嚴重影響了空襲後的傷亡數字統計，尤其一些全家都沒能逃出來的家庭連登記的機會

■2月14日白天對德勒斯登進行轟炸的美軍第384大隊的轟炸機群。

缸裡被燒死,最後剩下的殘骸就只有一條麵包那麼大。我的中國丈夫歐·童(O-Tung)也沒能夠倖免,因為很快我從鞋子認出了他的屍體!他和其他受難者一樣被燒得慘不忍睹,無法辨認,我永遠無法忘記這一刻。」漫長歲月的洗禮雖然能夠讓悲痛慢慢消退,但是即便是當下,從這位白髮蒼蒼的老太太偶爾露出的神情依然可以看到這個創傷將永遠留在她心中。

都沒有,而 些有親人失散的家庭隨後只能在自家的廢墟中或等待或寫留言板,希望能再次見到他們,只是很多時候這些希望最終都落空了,而只有悲慘的噩夢將伴隨這些倖存者一生。

筆者偶然透過德國的電視節目中了解到曾經有兩位中國人也在這段悲慘歷史中留下了身影,雖然他們只是普通的雜技演員。遺憾的是筆者也只是見到了他們兩人的照片和德文拼寫的名字,亦只能從其中一位中國人已經年邁的德國妻子的回憶中去了解一些他們曾經遭受納粹黨徒傷害的細碎片斷,甚至連這位德國老太太當時也無法倖免,被剃頭掛牌示眾!原因僅僅因為她嫁給一位外國人!然而最終他們也將成為空襲受難者,這位之前已經親身經歷了漢堡大空襲,從這位老人的名字可以看出,她已經用了「Tung」這個德語表示的某個中國姓氏)這樣回憶自己在德勒斯登的再一次生離死別:「空襲第二天,我去我們家附近的廣場尋找我的丈夫,這是一個悲慘的死難者集中點,那麼多人都被燒死了,有的小孩就在浴

「飛行堡壘」的屠殺

黎明時分的德勒斯登顯然還沒有從夜晚的慘重打擊中回過神來,到處都是一片混亂的場景,滿目可見燃燒的廢墟堆和慌亂的逃難人群。14日早晨,一大群英國戰俘勞工排隊準備前往德勒斯登城區參加善後工作,但是他們很快被告知不用去內城了,因為現下那裡面的情況還不允許進行救援工作,於是他們扛著工具又返回營區。這個命令也拯救了這些英國人的性命,因為幾個小時後德勒斯登將繼續承受來自於美軍的空襲打擊,中午12點17～12點31分之間,由美軍陸航負責的第3次空襲正式上演,來自陸航第8航空軍第379、303、384、305、92、306、401、457和351轟炸機大隊的311架B-17「飛行堡壘」在187架P-51遠程戰鬥機的護衛下飛臨依然熊熊燃燒的德勒斯登上空。他

們的目標是德勒斯登的鐵路樞紐─弗里德里希城火車站，他們在9分鐘內投下了1,800枚炸彈和136,800枚燃燒彈，總計超過770公噸，其中炸彈約475公噸，燃燒彈約297公噸。但是由於天氣狀況和燃燒濃煙的影響，這次空襲並沒有獲得成功，投彈散佈較大，目標周遭地區都受到波及。一位德勒斯登倖存者回憶說：「在緊接著的白天空襲中，我們的房子被好幾顆炸彈命中。我們趴到了地上。當時空氣裡彌漫著東西被燒著的味道，我丈夫說，著火了，然後他打開了最外面的門，外面已經火光沖天，我們除了衝過大火逃命以外，別無其他選擇。」直到美國人離開幾個小時後，德勒斯登阿爾貝特國王兵營

的士兵才整裝出發，他們攜帶了鋼盔、防毒面具和一天的乾糧，但是逃難的居民引起的交通堵塞和受損的橋樑再次嚴重耽誤了他們的行程，這個當時德軍救援工作的縮影也再次印證了德勒斯登是個沒有空襲應對經驗的城市，在應急回應和救援工作這些方面和漢堡有著天壤之別。

美國陸航在14日這天總計出動了1,377架轟炸機以及962架戰鬥機執行對德戰略空襲任務，除了德勒斯登，其他主要目標為凱米尼茲（294架B-17）和馬格德堡（計畫為375架B-24轟炸其煉油工業區，但是由於天氣原因，最後只有340架攻擊了馬格德堡區域的替代目標），對於大部分目標採用H2X

■被毀的德勒斯登。

■ 在空襲中被毀的聖母大教堂，可以看到馬丁·路德的雕像已經被徹底炸毀。

面資料表明戰鬥機只擊落了2架。美軍重轟炸機的堅強性的確讓德國空軍幾乎無計可施，雖然有大量轟炸機（約181架）被命中而遭到損壞，但最終都能安全返航，其中只有10餘架最終無法修復。雙方具體作戰區域如下：在里薩（Riesa）以西空域，JG300的2個大隊和美軍護航戰鬥機遭遇，展開激戰，第4中隊的1架Bf109和第6中隊的1架FW190在奧沙茲（Oschatz）空域被擊落，II/JG300還有3架戰鬥機在攔截對凱米尼茲空襲的美軍機群的戰鬥中被擊落。III/JG300則在易北河空域遭遇美軍機群，損失了2架戰鬥機。II/JG301

雷達指引投彈。羸弱的德國空軍此時雖然繼續派出了一定數量的戰鬥機進行垂死抵抗，但是作戰結果繼續讓德國人加深了空軍末日已經到來的感覺。德軍第9航空軍出動了大約145架戰鬥機(其中主力來自於JG300/301)攔截龐大的美軍機群，最終付出了將近20架戰鬥機的代價（美軍方面紀錄為確認擊落11架，其中空襲馬格德堡的轟/戰編隊擊落10架），而取得的戰績對於美軍而言依然是微不足道的，美軍歐洲戰略空襲力量當天總計只損失了7架轟炸機和7架戰鬥機，這其中還包括德軍地面高砲部隊造成的損失，德軍方

在萊比錫以東空域損失2架FW190，損失的第3架戰鬥機則在撒克遜空域被佔絕對優勢的美軍護航戰鬥機擊落。顯然，此刻的德國空軍已經完全無法阻擋盟軍的空襲，無論白天還是黑夜，他們所能努力的方向只能是如何增加盟軍的損失而已。

在這三個波次連續空襲中，皇家空軍第二波次空襲造成的破壞最大。當時美國陸航一名參謀副官巴頓少校這樣回憶：「空襲德勒斯登是一段悲慘的歷史。皇家空軍的空襲極其猛烈，製造了強烈的火焰風暴。我們的轟炸機群也參加這次空襲計畫，目標主要是

德勒斯登的鐵路樞紐，白天當我們飛臨目標上空的時候，由於火焰風暴產生的濃濃煙霧影響無法看清楚目標，投彈精度自然無法保障，很多炸彈也都投到了市區，但是這不是我們所希望的。平民不是我們的目標，我們希望摧毀的是德國的戰爭潛力。」英國BBC電台於2月14日18點在得到英國官方許可下報道了關於前一天晚上皇家空軍空襲德勒斯登的新聞，值得注意的是，這個報道只播報了一遍，之後再沒有重覆過。這篇報道的原文如下：「我們皇家空軍和美軍陸航的轟炸機於昨天晚上以及今天白天對德國中部進行了猛烈空襲，這是盟軍最高層和蘇聯方面在雅爾達會議中商定的。皇家空軍總計約800架轟炸機在夜晚飛往德勒斯登這個位於蘇軍科涅夫元帥部隊前線的撒克遜州首府，對其進行了最猛烈的空襲，使市中心陷入毀滅性

的燃燒之中。」

德勒斯登人都清楚，只要聖母教堂不倒，那麼德勒斯登就沒有完全被毀，2月15日10點15分，德勒斯登標誌性建築聖母大教堂終於坍塌，此刻這個嚴酷的事實讓所有的德勒斯登人徹底絕望——德勒斯登澈底毀滅了。當天11點51分開始，美軍陸航211架B-17轟炸機再次轟炸了德勒斯登麥森和皮爾納（Pirna）區域，投下了約460公噸炸彈。根據美軍方面記錄，當天其歐洲戰略空軍總計出動了1,131架轟炸機和510架戰鬥機，由於天氣原因，大部分編隊都轉向第二替代目標，例如原定空襲波棱地區石油目標的459架B-17中的435架在153架P-51護衛下轉向轟炸了科特布茲，剩下還有1架則飛到了德勒斯登；而原定空襲魯朗德地區石油目標的224架B-17中則有210架在141架P-

■從2月25日開始，由於擔心疾病的傳染，德勒斯登行政管理當局開始在老市場火化屍體。

51護衛下轉向了德勒斯登，再次攻擊了這個奄奄一息的城市；馬格德堡的煉油工業目標這天也遭到了由110架P-51護衛的353架B-24的空襲洗禮。這天德國空軍幾乎沒有成規模的行動，最終美軍歐洲戰略空軍只損失了2架轟炸機和1架P-51戰鬥機，還擊落了德軍2架戰鬥機。

2月15日蘇聯最高統帥部的一份報告中顯示科涅夫元帥的裝甲先鋒已經推進到距離德勒斯登約80公里的位置！盟軍當天的一份報告中這樣寫道：「根據盟軍機組人員的報告，他們在德勒斯登的東西兩線都可以清晰地看到熊熊烈火，逼近德勒斯登的科涅夫部隊清晰可見長串的火光和爆炸」美軍第8航空軍指揮部2月16日的記錄這樣寫道：「昨天我們出動了超過200架轟炸機對德勒斯登的單個交通樞紐目標進行了精確轟炸，加上皇家空軍之前進行的大規模夜間空襲，整個這一系列連續而猛烈的空襲徹底摧毀了德勒斯登，我們的機組人員將德勒斯登形容為『巨大的燃燒中的廢墟堆』」

德勒斯登夜晚遭到毀滅性空襲之後一大早，希特勒就已經獲知這個噩耗，這位瀕臨絕境的元首的回應自然是狂暴的，我們可以引用納粹宣傳部門一位部門負責人漢斯·弗利茲舍（Hans Fritzsche）在戰後紐倫堡大審判中作為證人的一段供述，他談到在德勒斯登空襲後戈培爾博士就組織了一次專門的會議，希特勒在會上憤怒地提出，要求對這種恐怖攻擊進行報複，將和空襲中死難人數等同數量的盟軍被俘空軍人員從戰俘營拉出來送到德勒斯登，在廢墟上就地處決。戈培爾於是要求漢斯·弗利茲舍對這個行動進

行宣傳上的準備，弗利茲舍表明自己當時拒絕執行這樣的命令，並且和戈培爾進行了長時間的對話，最終戈培爾表示，他會盡力去說服元首改變這個決定，至於最後希特勒究竟被誰勸阻這個問題無法得到確切答案，但是實際上也已經不重要了。而「才思敏捷」、「口才出眾」的戈培爾此刻關心的自然是他的分內工作：在宣傳輿論上打倒盟軍！真正背負悲慘命運的依然只有平民，德勒斯登人在經歷慘烈空襲洗禮之後面臨的首要任務就是清理廢墟堆，尋找確認受難者和失蹤人員。德勒斯登周邊城市也都各自派出一些部隊支援德勒斯登，到2月16日，人約1,500～2,000名士兵加入救援善後工作，這些士兵在食物供應困難的情況下每天依然工作將近20個小時，他們在缺少工程裝備以及相應工具的情況下，想方設法開展救援清理工作。他們首要的任務就是在依然冒著濃煙的廢墟堆上盡力尋找可能的倖存者，並且把發現的遇難者屍體清理出來，用卡車或者手推車運到空曠場地上供人辨認並且登記。一位參加救援清理的士兵回憶道：「清理工作是非常艱苦的，我們缺少相應的工具，有時候只能用雙手扒開廢墟堆尋找倖存者。而往往一個傷者就需要至少4個人才能把他從廢墟中抬出來，其他的人還要在邊上幫忙清理瓦礫，並且嚴密監視是否有坍塌的危險，隱藏未爆的炸彈以及暗火等等都是隱藏的危險，隨時會要你的命，這些東西是我們最害怕的。我記得當時我還算幸運，和戰友發現並且救出了2位傷者。在救援過程中，我們還曾經發現一些婦女和兒童依然由於恐懼而不願意離開他們藏身的地下室，而此刻整個

■空襲之後一名被炸傷的市民走在遍地廢墟的街道上。

■納粹宣傳部長戈培爾視察空襲後的德勒斯登，他將利用德勒斯登被炸後的慘狀發動新的宣傳攻勢。

房屋還在冒煙，隨時可能坍塌，最後我們只好用蠻力強行把她們抱出來」

從2月25日開始，由於擔心疾病的傳染，德勒斯登行政管理當局開始在老市場火化屍體，而受難者的大部分（特別是已經確認身分的）還是在之前就被入土為安了，埋葬地點被該地區領導稱為「死亡地帶」。易北地區最高黨衛隊和警察部隊長的一份空襲總結報告中有這樣的記載：「死難人員的挖掘以及善後工作在地區領導人員的指揮下進行，但是考慮到實際情況，整個善後處理工作面臨很多困難，例如缺乏適合的運輸以及工程車輛。德勒斯登地區領導和市政部門估計在老市場火化的屍體數量約為6,865具，骨灰統一埋葬於一處。空襲後，當地警察全力維持秩序，至今共計79名搶劫犯被逮捕」

希特勒於1944年2月嚴令禁止集體埋葬空襲受難者，而代之以火化，當然他的這個不近人情的決定並未得到真正徹底的施行。德勒斯登老市場這個集中焚屍點的巨大焚燒爐由一位SS二級突擊隊大隊長凱爾‧施特萊貝爾（Karl Streibel）負責建立，具有諷刺意義的是，他本人就曾作為監察軍官在臭名昭著的集中營服務，並且擔任過由烏克蘭人、立陶宛人等組成的特拉文尼基特殊單位（Trawniki-Einheiten)的

部隊長，手上沾滿了受害者的鮮血。而他之前累積了豐富經驗的「焚燒專業」，此時則被用於處理自己的受難同胞，這似乎冥冥中從一個側面印證了戰爭中無論哪一方的無辜平民都是真正的受害者。這個鑄鐵焚燒爐最多一次可以處理數百具屍體，使用汽油助燃，焚燒爐陸續運作了將近5個禮拜，成為德勒斯登悲慘命運象徵之一。時任納粹德國內政部空襲損傷處理委員會主席的埃爾戈林（Ellgering）在德勒斯登空襲後6天親自到達現場指揮處理善後工作，他這樣寫道：「空襲現場的慘狀令人不忍目睹，掀開地下室上方廢墟的時候，熱浪依然撲面而來。我們曾經挖掘出一個規模較大的地下室，發現裡面大約有30～40名遇難者，有老人、婦女和兒童，很多人到死還保持著端坐的姿態，這幕慘狀讓那些參與救援的婦女幾乎立刻崩潰德勒斯登當時有部分蘇聯勞工和戰俘參與屍體的收集處理工作，春天的氣息加速了屍體的腐化，除了焚燒別無它法。」德國歷史學家尤爾根‧弗里德里希（Jrg Friedrich）在其著作中表達了這樣的悲嘆：「參戰士兵投降後可以進入戰俘營，陣亡後至少可以得到一個安葬之所，然而那麼多的受難平民卻連這點希望都沒有。」

德勒斯登城市檔案館在1945年2月27日的統計資料表明，在盟軍這一系列空襲之後，很多德勒斯登居民逃往尚未遭到轟炸的區域例如默克利茲（Mockritz）、呂本（Leuben）、布拉斯維茲（Blasewitz）、皮省（Pieschen）、呂布陶（Lbtau）等，當地大量公共建築例如旅館學校等都作為臨時收容地，僅僅在德勒斯登—普勞恩（Dresden—Plauen）地區的5個收容站到3月中旬就登記了16,000名難民，同時納粹當局也將大量難民疏散到德勒斯登周邊地區。

大空襲的損失以及總結

德勒斯登內城居住密度很高，部分工業區和居住區混合在一起。其老城區大多為古老的巴洛克建築群，在空襲後這些建築大多遭到了毀滅性的破壞，只有少量嚴重受損的建築還屹立著。易北河沿岸前城區（Seevorstadt）、約翰城（Johannstadt）、南部前城區（S dvorstadt）以東（德勒斯登城區名稱）等區域被燒毀或者炸毀；此外還有其他相當數量的古建築被摧毀。城市中心15平方公里範圍內遭到毀滅性打擊。城市工業區例如萊克（Reick）、弗里德里希城（Friedrichstadt）、普勞恩（Plauen）、柴特尼茲（Zschertnitz）、新城內區（Neustadt）、普勞里斯（Prohlis）等也都遭到嚴重破壞，在沙納道爾（Schandauer）街和伯登巴赫（Bodenbacher）街之間的大約800幢房屋以及其他工廠建築等完全被毀。城北區域在空襲後湧入了數千難民，皮省、尼德賽德里茲（Niedersedlitz）、凱撒城（Kasernenstadt）、阿爾貝特城（Albertstadt）等區域相對受損較輕，在新城外圍的居民區則基本沒有受到傷害。德勒斯登大約70%的工業區域以及其附屬居住區被毀，供水、供氣、供電等城市公用設施被毀，總計222,000幢居民建築中的60,000～75,000幢被毀，此外還有18,000幢受損嚴

■陳列在老市場的遇難者屍體正等待著他們的親人來辨認。

重，81,000幢輕微損傷。城市內其他被毀的建築包括72所學校、22家醫院診所、19座教堂、5家劇院、50間銀行、31家商場、31家較大的旅館，62幢市政管理建築，各種店鋪的50%以及其他一些中小企業公司。德勒斯登眾多著名的古建築和歷史文化遺產例如聖母教堂、德勒斯登宮殿等都在空襲中被毀，易北河佛羅倫斯的核心地帶遭到極其嚴重的破壞。除了上述被毀的各種建築以外，大量文化書籍的損失也是無法彌補的，例如德勒斯登的撒克遜州立圖書館在空襲中就損失了大量寶貴的歷史書籍和原始手札。德勒斯登大空襲後第二天，轟炸機司令部司令哈里斯在給英國航空部的報告中這樣評估空襲

效果：「德勒斯登是一個集彈藥生產工廠，納粹統治管理中心和東線運輸樞紐於一體的重要目標。現在它已經不是了。」

美軍陸航第8航空軍在2月14/15日這兩個白天對德勒斯登鐵路系統的空襲在一定程度上破壞了德勒斯登的交通樞紐體系，其火車站以及附屬設施（倉庫、維修廠等）都遭到了一定程度的毀損，在易北河上的鐵路橋也遭到了破壞，在隨後大約幾周內無法通行，但是從總體效果來看，這兩次空襲並沒有達到完全摧毀的效果。美國空軍歷史部「1945年2月14/15日空襲德勒斯登史分析」一文中對於德勒斯登被摧毀或者嚴重損壞的建築設施的數字為：「工業設施中的

■空襲之後的德勒斯登街道。

23%；城市非工業建築的56%；城市居民居住區至少50%；居民房的80%；城市主要通訊中心、鐵路設施。人員傷亡數字的估計為，死亡約25,000人，受傷30,000人。」

這次大規模系列空襲之後，德勒斯登大部分企業的生產都限於停滯狀態，工人中有的在空襲中喪生，有的無家可歸，有的受傷而無法回到工廠繼續生產。城市的供水、供氣、供電都完全中斷，城市交通在空襲之後也完全陷入癱瘓，道路街道毀損嚴重，清理救援人員在城市路面上總計清點出大約1,100個彈坑，城區內幾乎沒有完好的橋樑，交通樞紐區域幾乎無法通行。居民、公務員只能步行出門或者上班，而且必須穿過老城為數眾多的廢墟，市區內的鐵路線路2周後才在地區行政命令下重新投入運營。但是軍隊運輸卻在很短時間內就恢復正常，因為德勒斯登對外的城際鐵路系統並沒有遭到致命性的打擊，此外德勒斯登其他的一些軍事設施也沒有遭到實質性的破壞。時任第4軍區司令官的倫恩哈德（Reinhard）上將當時寫道：「純粹由於空襲造成的軍事上的損害是微不足道的，轟炸僅僅對遠程通訊系統造成了一定的影響，同時也使得鐵路交通陷入暫時性癱瘓，不過這一切很快就得以恢復」

易北地區最高黨衛隊和警察機構在3月15日的記錄顯示有6家企業不同程度地恢復生產，3月底城市的麵包廠和肉類加工廠在命令下恢復生產，之前在2月19日，城內奧絲特勒黑格（Ostragehege）的屠宰場恢復生產。儘管地區指揮部已經開放糧食儲存點，但是整個城市的食品供應依然十分緊張。從4月中旬開始，納粹國民福利機構為空襲難民提供基本生活保障，那些沒有廚房無法自行烹飪的居民可以使用專門的公用廚房臨時解決就餐問題。納粹政府管理機構的運作在空襲後也幾乎陷入停頓，因為辦公地點大多遭到嚴重破壞，很多政府人員或者喪生或者逃亡，整個管理系統無法運轉。但是這樣的無序狀況並沒有持續很久，納粹從整個撒克遜抽調公務員作為補充人員來恢復政府運作。醫療救護傷者是當時的一項重要工作，一些在空襲中受損較輕或者還能運作的醫院診所都盡力收容治療傷者，例如在弗里德里希城（Friedrichstadt）一所較大規模的醫院的主樓雖然在空襲中遭到破壞，但是依然可以使用，因此還能作為救護工作的場地，而這個醫院可以給1,600名病患提供飲食的巨大的食堂則完全被毀，因此食物供應成為一個嚴重問題，人們只能盡可能想辦法來解決這個問題，例如醫院綠化帶的樹木此刻就成為最好的煮飯火源。

美軍對於「（戰略）區域轟炸」的定義為「對一個特定城市目標一次出動超過100架轟炸機進行空襲，投彈量超過100公噸，摧毀該城市建築中至少2%。」，其主要特點包括：空襲一般在夜間進行；目標一般為大城市；空襲目標較為廣泛，不能劃分出特

■空襲過後，德勒斯登倖存的市民在清理廢墟。

正常範圍，例如之前皇家空軍轟炸機司令部多次轟炸德國科隆、漢堡、柏林等城市所出動的轟炸機數量以及投彈量都超過這次的規模，美軍第8航空軍的情況也與之類似。

美國陸航和皇家空軍的這次空襲採用的戰術差別也和他們之前在空襲戰略上的區別基本一致，美國陸航一直相信用他們的諾頓轟炸瞄準具和堅固的B-17型飛機可以使有選擇的轟炸取得決定性的成功，他們堅持自己對軍事目標進行畫間精確轟炸的戰略戰術。斯帕茨中將就堅持對重要的「目標系統」進行有選擇的畫間轟炸，以實現迫使德國人投降的目標。美國人相信這種做法更有效，他們反對對平民的大規模轟炸。支援斯帕茨將軍的意見，同樣反對轟炸平民的艾克將軍曾經這樣寫道：「你和鮑伯・洛維特是對的，我們決不應當讓歷史譴責我們轟炸普通老百姓。」但是在當時技術條件限制下，美國人也並不能時刻滿足這樣的作戰要求，例如必然存在的瞄準失誤以及「漏掉」的炸彈依舊可能對設有或靠近「軍事」目標的平民區造成了巨大的破壞。此外，為了克服歐洲天候造成的轟炸中斷，美國人也採用了皇家空軍在雲層上投彈的戰術。這同樣屬於一種盲目轟炸，幾乎同夜間

定的目標區域；空襲最終目的為削弱居民尤其產業工人的意志。根據上述定義和特徵，盟軍將這次德勒斯登空襲行動總體概括為一次標準的英美聯合戰略空襲行動：首先是皇家空軍常規的夜間區域轟炸空襲，隨後緊接著的是美軍對特定目標區域的畫間精確轟炸。盟軍在這次空襲中出動的空襲力量屬於

區域轟炸一樣的不分青紅皂白。尤其在戰爭的最後階段，美軍選擇性精確轟炸和皇家空軍區域轟炸之間的界限幾乎完全消失。德勒斯登空襲顯然就是這樣的例子，美軍目標雖然經過選擇確定為鐵路交通設施，但是因為能見度極差，投彈偏離情況也比較嚴重。美軍戰略航空兵歐洲總部在德勒斯登空襲後的一份報告中強調了以下幾點：1.德國平民目標不是美軍空襲選擇的目標；2.美軍戰略空襲採用的精確轟炸戰術沒有變動；3.德國交通樞紐目標依然屬於目標清單排序的第二梯隊。

哈里斯領導下的皇家空軍轟炸機司令部的轟炸戰術依然是夜間區域轟炸，德勒斯登空襲中皇家空軍的目標重點依然直接指向城區。雖然同時也對工業區造成了一定的破壞，但是不可否認的是，皇家空軍集中力量摧毀的是城市老城區中心，德勒斯登這個巴洛克古城在鋪天蓋地的炸彈和燃燒彈的覆蓋下最終徹底化為灰燼；這次空襲後，皇家空軍夜間區域轟炸戰術在盟軍內部也再次引起進一步爭論，其中一個重要的爭論點就是皇家空軍採用的爆破/燃燒組合投彈戰術對於古城之類平民目標的破壞性實在太大。在德勒斯登2月大空襲後，美國方面再次建議英國方面放棄「夜間區域轟炸」這樣的空襲戰術。但是對於皇家空軍而言，他們這套戰術系統是其經過長時間艱苦作戰逐步建立起來的，

整個轟炸機司令部無論從裝備還是人員都已經適應了這樣的作戰戰術，要進行裝備、戰術思想、訓練以及實戰上的根本性改變談何

■由於德勒斯登空襲，主要策劃執行者轟炸機司令部司令哈里斯在戰後首當其衝承受著各方攻擊和巨大壓力，最誇張的莫過於被稱為「轟炸機屠夫」，「戰爭罪犯」等等。

容易。隨著慘烈空襲的繼續進行，英國首相邱吉爾也有點坐不住了，到1945年3月28日，他在給皇家空軍總參謀部的一份備忘錄中這樣寫道：「在我看來，現在已經到了我們需要重新審視對德國空襲問題的時候，是否繼續對德國城市進行這樣的只能增加恐怖的空襲，如此下去我們將會接管一個完全被毀的德國德勒斯登的毀壞使得盟軍的空襲目的性面臨嚴峻的問題。我們應該考慮變更我們現行的轟炸戰略，將重點放到單純軍事目標上，例如石油和交通系統等軍事目標。」這份備忘錄在當時對於盟軍的整個戰略空襲走向具備極其重要的意義，但是值得一提的是，邱吉爾的這個備忘錄使得皇家空軍總參謀部相當不滿，皇家空軍參謀長波特爾甚至要求邱吉爾收回並且修改這份備忘錄。

由於德勒斯登空襲，轟炸機司令部長官哈里斯自然在戰後首當其衝承受著各方攻擊和巨大壓力，曾經一直被認為是空襲德勒斯登的主要策劃執行者，承擔著各種各樣的指責，最誇張的莫過於被稱為「轟炸機屠夫」、「戰爭罪犯」等等。事實上，如同我們前文已經敘述，雖然哈里斯毫無疑問是火焰空襲的堅定創建者、支援者和執行者，但是空襲德勒斯登的計畫卻並非哈里斯製定或者參與決策的，這個空襲計畫來自於盟軍最高指揮層。哈里斯在自己的傳記裡面這樣寫道：「由於德軍的早期防空預警系統以及夜間戰鬥機力量都已經幾乎陷入癱瘓，我才能夠對德勒斯登和凱米尼茲這些德國東部縱深的城市進行空襲，之前這些空襲計畫都過於冒險，可能會遭到我們無法承受的損失。1945年2月，為了給予蘇軍支援，我受命空

襲德勒斯登，它在當時被視為東線作戰的首要目標之一。因為德勒斯登在此時已經成為德國東部最重要的交通樞紐之一，也是東線南段的一個防禦指揮調度中心。空襲目的就是為了使其（德勒斯登）不再具備樞紐作用，這個擁有63萬人口的城市同樣也是一個重要的工業中心。我明白在戰爭最後階段摧毀這樣一個大城市會被認為是不必要的軍事行動，而很多人對我之前的對德戰略空襲也存在很多批評，我在這裡只想說在當時很多重要人物比我更加同意這樣的觀點：空襲德勒斯登具備充分的軍事上的必要性」哈里斯在當時並沒有達到這樣的權力位置，即施行一場個人戰爭。曾經作為皇家空軍軍官參加對德國作戰的英國人諾貝拉·弗蘭克蘭德在其戰後的著作《對德戰略空襲》一書中證實這一點，書中對此有這樣的描述：「並非哈里斯要求轟炸德勒斯登，雖然德勒斯登已經列入他的轟炸目標清單。為了加快戰爭結束的進程，繼續進行大規模空襲是當時盟軍高層考慮最多的一種手段。邱吉爾的意見是必須盡快選擇製定切實可行的能徹底摧毀德國抵抗意志的空襲計畫，這個目標如果不是柏林的話，那麼在德國東部還有什麼目標能具備相近的效果？而且這個空襲這個目標需要付出的代價遠遠小於柏林？」1998年2月15日英國泰晤士星期日報刊登了一篇文章，作者是皇家空軍官方歷史學家薩巴斯蒂安·考克斯（Sebastian Cox），他根據其掌握的新的歷史資料提出了一個新的觀點：「一直被認為轟炸派象徵的哈里斯事實上也是皇家空軍內部權力鬥爭以及責任分派的犧牲品，因為在他執掌轟炸機司令部期間一直確信他

的轟炸戰略戰術，尤其夜間區域轟炸戰術能有效地削弱德國進而最終擊敗德國，而他的這份自信更多地來自於屬下的報告。」

最後的戰爭時光

德勒斯登的命運並非隨著2月13/14/15日這些悲慘的時光後就此步入平靜，到戰爭結束前她還將繼續遭受盟軍的空中打擊。3月2日，美軍406架B-17轟炸機飛臨德勒斯登，目標依然是主火車站以及德勒斯登新城，從10點27分開始，他們投下了大約940公噸炸彈和140公噸燃燒彈。這次德勒斯登同樣是作為魯朗德石油目標的替代目標遭到了無情的轟炸，美軍原計畫出動攻擊這個石油目標的455架B-17中有406架轉向德勒斯登。德勒斯登要塞區域部隊長維爾納·馮·基爾薩（Werner von Gilsa）已經在之前的空襲中受傷，此時由弗里德里希-威爾海姆·李格曼（Friedrich-Wilhelm Liegmann）臨時接手指揮權。李格曼依然將指揮部設立在德勒斯登老城區，緊挨著阿爾貝特城區。他接手指揮權後即刻開放食品供應，同時調來空軍醫療單位幫助救護空襲難民。在空襲中失散、脫離部隊、輕傷以及其他之前在休假的軍事人員在此期間陸續重新整編投入新的部隊。4月10日，德勒斯登市長，納粹忠實黨棍姆齊曼依然命令包括青年學生在內的居民必須參加防禦工事的修築，構築他理想中的「防禦要塞」。4月17日，美軍陸航第8航空軍出動572架轟炸機繼續轟炸德勒斯登，這次的具體目標依然是主火車站，他們投下了大約1,526噸炸彈和

164公噸燃燒彈，此外德勒斯登另一個工業區也挨了28公噸炸彈。這次空襲效果很好，德勒斯登的鐵路交通徹底陷入癱瘓，這也是德勒斯登遭到的最後一次大規模空襲。此時納粹宣傳機構依然在做垂死掙扎，試圖透過不遺餘力的宣傳繼續鼓動國民對抗盟軍和蘇軍，戰鬥到最後一滴血，同時也妄圖繼續杜絕國內反希特勒勢力的發展。4月14日，姆齊曼正式宣佈德勒斯登成為「要塞城市」，盟軍空軍的航空偵察也證實了德勒斯登正在建設新的防禦工事，這個納粹堡壘城市看上去決心抵抗到底，這裡的場景和此前魯爾區的解放完全不同。4月23日，皇家空軍向德勒斯登拋放了40,000份宣傳單，從1944年8月至此，德勒斯登總計收到了約1千萬份宣

■燃燒中的廢墟，這張照片經常被錯誤的引用於空襲後的柏林。

傳單！1945年5月5日，柏林完全陷落，德勒斯登要塞區部隊長基爾薩命令城市解除武裝，停止抵抗。但是此刻在城內依然有納粹殘餘勢力試圖頑抗到底，因此直到戰爭最後一天蘇聯紅軍才完全控制整個城區，德勒斯登悲慘的戰爭命直到戰爭結束最後一刻才徹底畫上終止符。

歷史爭論——謊言？事實？

　　一直以來圍繞這德勒斯登空襲存在著無數歷史爭論，不計其數的歷史學人都在試圖客觀地還原這個歷史場景。於是各種意見和結論多不勝數，因此關於這場大空襲的謊言和事實就如同孿生兄弟一樣同時降臨而又同時成長壯大，而不同的政治需要則是謊言存在最好的土壤。早在空襲剛剛結束的時候，戈培爾的納粹宣傳部就開始利用德勒斯登作為他們最好的宣傳武器，強調德國的受害者形象，並且希望藉此刺激德國國民繼續戰鬥。2月16日，戈培爾的宣傳機器就訂出了宣傳口徑：德勒斯登不是軍事工業中心，而是一座文化古城。死亡人數的統計則定為10萬～20萬。同時利用空襲中悲慘喪生的婦女兒童照片大加宣傳，特別向各個中立國家宣揚盟軍的這種「恐怖空襲」。當時在盟軍轟炸機投彈瞄準器下的德國平民整日生活在恐懼之下，只能躲在防空洞或者地下室承受悲慘的命運。然而這些絕境中的平民卻成為納粹宣傳機構利用的題材，垂死掙扎的納粹需要在民眾中製造抵抗意志，而又必須防止由此產生的對元首的懷疑和不忠，最終目的就是要將無辜的民眾和他們自己捆綁在一起，

共同面對覆滅的命運。德國歷史學家尤爾根·弗里德里希這樣描述：「（納粹）希望這些盟軍空襲下的平民首先需要的是麵包片和一杯茶，而不是反抗納粹的革命。由此納粹當局只需要做好這些簡單物質上的準備，那麼當空襲降臨後他們就可以及時向苦難的平民分發食物，向他們表明政府是如何如何為民眾服務的，進而激發民眾的抵抗情緒。這一點被戈培爾以及他的宣傳機構有效的利用起來作為強有力的精神武器。」英國學人弗雷德里克·泰勒（Frederick Taylor）認為納粹的宣傳攻勢取得了相當成功的效果，這些言論不僅僅影響了中立國家，也影響到了英國國內。當然，排除這些宣傳原素，盟軍方面包括其國民在內也開始第一次對消滅納粹的戰爭究竟應該進行到怎樣的程度開始進行反思。

　　冷戰期間由於意識型態控制的需要，對二戰歷史不負責任的研究長時間內佔據主導地位。德勒斯登戰後第一任市長瓦爾特·威道爾（Walter Weidauer）在1946年指出德勒斯登的悲劇本可以避免，這是納粹法西斯造成的災難。然而3年後同樣是他卻話鋒一轉，開始譴責西方（英美）在沒有任何軍事意義的情況下對德勒斯登進行毀滅性空襲的戰爭犯罪行為。1949年開始，前東德宣傳機構將一些和今天我們所認識的事實完全不同的責任強加給盟軍，指責他們試圖將一個受到不必要打擊而嚴重毀損的德國東部移交給蘇聯，並且開始在宣傳用語中採用「恐怖空襲」（Terrorangriffe）這個字眼，這些宣傳成為冷戰期間關於德勒斯登空襲的主流言論。從始作俑者納粹宣傳部開始的關於德

勒斯登錯誤紀錄在戰後繼續被出於不同目的的需要加以補充並且繼續流傳，甚至直到今天還成為那些試圖扭曲歷史的人手中的法寶，其中最顯著的代表就是德國新右翼勢力。

德勒斯登問題其中一個重要爭論焦點就是空襲中的傷亡數字，一些人試圖誇大數字來片面強調盟軍空襲造成的傷害，試圖借此掩蓋納粹是戰爭災難罪魁禍首這個事實，其中最明顯的例子是德國的極端右翼組織，他們提出的傷亡數字和納粹當時的口徑非常接近，認為德勒斯登有20-60萬人在空中喪生，並且使用「轟炸屠殺」等等這樣的字眼來形容這次空襲。英國歷史學人戴維·歐文（David Irving）就是右翼勢力的一個典型代表，他是「納粹大屠殺否定論者」，2006年3月因否定納粹大屠殺而在奧地利被判刑，他在其出版於1963年的著作《德勒斯登的毀滅》（Der Untergang Dresdens）中認為，官方統計傷亡數字只是實際傷亡數字的一小部分。在這裡筆者直接引用戴維·歐恩在2005年1月接受德國記者採訪的原文，看看他自己究竟是怎樣得出這些結論的。當記者詢問關於德勒斯登空襲中皇家空軍採用的間隔兩波次轟炸的戰術是否為了大量殺傷消防救援人員以及混亂中的平民這個問題，他這樣回答：「這是絕對正確的，當我於1962年3月23日採訪哈里斯的時候，他自己曾經個人向我證實了這一點。哈里斯說皇家空軍的這個戰術和德軍對英國就採用的兩波次空襲戰術一樣。皇家空軍在空襲中首先投下重型炸彈，摧毀房屋架構，隨後拋放燃燒彈將廢墟變成一片火海，這是摧毀古城市最

佳的方法。」當記者詢問曾經寫過邱吉爾傳記的歐恩現下如何給邱吉爾下結論的時候，他說：「用今天的尺度來看的話邱吉爾毫無疑問是戰爭罪犯，1945年德勒斯登空襲是最好的證據。」當記者詢問他書中關於傷亡數字的結論如何得出的時候，這位學人這樣回答：「如同我書中所寫，我的資料來源於漢諾維一位歷史研究人員漢斯·佛格（Hanns Voigt），他是一個失蹤人員調查中心關於死亡人員統計的負責人。他向我確切指出他根據統計資料得出的估計數字為135,000人，於是我的書中就引用這個數字。」雖然歐文先生同樣是在搜集整理了大量資料的情況下寫出這本書，其對於空襲過程的描述還是具備一定參考價值，但是他一貫的先入為主的思想傾向則嚴重影響了他的書籍的客觀性，對此歐洲軍史界早就對其進行了強烈批判。

但是歐文這本關於德勒斯登的著作在全球的影響力則是相當巨大的，很多相關軍史書籍都會或多或少的引用他的資料和結論，那麼事實上德勒斯登的傷亡數字究竟為多少呢？由於當時空襲之後的極端混亂情況造成幾乎沒有一份可以確認為準確客觀的數位統計紀錄留存於世，許多過高的傷亡估計或者來自於並未得到實際確切證明倖存者的口述，或者來自於早期的錯誤資訊。例如國際紅十字協會在1946年的一份報告中指出死亡數字為275,000人，這個數字並非研究考證結果，而是來自於各種「報導」，有些甚至就屬於戈培爾的納粹宣傳部的傑作。埃貝爾哈德·馬特斯（Eberhard Matthes）當時是德勒斯登指揮參謀部軍官，參加了空襲之

■（左及右）遭到毀滅性空襲後的德勒斯頓。

後的清理工作，他在1992年之後聲稱，截止1945年4月30日德勒斯登共計清理出3,500具完整的屍體；50,000具不完整的屍體以及168,000具完全無法辨認的屍體，這個數字是最後通報給希特勒個人的，但是他無法拿出當時的具體書面證明，這僅僅為口頭通告的數字。當時德國的媒體例如《南德報》、《世界報》、法蘭克福當地報紙等報道的未經證實的死亡數字一般在60,000至300,000之間。造成這些數字上的極大差異的重要原因就是判斷具體傷亡情況必需的一些關鍵要素並沒有得到證實。首先德勒斯登在1945年2月的實際人口數量就只是一個估計的數

字，只能透過不同城區大概的居住密度乘以該區域面積來估算，至於究竟有多少居民加入前線作戰以及陣亡；多少人被關入集中營；多少人由於對空襲的恐懼，居住緊張或者食品短缺等原因逃離城市，這些數字都不得而知。大多數歷史學家同意這樣的估算，德勒斯登到1945年的居民數量約為戰爭開始時候的90%，不到60萬人。德勒斯登歷史學家格茲・貝爾岡德（Gtz Bergander）計算的數字為1945年德勒斯登登記的人口數量為57萬，到1945年11月德勒斯登居民數量為454,249人。

　　此外當時湧入德勒斯登的主要來自東部

■（左）空襲後的德勒斯登一景。
（右）戰後同一角度拍攝的重建的景象。

的難民數量更是難以估算，關於難民數字也一直是爭論的焦點之一，因為這和最後的死亡人數統計息息相關。貝拉岡德估計在1945年2月在內城收容的難民數量約為20萬人，他判斷的依據之一是當時內城可為這些難民提供的房間數量最多只能達到10,000間，此外他也查閱了大量資料並且尋訪很多倖存者或者當事人才得出以上這個估計數據。而此前在很多資料中估計的難民數字超過60萬甚至達到百萬級別，例如美國陸航在1945年判斷的數字為2月13/14日之間停留在整個德勒斯登地區的難民數量可能達到100萬。德國歷史學人海爾姆特·施納茲（Helmut Schnatz）也專門撰文指出，在當時混亂的狀況下要想得出精確的難民數字幾乎是不可能的，但是有一點可以確認，納粹當局當時一直努力疏散難民，將他們分散到其他地區，以盡量減少難民的聚集密度，因此以他的研究結果也基本驗證了貝拉岡德提出的難民數字。

長期以來，眾多歷史學人為了考證德勒斯登盡可能真實的死亡人數而持之不懈的進行各種研究，他們從相對可信度較高的德國政府檔案中找到了一些當時真實的官方數字：

1.易北地區最高黨衛隊和警察部隊長（地區秩序警察總指揮）的一份編號為絕密LXI - 231 Nr. -7/45的報告（即1945年2月13、14、15日德勒斯登空襲總結報告）中則有如下內容：「E.人員損失：至1945年3月10日確認：18,375人死亡，2,212人重傷，13,718人輕傷，350,000人無家可歸。根據傷亡情況來對傷員進行鑑別分類由於種種困難目前依然不可能進行，優先照顧的只能是婦女和兒童。根據當地警察報告，大約50%的死者得到身分確認根據以往的空襲救援以及統計的經驗，最終的死亡數字（包括外來人員，例如難民等）估計為25,000人，因為在廢墟地尤其內城區域內還有大量（估計數千左右）死難者未能及時得到統計。最終比較精確的傷亡數字只有在警察部門的失蹤離散人員統計和倖存者以及逃離人員的登記工作完成後才能得以確認，目前市政部門提供的失蹤人數大約為35,000人，其中包括約100名國防軍成員。」

2.根據1945年3月22日易北地區最高黨衛隊和警察指揮部的「第47號命令」的紀錄，死亡人數20,204人，估計最終這個數字可能達到25,000人。一些極端右翼分子將這些納粹檔案加以撰改，在這些數字後面加了個0，直到1966年這個事實才被正式發現。

3.同一天柏林警察部門的「1404號報告」的數據和「第47號命令」基本一致，上面的記錄表明已證實死亡人數為18,375人，估測數字將達到25,000～35,000人。

4.1993年在德勒斯登城市檔案館發現的

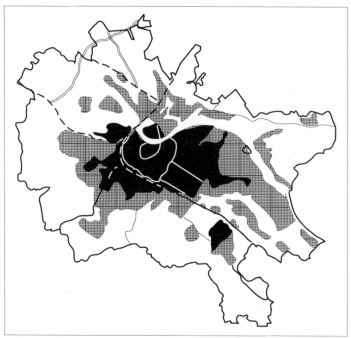

■德勒斯登遭到空襲受損示意圖，深色區為完全被毀，網格區為部分被毀。

1.關於戰後由於不同原因（例如建築、拆房等）陸續被發現的受難者遺骸數量，有以下這些不同時間段的統計數據：從1945年10月到1957年9月，總計發現1,557具遺骸；從1945年5月截止1966年，總計發現1,858具遺骸，而之後被發現的遺骸數量就很少，有資料表明在90年代初期截至1994年，沒有發現新的遺骸；

2.究竟有多少名死難者還沒有被發現或者已經完全被燒盡將是一個永遠的謎，歷史學人也只能估算；

當時一份城市殯儀部門的檔案上面記錄：到1945年4月17日大約安葬（包括火葬）25,000人，這個數字中還包含有在2月14/15日兩次晝間空襲中的傷亡人員。易北地區最高黨衛隊和警察部隊長報告中曾經提出在老市場火化的屍體數量約為6,865具，但是關於此處究竟焚化了多少具屍體也有資料提出不同的意見，因為在當時統計的時候曾經有間斷和少計的情況出現，在《德勒斯登歷史》一書中則給出了大約8,000具這個數字。

3.由於當時混亂的戰爭背景，無法確定究竟還有多少名死難者沒有被納粹機構登記；

4.當時在德勒斯登的難民數量究竟有多少，尤其2月份在內城究竟有多少難民停留沒有明確記錄。

5.究竟有多少人失蹤而又重新被找回？有資料表明在失蹤的大約3.5萬人中至少有1萬人以上後來被陸續找到，最終得以確認無恙。

如今大多數歐美歷史學家在以上這些檔案以及其他一些資料的基礎上估計的德勒斯登夜間空襲死亡人數基本都在25,000～40,000人之間，英德方面的數字也越來越接近。但是這些傷亡數字也都存在精確性的問題，原因有很多：

為了儘可能統計出相對精確的死難者數字，同時也為了防止任何篡改歷史真相的企圖，德勒斯登專門成立了一個歷史委員會，負責審核現有以及將來可能繼續出現的關於德勒斯登空襲的歷史文獻。這個機構由波茲坦聯邦國防軍軍事歷史學家魯爾夫-迪特·

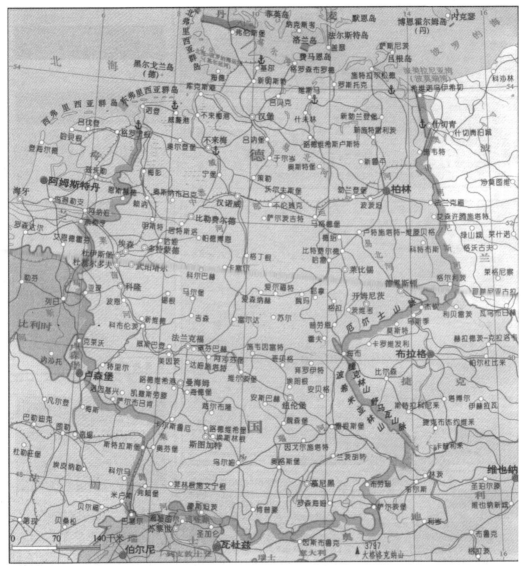

■德勒斯登（周遭處）在德國的位置。

穆勒（Rolf-Dieter Mueller）領導，其他主要成員包括德勒斯登聯邦國防軍歷史博物館的沃爾夫岡·弗萊舍（Wolfgang Fleischer），歷史學人格茲·貝爾岡德、漢納-阿蘭特（Hannah-Arendt）學院的托馬斯·維德拉（Thomas Wiedera），空戰史專家豪斯特·伯格（Horst Boog）以及國家檔案館負責人托馬斯·庫伯勒（Thomas Kuebler）。根據該委員會公開的資訊來看，現下人們透過各種確切資料估算的死亡人數在25,000人-40,000人之間。此外，除了關注於以上各種已知的主要管道資料以外，該委員會也負責收集整理各種親歷者的報告和新出現的資料。

德勒斯登空襲之後，眾多幸存者紛紛記錄下各自的親身經歷，格茲‧貝爾岡德、海爾姆特‧施納茲和弗雷德里克‧泰勒這些歷史學者在慎重分析了眾多親歷者的證言之後，對其中一些回憶記錄的真實性問題提出了質疑。例如有親歷者的證言表明夜間空襲中有殺傷力巨大的「白磷雨」落下，這使得本來就已經悲慘至極的空襲更增添了恐怖的色彩，但是從技術角度看，白磷被用於燃燒彈作為助燃劑，從燃燒彈的架構來看，只有在落地後才會四處散佈，在拋放中一般不會大量散落形成「雨」，而空襲德勒斯登的英軍轟炸機群更是幾乎沒有攜帶純粹的白磷燃燒彈。造成這些誤傳的原因可能是在當時極端混亂的情況下，見證人可能把它和滿天空的燃燒指示彈混淆了，或者也可能來源於極度混亂和恐懼中的道聽途說，畢竟在盟軍日以繼夜的空襲之下，白磷燃燒彈已經成為德

國居民心中的夢魘，出現各種可能的傳言並不讓人驚訝。

此外還有相當部分證人指出盟軍低空掃射逃亡中的德勒斯登難民，尤其有多部描述這場空襲的歷史書籍中都不乏類似的描述，例如戴維‧歐文就曾經「具體細致」地描繪了這一恐怖場景，但是這個說法的真實性也被隨後一些歷史學者所質疑。首先的爭論點是關於盟軍是否存在對德勒斯登地區進行低空掃射攻擊的命令，皇家空軍和美國陸航隊都否定出現過這樣的情況。歷史學人海爾姆特‧施納茲在進行了大量研究之後撰文指出，首先在夜間空襲中，只有皇家空軍的夜間戰鬥機能夠進行低空掃射，而在當時並沒有英軍夜間戰鬥機出現在德勒斯登空域，而且空襲形成強烈的火焰風暴也使得低空攻擊不可能進行；在2月14日和15日這兩個白天是否有美軍戰鬥機低空掃射逃亡中的難民？根據多方資料證實，當時沒有正式的

■救援人員從廢墟裡找到的遇難者屍體。

命令或者飛行員的證詞證明這個情況的存在，其他一些資料以及納粹的紀錄也沒有明確證據證明這種情況的存在，一些納粹的宣傳則是為了煽動民眾抵抗到底而偽造的。根據美軍的空襲戰術，在轟炸機投彈期間戰鬥機不會進行低空攻擊，只有轟炸結束後戰鬥機才會進行隨機低空掃射攻擊，而當時德國易北地區防空指揮部、戰鬥機指揮部等記錄表明，美軍機群在完成空襲後即刻全部離開，空中並沒有護航戰鬥機滯留。只有在2月15日白天這一波晝間空襲進行的時候，曾經有美軍戰鬥機低空掠過，但是這些都是戰鬥機在和德軍戰鬥機進行纏鬥時可能的戰術動作。造成很多見證人關於低空掃射的回憶的原因很多，例如當時混亂的場景，還在繼續燃燒坍塌的廢墟，慌亂奔跑的人群，加上的確有低空掠過的戰鬥機等等，這些場景很有可能綜合造成了很多倖存者錯誤的印象。例如親身經歷14日白天逃難過程的克里斯蒂安·尤斯特（Christian Just）回憶道，他所了解的關於盟軍低空掃射的資訊來自於另一位居民，而這位居民也並沒有親身經歷或者親眼看到，同樣也是聽其他人轉述的，這就形成了一種不確定的資訊傳播過程。但是站在客觀的角度來看，造成眾多倖存者如此之多可能錯誤的記憶的一個最重要的原因就是美軍戰鬥機的低空攻擊戰術是當時美軍晝間空襲組成部分之一，德國平民通過各種資訊管道瞭解到那些低空掠過的美軍戰鬥機會隨機攻擊地面上的移動目標，這種難以名狀的恐懼必然會造成人們，尤其那些普通居民可能錯誤的印象，這是在德勒斯登當時如此混亂的情況下不可避免的，也是可以理解的。

戰後反思

回顧整個二戰歷程，德國幾乎所有的重要城市都經歷了盟軍大規模空襲的殘酷洗禮，從遭受空襲的次數和損失來看，漢堡、柏林、魯爾等等城市都超過德勒斯登，但是為什麼德勒斯登的地位在戰後直至今天都是如此特殊？英國歷史學家弗里德里克·泰勒在2005年初接受的一次德國媒體的採訪中這樣回答這個問題：「首先這次大規模系列空襲完全出乎德勒斯登地區居民意料之外，之前他們都認為自己屬於德國的『例外城市』，不會成為盟軍的空襲目標；其次，單單一個晚上的傷亡數字非常驚人，死亡人數最高可能達到35,000～40,000人，而其中主要原因是德勒斯登幾乎沒有有效的防空系統和作戰能力以及居民缺乏空襲防護經驗；再次，對於德勒斯登的印象普遍是這只是一個文化古城。與此相比，德國其他遭到嚴重空襲破壞的重要城市例如漢堡、科隆、柏林以及魯爾工業區等幾乎都清楚自己的命運，因為他們都擁有重要的工業、政治以及軍事價值而一直都是盟軍空襲目標清單的重點，被轟炸的命運必然降臨。」

此外，從空襲受損程度這個角度來分析德勒斯登空襲的話，以下一些統計資料也在一定程度上說明了德勒斯登之所以特殊的原因：德勒斯登空襲死難人數幾乎占了1945年戰爭最後幾個月全德國空襲死亡總人數的三分之一，整個德國在二戰期間空襲死難人數的8%左右。還有一組統計資料是德國統計中心根據各個在空襲中

受損的城市的廢墟量為依據得出的，從總量看，柏林以5100萬立方公尺廢墟排在第一位，隨後依次為漢堡（3,580萬立方公尺），德勒斯登（2,500萬立方公尺），科隆（2,410萬立方公尺），而從居民人均廢墟量來看的話，德勒斯登就成為了第一位，他的居民人均承擔39.7立方公尺廢墟，科隆則成為第二位，人均31.7立方公尺。這裡還需要強調的是，科隆的損失是由於總計約18次大規模空襲造成的，而德勒斯登則只是主要由於2次大規模空襲造成的！也正因為這樣德勒斯登空襲成為一個最好的例子來反思戰爭，戰後一直有眾多歷史學者提出這樣的思索，對於德勒斯登這樣一個軍事工業價值相對較小而居民又是如此密集的人文歷史古城是否應該受到諸如柏林，漢堡，魯爾工業區這些軍事工業重地一樣的對待？是否有其他更好的替代手段來達到「摧毀敵人意志力」這個目的，例如用宣傳單來代替炸彈來擊垮德勒斯登居民的抵抗意志？對於盟軍在戰爭最後幾個月對德國眾多城市的大規模空襲是否還具備足夠充分的軍事價值這個問題也一直是各國歷史學家一直在思考的問題，而這期間對德國平民目標的傷害也達到了新的高峰，例如在德勒斯登遭受毀滅性空襲之後10天，另一個古老小城普弗茲海姆（Pforzheim）也在一夜之間毀於皇家空軍377架轟炸機組成的機群投放的大約1,551噸炸彈和燃燒彈之下，全城6.5萬人中大約有20,000人喪生於4.5平方公里城區的火焰風暴之中，將近1/3的死亡比例已經超過了日本遭受原子彈攻擊

的城市長崎，此外還有例如烏爾茲堡、基爾等眾多德國城市（柏林、紐倫堡、漢堡、埃森這些常規目標自然也不會例外）在戰爭的最後時光被燃燒指示彈鎖定。從最終投彈量的統計曲線可以清晰地看出，英美戰略空襲力量對德國的轟炸在1945年3月達到了各自的最高峰，其中美軍尤其明顯，在1945年3月的投彈量遠遠超過了之前曾在1944年6月達到的最高點，而皇家空軍在這個月的投彈量也超過了之前在1944年8月達到的最高點。

關於德勒斯登空襲的歷史反思一直都不是一個簡單的是非選擇問題，翻閱眾多的文獻資料可以發現長久以來在歐美史學界就存在著截然不同的聲音，強烈批判盟軍的有，堅決支持盟軍的也有，而更多地意見則是站在中間立場。因此直到今天，二戰結束已經61周年，歐洲人包括眾多長時期研究德勒斯登空襲的歷史學者在內都無法對這次空襲從道德角度或是戰爭法角度給出最終確定的評價。1907年國際戰爭法中的25、26、27條款中明確禁止轟炸「不設防」的平民目標，例如城鎮、村莊等，除了特定攻擊情況下，空襲指揮官必須得到正式許可後才能施行轟炸計畫。如果進攻方必須進行空襲的話，那麼也不得轟炸防守方已經通告的目標區域內平民目標例如醫院、宗教場所等。特定於二戰以前這個歷史階段，這些條款的意義非同尋常，這涉及到之後「戰略空襲」的合法性問題，因此美國之後幾次就對此提出修正草案，特別專門就「不設防」的定義提出修正案，但是這些草案都遭到歐洲大多

數國家的強烈反對，沒有得到最終批准。因此二戰期間關於戰略空襲的合法性的重要焦點就是「不設防」和「軍事價值」的界定，這兩個核心問題的爭論聚焦到德勒斯登則顯得更加突出。有部分學者還對「戰略空襲」與「前線戰術支援」的區別問題提出疑問，盟軍曾經以德國空軍對華沙、鹿特丹以及倫敦、考文垂等城市的空襲作為他們戰略空襲的法律依據。但是德國空軍認為轟炸拒不投降的要塞城市華沙屬於前線戰術支援範疇，而鹿特丹更是有偶然因素的存在，德勒斯登也不同於倫敦和考文垂，和他們相提並論的應該是柏林、漢堡和魯爾區。那麼從這個角度如何看待德勒斯登呢？根據當時蘇軍的要求以及東部前線態勢，作為重要的通訊運輸以及指揮中心的德勒斯登是否也可看作為「戰術支援目標」呢？當然空襲德勒斯登是在得到盟軍和蘇聯方面的最高指揮層共同許可這一點是毫無疑問的。

從綜合的角度來分析，歐美史學界眾多不同觀點大致可以分為3大類，其中一種極端的意見簡單而片面地從德勒斯登的角度出發，根本不考慮當時的前線態勢以及全面戰爭這個大環境，單純認定空襲德勒斯登是盟軍一種純粹的「戰爭罪行」，對盟軍的戰略轟炸進行了猛烈抨擊。揮舞這杆大旗的首先就是歐洲極端右翼勢力的代表，同時一些嚴重右傾的軍事歷史作者也在推波助瀾，除了上面提到過的右翼代表歷史學者大衛‧歐文，另一位右翼二戰歷史作者弗蘭茨－庫洛維夫斯基（Franz Kurowski）也在其暢銷書《1945年2月

■從空中俯瞰空襲之後的德勒斯登，可以說是滿目創痍。

的德勒斯登》中也將英美空軍的空襲稱為「沒有任何軍事意義的大屠殺」。不可否認，這些作品的影響面是相當廣泛的，其中一個重要的原因就是他們的作品出版較早。然而站在客觀公正的角度來看，這些走向極端的片面說辭只會混淆和模糊納粹罪行，從而影響到人們來客觀公正反思二戰。

戰後代表第二種意見的歷史學人並沒有這樣極端的看待德勒斯登空襲，而是將空襲德勒斯登問題放入當時的整個戰爭大環境之中，並不是孤立地看待德勒斯登的悲劇。他們都認為首先納粹是當時全人類最大的公敵，如何消滅納粹成為盟軍首要任務，在全面戰爭過程中德國平民將不可避免的遭到牽連，而實際戰爭態勢也使得

德勒斯登被迫站在了最前線，成為盟軍空襲的選擇目標。但是他們也認為空襲德勒斯登走過了頭，存在著一些錯誤和問題，盟軍在戰爭即將結束的時刻如此轟炸一個歷史文化古城，不可避免的帶上了「戰爭

犯罪」的色彩。例如德國文學家諾貝爾獎得主君特·格拉斯（Guenter Grass）和《時代周刊》前主編西蒙·耶金斯（Simon Jenkins）和喬治·H·斯坦頓（Gregory H. Stanton）博士都是持這樣

■1946年3月，任重道遠的德勒斯登遭受可怕的轟炸一年後，該市領導人為重建他們的城市製定規劃，從左到右：海因茨·格呂內瓦爾德（宣傳局長），瓦爾特·魏道爾（市長）和C·伯特博士（市建局長）。

的觀點，德國歷史學人尤爾根・弗里德里希在研究了大量的歷史文獻資料以及採訪了大批空襲倖存者的基礎上認為，1945年2月的德國已經瀕臨絕境，而此時的德勒斯登更是一個軍事價值和其歷史文化價值以及平民（難民）數量的比例嚴重失調的「非軍事性」城市，盟軍對它摧毀性的空襲的一個重要目的就是為了對平民目標造成盡可能大的損傷，以摧毀德國居民的抵抗意志。但是這些學人都有一個共同特點，就是鮮明地和「納粹同情分子」劃清界限，例如尤爾根・弗里德里希就認為將盟軍戰略空襲定義為「恐怖空襲」是片面而不正確的，這樣的稱呼明顯會產生誤解和歧義，因為戰略空襲屬於二戰摧毀納粹的全面戰爭中的不可分割的一部分，這和納粹法西斯包括種族滅絕在內的戰爭罪行是完全不同的，也是不容混淆的。歷史學人馬克思・海斯丁（Max Hastings）也這樣說道：「我認為將空襲德勒斯登單純描述為戰爭罪行是錯誤的，這種說法將可能會滿足納粹平衡其罪行的需要，而這次存在一定錯誤性的空襲的根本原因也是由於納粹德國的堅決抵抗造成的。」

還有的歷史學人的意見相對站到另一個側重點，形成第三類意見，他們細致地挖掘德勒斯登的政治軍事價值，從而強調空襲德勒斯登依然屬於二戰這個戰爭歷史過程中必不可少的部分，並且重新檢查審視德勒斯登空襲中的各個方面，強調空襲的「合法性」。2004年，英國歷史學人弗雷德里克・泰勒在掌握了充足的史料基礎上提出新的論據證明德勒斯登的軍事經

濟價值，德國當時在東線的防禦部署計劃以及盟軍和蘇聯方面的協商情況。他明確指出，是德國首先開始了不計後果的空中戰爭，從空中打擊了華沙、鹿特丹、考文垂這些城市，首先違背了轟炸不設防平民城市的禁令，此外在東線的德國空軍也兇殘地轟炸了蘇聯城市，例如1942年8月間列寧格勒80萬居民中就有至少4萬人喪生於德軍的系列空襲，因此盟軍只能以牙還牙，全力投入空中戰爭來打擊德國。前文已經具體闡述的盟軍和蘇聯方面對德勒斯登戰略戰術價值的評估從官方角度支援這樣的意見，德勒斯登作為一個戰略戰術目標並沒有違反戰爭合法性。當然，泰勒也沒有忘記從人性的角度來反思，他說：「德勒斯登的毀壞不僅僅是德國的損失，也是全人類的損失。」相信任何一位不帶偏見的歷史學人在細細考證德勒斯登大空襲之後都無法迴避這樣的悲思，即便在一場全人類對抗法西斯的正義戰爭中，一個如此璀璨的人文歷史古城的毀滅依然是無法抹去的永遠的痛。

這裡值得一提的是這些歷史學人的不同意見即便到當下依然會形成新的矛盾焦點，例如泰勒先生最近才出版的關於德勒斯登的作品《德勒斯登，星期二，1945年2月13日》（Dresden. Dienstag, 13. Februar 1945）就遭到了德國新右翼勢力的猛烈抨擊，他本人甚至在德國舉行的讀者交流會上遭到襲擊。而英美方面部分學人也曾經對德國歷史學人尤爾根・弗里德里希先生的新作《燃燒》一書進行了猛烈抨擊，認為該書過於細致地描繪空襲慘

狀，有片面強調德國受害形象之嫌，例如一位美國批評家就稱此書不過為一份細致的「損傷報告」而已。而泰勒先生就曾說自己的作品可以看作是對德國《燃燒》一書的「英國回應」，當然泰勒先生也強調自己的研究早在《燃燒》出版2年前就開始了，此外他也並不否認這是一部優秀的作品。雖然英德學人之間在這些歷史問題上存在一些爭議，但是一個不可否認的是，雙方的意見越來越接近，並且在繼續向著好的方向前進。

以筆者在德國所見所聞，至少泰勒先生代表英國方面視角的作品已經被德國主流媒體所接受，並且以此為基礎進行了廣泛的探討，在2005年2月這個特殊的60週年紀念時期，泰勒先生更是成為各大電視台爭相採訪的對象。而德國方面，尤爾根‧弗里德里希先生這部總體介紹德國二戰整個空襲的作品同樣是建立在長時期細致考證的基礎之上，這點僅僅從其作品之後所列的超過200部參考書目就可見一斑，這些資料包括回憶錄在內，幾乎包括了英、美、德方面所有關於二戰空中戰爭方面內容的重要文獻，德國明鏡對《燃燒》這本書的評語言簡意賅：傑出的作品。

如果說歷史學人的爭論的

出發點是還原歷史真相的話，那麼盟軍方面眾多官兵以及歐洲其他眾多的普通老百姓對德勒斯登的反思更多地注重於人性這個角度。尤其親歷這次空襲的盟軍戰士無論是前方的飛行員還是後方的計畫指揮人員都對德勒斯登這個悲慘的城市抱以無限的同情和誠摯的歉意。戰後有不少參加空襲的盟軍空勤人員都出現不同的心理症

■1940年遭到德國空軍轟炸的英國倫敦，殘破的房屋，巨大的彈坑，損毀的公共汽車，也許還有遇難者被埋在了廢墟下。5年後，英國人的報復降臨到了德國人頭上，用中國民間的俗話說，這就是「你做初一，我做十五」。戰爭，永遠離不開暴行相伴。戰爭結束後，人們可以為此打上幾十年的口水官司。無論最後的結論如何，口水和文字，總好過無數從天而降的炸彈吧

■德勒斯登大空襲無論從政治、軍事、歷史哪個角度來看待，相信任何一位正常人都會發出這樣的感慨：但願如此殘酷的人間悲劇不再降臨。

狀，有的經常在夜間被夢魘折磨，有的由於無法確定自己是否犯下戰爭罪行而陷入迷茫狀態，有的更是一直無法忘卻那個恐怖的火光沖天的燃燒地域，但是他們確信的一點則是，空襲德勒斯登是確確實實的作戰命令，他們在整個空襲過程中也嚴格遵守命令要求。

　　肯尼斯‧加爾布萊斯（DKenneth Galbraith），當時擔任美軍航空偵察部門的負責人，他這樣回憶：「在戰爭即將勝利結束的時刻對德勒斯登的空襲是殘酷而無情的，大量兒童、婦女和平民死亡，這是令人悲傷的，而在戰略或者戰術角度這次空襲都不具備實質性的意義。」一位前皇家空軍軍官的兒子戴維‧佩德羅（David Pedlow）在2004年2月14日給德勒斯登某位修道院長的一封信也可以作為其中的代表，信中這樣寫道：「我的父親是眾多開啟德勒斯登毀滅命運之門的皇家空軍氣象軍官之一，他在二戰前只是一

個普通的中學老師，還是個近視，直到戰爭開始的時候他才加入皇家空軍，成為一名氣象軍官。他一直祈禱希望能夠避免戰爭，但是當這一切不可挽回的時候，他也義無反顧地加入保衛自己家園的戰鬥之中。他清楚他自己的角色，他也明白他的工作同樣會讓很多人陷入危機和災難甚至死亡之中。很多時候一個戰略軍事目標是由於它有重要的工業或者軍事設施，但是很多這類目標周遭都存在居民點，因此，它們之間的比例關係就決定了平民可能的傷亡數字。但是我父親告訴我，德勒斯登並非重要的戰略軍事目標，他感覺轟炸德勒斯登更多的只是傷害到這個城市和它的居民，他認為這顯然是一個有明顯爭議的空襲行動。」

　　那麼德國人自己如何看待德勒斯登的悲劇呢？德勒斯登聖母教堂弗里茨神父的一段話可以作為其中最好的代表，他說：「我認為，無論是那裡的受害者，什麼樣的受害

者，他們都有權表達自己的痛苦，說出命運對自己的不公正。每年2月13日，我們都會給這些人留出空間，讓他們傾訴。我們也必須給他們機會，讓他們傾訴。但是人們不能把這種痛苦變成神話。有人說德勒斯登是一座無辜的城市，它是一座巴洛克古城，一座文化城市，完全沒有軍事意義。但是也不能就此簡單地抹去以下事實：這裡曾是鐵路樞紐，有納粹，這些事情我們不能閉口不談。」親身經歷過漢堡1943年血腥7月大空

■（上及下）重建中的聖母大教堂。

襲的海爾姆特‧沙佩爾（Helmut Schaper）的話則從一個親歷這段歷史的平民角度印證了這個觀點：「當時的空襲讓我們曾經希望的步入第三帝國的慶典活動成為泡影。而我們清楚地看到了我們已經登上了一列怎樣的列車，我們也明白我們必須隨同它一起奔向滅亡。」

但是德國極端右翼組織卻一直試圖利用德勒斯登的悲劇作為他們的宣傳工具，宣揚這是「轟炸戰爭罪行」，要求將當時盟軍高層作為戰犯來審判，甚至還從受難者人數和城市受損的慘烈程度來比較英德雙方之間曾經進行的大規模空襲，企圖以此轉移人們視線，「掩蓋」和「平衡」納粹的戰爭罪行。這些極端言論和德國的主流思想格格不入，戰爭雙方受害者是不能累加計算進而進行比較，這本身就是對雙方死難者的不尊，因為人是平等的，沒有所謂二等公民。誠然納粹德國的平民為戰爭付出了慘重的代價，但是納粹卻是戰爭的始作俑者，他們又造成了多少人間悲劇呢？一位已經年邁的原德軍夜間戰鬥機飛行員回憶道：「當美國人加入戰爭後，我爸爸就告訴我我們要取得勝利是不可能的，他記得1917年發生的事。我當時還不同意他的看法，直到現下我不得不承認他是對的。1944年7月刺殺希特勒事件發生後，就意味著我們官方已經失去了這場戰爭。英國人還是幾乎每晚都來，我們只有繼續不斷地出擊來進行抵抗。我記得普弗茲海姆遭到了極其猛烈的轟炸，20分鐘內它的65,000名居民中就有18,000人喪生，很多都是婦女兒童，我無法描述當時

我看到的場景，我當時感到很無助，我無法幫助那些廢墟下的居民。戰爭結束後我明白這樣的悲劇在倫敦和華沙也都上演過，這就是戰爭。」

在看待德國數目眾多的在空襲中被毀的城市的時候，同樣不能忘記之前的華沙、考文垂等毀於納粹之手的城市，德勒斯登是所有二戰中被嚴重傷害的城市名單中的一個，德國政府與民眾紀念和哀悼的只是那些戰爭中的受害者，這不會影響德國對二戰罪行和責任的反思。雷爾夫‧基奧達諾（Ralph Giordano）當年經歷漢堡大空襲時候才22歲，他這樣回憶：「希特勒和他的下屬最晚在1942年5月科隆遭到千機大轟炸之後就應該清楚，面對英國人的空中進攻他們並沒有什麼有效的對策，儘管這樣，德國城市依然繼續一個接著一個被空襲摧毀。我認為應該這樣來看待英國皇家空軍對我們的空襲：是一個對自己民眾極端不負責任的政府將自己的民眾送上絕望的毀滅境地。」「我們如果走得太遠的話是否也會成為禽獸？」邱吉爾曾經這樣問過，而希特勒從來不會，當1943年戰爭轉回到德國的時候，當他看到成千上萬在空襲下喪生的平民的時候，這位納粹元首的回答是殘酷無情的：「當我的民眾在這些考驗下毀滅的時候，我不會為此流一滴眼淚。這是他們自己選擇的命運！」二戰結束後，每年的2月13日，人們都會在德勒斯登舉行紀念活動，1956年德勒斯登和考文垂這兩個都蒙受二戰慘痛傷害的城市結為姐妹城市。前東德就已經開始依照原貌對德勒斯登進行重建，關

於他們在修復重建過程中遇到的一系列問題在此不再贅述。重修建築中最具代表性的自然就是德勒斯登最重要的象徵之一——聖母大教堂。2002年，來自考文垂的客人訪問德勒斯登，主題就是反對戰爭和消除仇恨，這次會見地點就選在了德勒斯登聖母大教堂，這座毀於空襲的著名建築的重建得到了各方幫助，尤其是英國方面的資助，英國女王伊莉莎白二世專門舉行了音樂會來籌集聖母教堂重建費用，已經成為德勒斯登姐妹城市的考文垂也為聖母教堂捐助了資金。到2004年秋天，這座教堂的重建工作終於全部完成。聖母教堂頂上的新十字架由英國的「德勒斯登基金會」出資修建。一位當年參與空襲的英國飛行員的兒子親手為十字架塗上了金漆。新的德勒斯登聖母教堂變成了民族和解的象徵。不過很多當年倖存下來的受害者以及這些受害者的親友至今仍然沒有從痛苦中解脫出來，聖母教堂神父弗利茨對此說道：「如果記得60年前發生的事情，就應該對暴力，戰爭，種族主義以及我們周遭的不公正感到反感，並且儘量防止這些事情的發生。也正因如此，我們每年2月13日都會從那些仍受戰爭暴力之苦的地方請人來德勒斯登。聽那些親身經歷過殘酷戰爭的人說說空襲，有人死去，有人無家可歸，他們會感同身受。」

2005年是二戰勝利60週年，德國一些右翼極端主義者呼籲在德勒斯登遭轟炸60週年之際舉行遊行，悼念因空襲而喪命的德國死難者，他們將盟軍轟炸德勒斯登的行為稱為恐怖行為。這些觀點遭到了德

勒斯登一個經常參與組織2月13日的紀念活動民間團契的發言人馬蒂亞斯・諾伊茨納的駁斥：「當年在德勒斯登發生的事情當然不像有些人經常宣稱的那樣毫無軍事意義。這個決定是在第二次世界大戰中做出的，當時德國還沒有完全失敗。在這種情況下，任何人，包括軍事指揮，都不能準確地預測戰爭什麼時候結束。當然這並不等於說，轟炸德勒斯登就是絕對必要的，轟炸德勒斯登只是有可能讓盟軍贏得二戰的勝利，而且以這種模式獲得戰爭中的主控權也絕對不能說是符合道德標準的。」轟炸給德勒斯登帶來了嚴重的破壞和災難，但同時也解救了最後留在城裡的175名猶太人。就在1945年2月13日上午，德勒斯登接到了將這些猶太人轉移到其他城市的命令。德勒斯登夜晚遭到大轟炸以後，最後這些滯留的猶太人混在普通人群裡，逃脫了厄運，他們之中包括現任撒克遜州猶太團契主席阿里斯的家人。他說：「我是土生土長的德勒斯登人。城市被炸毀，很多無辜居民陷入無盡的痛苦深淵，這些都是非常可怕的事情。但是人們必須要把事情的前因後果聯繫起來看。」阿里斯認為，1938年11月9日德勒斯登的猶太禮拜堂被燒毀，這是因；6年多以後，整個德勒斯登被炸毀，這是果。他還表示，德勒斯登遭盟軍轟炸後的慘景只是殘酷戰爭的一個側面，在二戰中，鹿特丹、考文垂以及列寧格勒這些城市也遭到了同樣嚴重的破壞，而破壞這些城市的罪魁禍首正是納粹軍隊。

就在幾個月前的2月13日，德勒斯登照例有超過5萬人參加空襲紀念活動，他們紀念受難者的同時，也強烈抗議極右勢力試圖歪曲歷史的行為。夜晚，在廣場上無數的燭光匯聚成一片光的海洋，人們在這片海洋中靜靜默哀，祈禱60年前的悲劇不再重演，其中有一塊牌子上的文字最貼切地表達了廣場上的人們對現今德國新右翼勢力的回答：「這個城市厭惡（新）納粹！」一如既往，當德國極右翼勢力遊行的時候，在他們稀稀拉拉的隊伍後面總會有大批警察緊緊相隨，除了防備這些少數分子的極端行為，更是為了避免他們和普通居民的衝突，因為反對他們的德國居民數量遠遠超過他們！德國前任總理施洛德在二戰勝利60週年紀念日表達了自己深深的哀悼並且強烈譴責德國極右勢力試圖扭曲歷史的行為：「我們今天為包括德勒斯登，德國以及整個歐洲所有的在戰爭中以及納粹統治下的受難者哀悼。」德勒斯登是殘酷的空襲戰爭的結束，一個悲慘的結束，無論從政治、軍事、歷史哪個角度來看待這個悲劇城市，相信任何一位正常人都會發出這樣的感慨：但願如此殘酷的人間悲劇不再降臨。

在本文整個資料收集以及寫作過程中筆者感觸良多，在很長時間內都處於極其複雜的思考之中。關於德勒斯登，在當今這個資訊通暢的社會，查找資料資訊並非難事，加之本人寫作的環境亦在德國，同時2006年又是二戰勝利60週年這個特殊年份，因此如果細心關注這個課題的話，各種媒體資料用鋪天蓋地來形容毫不為過。但是如何整理篩選這些資料則絕非易事

了，其中夾雜的出自各種角度的分析以及結論等讓最初處於資料收集階段的筆者也幾乎陷入混亂狀態，一方面，反法西斯戰爭是人類歷史上一場正義戰爭，戰爭的正義性是毫無爭議的；但是另一方面，筆者在閱讀了大量個人回憶，觀看了大量歷史照片和鏡頭之後，對於戰爭的殘酷和對平民的傷害有了更為清晰的直觀認識，只有當自己透過靜靜的閱讀，整理和思考之後，才逐步地理出思緒，對於各種資料資訊也開始有了建立在正常價值觀上客觀的評價和取捨，不至於被淹沒於眾說紛云之中，甚至被某些片面論調所誤導（例如一些帶有明顯傾向性的資料有的是刻意為之，有的則是因為參考資料較老，或者沒有及時更新等各種原因造成）。

德勒斯登以及更不為我們了解的普弗茲海姆是如此的不同，雖然德國的柏林、漢堡、魯爾區等眾多城市雖然同樣遭受了更長時間，規模更大，損失更嚴重的毀滅性空襲，但是並沒有像德勒斯登一樣在歐洲乃至全球引起激烈爭論。原因就是作為戰爭發起國的政治軍事工業中心在戰爭狀態下遭到毀滅性打擊是不可避免的，站在60年前的軍工科技以及政治軍事角度來看，戰爭正義性並未受到任何挑戰，德國人自己也早已經接受並且對此進行了深刻反思。而歐美地區，尤其英德這兩個國家之所以對於德勒斯登進行了如此深刻的研究和思考，原因就是人性和戰爭正義性的衝突在德勒斯登達到了頂峰，無法將他們剝離出來獨立分析，甚至連區分他們都是非常困難的。筆者希望本文區區數萬字能夠儘可能向讀者細緻地描繪這場悲劇，也能讓生活在戰爭結束後60週年的我們透過戰爭中如此悲慘的一幕來共同反思這場人類歷史上最為殘酷的戰爭。

「Nie wieder Deutschland, nie wieder Krieg!! ——再也不是德國，再也沒有戰爭！」

德國居民舉著的這塊令筆者印象深刻的標語對於全世界民眾而言或許可以理解為這樣的希望：

「Nie wieder Welt, nie wieder Krieg!！」——戰爭永遠不要再次降臨整個世界！

■（左）參加反對極右勢力集會的德國民眾，他們對於納粹的憤怒從標語上明顯表示出來；（右）2005年參加德勒斯登大轟炸60週年紀念的德國青年，只有經歷過戰爭的痛苦才能體會到和平的寶貴。

附錄：
《德勒斯登2月13/14日夜間空襲時間進程表》

21：15德勒斯登防空指揮部發出預警。

21：30德勒斯登防空指揮部正式開始防空準備。

21：37關於英軍機群位置的第一次通報。

21：39防空指揮部發布德勒斯登響起第一次防空警報。

21：40市中心開始聽到轟炸機群噪音。

21：40轟炸機群在哈勒空域轉向東部航線。

21：53轟炸機群到達凱米尼茲-弗萊柏格空域。

21：54第一架轟炸機進入波棱（Bhlen）空域。

21：56在凱米尼茲南部24公里處發現9架蚊式機。

21：59轟炸機群到達德勒斯登，在德勒斯登-皮爾納（Dresden-Pirna）空域盤旋。

22：02轟炸機群轉向比索夫維達（Bischofswerda）。

22：03英軍轟炸機群開始拋放照明指示彈，進行第一次轟炸引導標示。

22：04德軍駐杜布利茲（Dberitz）的第1戰鬥機師無線電通報：「高速轟炸機編隊在瑪薩-海因利希1（Martha-Heinrich1）至瑪薩-海因利希8（Martha-Heinrich 8）空域盤旋。」

22：05蚊式低空掠過德勒斯登體育俱樂部運動場並拋放紅色目標指示彈。

22：06防空指揮部有線廣播警報：「注意！注意！注意！敵軍龐大轟炸機群前鋒已經改變航線，正在飛向城區，預計將會開始投彈」。

22：06防空指揮部報告「哈勒-萊比錫（Halle-Leipzig）空域出現龐大轟炸機群！」

22：07英軍飛機投下第一枚炸彈。

22：08英軍大量後續轟炸機繼續向德勒斯登-萊比錫空域和德勒斯登-阿舍雷本（Aschersleben）空域集結。

22：09部分防空觀察哨報告投彈開始！

22：11轟炸機群改變航線。

22：11轟炸指揮機在城市上空盤旋指揮轟炸。

22：12轟炸指揮機命令轟炸機大隊編隊開始投彈。

22：13對德勒斯登轟炸開始。

22：14「繼續對城市中心投彈！」——轟炸指揮機命令。

22：15這是德勒斯登防空指揮部最後一次透過有線廣播通報「注意！注意！，現下地區防空指揮部廣播通報，市中心遭到空襲，群眾同志們準備沙子和水！」

22：20轟炸指揮機指示新的目標。

22：21轟炸指揮機通報轟炸成功。

22：28英軍轟炸機觀察員記錄最後一枚炸彈投下。

22：30英軍第5轟炸機聯隊返航。

22：40德勒斯登準備解除警報。

23：28德勒斯登正式解除警報。由於通訊問題，正在接近的英軍第二波次轟炸機群資訊並沒有得到及時通報。

00：52德勒斯登防空指揮部通報「新的轟炸機群前鋒已經到達巴姆堡（Bamberg）並且轉向諾勞斯特（Norost），此外在美因茲-阿沙芬堡（Mainz-Aschaffenburg）空域也發現龐大的轟炸機群，航向向東。」

01：07德勒斯登再次響起防空警報。

01：16皇家空軍對德勒斯登第二次空襲開始。

01：22第一枚照明指示彈投下。

01：28轟炸指揮機下令投彈。

01：30第一批炸彈傾瀉而下。

01：42英機轟炸指揮機最後一次投彈指示命令：「向火焰區域中心投彈！」

01：55最後一架轟炸機離開城市上空返航。

02：15德勒斯登空襲警報解除。

B-24解放者戰鬥日記
—轟炸柏林

1944年4月29日，美國空軍第392轟炸機大隊歷史上最難忘的一天

任務概況

為了破壞德國的工業生產和運輸能力，1943年，美國防部命令駐歐洲第8航空隊對柏林腓特烈思海因區火車站實施大規模空襲。為此，第8航空隊從8個B-17型轟炸機作戰聯隊和4個B-24型轟炸機作戰聯隊總共調集了751架轟炸機執行此次任務。轟炸機群被分成三個波次：第一波次是第3轟炸機師所屬4個作戰聯隊的263架B-17型機「飛行堡壘」（Flying Fortress）。每架飛機裝載了3枚重達1000磅的通用型炸彈和4枚500磅M47A1型燃燒彈。第二波次為第1轟炸機師所屬的4個作戰聯隊共計236架B-17型機。大部分飛機也攜帶了3枚1000磅通用型炸彈和4枚500磅的燃燒彈，但有一部分飛機攜帶的是5枚1000磅通用型炸彈或50枚100磅的燃燒彈，另有一些載有「鎳彈」——裏面裝的全部是宣傳單。第三波次為第2轟炸機師4個作戰聯隊所轄的252架B-24型機「解放者」（Liberator）。這些B-24要麼裝載了5枚重1000磅的通用型炸彈和3枚100磅的燃燒彈，要麼裝載了52枚100磅的燃燒彈。

根據《第279號戰區命令》情報附件的描述，此次任務是「對德國後方目標、工業設施施以重拳的一次集中打擊。腓特烈思海因區火車站是柏林鐵路運輸系統的一個關鍵支點。柏林整座城市被鐵路和地鐵環繞，它也是為數不多可以考慮作為重要空襲目標的幾個地區之一。對該處目標的破壞必將對德國戰時工業工人們的心裏造成極大的混亂和恐懼。從這一意義上來講，這些設施和目標對於美軍達成戰略意圖極其重要。」

第8航空隊的《戰術任務報告》詳細描述了此次作戰計劃：第一批攻擊波由第3轟炸機師所屬4個聯隊的B-17型轟炸機承擔。各聯隊以2機為一個編組，相隔4分鐘升空。前3聯隊中每個領航大隊配備2架「探險者」高空偵察機（Pathfinder，P-38的改型，用於歐洲及遠東戰場的編號為F-4及F-5），第4個聯隊的領航大隊配備1架，另外第1個聯隊的低空大隊也配備1架「探險者」。第二批攻擊波由第1轟炸機師所屬4個B-17聯隊構成。這批飛機成單縱隊緊密排列，每個聯隊配備2架「探險者」。第三波次由第2轟炸機師所屬4個B-24轟炸機聯隊組成。其中第2個作戰聯隊（2個大隊）與右側的領航聯隊成梯次編隊，第3和第4個聯隊之間保持間隔5英哩的單縱隊隊形。除第2個作戰聯隊之外，每個聯隊的領航大隊都配備2架「探險者」。總體來講，參戰部隊基本按照計劃執行該任務，儘管第1轟炸機師所屬報告稱他們實際上並排飛行的共有3個大隊，僅有一個大隊呈單縱隊排列。

護航兵力

根據第8航空隊《戰術任務報告》，整個編組將「使部隊沿一條通用航線直接進入並撤出目標區。該航線可使轟炸機處在德軍地面防禦比較強大的達默湖和漢諾威地區以北的方向，而且進入目標區後能夠順風轟炸，這樣將最大程度地減少轟炸機在目標區上空遭遇德軍預期的有效猛烈火力反擊。」第8戰鬥機司令部所屬的16個戰鬥機大隊593架

■ 與不列顛同行一起享受戰鬥間歇歡樂的美國轟炸機飛行員，他們在給敵人帶來死亡的同時，也忍受著地獄般的折磨。

飛機、第4戰鬥機司令部所屬4個戰鬥機大隊183架飛機和2個英國皇家空軍野馬中隊24架飛機組成了一支強大的戰鬥支援部隊，它們將確保「為所有在德國上空活動的部隊提供持續護航」。第8戰鬥機司令部所屬的2個P-47「雷電」（Thunder-bolt）戰鬥機大隊計劃在轟炸機返航時再出動，它們將為那些掉隊的轟炸機提供掩護支援。

第一波次大部分飛機的任務相對都要簡單些（如果有的任務可以稱作容易的話）。然而，第4A聯隊所屬第385和第447轟炸機

大隊卻有著一番不同尋常的痛苦經歷。它們有1架「探險者」上的雷達設備完全失靈，另外1架也只是偶而才能發揮正常。由於導

■ 盟軍在1943年大多數時間裏用P-47戰機為轟炸機護航，但因「腿短」而飽受爭議。

美國第8航空隊三個波次轟炸機群序

第一波次 (第3轟炸機師)

第45作戰聯隊

　　第96轟炸機大隊，領隊

　　第452轟炸機大隊B部＋7架388大隊飛機，高空

　　第452轟炸機大隊A部，低空

第13作戰聯隊

　　第390轟炸機大隊A部，領隊

　　第95轟炸機大隊，高空

　　第390轟炸機大隊B部 (第95、390、100轟炸機大隊飛機各7架)，低空

第4A作戰聯隊

　　第385轟炸機大隊，領隊

　　第447轟炸機大隊，低空

第4B作戰聯隊

　　第4轟炸機大隊，領隊

　　第100轟炸機大隊，高空

　　第388轟炸機大隊，低空

第2波次 (第1轟炸機師)

第1作戰聯隊

　　第91轟炸機大隊

　　第381轟炸機大隊

　　第398轟炸機大隊

第41作戰聯隊

　　第303轟炸機大隊，領隊

　　第379轟炸機大隊，高空

　　第384轟炸機大隊，低空

第40作戰聯隊

　　第305轟炸機大隊，領隊

　　第92轟炸機大隊，低空

　　第306轟炸機大隊，高空

第94作戰聯隊

　　第401轟炸機大隊，領隊

　　第457轟炸機大隊，高空

　　第351轟炸機大隊，低空

第3波次 (第2轟炸機師)

第14作戰聯隊

　　第44轟炸機大隊＋4架第392轟炸機大隊飛機

　　第392轟炸機大隊

第96作戰聯隊

　　B部隊＝第458大隊（領隊，低空左梯隊）＋第467大隊2個中隊（高空右梯隊）

　　A部隊＝第466大隊（領隊，低空左梯隊）＋第467大隊2個中隊（高空右梯隊）　　[B部隊位於A部隊左側的平行位置]

第2作戰聯隊

　　第389轟炸機大隊，領隊

　　第453轟炸機大隊，高空

　　第445轟炸機大隊，低空

第20作戰聯隊

　　A部隊＝第93大隊（領隊，低空左梯隊）＋第448大隊2個中隊（高空右梯隊）

　　B部隊＝第446大隊（領隊，低空左梯隊）＋第448大隊2個中隊（高空右梯隊）　　[B部隊與A部隊呈梯次編隊]

航裝置不靈，所以這支部隊在向柏林進發的時候不幸向南偏離了航線。由於航線偏離再加上隨之而來失去了護航兵力，因此當它們在德國中部布倫瑞克地區遭遇到125架兇狠的德軍飛機時，結果可想而知，在30分鐘內這支部隊蒙受了重大損失，最終突圍而出。

　　除了這一支不幸的作戰聯隊之外，第一波次和所有第二波次轟炸機在飛往目標的航線上都得到了戰鬥機的全程護航。第三波次，來自第2轟炸機師的B-24也並不幸運。

它們在漢諾威東北部遇到了60至80架德軍戰機，經過10餘分鐘的遭遇戰，德機撤出重新編組，然後對後面飛來的轟炸機進行了長達20分鐘的攻擊。在最後一波次編組攻擊後德機撤出了戰鬥。在不到25分鐘的時間裏，共有5架B-24被擊毀，另有多架受傷。

轟炸及返航

偏離航線的4A聯隊，被德機衝得完全失去了組織，然而他們也非一無所獲，它們對馬格德堡這一偶然目視發現的目標實施了轟炸。

當時剩下的由580架轟炸機組成的龐大空中編隊共向柏林城投放了1408噸炸彈，而且效果「非常理想」（第8航空隊《行動描述報告》語）。根據第8航空隊《戰術任務報告》中「轟炸數據」部分的描寫，轟炸高度從21500英呎（第445轟炸大隊）至26425英呎（第100轟炸機大隊）不等。

在撤退時，B-17機群受到了戰鬥機很好的護航，但B-24機群再次擔當了不幸的角色。計劃裏，根本沒有安排P-38、P-51或P-47型戰鬥機大隊來保護返航的B-24轟炸機。因而，它們很容易就成為

了許多德軍飛機攻擊的活靶子。將近有100架德軍戰鬥機在漢諾威地區發現了它們，並對其實施了猛烈的空中攻擊，直到負責「清掃」返回航線的P-47戰機抵達達默湖地區才趕走了德機。即使這樣，在返航途中B-24仍不斷遭到德軍零星的攻擊，這種情況在它們到達荷蘭須德海（又稱艾瑟爾湖）地區時才結束。

■ 被稱為「小型福克災難」的德國Fw 190戰鬥機對起初缺少保護的美國轟炸機造成嚴重威脅。

■ 美國航空畫家描寫當年B-24機群轟炸德國的情景畫，畫面下方有一架雙胴體戰鬥機執行護送任務。

第8航空隊戰損

第8航空隊在1944年4月29日當天共損失了（不包括在英格蘭墜毀的飛機）26架B-24、38架B-17和14架美國戰鬥機。主要戰損如下：

第一波次（第3轟炸機師）：在升空的263架飛機當中，有225架據信執行了一次突擊（即它們曾進入過高射砲火威脅的地區或敵軍戰鬥機巡邏出現的地區）。第3轟炸機師共損失飛機28架，其中8架被擊落的飛機屬於最不幸的第4A聯隊，該聯隊在整個行動中派出的55架飛機中就有三分之一殞命。3架P-51戰鬥機在護航時被敵機擊落。

第2波次（第1轟炸機師）：在升空的236架飛機中據信有214架執行了一次突擊。該師共損失飛機10架，其中9架被高射砲火擊中。護航兵力中，有3架P-38、1架P-47和4架P-51被擊落。

第3波次（第2轟炸機師）：升空252架飛機，230架據信執行了一次突擊。該師總共損失26架，其中18架是拜德軍戰鬥機所賜。在護航兵力中，有3架P-51被擊落。

另外，還有355架轟炸機受到不同程度的損傷，大部分（325架）是由於德軍兇猛的高射砲火所致（所有損失數據來源於第8航空隊《戰術任務報告》中「轟炸機總結」和「戰鬥機總結」兩章中）。

第392轟炸機大隊

第8航空隊的轟炸機在4月29日遭受了不小的損失，戰略轟炸的代價可謂巨大，讓我們再看看記載中的第392轟炸機大隊當天的經歷。

4月28日，星期五，17時30分，第2轟炸機師第14作戰聯隊（第44和392轟炸大隊）接到任務通知，18時50分，第2師得知了上級要求參加此次行動的具體飛機數目。20時，師部決定第44大隊派出24架；第392大隊派出18架，其中4架飛機由第44大隊指揮。後來這4架飛機被配置到第44大隊的左側低空飛行的一個中隊，這幾架飛機分別是由弗里曼少尉、普雷爾少尉、謝里少尉和懷亞特少尉領導的4個機組操作駕駛。

20時05分，第14聯隊和第2聯隊決定參戰的每架飛機都配備5枚1000磅通用型炸彈和3枚100磅燃燒彈。其它聯隊每架B-24則攜帶52枚100磅的燃燒彈。

4月29日凌晨01時15分，第392轟炸機大隊任務計劃人員決定在04時、04時30分和05時30分分別召開轟炸員、飛行員和領航員簡報會。

簡報官告訴大隊的機組人員他們的平均彈著點（MPI）是柏林心臟地帶的腓特烈思海因區火車站，這是德國南北和東西鐵路交通的交會地，地面和地下運輸網路的中心。這一任務代表了「第8航空隊戰略上的轉變」。簡報官稱8航空隊所有三個航空師的目標都是相同的，他強調「務必全力以赴集中攻擊這一目標」。按計劃，第3師的B-17將在B-24到達前8分鐘攻擊柏林，後者將與第1師的B-17一道同時展開轟炸行動。攻擊目標的面積僅為500 X 100碼，在一個人口超過400萬居民的大城市中從空中看只不過是一個小黑點而已。

美軍第392轟炸機大隊簡介

第392轟炸機大隊於1943年在亞利桑那州圖森市的戴維斯-蒙特汗成立，裝備機型為B-24「解放者」轟炸機。該大隊主要在德克薩斯州埃爾帕索市比格斯地區和新墨西哥州的阿爾莫戈多陸軍航空兵軍營訓練。1943年8月，該大隊轉移部署到英格蘭東部的文德靈空軍基地，隸屬於駐歐洲美軍第8航空隊。

該大隊一共執行了285次作戰任務，損失了1552名士兵（包括陣亡或因公死亡835名）和184架飛機。1945年2月，該大隊因為炸掉了德國人在哥達（Gotha，位於德國中部圖林根地區）的一個飛機工廠而被授予「優秀作戰單位」獎勵。1945年6月，392大隊返回美國，同年9月在南卡羅萊納州的查爾斯頓空軍基地解散。

■ 位於英格蘭文德靈空軍基地內的第392大隊紀念碑。

■ (上)第392大隊機組人員在簡報室中所看到的任務圖。
 (下)這份軌跡圖顯示了第392轟炸機大隊實際飛行航線與計劃航線的巨大差別。
 (右)第44大隊在23500英呎高空拍攝雲霄掩映下的德國首都柏林。

B-24的轟炸進入點（IP，即轉入轟炸航路的地方）位於弗雷塞克以東距目標36英哩的空域。釋放誘餌（對付、迷惑德軍高射砲使用的雷達）的代碼是「throw it out」這一詞組，意為「扔掉」。另外，在轟炸員簡報會上特別提到「從轟炸進入點到投彈完畢，期間所有的燈光、後砲彈艙開關全部要關閉。」對於將要面臨的德軍反擊火力，簡報官輕描淡寫道，「毫無疑問，通常會遇到」。

轟炸大隊預計將於29日09時25分進入德國領空，11時27分抵達目標上空，14時30分返回基地。飛行員在12000英呎的高度上戴著氧氣面罩的時間將達五個半小時。

所有簡報會完畢後,參戰人員開始準備,攜帶裝備,穿上防護服。06時25分進入陣位。07時05分,發動機開始轟鳴。07時10分,飛機在跑道滑行。07時25分,由領隊飛行員羅伯特·D·考普上尉駕駛的第1架飛機升空。

8時32分,第392大隊在空中集合完畢。09時23分,在與聯隊和師所屬其它單位成功編組後大部隊離開英格蘭海岸。幾乎與此同時,由於一場不期而至的陣風,編隊實際飛行與計劃時間出了點誤差。09時57分,編隊以20000英呎高度穿過德軍控制的海岸線;幾分鐘後,第392大隊1架飛機由於機械故障不得不返回英國,其它飛機繼續爬升至24000英呎。

根據領隊駕駛員的描述,「我們直到接近奧斯納布呂克和漢諾威時才遇到敵軍第一波高射砲火的攻擊」。此後不久,大約50架德軍戰鬥機在24000英呎的高度攻擊了第14聯隊,他們擊落了第392大隊4架飛機,另外還造成2架飛機受損或機組人員受傷不得不返航。德機的攻擊完全衝散了轟炸機的隊形。美軍P-47型戰鬥機看到了德軍戰機,但苦於航程已經達到極限而無法上前交戰。本來應該在此處接替P-47的P-51大部分遇到了機械問題不得已於11時16分開始返航,它們甚至都還沒有發現自己人的B-24哪裏。

在遭受攻擊以後,領隊飛行員考普上尉發出了一道「遇險飛機加急電」:「有9架飛機沒有向我報告,可能已被擊落」。當他飛近目標時編隊內僅有4架飛機來自於第392大隊,它們是考普自己、里德、布魯恩以及貝爾。第392大隊大部分飛機在漢諾威附近

遭遇德軍攻擊後,在空中編組時與第44大隊會合到了一起。好幾個大隊幾乎同時從不同方向抵達柏林,這引起了很大的混亂。第392大隊領隊轟炸員在報告中簡要地寫道:「目標上空一下子出現了許多隊形非常混亂的飛機」。

領隊轟炸員對任務執行情況進行了描述:「第392大隊起飛的18架飛機中,有4架飛機在抵達目標前被敵機擊落;2架由於受損提早返航,但它們都將炸彈投到了德軍境內;1架飛機帶彈返回;11架飛機成功抵達目標上空。」領隊轟炸員還談到了轟炸結果:「謝里和懷亞特的2架飛機確信擊中了主要目標,還有2架飛機是在領隊長機旁邊投的彈,其中8架飛機在第44轟炸機大隊的領隊長機旁邊投彈。」儘管第392大隊沒有轟炸效果的照片分析,但跟隨第44大隊的那些B-24擊中的卻是位於平均彈著點西南7.5英哩處的目標。(第2轟炸機師完成的照片分析顯示,第392大隊的11架飛機「攻擊了第44大隊分配的目標,而第44大隊攻擊的是第389大隊的目標,而第389大隊攻擊的卻又是第453大隊的目標。」)

轟炸後,聯隊與師規模的集合(飛機重新編組為聯隊,然後再編為師)「非常糟糕」。在不同時刻,第392大隊的領隊導航員根據航位推測法總是發現自己要不,在航線南面;要不,就是在航線北面,這說明風向變化「強烈」。在第20作戰聯隊的總結報告中就談到了這種預報風速、方向與實際遭遇之間的區別:一名導航員攜帶的自動繪圖儀顯示飛機的位置在柏林以北75英哩,然而該導航員在實際目測中卻發現自己位於柏林

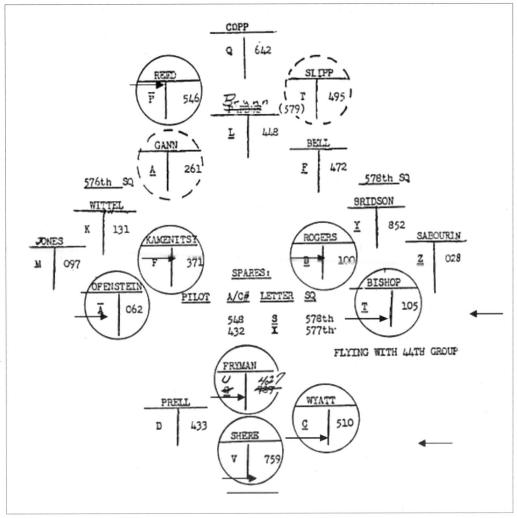

■這是第392大隊轟炸機的具體編組，帶有箭頭的飛機表示在行動中被擊落或墜毀。

以西50英哩。

風向對於美國戰鬥機的支援特別是在返航途中，有著直接的影響。考普上尉在他的《領隊飛行員報告》中寫道，「……在抵達目標或返航時沒有發現戰鬥機支援。」第8航空隊《戰術任務報告》措詞甚至更加直接：「……B-24在距柏林以西不遠處到抵達目標上空以及返航期間近200英哩的航線上沒有得到護航兵力的掩護。」這主要是因為風向「比預報的更強烈而且更偏北」，「使得轟炸機比預期時間延遲很久抵達，這導致許多作戰聯隊向南偏離航線幾英哩」。在這份報告的天氣附件裏稱，B-24遇到的大風比預報的向北偏了10至20度，風力也比預報的強了10至15節。

美國的戰鬥機對於沒有發現它們所要保護的目標大失所望。例如，第361戰鬥機大隊原計劃12時32分至13時05分期間在施泰

因胡德和林根之間為B-24提供回撤護航，該大隊副指揮官在他的《1949年4月29日任務報告》中寫道：「我與領航中隊一起朝施泰因胡德飛去，大約12時40分抵達那裏。當時我們與B-24的無線電聯繫正常，但是除了一個轟炸機聯隊告訴我們將在35分鐘後抵達之外，其它轟炸機部隊看起來根本不知道自己的確切位置。當我在施泰因胡德盤旋的時候，我命令提圖斯中隊繼續向前飛行以仔細搜尋B-24的蹤跡。13時10分，B-24呼叫稱他們在漢諾威東北。由於我們已經花費了很長時間在空中盤旋轉圈，所以我命令油量在200加侖以上的飛機跟隨我一道前去護航，其餘返回基地……不久後在13時15分，B-24再次呼叫說他們在漢諾威以北40英哩空域遭到攻擊。然而我們還是沒能發現B-24，由於油量受限，戰鬥機無法再繼續前飛了。根據事前通報的行動進程，B-24編隊在13時15分應當已經撤退到荷蘭艾瑟爾湖西岸

了，但實際上他們還滯留在德國的漢諾威地區。我算了下時間，當時我們編隊在空活動的平均時間已經達到四或四個半小時了，如果再繼續搜尋B-24編隊的話，返航必需的時間可能都沒有了。」

德國戰鬥機充分利用了美軍轟炸機缺少護航的這一時段。它們一路上不停地追擊B-24轟炸機，特別在達默湖和艾瑟爾湖兩地攻擊行動更加猛烈，而且德機攻擊的主要目標是那些掉隊的飛機，期間第392大隊至少損失了2架B-24。

14時25分，比原訂計劃晚了整整一個小時，第392大隊終於撤離了荷蘭海岸線，高度爬升至18000英呎。15時12分，編隊以3000英呎飛越英國海岸，15時28分，編隊抵達基地上空，此時高度已經下降至1300英呎。由於瓊斯機組中有一名成員受了重傷，因此瓊斯中尉駕駛的轟炸機沒有完成飛機著陸排列就率先降落在文德靈機場，這是

■第392大隊在空中的壯觀編組，它們正在飛往納粹德國的心臟。

第392大隊第一架返航的飛機,時間上比戰前的任務簡報會的估計晚了將近一個小時。接下來的6分鐘時間裏,其餘7架飛機依次降落在機場跑道上,最後1架降落時間為15時44分。

對於德國戰鬥機在此次行動中的阻擊評估,第8航空隊在其《戰術任務報告》中寫道:「估計大約有300架德軍戰鬥機,幾乎全是輕型單發飛機參與行動,其中有50多架出動架次在2次以上。在漢諾威地區,德軍更是集中了100多架戰鬥機對護航力量薄弱的B-24實施了攻擊,當時美軍的P-47沒有趕到現場。德軍專門抽出30架單發戰鬥機與護航的P-51戰機糾纏,另有60至80架飛機分為兩個階段集中力量攻擊美軍轟炸機,一直追到轟炸進入點才肯罷休……在撤退時,B-24更慘,由於沒有任何保護,它們甚至比突防期間遭受的損失還要大,100多架敵機肆無忌憚地攻擊它們,有些德機甚至連續多次出動。德國人在這場阻擊戰/追擊戰中充分展示了他們的指揮官在組織手頭力量,特別是把握稍縱即逝的戰機方面的嫻熟技能。」

機組戰鬥日記

在1944年4月29日,第392轟炸機大隊共有18個機組參加了轟炸柏林行動。然而最終只有8個機組勝利返回,雖然失去了許多生命,但人們不會忘記第392大隊的每一個機組,正是他們的英勇作戰和獻身才成就了此次行動的成功,每個機組都經歷了血與火、生與死的嚴峻考驗,在飛行日誌裏它們向後人訴說了這場損失慘重的空襲。本文將大致以各機組起飛時間為序,依次介紹每個機組的戰鬥歷程。

考普機組(第577中隊)

人員包括羅伯特· D· 考普上尉,領隊飛行員;威斯頓· 多爾中尉,飛行員;馬文· E· 羅伯特少尉,副駕駛;羅伯特· F· 格里斯中尉,領隊導航員;羅伯特· R· 雷普波特中尉,領隊投彈手;吉伯特· L· 霍奇上士,工程師;伯納德· R· 比斯奈特上士,無線電操作員;阿維拉· D· 馬休斯中士,機身右中部砲手;哈羅德· 霍曼中士,機身左中部砲手;馬丁· M· 諾維基中士,球形砲塔砲手;湯瑪斯· E· 諾尼中士,機尾射擊員。

作為第392大隊的領隊飛機,這架編號42-52642、綽號「短彈頭」的轟炸機由考普上尉駕駛於07時25分起飛。11時04分,編隊遭到德軍50架單發戰鬥機雙重並排圍攻,德機不光擊落了4架B-24,而且還衝亂了美機的編組隊形。領隊導航員格里斯中尉描述道:「我機左右兩個副領隊都不見了,緊湊隊形被衝得亂七八糟」。考普右邊的斯利普和左邊的里德兩個副領隊機組由於受損嚴重不得不返航。

領隊投彈手雷普波特中尉準備投彈時,意想不到的問題出現了。他發現一發20mm砲彈擊中了砲彈艙門的左側,致使艙門只能打開一半。在《領隊投彈手敘述報告》中他寫道:「我費盡了九牛二虎之力,終於在11時48分成功地投下炸彈,彈著點在柏林的東南方向……」

■B-24飛越英吉利海峽。

要想從柏林全身而退不是件容易的事情。12時08分,副駕駛格里斯中尉在日誌中寫道:「連續右轉90度,大角度機動,躲避地面猛烈的高射砲火,我感覺非常累,好在10分鐘後我們出了柏林。」

大約13時30分,在返航的途中,德軍7架Fw 190戰鬥機攻擊完前面的轟炸機後,發現了緊隨而至的B-24,德機編隊從考普右側經過時,在前端砲塔的羅伯特朝著敵機猛烈開火,從200碼的距離到700碼,他一共發射了200發子彈,一些可能直接擊中了德機,因為不久之後空中有冒著濃煙的飛機螺旋形倒栽向地面。由於機組人員「光顧著躲避德軍戰鬥機」,根本沒有閒暇注意自己的戰果,所以羅伯特的這一說法事後沒有得到證實。在隨後的33分鐘裏,先後有5架B-24轟炸機被德機擊落,但是空中只出現了10具降落傘,大多數人可能都已陣亡。

考普機組於下午15時30分降落在文德靈機場,除了一些20mm加農砲在「短彈

頭」上留下了一些痕跡外,基本上完好無損。

斯利普機組(第577中隊)

人員包括飛行員弗洛伊德·斯利普中尉、副駕駛A·H·延森中尉、導航員羅伯特·J·比特森中尉、投彈手約翰·S·勞倫斯少尉、工程師威廉·C·邁金利上士、無線電操作員威廉·H·勞倫斯上士、機身右中部砲手佛瑞德·A·懷特中士、機身左中部砲手沃爾特·J·克拉克斯基中士、球形砲塔砲手詹姆士·M·布奇克中士、機尾砲手唐納德·H·考迪克中士。

作為副領隊,斯利普機組的這架編號42-7495綽號「軸磨」的轟炸機於07時26分第二個起飛。在第一次大規模的戰鬥中,考迪克中士朝著德軍一架Fw 190戰機發射了3枚爆破彈,敵機翻滾著在空中開花。10分鐘以後,在距離柏林75英哩的24000英呎高度,B-24編隊遇到了德軍高射砲和戰鬥機的猛烈阻擊,斯利普3號發動機受損。德軍15架Me 109型戰鬥機從雲層上和東面背對太陽的方向殺奔而來,刺眼的陽光使得機身中部砲手無法睜眼,更別談發現並定位敵機了,只有上方的球形砲塔砲手布奇克中士才在最後時刻發現了德機,他剛通過內部對講機大聲

呼喊發出警告，德機已經迅速開火，只見機身劇烈顫動，5發20mm砲彈擊中了導航員的屁股和機身左中部砲手的大腿。布奇克回憶道：「我們被包圍了，四處都是德國人的戰鬥機，機砲根本不頂作用。而且我的兩名戰友還受了重傷。一枚爆破彈擊中了球形砲塔的彈藥箱，箱內的彈藥開始爆炸，它的強度甚至將我前面一英吋厚樹脂玻璃擊的粉碎，接下來發生了什麼我不能確信，我只記得我跑到了機身中部試圖幫助受傷的砲手，為了以防萬一我還背上了降落傘，但球形砲塔的空間太小了我費了好大力氣才套上。後來發現在我的左邊機關槍處對接端處還躺著一枚20mm爆破彈，離我當時在砲塔的位置只有幾英吋

遠。我沒有受一點傷……我試圖將沃爾特·J·克拉克斯基中士移到一邊，以接替他的砲手陣位，鮮血不停地順著他腿上的一處傷口流出，但克拉克斯基不願意走開，他的嘴裏不停地罵著德國佬，他一直堅持戰鬥直至返回基地。」

斯利普將所有炸彈一股腦地投下，然後在24500英呎的高度脫離編隊。不多久，德軍2架Me 109戰鬥機盯上了這架孤獨的轟炸機，它們成雙機展開隊形撲了過來。經驗豐富的斯利普迅速駕機鑽入10000英呎的雲層，成功地躲避了敵機的追殺。但接下來斯利普卻面臨著一個兩難的選擇：降落稍近的瑞典還是返回英格蘭？此時後一條航線上肯定隱藏著許多德

■英國舞蹈演員慰問基地內的盟軍飛行員。

機。經過機組人員的討論，他們決定返回英格蘭，因為那裏有更好的醫療條件救助傷員。斯利普不停地在雲中穿梭，一會上一會下，躲避空中不時閃現的正在搜尋獵物的德國戰機。實際上，斯利普一直保持很低的飛行高度，機組人員還清楚的記得在穿越荷蘭境內時，德國人甚至用步槍對飛機射擊。

斯利普駕機掠海飛過英吉利海峽，接近英國本土時，飛機高度不斷攀升以避開懸崖峭壁。13時16分，該機降落在文德靈機場。布奇克中士依然還清晰地記得由於制動液壓機液體洩漏的緣故，飛機在降落時煞車不靈幾乎衝出了跑道。此時克拉克斯基中士「僵硬的像一塊木板」，根本無法從舷梯下機，機組人員不得不把他抱到機艙底部出口，用吊鉤將他放下。

「軸磨」受損最嚴重的地方是機上的球形砲塔，在3號發動機附近的機翼上有一個大洞，「面積像一個浴盆那麼大」，其它地方也是彈痕累累。

里德機組（第577中隊）

成員包括飛行員約翰・W・里德少尉、副駕駛哈里・C・小貝特少尉、導航員史丹福・伯恩鮑姆少尉（1944年6月23日陣亡）、投彈手克萊德・G・懷特中士（1944年6月23日陣亡）、工程師史坦利・簡科斯基中士（1944年8月12日陣亡）、無線電操作員約翰・霍林中士（1944年8月12日陣亡）、機身右中部砲手威廉・C・邁利金利中士、機身右中部砲手克萊爾・W・哈特安格林中士（1944年8月12日陣亡）、球形砲塔砲手法蘭克・米尼克中士（1944年8月12日陣亡）、機尾砲手傑克・O・沙夫爾中士（1944年8月12日陣亡）。

里德機組的轟炸機編號為42-7546，綽號為「阿爾弗雷德II」，擔任第392大隊的副領隊長機。根據第577中隊的飛行日誌，這是「阿爾弗雷德II」第50次飛行任務，其中46次圓滿完成。

■這是在文德靈機場拍攝的一張照片，可能是在排球賽後拍的。布魯恩機組的幾名成員也在其中。後排從左至右為：歐內斯特・方德中士、亨利・L・雷恩伯德准尉、詹姆士・黑爾中士、威廉・哈里斯中士。前排從左至右為：詹姆士・科勒少尉、理查・高里奇中士。

■布魯恩機組的這張照片攝於1944年7月中旬，此時他們已經完成了所有的作戰任務。後排從左至右為：邁克・亞當斯上士、湯瑪斯・哈塞特上士、亨利・雷恩伯德准尉。前排從左至右為：沃爾特・布魯恩少尉、理查・格里夫斯少尉、詹姆士・科勒少尉。

07時27分，里德機組準時起飛。正當該機高度爬升至24000英呎即將轉至轟炸進入點時，德軍5架Me 109型戰鬥機——50架德機中的第一波——突然從12點鐘方位攻擊里德。根據事後機組人員的描述，該機當時嚴重受損：液壓系統破碎、油箱被擊穿、控制儀錶失靈、2號發動機停車、4號發動機受損、右方向舵被打落，另外炸彈艙、飛行員座艙、無線電室也都遭到了毀壞。里德少尉緊急向右大角度機動，脫離了編隊，隨後向下方的雲層鑽去，迅速投放掉炸彈。幸運的是，人員檢查時沒有發現有人受傷。在里德的駕駛下，轟炸機搖搖晃晃終於返回了英格蘭，但是里德明白飛機的狀況根本無法正常降落，於是他下令機組人員跳傘。13時20分，一批機組人員跳出飛機降落在薩福克郡貝克爾斯城附近，另外一批人員稍後也成功跳傘，降落在諾福克郡的英格漢姆城附近。最後里德才打開自動駕駛儀之後跳出機艙。「阿爾弗雷德II」在向前飛行幾英哩後於13時29分墜毀在諾福克沃爾科特城附近。在此次行動中，該機唯一的人員損失就是不幸的里德少尉，據信他在棄機逃生時不小心撞到了飛機，使其昏迷狀態下無法打開降落傘。

布魯恩機組（第579中隊）

他們駕駛的是一架編號41-29448、綽號「卡羅爾·安」的B-24轟炸機。成員包括飛行員沃爾特·S·布魯恩少尉、副駕駛亨利·L·雷恩伯德准尉、導航員理查·C·格里夫斯少尉、投彈手詹姆士·D·科勒少尉、無線電操作員R·V·「邁

克」·亞當斯上士、工程師兼左翼砲手湯瑪斯·R·哈塞特上士、機尾砲手歐內斯特·J·方德中士、機身右中部砲手D·L·史密斯中士、頂部砲塔砲手威廉T.哈里斯中士、球形砲塔砲手理查·D·高里奇中士。

該機組在當天起飛的18個機組中比較特殊，因為他們原先隸屬於駐義大利聖潘克拉齊奧第376轟炸機大隊，先後執行了12次轟炸任務，目標包括法國土倫、德國雷根斯堡、義大利安齊奧灘頭陣地、奧地利史泰爾公司坦克生產廠等地。1944年3月中旬，他們又先後從義大利轉戰摩洛哥卡薩布蘭加、蘇格蘭普雷斯蒂克，最後來到了英國文德靈基地。該機組配屬第392大隊執行的首次任務是在1944年4月1日。1月至3月間在義大

■遭到美國飛機轟炸後殘留的柏林城內的教堂遺跡。

利風餐露宿慣了的布魯恩突然來到了駐歐第8航空隊，心情非常高興。在寫給父母的信中他說：「我好像來到了戰爭前線中的派克大街（註：美國紐約市的豪華大街街名，常用作奢華時髦階層的同義語）。」因為當時美空軍在義大利戰場上的任務需求標準是參加50次轟炸任務，而在英格蘭這一標準降到了30次。布魯恩早先跟隨第15航空隊參加的15次行動的記錄在第8航空隊這裏只算作了7次行動。

「卡羅爾·安」於07時28分起飛。飛行員布魯恩回憶柏林上空的場景時仍然有點不寒而慄，「感覺就像是正在駛入風暴的中心。」11時46分，他們在23700英呎的高度開始投彈。13時28分，在返航的途中，10到12架德機從前方攻擊了B-24編隊，有2架

Fw 190型戰鬥機試圖繞到布魯恩編隊的後方，工程師兼左翼砲手湯瑪斯·R·哈塞特上士在200碼的距離處向敵機猛烈開火，共發射了100發機槍砲彈，他看見德機冒著濃煙向下墜落。但這一戰果無法得到確認。也正是在這次戰鬥中，機上的3號油箱被德機打穿了一個洞。哈塞特迅速將剩餘的燃油轉移到另外一個油箱，而副駕駛亨利·L·雷恩伯德准尉還在那不停地祈禱油量千萬要堅持到英國。幸好運氣在布魯恩一邊，他們在15時30分平安地降落在文德靈機場。

甘機組（第579中隊）

飛機編號42-100261，綽號「甜戰車」。成員包括飛行員小杜威·L·甘少尉、副駕

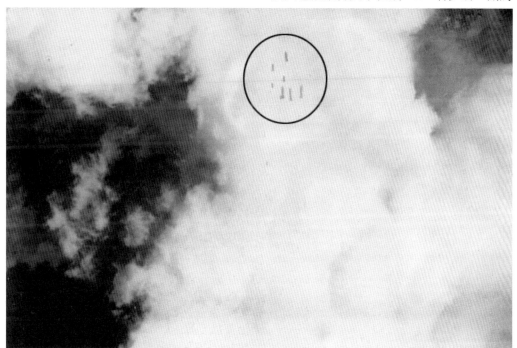

■威特爾機組從24000英呎高度向柏林投彈。這也是第392大隊在此次空襲行動中為數不多的幾張戰鬥實況照片之一，圓圈裏是下落的炸彈。

駛小威廉·C·迪克少尉、導航員拉塞爾·E·斯彭斯利少尉、投彈手文森·L·庫尼夫少尉、無線電操作員約翰·T·卡羅爾中士、工程師查理斯·施拉德中士、機身右中部砲手J·K·懷特中士、機身左中部砲手約翰·普徹下士、機尾砲手雷蒙德·E·辛克萊下士、球形砲塔砲手羅伯特·L·雷諾茲下士。

該機組於07時29分升空。在阿姆斯特丹以北19700英呎的空域，飛行員小杜威·L·甘發現3號發動機漏油嚴重。於是在10時整他關閉了螺旋槳開始返航，後來緊急降落在英國希普德姆。事故原因後來查明原來是小杜威·L·甘前面的轟炸機試射時，空彈殼彈出正巧擊中了該機的螺旋槳葉片。經過拆卸並換裝新葉片後，「甜戰車」於11時22分返回到文德靈，機上炸彈全部載回基地。

貝爾機組（第579中隊）

飛機編號42-7472，綽號「大蝙蝠」。成員包括飛行員查理斯·L·貝爾少尉、副駕駛沃爾特·A·多恩少尉、導航員大衛·奧蘭白希少尉、投彈手沃爾特·W·鮑齊少尉、無線電操作員約瑟夫·奈特中士（1944年6月23日陣亡）、工程師艾伯特·E·吉摩爾中士（1944年5月28日陣亡）、機身右中部砲手奧爾登·S·西摩下士、機身左中部砲手霍華德·W·奧斯奇下士、機尾砲手亞瑟·J·埃根下士、球形砲塔砲手詹姆士·W·布蘭克下士。

機組於07時29分升空。由於德國空軍戰鬥機的衝擊，「大蝙蝠」在抵達轟炸進入

點時已經加入了第44轟炸機大隊的編組。11時17分，4或5架德機呈緊湊戰鬥隊形撲來。飛機前端投彈手沃爾特·W·鮑齊少尉在200碼開外朝著一架Me 109拼命開火，然後他就看到敵機冒出黑煙，發動機處有火焰噴出，而且飛機發動機罩部分脫落。機身的砲手也證實看到了敵機碎片從機窗邊灑落。

11時45分，貝爾與第44大隊領航中隊一起從23500英呎的高度開始投彈。沒過多久，從目標地區就升起了滾滾的濃煙，直達18000英呎。「目標上空太多的美國轟炸機了，甚至投彈也要排隊進行」，這就是機組人員對當時混亂場景的描述。貝爾還認為，德軍飛機「一直在雲層中'閒逛'」，看起來他們的目標很明確，就是集中對付那些掉隊的轟炸機。貝爾機組於15時31分安全返回基地，飛機只受了點輕傷，除此之外就是丟失了4具氧氣罩。

威特爾機組（第576中隊）

飛機編號41-29131，綽號「飛行幽靈」。成員包括飛行員愛德華·F·威特爾中尉、副駕駛沃恩·R·馬斯特少尉、導航員約翰·F·卡爾少尉、投彈手約翰·C·錫克少尉、無線電操作員克萊特斯·M·傑夫寇特上士、工程師弗農·P·加拿大上士、機身右中部砲手伯特蘭·J·普羅斯特下士、機身左中部砲手E·L·路易斯上士、機尾砲手D·A·羅蒂中士、球形砲塔砲手P.M.蘭喀斯特中士。

該機於07時31分起飛。11時02分，在

■這是懷亞特機組在1944年4月17日拍攝的一張全家福。後排左一為飛行員伯特‧懷亞特少尉。12天後，10名機組成員全部犧牲。

漢諾威東北30英哩處，遭到50架德國戰鬥機群的正面攻擊。威特爾中尉事後回憶稱，當時護航的戰鬥機正處於交接空白，當P-38於3分鐘後即11時05分趕到該空域時，一切都已經太晚了。球形砲塔砲手P‧M‧蘭喀斯特中士朝著德軍1架Fw 190發射了75發爆破彈，估計有30至40發砲彈命中目標。他看到這架飛機冒出了濃煙。但不可否認的是當時的混戰狀態使得許多人都確信「擊落」了敵機。威特爾跟隨著第44大隊的長機從24000英呎的高度投下了炸彈。12時，第44大隊遭遇德軍戰機從機頭方向的正面攻擊，13時10分，返航途中再次遇到3至5架零星德軍戰鬥機的襲擾。15時44分，威特爾駕機降落，這也是第392大隊當天最後一架降落的轟炸機。

懷亞特機組（第579中隊）

飛機編號42-7510，綽號「大灰狼」。成員包括飛行員伯特‧W‧懷亞特少尉、副駕駛艾伯特‧M‧特夫特少尉、導航員道格拉斯‧N‧法蘭克少尉、無線電操作員羅伯特‧W‧門羅中士、工程師威廉‧S‧沃姆中士、機頭砲手拜倫‧E‧哈塞特上士、機身右中部砲手約翰‧F‧索羅爾斯下士、機身左中部砲手羅伯特‧E‧湯普森下士、機尾砲手阿爾弗雷德‧P‧阿查姆下士、球形砲塔砲手大衛‧E‧哈伯夫中士。

懷亞特機組於07時35分升空，根據命令該機與第44大隊編組。考普上尉曾經在目標區上空看到過該機，當時它可能已經投彈

■普雷爾機組所駕駛的B-24，編號為41-30433。

完畢。13時45分，該機墜毀在柏林正西方230英哩處的一個小鎮丁克拉格附近的樹林中。很明顯，這架飛機掉隊了，因為後來沒有任何美軍的機組人員看到它。德國人的記錄顯示，一個高射砲連和一架戰鬥機兩者都聲稱擊落了這架飛機。一名德國年青人在「大灰狼」消失前曾經看到過它：右側兩個發動機全部損壞，機身前部冒出一陣陣的濃煙。在墜機地點，其它證人回憶說在地面的殘骸中還有一些完好的炸彈，德國駐紮在費希塔空軍基地的工兵幾天後來到這裏引爆了這些炸彈。

普雷爾機組（第576中隊）

飛機編號41-29433，成員包括飛行員唐納德‧D‧普雷爾少尉（1944年5月19日陣亡）、副駕駛丹尼爾‧B‧懷斯少尉（1944年5月19日陣亡）、導航員查理斯‧R‧安德森少尉（1944年5月19日陣亡）、投彈手哈維‧E‧斯泰森少尉、無線電操作員哈維‧J‧比勒爾上士（1944年5月19日陣亡）、工程師唐納德‧G‧拜庫斯上士（1944年5月19日陣亡）、機身右中部砲手杜馬‧愛德華中士（1944年5月19日陣亡）、機身左中部砲手維霍‧希米拉中士（1944年5月19日陣亡）、機尾砲手約翰‧F‧德里黑爾（1944年5月19日陣亡）、球形砲塔砲手拜倫‧T‧皮爾森（1944年5月19日陣亡）。

作為分配到第44大隊的四個機組之一，普雷爾於07時36分起飛。當距離轟炸進入點還有幾分鐘時，3架Me 109戰鬥機對該機發動了進攻。投彈手對準中間的一架敵機開火，打得對方右翼斷裂，轉眼不見蹤影。後來還是機身右中部砲手證實他看到這架德機向右轉急速下墜，在4000英呎左右的高度空中開花。幾乎與此同時，頂部砲塔砲手朝著機翼左側的另外一架Me 109開火，敵機受傷冒煙後迅速掠過。11時45分，普雷爾在22500英呎高度投彈完畢。導航員安德森還記得他們返航時，從柏林一直到達荷蘭海岸線的這段距離內一直遭遇到德機零星而持續的攻擊，最大規模的一次空中戰鬥發生在13時27分。

普雷爾於15時29分降落在文德靈基地——它也是第392大隊配屬第44大隊四個機組當中唯一一架安全返回的轟炸機。

■謝里機組。站立者,從左至右依次為飛行員佛瑞德・謝里少尉、米蘭・澤曼准尉、羅伯特・考克斯少尉(1944年8月12日陣亡)、帕特里克・賴安少尉。跪立從左至右依次為:方齊・小威爾森下士、馬文・莫里斯下士、喬・麥勞下士、法蘭克・班尼特下士、湯瑪斯・漢普頓下士、奧蘭多・弗里森中士。

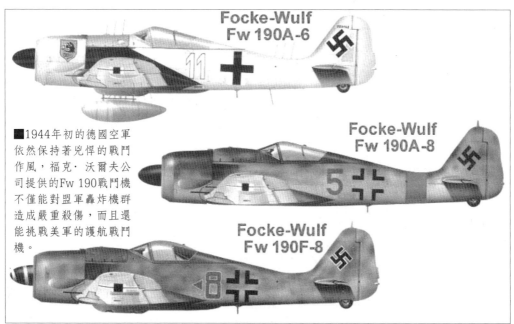

■1944年初的德國空軍依然保持著兇悍的戰鬥作風,福克・沃爾夫公司提供的Fw 190戰鬥機不僅能對盟軍轟炸機群造成嚴重殺傷,而且還能挑戰美軍的護航戰鬥機。

Focke-Wulf
Fw 190A-6

Focke-Wulf
Fw 190A-8

Focke-Wulf
Fw 190F-8

謝里機組（第577中隊）

飛機編號41-28759，成員包括飛行員佛瑞德‧C‧謝里少尉、副駕駛米蘭‧R‧澤曼准尉、導航員帕特里克‧J‧賴安少尉、無線電操作員方齊‧M‧小威爾遜下士、工程師奧蘭多‧H‧弗里森中士、機身左中部砲手法蘭克‧A‧班尼特下士、機身右中部砲手湯瑪斯‧L‧漢普頓下士、機頭砲手羅伯特‧W‧威爾科克斯下士、機尾砲手馬文‧O‧莫里斯下士、球形砲塔砲手喬‧B‧麥勞下士。

07時37分，謝里機組起飛，這也是配屬第44大隊的4架轟炸機中最後一架起飛的飛機。除了威爾科克斯下士之外——他還是勞倫斯少尉機組的一名替補，機上成員就要數球形砲塔砲手麥勞下士的經驗最為豐富了——這是他的第三次作戰飛行任務，而其它人只有少得可憐的兩次。

在柏林上空，他們剛投完彈就被防空砲火擊中了！麥勞下士還清晰地記得彈片擊中B-24發出的聲音就像是冰雹在敲打著屋頂。謝里關閉了一台發動機，但還能跟上大部隊。過了一會，德國戰鬥機衝入了轟炸機編隊，擊落了謝里上方的2架飛機，另外又造成了一台發動機損毀。這下謝里的座機再也無法保持編隊飛行了，他們只能獨自飛往英格蘭，而且高度還在不停地下降。

導航員賴安在其《法蘭克福的黃昏》一文中詳細描述了機組以後發生的故事。機頭砲塔啞火了，不知是不是液壓系統出現了故障。然後，所有的砲塔都不得不使用人工操作。這樣一來射速降低，作戰效率急劇下降。對講機也沒有聲音了，當時飛行員可能採用自動駕駛程序。賴安知道飛機受到了嚴重毀壞，但他並不能夠肯定飛行員到底還有沒有在操控這架飛機。然後，他看到一架Me 109用機砲瞄準他們開火，直到將子彈打光德軍飛行員才肯罷休。跳傘鈴聲響起後，賴安順利從前機艙跳出。

「正當我收攏降落傘準備藏起來時，麥勞慌慌張張向我的方向跑來，後面還跟著一群老百姓。」賴安回憶道：「他跑到我面前時，已經累得氣喘噓噓，滿臉都是血，我還以為他受了多麼重的傷呢。過了一會我才明白他只是擦破了點皮而已。不久後我們被附近的許多村民包圍住了。一個小男孩自告奮勇充當翻譯，他問我們的第一個問題是『你們打算去柏林嗎？』我們回答：『你好，不，我們剛從柏林回來。』我想這個問答可能不怎麼樣幽默，因為我們馬上就吃了幾記耳光。」

賴安和麥勞被帶到了村裏的一處臨時監獄，在那裏他們與班尼特、威爾科克斯以及漢普頓「團聚」了，漢普頓的肚子被一塊彈片擊中，幸運的是他穿了好幾層衣服並沒有什麼大礙。沒多久，莫里斯拖著兩條傷腿又加入了他們的「隊伍」：德機的一發子彈穿透了他的小腿，另外一發擊中了他的大腿。

當喬‧麥勞從損壞的球形砲塔爬出來時，正好看到兩道桔紅色閃光，隨後聽到兩聲巨響。他感覺就像是有人拿著石頭在拼命地砸他，但情形使他來不及考慮到底發生了什麼，因為湯瑪斯‧漢普頓受傷了，他必須接替機右砲塔的陣位。麥勞還清晰地記得本機遭受三架德機的攻擊，其中一架被機組人

■薩伯林機組全家福。後排從左至右依次為：羅蘭‧薩伯林少尉，歐文少尉，威廉‧辛格爾頓少尉，埃爾默‧F‧安貝爾少尉。前排從左至右依次為：沃爾特‧J‧馬特斯基中士、尤金‧M‧馬豪恩中士、弗雷德里克‧J‧霍倫中士、約瑟夫‧T‧斯帕戈諾拉中士、愛德華‧J‧摩蘭中士以及肯尼士‧H‧羅賓斯中士。

員幹掉，另外一架見勢不妙放棄攻擊，第三架卻偷偷繞到轟炸機下方，然後猛地拉起，對準左側發動機開火，給予美機以致命一擊。

　　跳出機艙後，麥勞徐徐向東飄去，趁著間隙他趕忙摘下頭盔和護目鏡，這時才發現頭盔裏全是鮮血。當他和賴安被俘關進村裏的一處監獄後，麥勞仔細檢查傷勢，沒想到他的身體右側從腰部到肩膀處共有10餘處大小傷口，所幸沒有傷到要害！在賴安的幫助下，麥勞用一把小刀將殘留在身體裏的多塊20mm機砲彈片挖出。

　　工程師奧蘭多‧弗里森在跳傘時卻遇到了不小的麻煩。由於液壓裝置出現問題，頂部砲塔卡殼了。他從屁股底下抽出降落傘包（他一直坐在降落傘包上），費了好大力才從砲塔內鑽出來。他掃了一眼飛行機艙，確信無線電操作員和副駕駛已經陣亡，飛行員也已奄奄一息了。他趕緊敲響跳傘鈴聲，然後慌忙套上降落傘——由於飛機失控搖晃，這是一件非常困難的事情——縱身從打開的炸彈艙門處跳下。此時，飛機的高度很低，打開傘沒多久由於衝力他就重重地摔在地面。直至後來被送到17B號戰俘營，他才與機組的其它人員「會合」。

　　機尾砲手馬文‧莫里斯在德國林根的一所醫院內呆了兩個月。後來他告訴麥勞被他擊落的那架德機的飛行員曾專門到醫院拜訪

■B-24轟炸機的抗毀傷能力得到飛行員的信任。

■美軍的戰略轟炸迫使德軍從各個戰場抽調大量高射砲兵回國。

■這是戰後在德國空軍第6戰區總部發現的一份文件，詳細記錄了當天第392大隊4架B-24被擊落的訊息，包括地點、時間、機型等等。

過他。一發轟炸機用的12.7mm機關槍子彈擊中了這名飛行員，兩人還專門比較了傷口。

飛機於不久後的13時30分墜毀，地點距離15分鐘後即將墜毀的懷亞特機組以西不到15英哩。

薩伯林機組（第578中隊）

飛機編號42-110028，成員包括飛行員羅蘭‧E‧薩伯林少尉、副駕駛埃爾默‧F‧安貝爾少尉、導航員約瑟夫‧利普舒茨准尉、投彈手威廉‧T‧辛格爾頓少尉、工程師弗雷德里克‧J‧霍倫中士、無線電操作員約瑟夫‧T‧斯帕戈諾拉中士、機身右中部砲手沃爾特‧J‧馬特斯基中士、機身左中部砲手肯尼士‧H‧羅賓斯中士、機尾砲手愛德華‧J‧摩蘭中士、球形砲塔砲手尤金‧M‧馬豪恩中士。

07時38分，薩伯林機組升空。因為該機組曾多次駕駛這架028號執行任務，所以他們對該機感情深厚，再加上有一點迷信的緣故，他們拒絕像其它機組那樣，為這架飛機起一個綽號或是在機頭上畫上什麼圖案，因為他們感覺那些有綽號或者圖案的飛機經常會被擊落。

薩伯林機組一路上非常謹慎。在他們的

航行日誌上記錄了該機組於12時返航、畢曉普和羅傑斯兩機組在第一次攻擊中退出編隊以及隨後11時14分斯利普機組退出編隊等情況。另外，他們還寫道，轟炸機編隊遭遇的第一次攻擊是24架戰鬥隊形的德機從編隊11點方位發起的。霍倫中士操縱頂部機砲朝著敵機群中的1架Fw 190發射了100發子彈，敵機轉眼間就冒出黑色的煙霧，不久後在028號機水平尾翼下方爆炸。儘管趕來的P-38戰鬥機最終驅離了德機，但轟炸機隊形卻被衝得四分五裂。

導航員利普舒茨准尉感覺到他們在柏林上空時是孤軍奮戰，因為他們已經找不到第392大隊了。11時45分，薩伯林與第2聯隊第445大隊（F大隊）一起投彈。當時隊形非常雜亂。從利普舒茨所處的前機艙位置上看，地面防空砲火異常猛烈，火舌一道道吐向天空。投彈完畢後，薩伯林迅速右轉舵機頭朝下，離開柏林上空，打算尋找已不見蹤跡的B-24編隊。沒過多久，薩伯林就看到前方出現一個機群，他連忙加入編隊——沒有想到這就是他們要尋找的第392轟炸機大隊。

薩伯林記得：「德國戰鬥機好像在進行野外實習。美軍戰鬥機交替護航期間有個力量『真空』，大約持續10至15分鐘。很明顯，德國地面雷達掌握了我們的這個『軟肋』，它們聰明地適時引導戰鬥機升空，攔截掃射我方轟炸機編隊。德軍戰鬥機總是在我們最擔心的時候出現在前方，他們就像是

■畢曉普機組部分成員（從左至右依次為）約翰.伯納希奧萊下士、約瑟夫.卡拉索中士、邁克爾.奇奧多下士、奧羅斯.馬克斯特中士、羅伯特.畢曉普少尉、約翰J.哈瑞戈下士、湯瑪斯.迪戈曼少尉、亞瑟W.盧斯少尉、唐納德W.赫斯少尉。另外，詹姆士T.布朗下士和拉爾夫L.麥克唐納中士不在其中。

小鳥和燕子。你知道下一件事情就是這些小鳥和燕子在我們編隊中不停來回穿梭，朝你開火，然後你身邊就開始霹靂叭拉到處響起來，就像是過聖誕節那樣熱鬧。」

15時32分，薩伯林機組安全降落文德靈機場。

畢曉普機組（第578中隊）

飛機編號42-110105，成員包括飛行員羅伯特·R·畢曉普少尉、副駕駛亞瑟·W·盧斯少尉、導航員唐納德·W·赫斯少尉、投彈手湯瑪斯·迪戈曼少尉、工程師詹姆士·T·布朗下士、無線電操作員約瑟夫·J·卡拉索中士、機身右中部砲手約翰·J·哈瑞戈下士、機身左中部砲手邁克爾·A·奇奧多下士、機尾砲手拉爾夫·L·麥克唐納中士、球形砲塔砲手約翰·P·伯納希奧萊下士。

畢曉普機組於07時39分升空。11時03分左右即德機第一次進攻結束後，薩伯林機組成員曾看到該機退出了編隊，他們報告說該機「右升降舵嚴重毀損，沒有看到有人跳傘」。吉爾羅特中士——卡梅尼特薩機組的機身左中部砲手還記得當他們的飛機墜毀後沒多久，他就看到幾百碼之外的一座房舍或穀倉附近冒起

一股濃煙。他確定那是他們大隊的一架轟炸機，可能是奧芬斯坦機組，因為他們兩機曾經相撞過，而且退出編隊的時間相同。然而，後來證實，這架飛機實際上是畢曉普機組。德國的目擊者記得曾看到在農田上空戰鬥機和轟炸機間爆發過激烈的空中纏鬥，然後B-24就一頭栽向地面的牧場。他們證實機上無一人生還。墜機一小時後，一枚炸彈在事發地點爆炸，轟炸機的剩餘部分全部炸毀，方圓幾哩到處可見飛濺的機身殘骸。

■德國空軍往往在地面雷達警戒網的訊息支持下，在美國轟炸機群預定經過的飛行途徑上守株待兔，向遠道而來「空中死神」施以猛烈的「日耳曼重拳」。

■德國空軍的國土防空主力：Fw 190戰鬥機

布里德森機組（第578中隊）

飛機編號852或42-52548，綽號「嘮叨的男孩」。成員包括飛行員喬治·L·布里德森少尉、副駕駛員詹姆士·A·格林少尉、導航員約翰·L·科威爾少尉、投彈手威廉·W·威萊明少尉、工程師布萊尼·阿斯克勞夫特中士、無線電操作員阿姆伯托·佩魯濟中士、機身右中部砲手雅各布·A·斯塔福德下士、機身左中部砲手詹姆士·B·謝里下士、機尾砲手愛德華·科爾曼下士（死於戰俘營）、球形砲塔砲手喬治·鮑威斯下士。

布里德森機組剛開始駕駛的是一架編號852的轟炸機，但起飛不久在空中編組時發現該機渦輪增壓器出現問題無法控制，於是馬上返回基地降落，然後全體機組迅速轉移到一架備用機上（編號42-52548），07時47分布里德森機組再次起飛。

11時03分，布里德森遭遇第一次攻擊，當時7、8架德軍Fw 190戰鬥機從該機上方和前方直撲過來，德軍以2至3架飛機組成一個小隊分波次發動進攻。

副駕駛格林回憶道，在大約25000英呎高度的轟炸航路上，有一片厚度為50至100英呎的薄雲層。德國戰鬥機利用這個雲層作掩護悄悄地繞到編隊正前方，然後轉向朝編隊迎面俯衝下來。由於當時格林正處在機艙正右位置，而且他們機組稍微靠近大部隊前方，所以他無法判斷德機採取的這一戰術是否有效。高射砲火的猛烈程度是格林以前未曾經歷過的，它們幾乎完全阻塞了轟炸機大隊的視線。大約在投彈前2分鐘，格林抬起頭，他正好看到了一幕「最為恐怖的場面」：「在我們編隊上方飛行的B-17已經打開了炸彈艙門，像瀑布一樣傾瀉而下的炸彈覆蓋了我們的飛行路線。我試圖向編隊發出警告，要求立即向左轉向，但是沒有任何作用。我抬頭就能看到從B-17上投下的炸彈，我們正在這些恐怖的東西之間飛行。就在這時，我們的B-24編隊也開始投彈了，投彈結束，整個編隊立即向左急轉彎以規避頭上B-17的『轟炸』。這樣一來，整個編隊全都亂套了。我記得曾看到過有幾架飛機包括B-24和B-17差點撞到一起，由於當時場面實在太混亂了，根本分不清大部分的方向。撤出柏林上空後，仍然還有許多架單機試圖與大部隊會合組成一個保護編隊。這並不像看起來的那樣容易，因為如果你的飛機無法被對方確定的話，那麼對方的編隊是不會讓你加入進去的……在漫長的返航途中，我們最後還是力所能及地跟上了另外一個編隊尋求一些保護，當然編隊間距並不是我們希望和習慣的那麼近。穿越英吉利海峽後，我們開始獨自飛行直至返回駐地。」

那些B-17隸屬於第303轟炸機大隊，是第二攻擊波次（第1轟炸機師）的一部分。第303大隊在其《1944年4月29日作戰任務描述》中報告說：「B-24在我們下方到處亂竄，其它的B-17編隊和我們高度相同（25800英呎）。」

布里德森是第392大隊中少數幾個跟隨領隊考普機組投彈的機組之一，時間11時45分，高度24500英呎——在B-17下方1300英呎空域投彈。

在機組的飛行日誌中還記錄了另外一次攻擊：13時29分，該機在返航時遭遇了10架Me 109戰鬥機從11點和1點方位的夾擊。15時34分，布里德森安全降落文德靈機場。

B-24「解放者」（Liberator）轟炸機

—— 如果說是B-24為盟軍贏得了戰爭有些誇張，但是如果沒有B-24，盟軍又如何能贏得戰爭？

說來奇怪，這款在二戰中大放異彩，為戰爭的勝利做出巨大貢獻的重型轟炸機居然既不是北美，也不是波音這樣著名的飛機製造公司出品，而是由生產水上飛機聞名的聯合飛機公司（CONSOLIDATED，後改稱康維爾公司）研製的。

1938年9月，聯合飛機公司基於以往設計大型水上飛機的成功經驗，開始設計一種四發動機的大型轟炸機，這種編號為「32型」的新飛機採用大展弦比機翼和「底比斯」翼型，獲得了小迎角大升力、巡航速度高、飛行航程遠的出色效果。因此這一設計方案在B-17轟炸機之後的新一輪轟炸機設計招標中立即吸引住了美國軍方的眼球，1939年3月就以XB-24的機型代號獲准試製原型機。不過美國軍方對這種飛機也提出了很高的要求，要求達到最大航速480公里/小時，最大航程4800公里，最大升限為10500公尺，為此飛機總設計師艾扎克·拉頓殫精竭慮，終於達到了軍方設計要求。12月29日，第一架原型機在聖地牙哥林白機場試飛成功。

B-24有一個粗壯機身，其上下前後及左右兩側均設有自衛武器（共計有7～12挺12.7mm機槍），構成了一個強大的火力網。大展弦比梯形懸臂上單翼裝有四台氣冷R1830型活塞發動機。機頭有一個透明的投彈瞄準艙，其後為駕駛艙，再後便是一個容量很大的炸彈艙，可掛多達6噸的各種炸彈。B-24採用豎橢圓形雙垂尾，前三點起落架可收入機內。總體上B-24給人一種堅實粗拙的印象，所以當時還有一個非正式的雅號「倉門板」。至於「解放者」的正式綽號則出自於駕駛第一批B-24到英國的飛行員魯本，當時英國人看到這種新型飛機自然就問起飛機的名字，魯本脫口而出「解放者！」接著他解釋道，「解放者這個名字，是因為它可以摧毀德國鬼子的心臟，幫助你們和我們解放暫時困於希特勒枷鎖下的千百萬人民。」——從此「解放者」這個名符其實的綽號便名揚天下。

1940年開始批量生產，1941年開始交付使用，B-24可謂生逢其時，批量服役時正碰上美國正式參戰，為了迅速擴大產量適應戰爭的需要，美國政府動員了多家企業同時生產，其中尤以福特發動機公司、道格拉斯飛機製造公

■第一種大批量生產型B-24D。

司和北美飛機製造公司組成的生產集團，被稱為「解放者製造聯合體」，更是生產出高達1.3萬架。

B-24開始批量生產後，根據不同的使用要求，出現了很多改進型號，形成一個龐大的B-24家族，主要有：

B-24A：小批量試用型。

B-24C：小批量生產型。

B-24D：這是第一種大批量生產型，主要改動是採用四台R1830-43發動機，使載彈量和總重量都有所增加，背部砲塔向前移動。這一型號是戰爭前期美軍的主力重轟炸機，生產總數達2738架。

B-24E：D型的小改型，僅僅換裝R1830-65發動機，1942年9月開始生產，總共生產791架。

B-24G：是委託北美公司生產的D型，1942年初開始研製，也做了少許改動，在機頭上方安裝了砲塔，並將原來的玻璃機頭改為全金屬，只在下半部為投彈手設置了用以觀察目標的玻璃窗。

B-24H：是G型的強化火力型，機腹改裝球形砲塔，使機槍總數增至10挺，1943年6月開始生產，總共生產3046架。

B-24J：生產數量最大的一種改型，機頭安裝電動球形砲塔，機腹砲塔也有所改進，1943年8月開始生產，總共生產6728架。

其中1278架援助英國，英國將其機腹砲塔改為海上搜索雷達，用以海上反潛作戰，改稱MK5或MK8，成為戰爭後期空中反潛的主力機型。

B-24L：是J型的再改進型，在尾部改裝手動輕便砲塔，1944年7月開始生產，總共生產1667架。

B-24M：也是從J型基礎上改進而來，是B-24的最終改型，1944年10月開始生產，總共生產2593架。

海軍也有兩種改進型，PB4Y和PB4Y-2，PB4Y加裝裝甲板、海上搜索雷達和探照燈，專門用於反潛巡邏，總共生產1174架。PB4Y-2則是在PB4Y基礎上再做大幅改進，機頭延長，改成單垂尾，換裝R1830-94發動機，外形上已和B-24迥然不同，總共生產740架。

其他小規模改進型號有七砲塔14挺機槍的

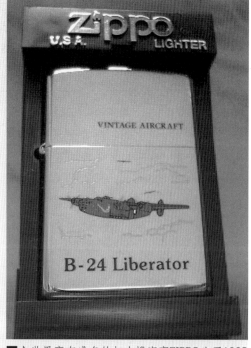

■全世界享有盛名的打火機廠商ZIPPO公司1992年發行了二戰著名戰機系列八隻裝套機，B-24就赫然在列。

重武裝型XB-41、11個照相機的偵察型F-7、運輸機型C-87、要人專機型C-87A、武裝運輸機型C-87B、海軍運輸機型C-87C、教練機型AT-22（後改稱TB-24）、燃料運輸機型C-109等等。

B-24至1945年6月停產，各種改進型號總共生產18181架，是美國一種型號飛機生產數量最多的飛機。在二戰中，B-24最重要也是最有貢獻的兩大任務是反潛巡邏和戰略轟炸，為戰爭勝利做出了巨大貢獻。戰後，B-24還在中國內戰、越法戰爭和韓戰中使用過。

一位曾在戰爭中駕駛過B-24的飛行員這樣回憶自己的「坐騎」：「除了似乎能用刀割的機身鋁皮之外，其他的都像是一輛1930年的麥克卡車。它載重量很大，可以飛得又快又遠，但是做工粗糙。這種四引擎飛機操控困難，長途飛行讓人精疲力竭，好像除了飛行員的體力外，沒有其他動力。它沒有雨刮器，下雨的時候，你就只能把頭貼在舷窗上去觀察。在一萬英呎的高度只能借助氧氣面罩呼吸，冰冷黏

濕,伴有刺鼻的橡膠和汗水氣味。在兩萬英呎或更高的高度,溫度低到零下40度甚至零下50度,可是飛機上沒有暖氣。 狂風吹進飛機,尤其是從機腹射手位置吹進來的更猛烈,因為無論何時,炸彈艙門總是敞開著的。氧氣面罩常常會凍在臉上,如果機腹的人光著手摸機關槍,皮膚會凍到金屬上。機上沒有洗手間,只有兩個方便管道用來小便,一個在前,一個在後,但實際上卻很少有人使用,因為我們穿得太厚了,只有迫不得已才使用它,因為把衣服脫下來,讓裸露的肌膚暴露在冰冷刺骨的寒氣中實在困難。機上也沒有廚房設備,無法加熱食品或咖啡,除非每一個機組人員按C級定量配給或帶一個三明治,否則連口吃食都沒有。由於沒有艙內壓力,內臟裏的氣體會像氣球一樣脹起來,飛行員要忍受雙倍的痛苦。機上沒有走廊,只有一條炸彈和炸彈艙門旁的八英吋寬通道用來走動。一切都得小心翼翼,由於機艙門是捲進機身裏的,不是掛在鉸鏈上向外開的,只能承受100磅壓力,如果滑了一跤跌在門上就會破門而出。座椅沒有裝填東西,不能斜放,塞進逼仄的空間,連伸一下腰放鬆的地方都沒有,對飛行員、副駕駛,或者其他八位機組人員來說毫無舒適可言。飛行時

間經常有八個小時,有時要飛十個或十多個小時,很少會少於六個小時。這種飛機的存在和飛行只有一個目的,那就是裝上炸彈,準確地扔向敵人目標。」

　　B-24是如此著名,全世界享有盛名的打火機廠商ZIPPO公司1992年發行了紀念第二次世界大戰的著名戰機系列八隻裝套機,其中B-24就赫然在列,這套打火機受到廣大ZIPPO收藏者大力追捧,因此ZIPPO公司又先後在1993年、1995年、1998年和2003年多次再版,並於1994年發行了黃銅雙刻機。

主要性能（H型）
機長：20.5公尺
機高：5.5公尺
翼展：33.53公尺
機翼面積：97.4平方公尺
自重：16.55噸
最大總重：29.5噸
發動機：4 X 1200 馬力
轉場航程：5152 公里
巡航速度：281公里/小時
最大速度：467公里/小時
實用升限：8540公尺
最大爬升率：244公尺/分
成員：8～10人
武器：10挺12.7mm機槍
最大載彈量：4 噸

■生產數量最大的一種改型B-24J,總共生產6728架。

羅吉斯機組（第578中隊）

飛機編號42-100100，綽號「雙重麻煩」。成員包括飛行員傑拉德·E·羅吉斯少尉、副駕駛理查·A·韋爾少尉、導航員傑克·A·羅伯少尉、投彈手弗瑞德·J·凱恩少尉（1944年4月29日陣亡）、工程師羅伯特·L·邁克凱里奇上士、無線電操作員厄爾J.勞森上士、機身右中部砲手羅伯特·J·朗戈下士、機身左中部砲手哈羅德·L·安德魯斯下士、機尾砲手愛德華·J·吉安克中士、球形砲塔砲手羅伯特·W·丹佛德下士。

朗戈下士告訴格里·哈頓：「4月29日的那天早上確實有點不一樣⋯⋯我們情緒都很低落。機組之間沒有人說話，也沒有打招呼⋯⋯每個人都很鬱悶。我們的飛機'壞女孩彭妮'正在修理，所以我們這次只能飛'雙重麻煩'了。」在先前的10次起降中，羅吉斯機組在392大隊裏一直駕駛的都是「壞女孩彭妮」，所以這次更換另外一架飛機毫無疑問不是一個好兆頭。

羅吉斯是18架飛機中最後起飛的一個機組，時間07時55分。吉安克中士回憶道，即使是在第一次攻擊被擊中之前，該機的發動機故障已經使其很難再跟上編隊的腳步了，他們掉隊了！為了安全起見，吉安克將防空裝甲扯起來罩到了機尾砲塔的頂部和後部，他認為這樣能起到更大的防護作用。事實也證明

■羅吉斯機組全家福。後排左邊第一位為飛行員傑拉德·羅吉斯少尉。

如此，在德軍戰鬥機攻擊中它有效地保護了吉安克中士的安全。

德國戰鬥機咆哮著從編隊前方衝過來，一連串20mm砲彈掃射直接命中機頭，機頭砲塔立時被打得稀巴爛，投彈手當場犧牲。另外機身中部也有多處中彈，有兩發砲彈打中了丹佛德下士，一發砲彈擊穿了朗戈下士的皮茄克但沒有傷到他本人。吉安克朝著機外的數架Me 109和Fw 190開火，但沒過多久本機就脫離了編隊。11時03分，布里德森機組成員看見羅吉斯駕駛的轟炸機「1、2號發動機冒出濃煙」在24000英呎高度脫離了編隊。

此時轟炸機艙內的大火開始蔓延，不久後跳傘鈴聲響起。機組人員通過任何可能的方法迅速離開飛機逃生：導航員通過機頭艙口（剛開始他還試圖將投彈手拖離機頭，但隨後意識到他已經犧牲），副駕駛通過上部艙口，工程師和無線電操作員通過前端炸彈艙，機身中部兩名砲手和球形砲塔內的砲手通過機身中部艙口。當吉安克中士從機尾砲塔內爬出來到機身中部艙口時，他發現機上已經空無一人了，他認為自己可能是最後一個離開飛機的人了。他趕忙跳下去，好險，剛好與飛機右水平尾翼擦肩而過，在下降過程中安吉克一直祈禱仍然在附近空域活動的德機千萬不要對著他開火。降落地面後，他以及韋爾少尉、邁克凱里奇上士被德軍帶到一個防空連關押起來，不久後又被蓋世太保押送到漢諾威地區的一處防空洞內，在那裏還關押著卡梅尼特薩機組的倖存成員。

飛機於11時06分墜毀在一個叫作梅茨的小鎮。機上的投彈手凱恩少尉早已陣亡，另外跳傘的8個人不久後全部被德軍俘獲。飛行員羅吉斯少尉的命運一直是個謎，直至1947年他的屍體才在距離墜機地點不遠的一處樹林中找到，當時他的降落傘還完好無損。

卡梅尼特薩機組

他們駕駛一架編號42-100371、綽號「閒逛的臭蟲」的B-24轟炸機。成員包括飛行員威廉·T·卡梅尼特薩少尉、副駕駛小喬治·E·格拉漢姆少尉、導航員約翰·J·考菲爾德少尉、投彈手吉恩·A·米勒少尉、無線電操作員約瑟夫·R·德文森中士、工程師埃德威·J·黑特中士、機身右中部砲手傑克·J·克里奇下士、機身左中部砲手奧利弗·R·吉爾羅特下士、機尾砲手拉克·C·摩根下士、球形砲塔砲手阿奇·B·楊下士。

飛行員卡梅尼特薩原先在步兵團服役，入伍時他的名字被上級錯拼成「卡梅尼特斯」，他一直試圖糾正過來，但每一次總是聽到這樣的回答：「陸軍是不會犯錯誤的，因此肯定是你錯了。」這一錯誤的名字一直跟隨他調到航空隊，所有官方的文件顯示他的名字仍然是「卡梅尼特斯」。卡梅尼特薩機組一直與羅傑斯機組一起訓練，因此這20人就成為了非常要好的朋友。

■1944年4月初，卡梅尼特薩機組全家福。前排左二為飛行員威廉‧T‧卡梅尼特薩少尉。

■卡梅尼特薩機組的B-24機頭栽到一個溝渠中。注意，機身中下部一白色物體為降落傘。

聽到「喀嚓」一聲，「閒逛的臭蟲」左翼10英呎處的整個副翼被切斷。情況非常危急，卡梅尼特薩一邊拼命保持飛機平衡，一邊命令副駕駛格拉漢姆少尉迅速投彈。為了不讓飛機左打轉，飛行員關閉了左側兩個發動機，而將右邊兩個發動機馬力推到最大。這些措施雖然沒有使飛機「直飛」，但總算防止了飛機旋轉下墜，如果那樣的話機毀人亡的慘劇將不可避免。卡梅尼特薩告訴機組人員如果他能順利地鑽進雲層，那麼最終他肯定能夠駕機返回英格蘭。

卡梅尼特薩機組於07時32分升空。大約11時，在漢諾威以北，德國戰鬥機攻擊了其左側稍後一點的奧芬斯坦機組。很明顯，一些彈片直接擊中了奧芬斯坦的前機身，因為該機猛地抖動了一下，翹起的右翼正好在卡梅尼特薩的左翼上方，突然奧芬斯坦又下拉飛機，只

這時，機尾砲手報告說他的機砲卡殼了。在機身中部，克里奇下士正暗下決心要打掉右側緊緊尾隨的一架Me 109，他根本沒有注意到此時飛行員已經放下了起落架，這是空戰中向對方投降的一個動作。直到耳機裏傳來卡梅尼特薩「停止開火」的命令他還沒有明白

過來到底這是怎麼一回事。左側的吉爾羅特下士告訴他整個左邊副翼已經斷掉，克里奇才意識到他們遇上大麻煩了。德國戰機終於停止向這架「殘疾」的B-24開火，但他們一直嚴密地在轟炸機邊上盤旋，並指示該機降落。

工程師黑特中士站起來用手指甲將擋風玻璃內凝結的一層薄冰剝掉，這樣飛行員可以看得更清楚。下面不遠處就是一塊大空地，飛機的高度不斷降低，起落架已經掃到地面的灌木叢林了。只聽「砰」的一聲悶響，這架「殘疾」轟炸機以150英哩的時速降落到地面上，只見該機平穩滑行一段距離後，突然機頭下方的前輪碰到了一道水溝，機頭重重地向前一傾，強大的慣性使得機尾也翹了起來。機頭上部深深地砸進地面，冰冷的金屬切斷了黑特中士的大腿，座艙內的導航員考菲爾德少尉、投彈手米勒少尉和無線電操作員德文森中士當場被擠得粉身碎骨。飛機終於停了下來，飛行員座艙的大火沒有蔓延進機艙不能不說是一個奇蹟。在後艙，機身中部兩個砲手和球形砲塔砲手拼命爬了出來。

空中的德軍戰機降低高度密切監視地面上的美機生還機組人員，直到附近德軍趕過來。倖存者被德軍轉移到漢諾威附近的一個防空掩體內。在那裏他們還遇到了老朋友——羅吉斯機組的倖存者。

瓊斯機組（第576中隊）

飛機編號42-110097，成員包括飛行員喬治·E·瓊斯中尉、副駕駛理查·R·桑托斯少尉、導航員傑克·C·莫里斯少尉、投彈手哈里·E·湯瑪斯少尉、無線電操作員拉夫爾·E·麥克·亞當斯上士、工程師阿倫·E·鮑登上士、機身右中部砲手亨利·E·馬文中士、機身左中部砲手湯米·萊恩中士、機尾砲手文森·H·羅西中士、球形砲塔砲手威廉·C·瑟伯中士。

瓊斯機組於07時33分起飛。投彈手湯瑪斯少尉回憶說，當飛機爬升到24000英呎高度時，機外溫度已經下降到了攝氏零下34度。即使是打開飛行服上的溫度調節裝置他仍能感覺到一陣陣的寒意。

11時剛過，湯瑪斯就發現了本機左側2英哩處的B-17編隊遭遇到12架德機的攻擊。當美軍戰鬥機趕過去支援時，本隊上方又出現40餘架德機，其中有10架或者12架看起來已經將他們鎖定為「獵物」，徑直向這邊撲來。在機頭砲塔的湯瑪斯趕忙瞄準一架Fw 190開火，直到敵機中彈起火在距左翼150碼處空中解體才罷手。1分鐘後，11時11分，砲手馬文中士從機身右中部砲塔開火，同樣擊落了另外一架Fw 190。

11時46分，瓊斯在23500英呎高度投彈。當時正有50架德機在瘋狂地攻擊B-24編隊。就像瓊斯後來描述的那樣，「德機就是一群蜜蜂，黑壓壓的，他們肯定想蟄死我們」。在混戰中，一發子彈打透了機鼻砲塔左端，從湯瑪斯的肩膀和脖子處擦過，掠過導航員的髮

■B-24機群橫跨歐洲大陸，把勝利的福音帶給飽受納粹蹂躪的土地。

梢，最後擊中了副駕駛的腳踝，這發子彈幾乎葬送了桑托斯少尉的腿。另外還有一發子彈正好穿透了瓊斯的氧氣管，餘下的時間瓊斯不得不靠機載便攜式氧氣瓶來保持呼吸。無線電操作員麥克·亞當斯把受傷的桑托斯從座椅上搬下，將其平放到飛行甲板上，然後割開桑托斯的飛行服，傷口仍在不斷冒血。亞當斯趕緊將機上唯一的抗生素磺胺粉灑到患處，然後繃紮傷口。就這樣，亞當斯一直照顧著桑托斯直至返回到基地。

由於空中形勢一團糟糕，準備返航的瓊斯已經無法與第392大隊會合，現在他臨時劃歸到第44轟炸機大隊的編組中。就在這時，4架德機突然從11點鐘的方位猛撲下來，瑟伯中士（已經從球形砲塔轉移到機身左中部的陣位）朝著其中一架Me 109開火，德機右翼被打中，13時27分該機冒著濃煙栽向地面。與此同時，機尾砲手也在拼命射擊從4點鐘方向偷襲的多架德機，其中一架受傷而逃。

湯瑪斯還記得當他們接近荷蘭艾瑟爾湖時，「德國人的7架Me 109正在到處搜尋掉隊的美機，那時候我們的氧氣都快要用光了，但是我們不得不拼命下降高度往雲層裏鑽。我很擔心喬治，因為他是靠氧氣瓶呼吸，其它機組人員沒有注意到。經過幾分鐘在雲層裏的堅難穿梭，我們終於發現了雲隙和一個完美的通道。謝天謝地，德機沒有跟過來。」

餘下的時間，瓊斯獨自駕機飛完了全程。當他們最後飛到文德靈基地上空時，湯瑪斯少尉發射了3發紅色信號彈，示意機上有傷員。15時28分，瓊斯在沒有降落航線的情況下緊急降落到4號跑道。機場上的救護車迅速將桑托斯少尉送往醫院。醫生後來告訴瓊斯如果再晚15分鐘，桑托斯將會因流血過多而亡。另外，有3名機組成員（馬文、萊恩和瑟伯）凍傷，其中尤以馬文最為嚴重。在事後的飛機檢查中發現，機頭砲塔處有2處大洞，機翼上也有兩處20mm砲的彈孔，另外還有許多高射砲火留下的彈痕。

瓊斯機組駕駛的這架B-24是當天在整個392大隊中戰果最輝煌的一架，它共擊落三架、擊傷一架敵機，同時它也是該大隊中唯一確認擊落記錄在一架以上的飛機。

奧芬斯坦機組（第576中隊）

飛機編號42-110062，成員包括飛行員里奧·E·奧芬斯坦少尉、副駕駛約翰·J·沃爾少尉、導航員大衛·J·伯納少尉、投彈手哈羅德·G·布齊少尉、無線電操作員羅伊·L·肯奈特中士、工程師文托德·P·克魯沙斯中士、機身右中部砲手亞瑟·M·史密斯中士、機身左中部砲手海曼·J·哈頓下士、機尾砲手羅伯特·W·羅賴特下士、球形砲塔砲手奧利弗·G·施梅茲爾下士。

奧芬斯坦機組於7時34分升空。吉爾羅特下士（卡梅尼特薩機組的機左砲手）對於奧芬斯坦機組受攻擊的情況正好看得一清二楚。「我們剛剛第一次領略到德國人密集的防空火力，在我們前面的柏林上空，德軍防空部隊正在猛烈攻擊美軍的第一波次轟炸機。062號（即奧芬斯坦機組）就在我們左邊 突然，一架德軍戰鬥機發射的砲彈擊……中了奧芬斯坦的飛機，062劇烈地向上抖動——可能有10到15英呎這樣的高度吧，然後又急速向前衝！很明顯，該機失去了控制，或者有點慌不擇路了。就在我們上方，該機機頭仰起，翻滾，最後把我們的副翼撞斷了。我最後一次看到該機時，它的左翼明顯比右翼低許多，機身在劇烈的旋轉下降。」

導航員伯納剛剛把一個位置數據記入航行日誌，機頭砲塔處就傳來投彈手的聲音「11點上方位發現德機」。4架德機赫然出現在左翼上方。「瞄準炸彈艙開火」、「瞄準發動機開火」，投彈手命令道，最後對講機裏只有一個聲音那就是「給我狠狠地打」。然而他們不小心撞上了卡梅尼特薩的左翼，自已的尾翼也被折斷。失去平衡的轟炸機馬上向左翼水平螺旋，高度急劇下降。1號和2號發動機失去了動力，3號發動機著火。飛機的高度還在下降，15000英呎，就在這時跳傘鈴聲響起！

奧芬斯坦放下了起落架，這是向德國人表示投降的一個動作。所以，當聽到鈴聲的伯納拉開艙門，縱身往下一跳

時，不幸發生了——他正好跨在了飛機前輪上方的擋泥板上。螺旋槳帶來的強烈滑流將伯納腳上的毛布襯墊和飛行靴吹掉，而此前曾經受過傷的左腿這一次更是疼痛難忍。強大的地心引力，再加上飛機的旋轉，使得伯納的身子不停地向前輪靠攏，他感覺到自己都快要貼到地面上了。當轟炸機在1000英呎的高度解體時，伯納終於獲得了自由，強大的衝擊氣流使得他迅速墜落。他自己都不明白，他還沒有來得及拉動開傘索，降落傘居然自己打開了。降落後，伯納掩埋了降落傘，然後躲進了一片麥田，不久後又與史密斯中士會合。他們倆只能眼睜睜地看著空中的B-24轟炸機群飛過！兩人一直躲在這一地區，直至5月1日22時15分，當地老百姓才抓獲他們並將其送交德軍。伯納後來（2000年4月29日）告訴「約翰遜城市新聞」節目說：「老百姓抓到了我們，當時的情況很不妙，我身上還留著一把手槍，這群人動手打了我們。他們用繩子捆住了我的脖子，我們都心想這下肯定要被吊死了。好在有兩位拿著魯格手槍的老者說服了這群衝動的年輕人，最後把我們交給了軍方審訊。」

就像克魯沙斯告訴哈頓的一樣，當時前者——這名年輕的工程師正在從飛機的頂部砲塔欣賞窗外的美景。11時許，他的眼前還是一幅美麗的早春景色，朵朵白雲在空中流淌。然而，這一切隨著投彈手的喊叫而消失了——「機鼻11點方位發現德機」。克魯沙斯大

致數了數敵機，天哪，數量大約超過了100架！他慌忙朝著靠近的德機開火，但對方20mm機關砲很快就把他的砲塔打啞了。

在飛行員座位之間的無線電操作員肯奈特中士看到大約有20到30架敵機正在攻擊他們和另外10餘架B-24轟炸機。當他們被擊中時，大火迅速蔓延到炸彈艙。油箱中的汽油撒落一地，火勢更加兇猛。而最令人恐懼的是機上還有5300磅炸彈！肯奈特中士跳出座位，站在機艙過道中間，脫下飛行服拼命揮動想阻止火勢的蔓延。就在這危急時刻，炸彈艙門打開了，5300磅炸彈傾瀉而下，還給了德國人。火勢越來越大，當時肯奈特已經無法控制住了。就在這時他看到飛行座艙裏的沃爾在向他招手示意他回來。奧芬斯坦已經下達了跳傘的命令，肯奈特毫不遲疑從炸彈艙內跳了下去。而飛行員依然在做著最後的努力，想拼命馴服住這架龐然大物。

克魯沙斯告訴哈頓，當飛行員命令跳傘時，他實際上正從頂部砲塔處往下爬。當他來到前艙的飛行甲板時，看到奧芬斯坦還在努力保持飛機的平衡。他迅速掃了一眼飛機的狀況：機翼上方全是火，飛行甲板上油料觀測計指針不停地閃爍。有幾滴燃燒的汽油濺在了他的降落傘包上。他猛地拉開降落傘（幸運地是降落傘並沒有燒破），扯斷與傘包的連線，快步跑到飛行甲板邊上，大約就在炸彈

艙通道上方3英呎處。那裏燃燒的汽油不停地滴落到炸彈上，隨時都有爆炸的危險。此時已沒有別的選擇的克魯沙斯縱身從飛行甲板上一躍，就從炸彈艙中滑出。在下降時，克魯沙斯還看到了卡梅尼特薩機組在德機的逼迫下降落在一處空地的情形。最後，克魯沙斯掛在了一處樹梢上，降落傘帶正好勒住了他的脖子，很快他就不省人事。好在一位德國老人發現了他，將他從樹上救下，最後交給了德軍。

在機身中部和尾部的機組人員中，哈頓下士是第一個從安全艙口跳下的，其後依次是史密斯、羅賴特、施梅茲爾。哈頓和史密斯都還記得當施梅茲爾背上降落傘時，降落傘竟然自己打開了。當別人紛紛往下跳時，施梅茲爾還在一個人拼命地收傘。史密斯記得他的腳剛離開機艙，飛機就在10000英呎的高度來了一個大角度螺旋，很明顯飛機已經失控了。史密斯絕望地向艙中看了最後一眼——施梅茲爾和羅賴特由於地心引力被緊緊地粘到防水壁上動彈不得。

哈頓和克魯沙斯也沒有逃脫成為戰俘的命運。他們被德國人抓住後關進一座地窖，透過一扇很小的窗戶，他們倆看到空中美國人的轟炸機還在源源不斷地返回英格蘭。不久，他們被帶走接受審問，之後又和其它許多被俘空軍人員一道被關在一間大屋子裏。克魯沙斯現在還清楚地記得當時德國戰鬥機飛行員走進他們的房間所問的問題——「你們駕駛的是什麼飛機？轟炸機是什麼型號？機尾編號是什麼？」看來他們很想弄清楚他們擊落的到底是哪架飛機。

弗里曼機組（第579中隊）

飛機編號41-29427，綽號「心甘情願」。成員包括飛行員伯納德·弗里曼少尉、副駕駛肯尼士·A·巴伯少尉、導航員羅伯特·L·楊少尉、投彈手諾曼·R·克里斯蒂安少尉、無線電操作員約瑟夫·邁爾斯中士、工程師蘭德爾·C·維奧塞中士、機身右中部砲手威廉·A·查普林斯基下士、機身左中部砲手克里斯托弗·J·雷利中士、機尾砲手魯多芬·H·克羅西下士、球形砲塔砲手威廉姆·J·查爾德斯下士。

弗里曼機組是四個跟隨第44轟炸機大隊的機組當中第一架起飛的，時間是7時35分。儘管該機在空襲中受損嚴重，但飛行員弗里曼還是千方百計駕機返回了文德靈基地，並在跑道上空完成了起降航線的排列。15時22分，這架飛機突然爆炸，隨後墜毀在基地以南2英哩處，機組人員全部喪生。

向柏林宣告：進軍德國的日子來臨了

1944年4月29日，這是美國陸航第392轟炸機大隊最難忘的一天。這一天

它們共有8架飛機墜毀，44名機組成員陣亡，27名機組人員成為德軍戰俘，另外還有數人雖然保住了性命，但傷勢比較嚴重。簡單地講，在當天上午離開文德靈基地的181人中，有71人在當天下午再也沒能回來。此前，第392大隊總共執行了285次飛行任務，除了1944年3月18日空襲德國腓特烈港之外，這是損失最為慘重的一次。

「2000架美國飛機成群結隊地撲向希特勒帝國的心臟，發動了世界上最壯觀、最偉大的一場白晝空襲戰。它們以損失64架轟炸機和14架戰鬥機的代價向柏林傾瀉了2500噸炸彈。空襲柏林不但被認為是有史以來戰鬥進程中最慘烈的一場戰鬥——無論是對哪一方來講，而且它可能也是有史以來最為冒險的一次白天空襲。1000架B-17「飛行堡壘」和B-24「解放者」長途奔襲500英哩，闖過德軍戰鬥機和防空火力網的層層封鎖，成功地在中午抵達了納粹首都，向柏林宣告解放全歐洲、進軍德國的日子已經來臨。」

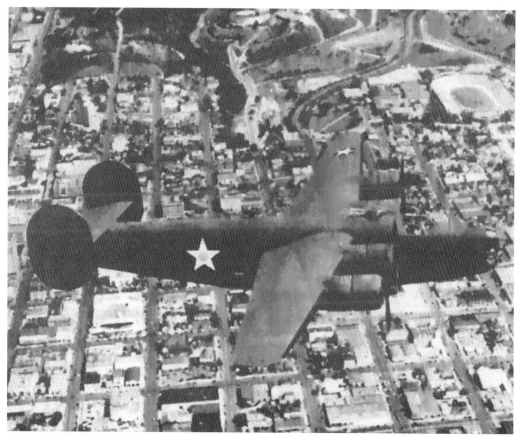

■B-24闖過德軍戰鬥機和防空火力網的層層封鎖，成功抵達了柏林，向世界宣告解放全歐、進軍德國的日子已經來臨。

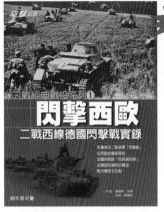

380元

閃電戰，又稱「閃擊戰」，是一種部隊快速機動級的軍事戰術思想，採用移動武力迅速卻出其不意地對敵進攻，以避免敵軍組織一致的防禦陣線。他發源自19世紀普魯士參謀本部的戰術「Fire and Infiltration」（開火滲透）。「閃擊西歐」記載了二戰期間第三帝國武裝部隊勢如破竹、所向披靡，歐陸各國無不為之聞風喪膽，「馬其諾防線」一夕潰敗…本書翔實記載了納粹德軍如何攻略西歐大陸的史實，也堪稱為機械化部隊「三軍聯合作戰」的典範，至今仍深深地影響著各國的戰略思想家們。本書含括二戰德軍「閃擊戰」在西歐的擴張歷程，法國與西歐「馬其諾防線」從構築到潰敗的戰況實錄部記載。

380元

二戰期間，雷達就已經出現了地對空、空對地轟炸、空對空攔截的射控、敵我識別功能的雷達技術。

「夜間空戰」是二戰史料至為罕見的一部，然英、德二國於大戰期間的空中攻防，卻扮演著關鍵性的勝負作用，恐怖的夜空卻呈現出壯烈的血染場景，本書除了還原夜戰群英們的真實面貌，也開啟了現代化電子作戰的先河，每一場刻劃入微的空戰實況，都重現在夜空中！

「夜間空戰」是二戰期間的英、德空軍致力發展的重點，直接掀起現代戰爭的電子技術開端，本書記錄了空戰結合電子攻防的史實。

280元

中國現代史上稱為「抗日戰爭」係指1937年7月7日-1945年8月16日的「第二次中日戰爭」，一般史學編年法則以民國26年「蘆溝橋事變」計起，1937年7月7日夜，盧溝橋事變爆發。打響全面抗戰第一槍的是第29軍524團的吉星文團長。

7月16日，中華民國最高統帥蔣中正在廬山先後發表談話，表示：「臨到最後關頭，便只有拼全民族的生命，以救國家生存。」由於日本軍國主義的入侵，也迫使國民政府暫時放棄對共產黨的圍剿。卻在經歷了八年抗戰後，國共兩黨的軍事實力對比發生了重大變化。因此抗日戰爭對於日後國共內戰的結果有著關鍵性的影響，深刻影響了中國的歷史進程。

280元

1946年6月，中國共產黨軍隊易名為「中國人民解放軍」，並以「鄉村包圍城市」的戰略，趁勢配合蜂擁而起的學潮，開始進行全面的國共鬥爭；在國民黨政府方面則由蔣介石帶領已在抗戰中精銳消耗大半的國民革命軍，與共產黨部隊展開大規模的內戰。綜觀國共的分裂，以「革命路線」的分裂緣由居多，至於國共的合作方式也是雙方分裂原因之一。回溯1945年8月至1949年9月的第二階段國共內戰，中國共產黨稱之為「解放戰爭」，也稱「第二次國共內戰」，中國國民黨稱這段時期為「戡亂」或「第二次抗共護國戰爭」。本精選集即以這個時期的「塔山之役」、「馬家軍」與「古寧頭大捷」等具有地區勝負關鍵作用的局部戰役作為主軸，凸顯國共雙方在戰場經營戰略上的「以小搏大」和「步步為營」的實兵作為。

在東線戰役中，史達林格勒戰役以歷史上最血腥的戰役而被記載，德蘇雙方陣營的損失都很慘重，大約有200萬人死亡，其中50萬是平民。史達林格勒之後，德軍漸漸喪失戰場的主動權，但蘇聯人也因為戰爭損耗太大而沒有形成有效的進攻力量。至1943年起，蘇聯紅軍才在戰場上逐漸轉入反攻的態勢。大約有2700萬蘇聯人，其中包括了1300萬平民，在德國入侵時喪生，德蘇東線是二戰時期最主要的陸上戰場，也是二戰中決定勝負的主戰場之一，德軍80%的陸軍力量在蘇德戰場上被殲滅，儘管作戰計劃如出一轍但戰況和西部戰線迥然不同。

「戰將」是一本爍古耀今、旁引博徵的人物傳記總匯，更是一部「以人為本」的戰爭斷代史。從古希臘的亞歷山大大帝，直到二戰時期的中、西名將，其顯赫的功績與雄才大略紛紛躍然紙上，從毅然決然的軍事決策，到剛柔並濟的政治手段，讀者們可以清楚地觀察那每一位縱橫沙場的老將們，在遠交近攻、謀城掠地上的諸般巧妙作為，是如此深沉地啟迪著各個時代的軍事思想家們，再創造出另一個遠大的戰略抱負和影響。

亞歷山大大帝，他維持了以馬其頓為領導的統一希臘諸城邦。羅伯特‧李，是美國南北戰爭期間聯盟國最出色的將領。戴笠是本書唯一的一名中國將領。蔣介石贈「碧血千秋」匾額……

1941年12月7日，日本偷襲珍珠港，重創美國西太平洋艦隊，同時向馬來亞(馬來半島)與菲律賓進攻，美國旋即宣佈對日宣戰，二次大戰的太平洋戰爭遂正式展開，也可以說，這場以島嶼攻防的系列戰役，是美、日兩國在一九四○年代的軍事力量對決。日本方面雖然明白在總體資源上無法與美國進行持久戰，但其目的卻是藉此牽制美國，使之能願意與日本進行協商，以迫使美國接受日本已在中國犯下的侵略行徑和既得利益。

但自1942年的年中起，盟軍在歐陸和太平洋的反攻有逐漸加強的趨勢。美國海軍雖然在「珊瑚海海戰」（Battle of the Coral Sea）失利，卻依然有效遲滯了日軍進攻北澳的莫爾斯比港（Port Moresby）的企圖。接著，6月爆發了關鍵的「中途島海戰」（Battle of Midway），在這一場雙方實力相近的戰役中，日本海軍遭到了毀滅性的打擊，「聯合艦隊」在是役中折損6,000名海軍飛行員及儲備飛行生，與約上萬名的航空機械員，這些空戰專材須耗費十年才能養成，間接迫使日本帝國的敗亡，是謂「中途島海戰」是第二次世界大戰太平洋戰場的轉折點。

在「硫磺島之戰」、「沖繩島之戰」以及其他的局部島嶼鏖戰使得雙方都遭受嚴重的人員傷亡，不過這些戰役的成果是日本開始緩慢撤退。本專刊係挑選太平洋戰爭期間較為著名的幾場攻防戰，以及較有人物傳奇色彩的關島保衛戰作為精選，加上環太平洋地區的裝甲戰役發展為讀者整理出最有特色的戰役記錄。

450元

突擊叢書 突擊精選系列 ⑥

菊花與錨

舊日本帝國海軍發展史

中日甲午海戰
三景艦始末
日俄戰爭
六六艦隊擴充計劃
走向日美對抗之道
八八艦隊
金剛級高速主力艦
長門級主力艦

作者 Windward

知 兵 堂

從1853年7月8日美國東印度艦隊司令、海軍准將馬修‧佩里敲開日本鎖國之門後，日本人初見了西方「船堅砲利」的強大力量，更有鑒於中國這樣的東亞頭等大國亦屈服於它的威力之下，在憑藉「神風」逃脫蒙古鐵蹄後一向對「外國侵略」敏感的日本人，危機感馬上升到最高點。對佩里的到來，日本人反應也相當迅速，隨即於1853年9月廢除「大船禁造令」，從而使日本向建立近代海軍邁出第一步，繼而在幕末一些維新行動家「尊土攘夷」的口號下迎來了「明治維新」，開始了日本海軍的快速興起。

本書著重於日本海軍興起的背景及其茁壯為海軍強國的過程，這些過程大致是完成於明治、大正年間。其間雖曾經歷了一些來自國內、外的阻撓與限制，如國會裏黨派間的傾軋、與陸軍的權力鬥爭、日俄戰爭、華盛頓條約等，但在舉國一致支持下，仍向強國之路大步邁進。另對於日本海軍史上的標誌性大艦如「長門」級、「金剛」級、「三景」艦等，以及對海軍發展進程有關鍵性影響的造艦計劃如「六六艦隊案」、「八八艦隊案」等，以專文方式呈現。進入昭和時代的日本海軍，已是世界第三大海軍強國，其發展更是日以千里，將另於專書介紹。

從祁求類於阻擋蒙古大軍侵略的「神風」再次摧毀「黑船」的無知與迷信，經過維新派的覺醒、甲午戰爭的試煉，到擊敗俄國太平洋艦隊，日本躋身海軍強國之列，只用了短短的五十年，其成就是令人感佩的。但急速的成功也使得在整個日本民族中，尤其是軍隊中，產生了一種急躁、冒進的情緒，認為一切事情都是以武力解決為上策，而逐步將日本推向戰爭的邊緣。日俄戰爭後，日本因為南滿門戶開放、太平洋戰略等問題，同時夾雜著因華盛頓會議產生的恩怨，逐漸走上與美國對抗之道。裕仁即位（昭和元年為1926年）後，原已強大的日本海軍，更加速建設的腳步，積極對美備戰，終致大戰。

然而長期戰爭比的是國力，日本雖然在短期內佔領了大片土地及重要戰略位置，但其強權統治並不見容於其所強佔土地上的廣大人民，徒然坐擁眾多資源，而未能為其充分利用，且日本本土除人力外其它資源貧乏，因此無法為其後的持久戰爭提供後續力。日本聯合艦隊的實力在歷次的海戰中逐漸消耗殆盡，幾乎是打完就沒有了，得不到充分補充，相對其對手美國的國力卻是無遠弗界，新生力量源源不斷，最終造成了舊日本海軍的覆滅，日本軍國主義也從此走入了歷史。

1,800元

二戰德國U艇全史
碧海群狼

提起「海狼」，提起「U艇」，恐怕連對二戰歷史和軍事方面不很瞭解的人都知道，那是德國潛艇的別名。

「海狼」一詞是如此形象生動，而德國潛艇在戰爭中最重要的戰術就被稱為「狼群戰術」，那麼很自然，每艘潛艇就是一條嗜血的海中之狼。

「U艇」，出自於德國海軍自己對潛艇的稱謂「Unterseeboot」——意為「水下舟艇」，英文縮寫為U-boat，而且德國海軍潛艇的舷號也都以U加上序列數字組成，如U-49號艇。因此德國潛艇在很多場合便被叫作U艇，但是這一很中性的名稱，卻因為德國潛艇在戰爭中令人生畏的表現，而被帶上了一層異常驚畏的色彩。以至於英國首相邱吉爾專門把U艇和潛艇區分開來，他說「敵人的潛艇叫『U艇』，保留『潛艇』這個名稱來稱呼盟軍的水下潛艇。『U艇』是那些擊沉我們船隻的卑鄙的惡魔，而『潛艇』則是那些擊沉敵人船隻的勇敢而高貴的戰艦。」

邱吉爾這番話裏充滿了他對德國潛艇的仇恨與憤慨，其愛憎分明的立場與感情傾向，溢於言表。他完全有理由這麼說，第二次世界大戰期間，在納粹德國放棄登陸英國的「海獅」計劃之後，德國潛艇一直是英國生存最主要的威脅。海上破交這一海軍古老戰術在二戰中所達到的戰略高度，也許只有中國的敵後游擊戰可與之媲美。與戰爭中的其他戰場或戰役相比，大西洋上的戰鬥似乎缺少了那份輝煌與陽剛之美，卻始終彌漫著一股詭秘與陰鬱之氣。大西洋上不斷出沒的「狼群」，使潛艇破交戰與反潛護航戰貫穿整個戰爭始終。嚴格地說這不是一次海戰，而是由無數次戰役和戰鬥交會而成的一場曠日持久的海上戰爭。

使堂堂大英帝國感受到失敗痛苦的，不是德國坦克那疾風烈火、摧枯拉朽的閃電突擊，也不是德國飛機那鋪天蓋地、夜以繼日的狂轟濫炸，而是德國潛艇對海上運輸的破交作戰，被稱作「海狼」的德軍潛艇活動最猖獗時幾乎掐斷了對於英國生死存亡至關重要的大西洋航線，牢牢扼住了大英帝國的咽喉！使英國真正體會到了失敗的切膚之痛！

這場海上破交與保交的較量是一場真正全面綜合的角力，這裏既有雙方將帥的運籌帷幄，也有基層官兵的鬥智鬥勇；這裏既有武器裝備的競相發展，也有偵測設備的一爭高低；這裏既有軍事思想與理念的碰撞，也有數學理論算計的應用；這裏既有情報人員的殊死搏殺，也有密碼破譯的腦力角逐；這裏既有國力資源的比較，也有工業生產技術的競爭；這裏既是廣大參戰官兵戰術素養的反映，也是作戰意志的比拼。這是兩大陣營最全面最長期的對抗，無論是艱難曲折還是驚心動魄的程度，都是人類戰爭史上所罕見！

這場圍繞海上交通線的殊死搏殺，從戰爭的第一天開始，直到戰爭的最後一刻，持續了五年八個月，貫穿整個戰爭，不僅對二戰的最終結局，而且對戰後海軍的發展都產生了莫大的影響。

380元

戰爭是政治的延續，為進行戰爭的種種軍事制度，是國家制度的重要組成部分。本書所?述的就是中國歷代軍事方面的一些基本制度。主要包括了兵役制度、武器裝備、軍隊編制、軍隊部署以及調遣指揮、交戰規則、軍法、戰略戰術的基本特色等。

中國古代統治者高度重視軍事。《左傳》裡說「國之大事，在祀與戎」。祀，就是祭祀祖先；戎，就是打仗。可見政治家們在很早以前就把進行戰爭看成是國家的頭等大事。商周時代，「兵禮」是最重要的「五禮」之一，國家的戰爭和軍事活動已經被規範化、制度化。《孫子兵法》說：「兵者，國之大事，死生之地，存亡之道，不可不察也。」在以後各個朝代，軍事制度都被認為是朝廷的頭等大事，一般都是由皇帝親自策劃制定基本的原則（公開的或者是不公開的），由朝廷最高級官員加以具體貫徹實施。對於歷代的皇帝們來說，一旦失去了對於軍權，改朝換代的噩夢就要開始了。

由於歷代對於軍事制度的高度重視，而且都是作為最機密的政治事項，往往在史料記載裡找不到有關的具體內容。比如元朝的軍隊究竟有多少，就是一個當時嚴格保密、史料並無記載的機密。因此中國歷代的軍事制度非常複雜，頭緒眾多，難以把握。本文以《千秋經緯》為題，旨在試圖為讀者簡要的說明中國軍事制度史的概要，並試圖概括這些制度基本的得失，總結歷史的經驗教訓。

當然簡略就有粗疏的可能，概括往往也就意味著武斷。不過作為《千秋經緯》的組成部分，需要的是一種從高處著眼的觀察角度。因此本文將不拘泥於細節的考證（有一些往往容易被忽視的制度除外），力圖從大視角來看問題，幫助讀者從總體上把握中國古代軍事制度的特性。

本書從兵役制度、武器裝備、編制部署、指揮調遣、兵禮軍法、戰略戰術等方面入手，著重於軍事制度的探討，對中國幾千年軍事制度發展作了深入淺出的論述，為讀者勾勒出中國軍事發展的生動歷史，並試圖概括這些制度的得失，總結歷史的經驗教訓。

書中配有大量圖片、圖表、圖文並茂，直觀、形象、生動。豐富的圖片及文字，包含了有關軍事人物、重大戰役、軍制演變、兵器進化、服飾變換、技術進步的豐富信息，對廣大軍事愛好者有相當大的閱讀吸引力，有益於歷史知識和軍事知識的普及，使讀者從一個側面進一步瞭解中國的歷史和文化。

280元

今年適逢中國對日抗戰七十週年，繼「中國對日抗戰—血肉長城」，知兵堂特別再精選抗戰史料，編成第二部「氣壯山河」，茲將「三次長沙會戰」、「滇西緬北戰役」、「廣東戰役」等各場對不僅對中國戰區有扭轉戰局的戰役介紹，從戰略上觀看更已對盟軍在太平洋地區遲滯日軍「一號作戰」的關鍵戰役重點論述，以期凸顯中國軍隊對同盟國於戰略上的重大貢獻。

1939年9月至10月的第一次長沙會戰，是繼「二戰」歐洲大戰爆發後，日軍對中國正面戰場的第一次大規模攻勢。

1941年9月至10月，第二次長沙會戰爆發，中國軍隊仍以第九戰區為主在長沙地區對日軍進行的第二次防禦，歷時一個月。日軍仍無所進展。

1941年12月至1942年1月，中日雙方又再爆發第三次長沙會戰。由於該戰役由國軍大獲全勝痛殲日軍，因此又被稱為「長沙大捷」。

「滇西緬北戰役」也為抗戰的大型戰役之一，目的為中國打通中印公路。到1945年3月底，國軍與英國會軍於芒友，日軍則失緬北要塞。此役中國打響了新1軍和第5軍的名號，同時也保住了同盟國在中南半島山區和印度的根據基地。

「廣州戰役」是日本攻佔廣東省省會廣州的事件。日軍第104、18、5師團和海軍陸戰隊組成南支派遣軍，於1938年10月12日凌晨在廣東省惠陽的大亞灣港頭港登陸。接連攻陷莞陽、博羅、增城、東莞等地。

本冊輯錄了自1937年起以降的各場中日重要戰役，對於同盟國在太平洋戰區的反守為攻有深遠的影響，是值得研究中國抗戰歷程的最佳參考文獻之一。

320元

記得小時候能讀到有關德軍戰史實在少的可憐，主要描述的就是「閃電戰」「史達林格勒」「非洲軍」等再加上曼斯坦及隆美爾等著名將領的傳記，剩下的就是好萊塢所誇大的關於盟軍如何英勇的對抗法蘭西斯陣營的影像畫面。然而塵封的歷史逐漸被有心人慢慢的揭開，大量的史料及圖片也公諸於世，許多研究戰史的先進們更是將二戰德軍做為其探索的目標。我們稍許撇開希特勒個人瘋狂的行徑，而單純從軍事的角度探討，二戰德軍所表現出其戰略、戰術的運用、武器裝備的精良以及人員素質都是參戰國中出類拔萃的，「突擊」雜誌在今年初曾做了一次深度的讀者調查，在選擇最偏好的國家及軍種上，「二戰德國陸軍」以61.9%的極高比例獨佔鰲頭，可見讀者諸公亦有同感。

本書精選了過去在突擊所刊登德軍精銳部隊的文章，很巧的是除了山地步兵外，其餘均是在開戰後成立的部隊（雖然赫爾曼‧戈林團是二戰前就組建，但當時是負責警衛工作），像突擊砲營、犀牛驅逐營、重裝營都是因為武器的發展而新成立的部隊，夜間戰鬥機也是因為西歐激烈的空戰因運而生，最奇怪的是戈林傘兵裝甲師是由空軍警衛團而逐漸變成一支可怕的陸上武力，這些部隊比名氣可能沒有像國防軍的大德意志（GD）或是黨衛軍的SS第一裝甲師（LSSAH）來得有名，但是無論從人員訓練、支援作戰、戰鬥效率都毫不遜色於德軍其他的王牌部隊，只不過要如何稱呼這些在戰史上並不多見的部隊，「特殊精銳」是較淺而易懂的詞句，希望讀者能接受此一說法。

380元

人類有史之始便有戰爭，「戰爭」與「和平」是人類歷史一體兩面的呈現，人類的發展歷程無一不由戰爭和所衍生的技術所牽動，時至21世紀的今日亦復如此。

「西漢征朝鮮之役」報導中國歷史上最早的跨海登陸戰。由於朝鮮半島為東北亞自古便是週邊大國爭相角逐之地，中國與朝鮮更有千年的不解之緣，幾乎中國歷代中央王朝在強盛時都免不了陷入到這個半島的紛爭中。漢滅衛氏朝鮮、隋帝伐高句麗、唐軍討平百濟、蒙元征服高麗、萬曆抗倭援朝、日清甲午之役，直到新中國之初抗美援朝，甚至今日的朝核問題六方會談這篇文章就讓我們穿過千年史實，綜觀那引起東亞大陸政治格局第一次變遷的動力，給予朝鮮半島的巨大衝擊影響，進而第一次帶給它當時東亞世界最先進的文明的過程始末。

白江口之戰（Battle of Baekgang），是中國唐朝與日本、百濟聯軍於公元663年發生的一次海戰，戰役以唐軍的徹底勝利和百濟的滅亡告終。唐、日(時稱倭國)水師白江口之戰，結束了新羅與百濟間的長期糾紛，同時使倭國受到嚴重打擊。日本失敗的直接後果，在於停止了對朝鮮半島的擴張，千餘年以降日未曾向朝鮮半島用兵。另一方面，唐滅百濟，五年之後滅亡高句麗，與唐友好的新羅強大起來，逐漸統一半島。倭國面對這種形勢，為了自身安全，自撤軍之後一立即著手增強本國的國防，是間接促成日本發展為軍國主義的一項歷史背景。

「曼哈頓計劃」是二戰期間美國陸軍自1942年起開發核武器計劃的代號。日本偷襲美國珍珠港後不久，美國正式參加二戰。同時，美國國家科學院在以往研究成果的基礎上遞交的研製核武器申請得到了批准。1942年夏，面對希特勒德國氣及氚產量令人擔心的增長，美國秘密撥款共25億美元，加緊開發核武器。美國陸軍方面的計劃主管Leslie Richard Groves將計劃命名為「曼哈頓計劃」。 1945年7月16日，第一顆原子彈試驗成功。1945年8月6日上午8時15分17秒美國向廣島投放了稱為小男孩原子彈，8月9日又向長崎投放了稱為胖子原子彈。8月15日，日本宣佈無條件投降，第二次世界大戰宣告結束。 古羅馬共和時期之初，平民與貴族的對抗已進行了200餘年。百夫長會議從貴族中選出兩名執政官行使最高行政權力，而掌握國家實權的則是元老院。隨著貴族與平民之間對立的加深，貴族承認了平民所選的「保民官」，負責保護平民的權力不受貴族侵犯。

羅馬剛建國時，還是一個小國家。自公元前5世紀初開始，先後戰勝拉丁同盟中的一些城市和伊特拉斯坎人等近鄰，又征服了義大利半島南部的土著和希臘人的城邦，成為地中海西部的大國。3次布匿戰爭，在前146年征服了迦太基並使之成為羅馬的一個行省。前215年-前168年發動3次馬其頓戰爭，征服馬其頓並控制了整個希臘。又藉由敘利亞戰爭和外交，控制了西亞的部分地區，建成一個橫跨非、歐、亞三大洲，又稱霸地中海的龐大國家。

380元

韓戰
抗美援朝

仁川登陸 冰雪長津湖
空戰戰史 B-29電子戰
史料圖片集錦

知兵堂

作者 周明

韓戰（朝鮮史稱「六二五戰爭」；中國大陸稱「抗美援朝」），不僅是南、北韓在1950年代的國家制度之戰和統一之戰，也是自二戰結束後動員最大的第一次國際戰爭。是役於1950年6月25日北韓軍隊突襲南韓開始，至1953年7月27日簽署《關於朝鮮軍事停戰的協定》雙方維持「暫時停火」的狀態至今。

由於沒有簽訂和平協議，所以在「技術上」這場戰爭仍尚未結束，北韓和聯合國軍依然處於高度備戰狀態。主要的參戰者除了南、北韓外，其實也能看作中共和美國的第一次正式交手，英國、加拿大、澳大利亞、紐西蘭、荷蘭、法國、土耳其、泰國、菲律賓、希臘、比利時、哥倫比亞、衣索比亞、南非、盧森堡等共15個國家也根據聯合國的決議，派出小規模部隊參戰。至於蘇聯空軍的航空兵與防砲部隊參加了北韓的防空作戰。

1950年6月25日，韓戰爆發。北韓指李承晚在美國操縱下突然向38度線以北地區進行了全面的武裝侵犯。但隨著前蘇聯檔案的公開，現行的戰史觀點認為是日凌晨，北韓國家主席兼朝鮮人民軍司令官金日成在得到史達林的同意之後，下令軍隊越過38度線，其實為北韓共黨的突然進攻行為。

中共的中國人民軍志願軍抵達朝鮮半島後的第一次戰役在1950年10月25日打響。志願軍第40軍第118師在北鎮突然對聯合國部隊發動了防衛戰，只用一個多小時便替北韓奪回了溫井，殲滅所有以美軍為主的聯合國部隊。此次戰役標誌中共的「抗美援朝」正式展開。

1951年中期以後，中共與蘇聯空軍的MiG-15多次與聯軍戰機空戰，在鴨綠江南岸平原一帶上空形成了著名的「米格走廊」，是整個韓戰期間絕大多數空戰的區域。美軍原以為「米格走廊」上的飛行員多是中國人民志願軍空軍，為此，當時美國國防部長范登堡驚呼：「共產中國幾乎在一夜之間成為空權強國。」

在戰爭初期，北韓軍節節勝利；6月28日，奪取漢城、7月20日、佔領大田、7月24日，佔領木浦、7月31日，則佔領了晉州，聯合國軍被一直遏退到釜山附近的洛東江一帶。此時美第8集團軍司令沃克中將下達了死守釜山環形防禦圈的命令，不得再後退。8月6日，麥克阿瑟上將在東京與其他高級軍官會面，並說服他人實施風險很大的仁川登陸計劃。

9月15日，麥克阿瑟登上旗艦「麥金利山」號親自督戰，在美英兩國三百多艘軍艦和五百多架飛機掩護下，美軍第十軍成功登陸仁川，從北韓軍隊後方突襲，切斷朝鮮半島的蜂腰部一線，迅速奪回了仁川港和附近島嶼。9月22日，撤退到釜山環形防禦圈的聯合國軍乘勢反擊；9月27日，仁川登陸部隊與釜山部隊水原附近會合，一日之後重新奪回漢城。

本書集結了韓戰主要的幾場戰役的歷程，也記述了聯軍空中作戰的概況，當然也收集了許多珍貴的史料圖檔，對於研究韓戰以至朝鮮半島的讀者，是一本不能不看的上好資料。

知兵堂叢書
突擊精選系列 西線 —盟軍進攻與德軍反擊 1944-1945

作者：潘學基、楊威利、韓磊
責任編輯：林達
封面設計：王詠堯
出版：知兵堂出版社
　　　10055 台北市中正區杭州南路一段77巷25號1樓
電話：(02) 2391-7063
傳真：(02) 3393-8526
劃撥帳號：50043784
劃撥戶名：知兵堂出版社

國內總代理：大眾雨晨圖書有限公司
地址：235 台北縣中和市中正路872號10樓
電話：(02) 3234-7887
傳真：(02) 3234-3931
E-mail：ycbook@popularworld.com

初版一刷：2007年11月

售價：新台幣380元　（缺頁或破損的書，請寄回更換）
版權所有　翻印必究

國家圖書館出版品預行編目資料

西線：盟軍進攻與德軍反擊：1944—1945 /
潘學基, 楊威利, 韓磊作. -- 初版. -- 臺北市：
知兵堂, 2007.11
　　面；　公分, ——（突擊叢書）
（突擊精選系列；13）

ISBN 978-986-83398-6-6（平裝）

1.第二次世界大戰　2.戰史　3.西歐　4.德國

592.9154　　　　　　　　　　　　96021441